무신예찬

50 Voices of Disbelief: Why We Are Atheists
This edition first published 2009

copyright © 2009 by Russell Blackford and Udo Schülenk

All rights reserved. Authorised translation from the English language edition published
by Blackwell Publishing Limited. Responsibility for the accuracy of the translation rests
solely with HYEONAMSA PUBLISHING Co., Ltd. and is not the responsibility of
Blackwell Publishing Limited. No part of this book may be reproduced in any form
without the written permission of the original copyright holder, Blackwell Publishing Limited.

Korean translation copyright © 2012 by HYEONAMSA PUBLISHING Co., Ltd.

이 책의 한국어판 저작권은 PubHub 에이전시를 통한 저작권자와의 독점 계약으로
(주)현암사에 있습니다. 저작권법에 의해 한국 내에서 보호를 받는 저작물이므로 무단 전재와
무단 복제를 금합니다.

무신예찬
신 없이 살아가는 50가지 방식

피터 싱어 · 마이클 셔머 · 그렉 이건 외 지음 | 김병화 옮김

현암사

무신예찬

초판 1쇄 발행 | 2012년 10월 15일
초판 3쇄 발행 | 2012년 11월 30일

지은이 | 피터 싱어·마이클 셔머·그렉 이건 외 지음
옮긴이 | 김병화
펴낸이 | 조미현

편집주간 | 김수한
편집진행 | 김은영
교정교열 | 최양순
디자인 | 장원석

출력 | 문형사
인쇄 | 영프린팅
제책 | 쌍용제책사

펴낸곳 | (주)현암사
등록 | 1951년 12월 24일 제10-126호
주소 | 121-839 서울시 마포구 서교동 481-12
전화 | 365-5051 · 팩스 | 313-2729
전자우편 | editor@hyeonamsa.com
홈페이지 | www.hyeonamsa.com

ISBN 978-89-323-1637-6 03100

이 도서의 국립중앙도서관 출판시도서목록(CIP)은
e-CIP 홈페이지(http://www.nl.go.kr/ecip)에서 이용하실 수 있습니다.
(CIP제어번호: CIP2012004515)

*이 책은 저작권법에 따라 보호받는 저작물이므로
　저작권자와 출판사의 허락 없이 이 책의 내용을 복제하거나 다른 용도로 쓸 수 없습니다.
*책값은 뒤표지에 있습니다. 잘못된 책은 바꾸어 드립니다.

우리는 우주적으로 하찮은 존재다.
공간에서는 한 점에 불과하고 시간에서는 한 찰나에 불과한,
헤아릴 길 없이 미미한 존재다.
그렇지만 우리는 서로에게만큼은 중요해질 수 있다.
이루 다 말할 수 없이 소중한, 우리 서로에게만은 말이다.

— 데일 맥고완

옮긴이 서문

몇 년 전에 본 미국의 TV 드라마 〈웨스트 윙 The West Wing〉에 유권자들이 대통령 후보에게 창조론 또는 지적설계론에 대한 입장을 밝히라고 요구하는 장면이 있었다. 원칙적으로는 정교가 분리되어 있다고 하지만 애당초 기독교인이 세운 나라이고, 교과서에서 진화론을 가르칠 것이냐 말 것이냐 하는 문제를 법원에까지 가져가야 했던 나라이니 선거 때 저런 것도 이슈가 되는 모양이군, 하고 지나쳤다. 내심 우리나라는 그렇지 않아서 다행이라고 생각했다. 사실은 아직도 창조론이 세계의 기원을 설명해준다고 진심으로 믿는 사람들이 있다는 게 이상하게 느껴지기도 했다. 그런데 이제는 그게 남의 나라 이야기가 아니게 되었다. 얼마 전에 국내의 한 기독교 단체가 진화론을 과학교과서에 싣지 말도록 하라는 청원을 낸 것이다. 진화론은 진리로 완벽하게 판정된 이론이 아니므로 교과서에 실릴 자격이 없다는 것이 그들이 내세운 명분이었다. 일단은 학계의 정설이 진화론이라는 선에서 그 청원이 거부되었지만, 그 단체는 자신들의 주장을 관철할 때까지 청원을 거듭할 것이라고 한다. 정교 분리가 원칙이며 기독교 국가는 더더욱 아닌 우리나라에서(그런데 요즘 보면 기독교 국가로 바뀌는 중인가 싶기도 하다) 어찌하여 종교 단체가 교과서의 내용에까지 간섭하는 이런 일이 일어나게 되었을까? 또 불교나 다른 종교는 그러지 않는데, 왜 유독 기독교는 이런 행동을 할까? 그리스도가 나는 길이요 진리요 생명이라고 하셨을 때,

기독교 신자들은 그 말을 문자 그대로, 과학적 진리에까지 적용해야겠다고 생각한 것일까?

이 책이 만들어진 동기도 바로 이런 궁금증과 당혹감이었다. 또 그런 상황에 내포된 위험에 대한 경각심 때문이기도 하다.

요즘 세계에서는 과학과 종교 간의 전투 분위기가 새삼스럽게 고조되어가는 것 같다. 기독교 근본주의와 이슬람 근본주의로 대표되는 종교계는 세계 여러 나라에서 정교일치를 지지하고 나서고 있다. 이란과 미국의 대통령은 공공 행사에서 드러내놓고 종교적인 발언을 하며, 그런 언행은 종교 단체에 힘을 실어주어 비종교적 세력들에 압력을 가하게 만든다. 우리 주위에서도 일부 정치인들이 공적인 정치 행위와 사적인 종교 행위 간의 구분을 흐려버리는 일이 있었다.

종교를 비판하는 사람들 혹은 무신론자들은 그런 행동을 위험신호로 본다. 이들의 입장에서 볼 때 그런 위험은 근본주의에만 국한된 것이 아니라 종교 자체의 본질에서 발생한다. 즉 종교 자체는 잘못이 없는데 일부 극단적인 종교인들 때문에 생기는 문제라고 말할 수는 없다는 것이다. 근본주의자들에게서 그런 성향이 더 편협하고 극단적으로 나타날 뿐이다. 이런 전투가 벌어지는 무대의 한쪽 끝에는 종교적 근본주의가 있고, 다른 쪽 끝에는 과학적 무신론이 있다. 과학적 무신론자들 중에서도 과학과 종교의 독자적 영역을 어느 정도 인정하는지 아닌지에 따라 온도 차이가 있다.

이런 상황에 대한 문제의식에서 집필된 책은 이미 여러 권 나와 있다. 가장 대표적인 것으로 리처드 도킨스의 『만들어진 신』, 크리스토퍼 히친스의 『신은 위대하지 않다』, 다니엘 데닛의 『주문을 깨다』 같은 것들이 있다. 이 책들은 종교의 본질과 현상 양면 모두를 건드리는 전면적인 종교 비판서로, 이 세 권을 읽고 난 뒤에도 계속 신앙을 갖는 사람이 과연 있을까 하는 생각이 들 정도로 명쾌하고 전 방위적인 비판을 전개한다. 하지만 그 역작용도 없지 않다. 워낙 막강한 종교의 힘을 등에 업고 오히려 전투 의욕을 불태우는 사람들이 많아지는 것 같으니 말이다. 같은 과학계에서도 도킨스의 무신론에 동조하지 않는 사람이 많다. 또 무신론 진영에서도 종교에 대한 관용 정도의 편차는 다양하다. 종교에는 신의 존재 여부 외에 인간의 본질에 관한 더 중요한 의미가 담겨 있으니, 그런 면모 모두를 부정하는 것은 옳지 않다는 것이다.

이 책은 위에서 든 책들과 같은 무신론에 대한 포괄적인 설명서나 입문서가 아니다. 과학과 종교 간의 논쟁 또는 전투를 다루기는 하되, 그들보다는 좀 단순한 접근법을 택한다. 즉 종교에 비판적인 시각을 가진 사람들이 각자 자신은 왜 그런 시각을 갖게 되었는지, 혹은 현재 자신의 생각이 무엇인지를 풀어놓은 글들을 모은 것이다. 원제가 '불신앙의 50가지 목소리 50 Voices of Disbelief' 이니, 어떤 전체적인 체계를 구축하려는 것이 아니라 엮은이를 포함해 52명의 필자 각각이 신앙을 받아들이지 않는 이유, 각자가 채택한 무신론 논증을 보여준다.

  이 책의 필자들은 모두 종교를 갖고 있지 않다는 점에서는 공통적이지만, 저마다 거부하는 신앙의 종류도 다르고 신앙을 거부하는 정도와 이유도 각각 다르다. 종교에 대한 입장은 전부 그런 것은 아니지만 대체로 강경한 반대에 가깝다. 심지어 어떤 필자는 도킨스가 기독교는 비판하면서도 예수 개인에 대해서는 호의적인 태도를 보이는 점을 지적하면서, 예수라는 인물 자체를 비판의 중심으로 삼아야 한다고 주장하기도 한다. 그런가 하면 무신론이라기보다는 불가지론 또는 회의론이라고 할 만한 입장을 가진 필자도 있다. 이처럼 다양한 이야기를 들을 수 있기 때문에 독자 입장에서는 필자 중 어느 한 사람의 경험에 자신을 동일시할 수도 있다. 그러나 경험담이 전부는 아니다. 종교 비판의 세 가지 주요 경로라 할 과학적 근거, 철학적 근거, 도덕적 근거를 다루는 글들이 무게 있게 실려 있고, 집약적이고 충실한 논증을 전개하고 있다.

필자들 모두 신앙을 갖고 있지 않지만, 살아오면서 저마다 신앙의 문제를 진지하게 고려한 경험들이 많다. 어떤 사람은 거듭남을 경험하기도 했고, 주위의 모든 사람에게 복음을 전파하려고 애쓰던 사람도 있었다. 그런 사람들이 어떤 과정을 거쳤기에 신앙에 등을 돌리게 되었을까.

일차적으로는 현실에서 겪는 문제 상황에 대해 종교가 신통한 대답을 해주지 못한다는 인식이 출발점이 되었다. 그들 대부분은 그런 문제를 해결하기 위해 상당한 기간 동안 종교 속에서 답을 구하려 노력했지만, 결과적으로 종교가 그런 대답을 해줄 능력을 갖고 있지 않다는 결론에 도달했기 때문에 종교를 떠난 사람들이다. 종교적 논리가 현실을 상대하기에 너무나 빈약한 것이다. 신이 절대자이고 세계의 창조자이며 전지전능한 존재라는데도 현실에 왜 악과 고통이 있는지 도저히 납득할 수가 없다. 믿음으로는 이 문제가 해결되지 않는다. 고통이 없어지지 않는 걸 보면 신이 없거나 아니면 있더라도 무능력하며, 신이 있고 능력도 있는데도 고통이 그대로라면 신은 선하지 않다. 그러니 신은 없거나, 있든 없든 무의미하다는 결론이 내려진다. 현세에서의 고통과 악의 존재와 신의 존재를 양립시키려는 그 어떤 논증도 성공하지 못했다. 이들이 볼 때 기독교에서 말하는 것 같은, 더 큰 선의 실현을 위해 약간의 악의 존재가 필요하다는 식의 주장은 도저히 받아줄 수 없도록 터무니없고 비현실적이다.

다음으로는 고통이나 악의 존재와 별개로 신의 존재 자체가 논리적으로, 또 과학적으로 증명될 수 없다는 문제가 있다. 지금까지 수많은 신학자, 종교가들이 신 존재를 증명하기 위한 논리를 전개해왔지만, 그중 어느 것도 증명에 성공하지 못했다. 물론 신의 부재도 증명되지는 못했지만, 부재 증명의 실패가 곧 존재 증명이 되는 것은 아니다. 지금 과학으로는 신을 발견할 수 없으며, 필자들은 신 없이도 과학 탐구가 충분히 가능하다고 생각한다.

또 신의 말씀이며 진리를 담고 있다고 하는 성서 및 기타 경전들이 서로 어긋나는 내용을 너무 많이 드러내고 오류투성이라는 문제도 있다. 그런데도 기독교와 이슬람 근본주의자들은 성서와 코란을 문자 그대로 지켜야 한다고 주장한다. 또 성서가 인간의 손으로 만들어진 작품이라는 것은 너무나 명백한 사실인데, 성서의 어디에서 신을 찾겠는가.

또한 윤리적인 토대 위에서도 종교를 비판할 수 있다. 흔히 종교가 윤리의 근원이라고들 주장한다. 모세의 계명 같은 것이 우리가 지키는 윤리, 도덕의 토대가 되었다는 말이다. 하지만 이것은 매우 큰 오해다. 신의 명령이 권위를 가질 수 있는 것은 그것이 도덕성에 입각하기 때문이지, 신의 명령이기 때문에 도덕성을 갖지는 않는다.

그리고 과학적·자연주의적 세계관에 입각해서 생각한다면 굳이 종교가 있어야 경이감을 느끼고 진리를 추구하고 세계를 존중할 수 있는 것이 아니다. 자연으로도 충분하다. 아인슈타인이 탐구했고 찬탄을 금치 못했던 것도 신이 아니라 과학이 밝혀낼 수 있는 세계의 구조였다.

도덕적으로 행동하기 위해 종교가 꼭 필요하지도 않고, 진리를 추구하고 의미 있게 살아가기 위해 반드시 종교가 있어야 하는 것도 아니다. 인간이 윤리적으로 살기로 선택한다면 세속적인 윤리만으로도 얼마든지 그렇게 살 수 있다. 역사 이래 수많은 인문주의자, 과학자들의 삶이 그것을 증명한다.

또 어떤 사람들은 자신이 어떤 것을 믿는지, 아니면 그것을 믿는다고 믿고 있는지를 혼동하기도 한다. 이런 것은 일종의 자기기만이다. 다니엘 데닛이 말하는 믿음을 믿는다는 이야기가 이런 사람들에게 해당될 것 같다. 이 책의 필자들은 오로지 비합리적이고 자기기만적인 사유에 휘둘리기를 거부하는 것이다.

마지막으로 필자들은 현실적으로 종교 집단이 끼치는 폐해를 비판한다. 종교가 권력과 결탁해서 가하는 폭력의 역사는 무척 오래되었고, 지금도 그런 폭력은 사라지지 않고 있다. 아니, 최근 들어 오히려 증가하는 추세다. 이 책에 기고한 필자들 가운데 그런 행태에 대한 분노가 신앙을 버리는 계기가 되었던 사람들이 많다. 사실 단지 종교만이 아니라 어떤 주장이든 권력과 결합하면 똑같은 행태를 보일 수 있다고 하겠지만, 종교의 경우에는 그 정도가 매우 심각해지는 경향이 있다. 특히 미국과 같은 강대국이 점점 신정국가 같은 행태를 보인다면 그 문제는 전 지구적인 수준으로 커진다.

엮은이는 최근 서구와 이슬람권에서 각각 종교적 근본주의의 세력이 커지고 정치와 경제에 개입하려는 움직임이 강화되는 추세가 없었다면 이 책을 기획하지 않았을 것이라고 말한다. 자신과 다른 목소리에 대한 불관용의 태도가 강화되고 있다. 엮은이와 필자들은 그와 같은 불관용은 관용되지 말아야 한다고 생각한다. 그런 움직임에 대해서는 큰 목소리로 경계하고 비판해야 한다는 것이다. 이 책이 바로 그런 목소리다.

'50가지 목소리'라는 문구를 보고 짧고 가벼운 읽을거리일 거라고 짐작했던 건 내 실수였다! 서로 겹치는 내용들이 없지는 않지만 처음 책을 손에 들었을 때 예상한 것보다 훨씬 더 다양하고 깊이 있게 전개되는 글을 읽으면서 종교 비판이라는 것이 얼마나 만만찮은 주제인지 새삼 깨달았으니⋯⋯. TV 시트콤 이야기에서 과학과 철학까지 넘나드는 내용을 번역하는 과정에서 큰 잘못은 없었는지, 마무리하는 지금까지도 마음이 놓이지 않는다. 까다로운 내용과 깔끔하지 못한 역자의 일솜씨 때문에 고생하면서도 끝까지 웃는 얼굴을 잃지 않았던 편집자 김은영 님과 최양순 님께 정말 감사하는 마음이다. 유달리 무더웠던 여름이 교정을 보는 동안 어느새 지나가 버렸으니 그나마 다행이라고 해야 할까. 어쨌거나, 제발 우리의 과학교과서 개정 문제에 교회가 끼어드는 일이 더는 없었으면 한다.

2012년 가을

김병화

차례

옮긴이 서문 | 7
서문 · 그 어느 때보다도 지금 더 중요한, 이성의 목소리 | 19

제1부 | 믿을 수가 없군!
—논리적으로 신의 존재를 의심하는 사람들

악과 나 | 27
그레고리 벤포드 Gregory Benford

대답 없는 기도 | 33
크리스틴 오버롤 Christine Overall

신은 죽었는가, 아니면 사악한가?
—신의 도덕적 성격과 존재적 지위에 대한 성찰 | 40
존 해리스 John Harris

불신앙의 세 단계 | 53
줄리언 새벌레스쿠 Julian Savulescu

아무 종교도 없다고 생각해보라 | 60
에드가 달 Edgar Dahl

신이 없다는 게 정말 명백한 사실일 수 있을까? | 71
스티븐 로 Stephen Law

난 왜 유신론자가 아닌가? | 86
프라비르 고시 Prabir Ghosh

믿을 수가 없군! | 97
러셀 블랙포드 Russell Blackford

왜 안 되지? | 105
숀 캐럴 Sean M. Carroll

핵심 쟁점 | 116
오필리어 벤슨 Ophelia Benson

신은 얼마나 자비로운가?—고통에 의거한 무신론 논증 | 124
니콜라스 에버리트Nicholas Everitt

제2부 | 생각 있는 사람들의 세계
―구원 대신 이성을 선택한 사람들

자가당착 | 137
잭 댄Jack Dann

분명히 무신론자 | 142
줄리언 바지니Julian Baggini

종교적 믿음과 자기기만 | 153
아델 메르시에Adèle Mercier

〈닥터 후〉와 합리주의의 유산 | 164
숀 윌리엄스Sean Williams

잠시, 거듭나다 | 175
그렉 이건Greg Egan

실재에 대한 무조건적인 사랑 | 183
데일 맥고완Dale McGowan

우발적인 엑소시스트 | 193
오스틴 데이시Austin Dacey

마법의 시각에서 종교를 보면? | 201
제임스 랜디James Randi

은신처를 나온 무신론자 | 208
조 홀드먼Joe Haldeman

생각 있는 사람들의 세계로 돌아온 것을 환영해주기를 | 214
켈리 오코너Kelly O'Connor

내가 왜 무신론자인지에 대한 몇 가지 생각 | 223
타마스 파타키Tamas Pataki

제3부 | 신 없는 우주론
―초자연을 과학으로 바꾼 사람들

유령과 신들을 포기하다 | 237
수전 블랙모어Susan Blackmore

신에 대해 생각하는 방법—유신론, 무신론, 과학 | 244
마이클 셔머Michael Shermer

양면적인 무신앙 | 265
태너 에디스Taner Edis

불신앙의 도래 | 278
J. J. C. 스마트J. J. C. Smart

신 없는 우주론 | 281
빅터 J. 스텐저Victor J. Stenger

신이 보낸 신호가 아니라 진화적 소음 | 291
아테나 안드레아디스Athena Andreadis

난 왜 무신앙인가? 궁금하군… | 299
J. L. 셸렌버그J. L. Schellenberg

내가 믿는 것 | 307
그레이엄 오피Graham Oppy

내면의 신 | 319
마이클 로즈Michael R. Rose · 제이 펠란Jay Phelan

사실이라기에는 너무 좋고, 설명하기에는 너무 불분명한
—신에 대한 믿음의 인지적 결함들 | 332
토머스 클라크Thomas W. Clark

제4부 | 믿음과 억견을 넘어서
—종교의 폭력성을 거부하는 사람들

아이들을 협박하는 종교 | 345
에마 톰Emma Tom

학교에 온 헤즈볼라 | 351
마리암 나마지Maryam Namazie

종교를 축출하다… | 357
피터 아데고크Peter Adegoke

믿음과 억견을 넘어서 | 364
데미언 브로데릭Damien Broderick

나의 비종교적 생활—미신에서 합리주의로 가는 여정 | 373
피터 태첼Peter Tatchell

종교적 신념에 대해 비판적으로 생각하도록 도와주기 | 390
마이클 툴리Michael Tooley

신앙을 갖지 않을 이유들 | 410
셰일라 매클린 Sheila A. M. McLean

인간적인 자기 결단, 생의학적 진보 그리고 신 | 414
우도 슈클렝크 Udo Schülenk

크레덴다에 관하여 | 426
미구엘 코토 Miguel Kottow

제5부 | 신은 필요 없어
─지금 여기서 행복을 찾는 사람들

"허풍이여, 안녕" | 437
마거릿 다우니 Margaret Downey

누가 불행한가? | 446
로리 리프먼 브라운 Lori Lipman Brown

종교로서의 휴머니즘─인도적 대안 | 452
수미트라 파드마나반 Sumitra Padmanabhan

신은 필요 없어, 제발! | 459
로라 퍼디 Laura Purdy

냉정한 위안 | 473
로스 업셔 Ross Upshur

나는 왜 신자가 아닌가? | 480
앤서니 그레일링 Anthony C. Grayling

도덕성에는 왜 종교가 필요 없을까? | 498
피터 싱어 Peter Singer · 마크 하우저 Marc Hauser

불신앙을 넘어서 | 507
필립 키처 Philip Kitcher

"그런 질문을 제대로 무시하려면 아직 멀었어!"
─다른 형태의 불신의 목소리 | 524
프리더 오토 볼프 Frieder Otto Wolf

찾아보기 | 547

일러두기

1. 외래어 표기는 외래어표기법에 따르는 것을 원칙으로 했다.
   단, 표기법과 다르지만 대부분의 매체에서 통용되는 경우 그에 따랐다.

2. 지은이의 주는 번호를 붙여 해당 글에 후주로 실었으며,
   옮긴이의 주는 ●를 붙여 본문 중에 각주로 실었다.

3. 본문에 나오는 책 중 국내에 번역 출간된 것은 한국어판 제목과 원제를 병기했고,
   출간되지 않은 것은 원제와 직역 제목을 병기했다.

4. 본문에서 성경을 포함한 인용문은 옮긴이가 번역한 것이다.

5. 문장 부호는 다음의 경우에 맞춰 달리 표기했다.
   『 』: 단행본, 장편, 작품집
   「 」: 논문, 단편, 중편, 시 제목
   〈 〉: 곡명, 영화 제목, TV 프로그램 제목
   《 》: 신문, 잡지

서문

그 어느 때보다도 지금 더 중요한, 이성의 목소리

엮은이 | 러셀 블랙포드·우도 슈클렝크

우리 두 사람은 왜 이 인문주의적 사유들을 책으로 만들었나? 왜 과학자, 철학자, 과학소설 작가, 정치 활동가, 대중적 지식인 50명에게, 인간을 지켜보는 전지전능하고 선하고 사랑으로 가득 찬 신은 없다고 확신하는 개인적인 이유를 글로 써달라고 부탁했는가?

그 대답은 매우 간단하다. 인류 역사의 이 시점에서 이성의 목소리가 사람들의 귀에 들어가야 한다고 생각했기 때문이다. 지금 종교적 광신주의는 인문적 이데올로기 및 그와 대립하는 종교적 이데올로기 각각의 장단점에 대한 논의를 막는 데 그 어느 때보다도 성공한 것으로 보인다. 다문화 사회에서도 마찬가지다. 종교를 비판하는 책의 저자와 삽화가들은 걸핏하면 종교적 광신자들로부터 살해 위협을 받는다. 한 주 한 주 지날 때마다 이성의 촛불을 켜두기가 더 힘들어지는 것 같다. 그 같은 종교적 근본주의에 올바르게 반응하려면 그런 불관용不寬容을 받아들이지 말아야 한다. 그런데도 관용

없는 이데올로그들의 가르침을 '존중'해주는 것이 요즘의 대세인 것 같다(독일어권의 독자라면 헨리크 브로더Henryk Broder의 견해를 비교해볼 수도 있겠다). 철학자 로라 퍼디Laura Purdy를 비롯해 이 책에 기고한 다른 필자들이 주장하듯이, 종교적 이데올로기와 그들을 대변하는 로비스트들이 우리의 개인적인 자유를 슬금슬금 침해해 들어올 때는 목청 높여 발언해야 한다.

이 글을 쓰는 지금 UN 차원에서는 새로운 개념인 '종교 명예훼손죄'라는 위험한 생각에 국제법 적용을 받게 하려는 시도를 구체적으로 진행하고 있다. 이 시도가 성공한다면 종교 교리에 대해서나 종교를 토대로 하는 개인 인권의 억압, 시시때때로 종교와 문화라는 방어막 뒤에서 행해지는 잔혹 행위들을 비판하기가 더욱 힘들어질 것이다. 명예훼손죄는 개인의 생명이나 경력을 파괴할 수 있는 침해로부터 개인을 보호하기 위한 것이지, 신앙체계를 보호하거나 그들의 이름으로 행해진 악행이 폭로되지 못하게 막기 위해 존재하는 것은 아니다. 종교적 도그마와 조직은 마땅히 두려움 없는 비판이나 풍자의 과녁이 되어야 한다.

안타까울 정도로 명백한 사실, 즉 황제가 정말 벌거벗었다는 사실은 확실하게 선언될 가치가 있다. 세계의 종교들이 정치적인 영향력을 행사하고 있기는 하지만 신이 존재한다고 믿을 만한 타당한 이유는 없고, 종교 이데올로기를 신처럼 정체불명인 존재의 권위에 의거해 우리 행동을 지시하는 공리로 받아들이지는 말아야 한다. 다른 이데올로기가 그렇듯이 종교적인 가르침과 정치적인 입장도 철저한 비판적 분석을 거쳐야 한다. 관념의 시장에서 치르는 경쟁은 공정해야 한다. 어떤 종류의 종교적 관념도 특별 대우를 받아서는 안 된다.

인간의 본성을 생각한다면 리처드 도킨스Richard Dawkins가 지극히 적절하게 묘사한 '만들어진 신'에 반대하는 역풍이 불 것이라고 예상할 수 있다. 도킨스, 크리스토퍼 히친스Christopher Hitchens, 샘 해리스Sam Harris, 오스틴 데이시Austin Dacey, 다니엘 데닛Daniel Dennett, 그 밖의 다른 저자들은 영향력도 크고 대부분 베스트셀러인 저서에서, 왜 신을 믿으면 안 되는지, 다른 모든 조건이 동일하다는 가정 아래서는 그런 신념이 왜 십중팔구 이익보다는 해를 더 많이 끼치는지, 그 이유를 개괄적으로 서술했다. 그들은 동양의 차르바카,• 서양의 에피쿠로스Epicuros 학파를 비롯한 고대 사상으로부터 버트런드 러셀Bertrand Russell 같은 인물에 이르는 명예로운 전통을 따라 종교 및 그것들이 우리의 삶에 강요하는 권위를 비판한다. 우리는 이 책을 그런 경탄할 만한 인문주의의 오랜 전통에 바치는 헌정으로 여긴다.

거의 누구나 신이 존재할 가능성에 대해 진지하게 생각해본다. 신이 제시하는 거래 중의 일부는 유혹적으로 보이기도 한다. 지나치게 유혹적인지도 모른다. 제정신을 가진 사람이라면 진심으로 영생을 거절할 수 있을까? 낙원에서 누리는 영생과 지상에서 겪는 고난을 바꾸지 않겠다고 할 사람이 있을까? 그런데 있다, 무신론자가 바로 그런 사람이다. 우리는 협상 테이블에 올라온 거래를 거부한다. 이는 영생이 나쁜 것이라고 믿기 때문이 아니라, 겉보기와 다르게 그 거래가 투명하지 않다는 것을 알기 때문이다. 우리는 영생의 증거가 없다는 불편한 사실을 결코 간과하지 않는다.

그러므로 우리는 이 책의 필자들과 같은 사려 깊은 사람들에게

• 차르바카(Carvakas) 고대 힌두 사상 가운데 철학적 회의주의와 종교적 무관심을 중심 교의로 삼는 학파.

서문 21

"지금 당신은 왜 무신론자인가? 사랑이 가득하고 전지전능하며 이 우주를 창조하고 지금도 우리를, 전혀 완벽하지 않은 피조물들을 지켜보는 신이 없다고 확신하게 만든 것은 무엇인가?"라는 질문을 던져볼 만하다고 생각했다. 그리고 이에 대한 응답으로 독창적이고 매우 개인적이기도 한 놀라운 이야기들을 들었다. 예상할 수 있듯이, 이 답변들은 일부 이슈에 대해서는 입장을 같이하지만, 이슈에 따라 전혀 다른 입장을 나타내기도 한다.

우리 엮은이들은 필자들에게 어떤 당파적 노선을 취하라고 강요할 힘도, 그럴 마음도 없었다. 우리는 모두 한목소리로 교황에게 복종하는 바티칸이 아니다. 엮은이들 외에도 50명의 필자는 저마다 입장이 매우 달랐다. 그들 가운데 아무도 아브라함의 신이나 또 다른 어떤 신의 존재를 인정하지 않는데, 그들의 공통점은 그것뿐이다. 어떤 사람은 모든 종교에 대해 공공연히 적대적이지만, 자유주의적 신학자들과 공통된 근거를 찾아보고 싶어 하는 사람들도 있다. 그들의 글에서도 알 수 있듯이, 일부는 무신론과 무신론자라는 단어를 사용하기를 매우 조심스러워 한다. 수많은 사회적 맥락에서 원치 않는 함의를 전달할 수 있기 때문이다. 하지만 우리의 목표는 다양한 목소리와 개인적인 경험들을 통해 일신교들이 수천 년 동안 인류에게 선전해온 종류의 신을 믿지 않을 완벽한 이유가 있음을 보여주는 데 있다.

우리가 의미 있는 삶을 사는 문제에서, 신의 부재가 곧 바다에서 조난당한 것처럼 방황한다는 것을 뜻하지는 않는다. 피터 싱어Peter Singer가 말했듯이, 윤리적인 삶을 살기로 한 사람들은 세속적 윤리에서 얻을 것이 많다. 따라서 과학이 발달하지도 않은, 야만적으로 살던 시절에 생겨난 인간의 상상력의 산물인 성서나 코란 같은 자료에서 지침을 구할 필요는 없다. 근대 과학은 지난 시대에 전능한 신에게 황송해하면서 물어보던 거의 모든 문제에 '대답했다'. 과학은 물론 앞으로 나아가면서 계속 새로운 질문을 던지지만, 물리학이나 생물학의 진정한 첨단 이슈들은 우리 선조들이 자문하던 질문들로부터 이제 까마득히 앞서 있다.

이제는 신 없이, 또는 신의 해석자인 사제들이 중간에 끼어들어 우리의 결정을 가로채는 일 없이, 우리가 스스로의 운명을 떠맡고 책임질 때다. 이 책에 모인 목소리들은 이런 문제에 대해 제안할 이야기가 무척 많다.

참고 도서

- Broder, Henryk M., *Kritik der reinen Toleranz* (Berlin: W. J. S. Verlag, 2008).
- Dacey, Austin, *The Secular Conscience: Why Belief Belongs in Public Life* (Amherst, NY: Prometheus Books, 2008).
- Dawkins, Richard, *The God Delusion* (London: Bantam, 2006).
- Dennett, Daniel C., *Breaking the Spell: Religion as a Natural Phenomenon* (New York: Viking Penguin, 2006).
- Harris, Sam, *The End of Faith: Religion, Terror and the Future of Reason* (New York: W. W. Norton, 2004).
- Harris, Sam, *Letter to a Christian Nation* (New York: Vintage, 2006).
- Hitchens, Christopher, *God Is Not Great: How Religion Poisons Everything* (New York: Hachette, 2007).
- Russell, Bertrand, *Why I Am Not a Christian and Other Essays on Religion and Related Subjects* (London: George Allen and Unwin, 1957; repr. London: Taylor and Francis, 2004).
- Singer, Peter, *Practical Ethics* (Cambridge: Cambridge University Press, 1993).

제1부
믿을 수가 없군!
— 논리적으로 신의 존재를 의심하는 사람들

악과 나

그레고리 벤포드(Gregory Benford)
미국의 천문학자이자 과학소설 작가이며, 캘리포니아 대학교 어바인 캠퍼스의 물리학 교수다. 소설을 써서 여러 상을 받았는데, 『시간탈출(Timeescape)』로는 네뷸러상을 받은 바 있다. 『위험한 생각들(What is Your Dangerous idea?)』과 『낙관적 생각들(What Are You Optimistic About?)』 등에 자신의 생각을 실었다.

철학적인 입장이라면 다들 그래야 하듯이, 모든 것은 경험에서 시작되었다. 현실과의 마찰을 감당할 수 없다면 관념이 무슨 가치가 있겠는가?

어머니는 앨라배마 주 남부의 로버츠데일 고등학교에서 영어를, 아버지는 농업을 가르치셨다. 아버지가 제2차 세계대전에 참전했던 3년간을 제외하면 그랬다. 쌍둥이 형과 나는 1941년에 태어났고, 아버지가 계시지 않는다는 것을 느꼈다. 우리는 아버지가 집에 안 계셨던 이유를 1945년 8월, 그가 돌아온 뒤에야 알았다.

큰 파티가 열려 축하하던 일이 기억난다. 1980년대에 나는 아버지에게 그게 무슨 파티였는지 물어보았다. 나는 아버지가 자신의 귀환을 축하하는 파티였다고 말할 줄 알았다. 하지만 그것은 당시 히로시마에 폭탄이 떨어졌고, 일본 침공 작전에 나가지 않아도 된다는 것을 알았기 때문에, 그 사실을 축하하는 파티였다. 사람들이 많이 죽어가고 있었지만, 로버츠데일에서는 파티를 열었다. 삶은 그런 식이었다. 항상 그랬다.

아버지는 프랑스 전역과 벌지 전투에서 야전 포병대의 관측 장교로 싸웠고, 독일 전국을 지나 오스트리아까지 갔다. 아버지는 자기 대대에서 처음부터 전쟁이 끝날 때까지 살아남은 유일한 관측 장교였던 모양인데, 나는 그것이 농장에서 자라면서 길러진 농촌 소년의 현장 적응 능력 덕택이 아니었을까 생각한다. 아버지는 1945년에 교직으로 돌아갔고, 전국 규모의 농업 트레이닝 프로그램을 개발했다. 그러다가 1948년에 냉전이 시작되자 예비군 출신이었으니 정기적으로 호출되었고, 그 기회를 활용해 전쟁 기간 중에 잠시 엿본 군대의 세계로 자리를 옮겼다. 우리도 아버지와 함께 갔다. 처음에는 오클라호마 주의 포트 실 훈련소(1967년 퇴역할 때 아버지는 그곳의 소장이었다), 그다음 1949~1951년에는 일본으로 갔다. 축복받은 미국을 넘어 세계로 나아간 것이다.

아버지는 맥아더의 참모부에서 근무했으며, 우리는 힘들고 이상한 온갖 다양한 일본 생활, 길거리에서 공산주의자들이 벌이는 시위와 고작 몇 킬로미터 떨어진 논에서 수천 년 동안 변하지 않은 방식으로 일하는 농부들을 보았다. 미군 기지의 복합 주거 단지에 살던 형과 나는 밤에 침대에 누워, 침입하려는 공산주의자들에게 해병 대원들이 사격하는 소리를 들었다. 어느 날 아침, 우리는 새벽도 되기 전에 집을 빠져나가 해병 대원들이 논에서 시체를 끌어내는 것을 보았다. 나는 세상이 햇빛 밝은 앨라배마에서 알던 것보다 훨씬 더 크고 거칠고 어둡다는 것을 깨달았다.

냉전이 심화되자 1952년에는 그 차가운 바람이 우리 가족을 애틀랜타로 밀어 보냈고, 그뒤 1954년에는 독일로 보냈다. 나는 그곳에서 큰 사건, 사상 최대의 전쟁이 저지른 어마어마한 파괴력과 그 후유증인 고통을 보았다. 그것은 내가 자라온 통합교회파의 테두리를 벗어나게 만든 충격이었다. 부모님은 두 분 다 확고한 종교적 신앙을 갖고 계셨다. 형과 나는 교회의 복사服事였고, 1954년에는 공식적인 의식을 치르고 인증받았다. 하지만 파괴된 땅에서 겪은 경험은 신정론神正論에 대해, 또는 악의 문제에 대해 점점 더 많이 생각하게 만들었다. 신이 전지전능하며 무한히 자비롭다는데, 왜 선한 사람들에게 나쁜 일이 생기는가?

이것은 당신 앞에 갑자기, 아무 이유 없이 열릴 수 있는 '지옥의 입'이다. 이에 대한 고전적인 대답이 세 가지 있다. 우리는 신의 정의正義가 무엇인지 모르지만, 그런 것이 교훈일지도 모른다. 아니면 우리가 알지 못하는 사이에 죄를 범했는지도 모르니, 그에 대해 벌을 받는 것이다. 아니면 진정한 자비는 인간이 알 수 있는 범위를 벗어난 것인지도 모른다. 킹슬리 애이미스Kingsley Amis의 소설 『The Green Man초록색 남자』에는 이런 이슈를 다루는 결정적인 장면이 있다. 목욕을 하고 있는 어떤 남자 앞에 악마가 나타나서, 그저 인간은 진정한 이슈를 전혀 이해하지 못한다고 말한다. 신이 고통을 중단시키지 않는다면 그는 잔인하고, 멈출 수 없다면 그는 약하다. 하지만 신과 악이 벌이는 게임은 우리가 알 수 있는 것보다 더 복잡한지도 모른다. 어쩌면 그리스도는 아무 목적도 없이 십자가에 못박혀 고통을 당했는지도 모른다. 아니면 그 역시 그것이 인간에게 조금이라도 도움이 될 것이라고 생각하도록 속았는지도 모른다.

그리고 자유의지 논쟁이 있다. 자유롭기 위해서는 잘못을 범할 수 있어야 하는데, 그게 문제다. 성서는 신의 뜻이 실현되는 일로 가득하다. 비록 그것들이 대부분 유대인을 보호하거나 그들의 적을 죽이기 위해 개입하는 일이지만. 그런데 끝없는 처형, 만행, 나치의 홀로코스트가 일어날 때는 왜 신이 그처럼 개입하지 않았는가? (TV에 출연한 어느 전도사는 최근에 홀로코스트가 유대인들을 이스라엘로 돌려보내기 위한 신의 방법이었다고 주장했다.) 그리스도교는 천국이라는 개념이 있어야 악의 존재를 설명하고 그것을 보상할 수 있지만, 그저 시간의 종말이 오면 그 같은 고통도 괜찮아질 것이라고 믿을 수 있을까?

또 천국은 과연 어떤 곳일까? 죄를 범할 수 없거나(자유의지가 없는 곳) 죄를 범하고 싶어지지도 않는 곳이다.

하지만 10대이던 나는 그런 것을 받아들일 수 없었다. 천국이 고통을 위한 보상으로 만들어졌다면, 왜 천국이 올 때까지 기다리는가? 왜 우리를 지금 바로 신과 어울리는 동반자로 만들지 않는가? 즉, 천사 같은 존재로 말이다. 이 생각은 더 어렸을 때 나를 무척 괴롭혔다. 본질적으로 죄인이며 죽지 않을 수 없는 존재인 인간이 천국에서 영생을 얻고 지상의 삶과의 연속성이 인정된다면 천국에는 어찌하여 죄가 없는가. 거기에는 자유의지가 없는가? 나는 도스토옙스키의 글을 읽고, 그도 똑같은 걱정을 했음을 알았다. 그것은 단편 「우스운 자의 꿈」에 강력하게 표현되어 있다.

결론적으로 나는 신은 무능하거나 악하고, 아니면 그냥 신은 없다고 생각하게 되었다.

이 문제는 이런 식으로 1990년대까지 계속되었다. 무엇보다도 죽음의 현실과 사랑하는 사람들을 잃는 경험은 최고의 감사와 질서로 가득하던 삶에도 구멍을 낸다. 아내인 조안이 2002년에 세상을 떠났다. 나는 그녀가 죽은 지 이틀 뒤에 쓰러졌고, 그녀에 대한 추모 행사의 자세한 일거리들을 아이들에게 떠넘겼다.

시간이 흐른 뒤, 어느 날 정오 무렵 라구나 비치의 길거리에 볼일을 보러 나왔다가 우리 집을 보면서 조안의 일정에 대해 생각했다. 그녀가 지금쯤 어디 있을 것이며, 만나서 점심 식사를 함께할 수도 있겠다고 생각하다가, 갑자기 그녀가 이제 어디에도, 이 우주에는 더 이상 없다는 사실을 알았다. 그런 순간에 삶의 엄청난 무게가 해머처럼 우리를 때린다. 나는 믿음의 상실이 주는 감정의 결론을 깨달았다.

삶은 내게 계속 해머질을 해댔다. 석 달 뒤에 아버지가 돌아가셨다. 어머니는 신앙의 힘으로 계속 버티셨다. 두어 달 뒤 어머니와 함께 내가 자란 앨라배마의 페어호프를 지나가고 있을 때, 그 소식을 듣지 못한 옛 친지를 만났다. 그는 아버지의 안부를 물었고, 어머니가 활기찬 목소리로 말했다. "아, 그는 천국에 있어요." 하지만 나는 그 아래서 어떤 어둠을 들을 수 있었다. 2년 뒤에는 어머니도 돌아가셨다. 사실 어머니는 염증이 생겼지만 이를 고의로 숨겼고, 의사가 처방해준 항생제를 맞지 않겠다고 버티다가 한 주일도 안 되어 패혈증으로 숨졌다. 나는 어머니가 아버지에게 가고 싶었던 것이라고 믿는다.

모든 종교에는 죽음 뒤에도 뭔가가 계속 살아남는다거나 부활한다는 내세 이론이 있다. 그것이 바로 인간이라는 것의 정수精髓라고 해석되곤 한다. 신앙의 힘은 흔들릴 때가 많으므로, 자신이 틀림없이 유일하게 진실한 종교를 갖고 있다고 믿어야 한다. 다른 종교인들은 이쪽으로 개종해오거나, 그렇지 않으면 지옥에 가야 한다는 것이다.

하지만 신앙에 대한 더 큰 적은 의심이 아니라 무관심이다. 유럽에서는 '신앙의 바다'가 서서히 물러나고 있다. 매슈 아놀드Matthew

Arnold는 「도버 해변Dover Beach」에서 그 바다의 썰물에 대한 비탄을 표현했다.

과학자가 되면서 나는 우리 사이에서 종교가 얼마나 큰 힘을 갖는지 가늠하는 방법 여러 개를 알게 되었다. 진화는 다층적이거나 집단적인 차원의 선택을 통해 우리에게 개인을 희생시키고 집단에게 이익이 되는 본질적인 유전자를 여러 가지 주었다. 어떤 것들은 사회적 종種에게 필수적이다. 관용, 도덕적 절제, 그리고 그럴듯하게도 종교적 처신의 토대를 이루는 유전자 등이 그렇다. 물론 자연 선택을 한 개인이 살아남거나 더 많은 자손을 번식시키는 데 기여하는 행위만 선호하는 것처럼 여기는 관점으로는, 본질적인 유전자들의 특질을 설명하기가 무척 어렵다. 설명되지 않는 것은 아니지만 말이다.

그러므로 이제 나는 악은 해결되어야 하는 문제가 아니라고 믿는다. 그것은 우리 세계의 한 가지 특징일 뿐이다. 많은 사람들은 신이 없어지면 의미 있는 삶을 살 수 없는지도 모른다. 하지만 지금 나는 신이 없어도 행복하다. 우주는 어둡고 비극적인 장소다. 우주에 대한 우리의 경험은 우리를 사랑한다고 주장하는 신이 그것을 더 복잡하게 만들지 않을 때 더 잘 이해된다.

대답 없는 기도

크리스틴 오버롤(Christine Overall)
캐나다 온타리오 주 퀸스 대학의 철학 교수이다. 『우리는 왜 아이를 갖는가(*Why Have Children?*)』와 『평균수명 120세 축복인가 재앙인가(*Aging, Death, and Human Longevity: A Philosophical Inquiry*)』가 국내에 소개되어 있다.

깜깜하게 어두운 밤, 시골 목조 주택 안이다. 나는 이층 침대 위쪽에 놓인 슬리핑백 안에서 고치 속의 번데기처럼 누워 있다.

손을 내밀어 눈앞을 더듬어보아도 아무것도 볼 수 없다. 주위에 보이는 것이라고는 하나도 없다.

눈이 먼다는 것은 내게는 항상 공포였다. 어둠은 무서웠다.

소리를 지르지 않으려고 애를 썼다. 동시에 나는 무서워한다는 게 부끄럽고, 창피스럽고, 변명을 하고 싶어진다. 원래 아홉 살 난 다 큰 여자아이는 어둠을 무서워하지 않아야 하는데…….

내가 아는 한, 이 오두막의 다른 캠핑객들은 무서워하지 않는다. 다른 여자아이들이 혹시 나처럼 절박한 기분을 느끼면 손전등을 켜 두면 된다. 그러나 캠프가 시작된 지 처음 이틀 동안 너무 자주 켜는 바람에 손전등의 건전지가 닳아버렸으니, 도시 근교 출신인 아이가 태어나서 처음으로 시골의 완벽한 어둠을 마주한 것이다.

그래서 나는 신에게 도와 달라고 기도한다. 영국 성공회가 세운 이 아동 캠프에 처음으로 참가한 캠핑객으로서, 낮에 듣고 본 것은 모두 신이 나를 사랑하고 도와주리라는 이야기였다. 신은 아이들의 기도에 대답하고, 그와 똑같이 어른들의 기도에도 응답한다. 무엇보다도 신은 어른들보다 아이들을 더 좋아한다고 했다.

내가 집에서 배운 것들도 거의 대부분 그런 생각에 힘을 실어주었다.[1] 나는 세 살 때 주기도문을 배웠다. 침대 앞에 무릎을 꿇고 앉아 크리스토퍼 로빈• 스타일로 얼굴 앞쪽에서 손을 깍지 꼈다.

이제 나이가 들었으니 나는 언제 어디서나 신에게 말할 수 있다는 걸 알고 있다. 무릎을 꿇거나 손깍지를 낄 필요가 없다. 그래서 매일 밤 불을 끄고 나면 내 머릿속의 신과 이야기한다.

하지만 매일 밤 기도를 올리고 무서움을 느끼는데도 아무것도 변하지 않는다. 어떤 음성도 시커먼 어둠 속에서 내게 위안의 말을 걸어주지 않았다.

그렇기는 해도 나는 그 자리에서 직접 응답이 오기를 기대하지는 않는다. 자애로운 어둠을 두려워할 만큼 어릴지는 몰라도, 우주의 힘이 하늘에서 내게 말을 걸어주리라고 짐작할 만큼 비합리적이지는 않았으니까. 나는 종교 교육을 받는 동안 어딘가에서 신이 인간들의 청원을 직접 들어주지는 않는다고 배웠다. 나는 이 주장을 현실로 받아들였다.

문제는 신이 간접적으로도 응답하지 않는다는 데 있었다. 기도를 올렸는데도 주위 환경이 변한 것은 하나도 없었다. 내 손전등의 건전지가 기적에 의해 충전되지도 않았다. 내가 어둠 속에서 볼 수 있

• 크리스토퍼 로빈(Christopher Robin) 동화 '아기곰 푸우'에 나오는 소년 이름.

게 된 것도 아니고, 신이 오두막에 조명 시설을 해주지도 않았다. 또 무섬증을 없애주거나 위안해줄 친구들을 보내주지도 않았다.

매일 밤은 여전히 어두워, 나는 눈이 먼 것 같은 기분이고 겁에 질린다. 저 바깥에 나를 잡아가려고 뭔가가 기다리고 있는지도 모른다.

하지만 나는 아홉 살짜리가 할 수 있는 최대한으로 신의 무반응을 받아들였다. 어쨌든 신은 나를 위해 다른 계획을 세워두었는지도 모른다. 이 경험은 내가 나쁜 행동을 한 데 대한 벌로 주어진 것인지도 모른다. 너무 말이 많았거나, 너무 뻔뻔스럽게 굴었거나, 심술궂은 표정을 지었거나, 오빠와 싸웠거나……. 너무 믿기 힘든 가정이지만, 내가 느끼는 공포감과 겁이 날 더 강한 아이로 만드는 데 기여하는지도 몰랐다.

사실 독실한 신자가 이 글을 읽는다면, 단순하고 경건한 기도가 내게 도움이 되었을 거라고 주장할 수도 있다. 세상에는 내가 느끼는 어둠에 대한 공포보다 훨씬 더 심한 재앙을 재구성한 이야기들이 많이 돌아다닌다. 가령 미국인 랍비 제이 로젠바움Jay Rosenbaum은 2001년 9월 11일 세계무역센터 테러가 일어난 뒤, 뉴욕 시의 그라운드 제로에서 기도회를 열었다. 그는 즉흥 설교에서 이렇게 말했다.

"우리의 임무는 저곳의 참상만이 아니라 여기서 일어나는 헌신을 보는 데 있습니다."

그는 골격만 남은 한쪽 건물의 잔해를 가리킨 다음, 주위에 있는 먼지투성이인 채 탈진한 구조 작업자들을 돌아보면서 말했다.

"저는 이런 헌신이야말로 할 만한 가치가 있는 행위라고 생각합니다."[2]

분명한 것은 단순히 심리적인 생존 전략으로서의 기도 행위는 효과가 있다는 것이다. 9월 11일 같은 재난을 당했을 경우나 다른 상황에서도 모두 그렇다. 어린 시절에 기도할 때, 적어도 내가 곤경에서 벗어나기 위해 스스로 뭔가를 하고 있다는 기분이 든 것은 분명하다. 또 설사 착각이었을지는 몰라도, 누군가 이야기할 상대가 있다는 기분도 들었다. 어쨌든 신의 신성한 사랑만으로도 지상의 모든 고난에 대한 보상이 된다는 거니까.

하지만 기도라는 의식을 합법화해 주는 개념 틀은 뭔가 어색하고 거꾸로 된 것 같다. '그냥 이야기하는' 종류의 기도와 별개로 대부분의 기도는 어떤 것을 일어나게 해달라거나 일어나지 않게 해달라는, 또는 뭔가를 달라고 하거나 빼앗기지 않게 해달라는 요청이며 간청이기도 하다. 하지만 기도에 응답이 있는 경우는 극소수뿐인 것 같다. 승리를 기원하는 두 축구 팀 가운데 소원을 이루는 것은 한 팀뿐이다. 상충하는 두 종교 세력이 서로 지배 종교가 되기를 기도해도 성공하는 것은 하나뿐이다.

사실 캠핑에서 내가 겪은 일은 확실한 신의 편애를 일찌감치 맛보게 해준 사례였다. 응답 없는 신에게 기도하다 보니 도움을 받지 못하는 허약한 내 처지를 실감한 것이다. 나를 도와줄 어른은 없었다. 가까운 데 있는 유일한 대리 어른인 열여섯 살짜리 카운슬러, 그리고 가장 멀리 있는 어른인 신™인 아버지는 어둠 속에서 겁에 질린 어린 여자아이에게 관심을 갖지 않았다.

도대체 어떤 선한 목자라는 사람이 자기 양 떼 중에서도 제일 어린 양의 간청을 무시하는가? 어른이 아닌 아이들은 흔히 물질적이거나 비물질적인 물품과 혜택이 고르게 분배되지 않으면 금방 알아차린다. 아이들은 몇몇 사람이 거의 모든 것을 차지하는 반면, 아무것도 갖지 못하는 사람들도 있다는 사실을 일찌감치 알고 있다. 나도 분명하게 세계에서 불의가 행해지는 것을 꾸준히 감지해왔다. 성장하면서 인간들이 겪는 불행이 어느 정도인지 깨달으니 고통스러웠다. 산타클로스가 모든 아이가 아니라 일부 아이들만 찾아간다는 것이 분명해졌다. 사실 나는 먹을 것조차 부족한 사람들이 있다는 사실을 알고 있었다. 그들에 비해 내 가족이 그런 것을 누릴 자격이 더 있다고는 생각되지 않았으므로, 우리를 지배하는 운명이 상당히 제멋대로가 아닌지 심히 걱정되었다.

신이 개입한 사례들 가운데 가장 존경받는 것들에도 그와 비슷하게 한결같지 못한 내용이 많다는 것도 알았다. 신의 아들인 예수(어떤 신비스럽고 설명할 수 없는 방식으로 신 본인과 동일하다고도 말해지는 존재)는 어떤 사람들은 꾸준히 도와주었지만, 다른 사람들에게는 그렇게 하지 않았다. 그는 어떤 결혼식에서는 물을 포도주로 바꾸었지만, 모든 결혼식에서 그렇게 한 건 아니다. 그는 라자로를 무덤에서 일으켰지만, 다른 시체들은 여전히 차갑게 내버려두었다. 그는 한 무리의 군중을 위해서는 빵과 물고기의 양을 늘려주었지만, 다른 군중에게는 그렇게 해주지 않았다.

아이들은 좋은 것들을 분배할 때 어른들이 공평하고 올바르게 처리해주기를 기대한다. 또 어른들이 어떤 아이를 희생시키고, 그 대신에 다른 아이를 도와주는 것을 바라지 않는다. 그렇다면 신과 그의 신성한 아들은 얼마나 더 불공정해지겠다는 건가? 원래 신은 나쁜 아이들까지도 모두 사랑하도록 되어 있는데…….

이런 성서 이야기에 대해 곰곰 생각하다가 나는 점차 예수의 행동이 그의 아버지 하느님의 의도, 계획, 가치에 대해 어떤 이야기를 해줄 것인지 자문했다. 은연중에 나는 어떤 행위를 신이 왜 했다고 하는지, 또 어떤 행위는 왜 하지 않았다고 하는지에 대한 심리적인 질문을 던지기 시작한 것이다. 또 신이 했다고 전해지는 선택을 한 것이 정당화될 수 있는지에 대한 도덕적인 물음도 던졌다.

성서를 읽으면 우리는 지상에서 신의 대리인인 예수가 아무 이유도 없이 사람들을 편파적으로 대했다는 교훈을 얻을 것 같다. 사람들이 이처럼 편파적으로 처신한다면 아이들에게 경멸당했을 것이고, 또 경멸당하는 게 마땅하다. 우주가 신에 의해 창조되고 다스려지는 것이라면, 나는 신이 원래 인간들 사이에 불평등이 존재하도록 정해놓은 모양이라고 결론짓지 않을 수 없었다. 개입하든 개입하지 못하든 어떤 쪽으로든 신은 제멋대로이고, 편견이 심하며, 심지어 변덕스럽고 쩨쩨하다는 비난도 면할 수 없다.[3]

내가 차례로 수집해서 여기 소개하는 불신앙의 사례는 철학자들이 악으로부터의 논의라고 부르는 그런 버전이다. 그 논의에 따르면, 신이 전능하다면 그는 세계의 고통을 바로잡을 수 있다. 사랑으로 가득하다면 그는 고통을 바로잡기를 원할 것이다. 신이 인간과 비인간들의 고통을 완화하기 위한 행동을 거의, 아니 전혀 하지 않는 것을 보면, 그는 전능하지 않거나 사랑이 부족한 것이다. 또는 둘 다인지도 모른다. 우리는 신은 완벽하지 않은 존재임이 분명하며, 전통적으로 신의 것으로 치부해온 결정적으로 신적인 속성들을 적어도 하나(아마 그 이상)는 결여하고 있다고 생각하지 않을 수 없다. 특히 그리스도교적인 신은 정의 감각이 없다는 사실을 점차 깨달았다.

어둠 속에서 내가 올린 기도에 아무런 응답이 오지 않았으므로, 나는 불공정한 신에 만족하기보다는 이를 악물고 고통을 참더라도 신은 없다고 결론짓는 편이 좋겠다는 생각을 처음 가졌다. 불공정한 신은 능력도 유한하고, 선함을 인간에게 베풀어주는 방식도 제멋대로다. 적어도 내가 외롭고 겁에 질린 어린 소녀였을 때 기도했던 그런 종류의 신은 아니었다.

오늘, 퀸스 대학 철학과의 내 연구실 문에는 만화 한 장이 붙어 있다. 거기에는 어떤 남자가 침대에 누워 있고, 말풍선에 적힌 "안 돼!"라는 말이 그의 침실 천장을 통해 들리는 것으로 되어 있다. 이 만화의 캡션은 이렇게 쓰여 있다.

"그것이 그의 기도에 대한 응답이었다. 그가 기대하던 종류는 아니었지만, 어쨌든 대답은 대답이다."

최소한 그 남자는 대답을 얻었다. 아무리 예상치 못하고 환영할 수 없는 대답이었더라도 말이다. 하지만 아홉 살 때의 나는 내 기도에 대한 아무런 응답도 듣지 못했다.

내가 신을 믿지 않는 것은 이 때문이다.

주

1 Christine Overall, "Indirect Indoctrination, Internalized Religion and Parental Responsibility", Peter Caws and Stefani Jones, eds., *Religious Upbringing and the Costs of Freedom* (University Park, OA: Pensylvania State University Press, 2009).
2 Rick Hampson, "For Those Touched Most Deeply by 9/11, a Turning Point in Faith", *USA Today* (2008년 4월 18): 1A.
3 Christine Overall, "Miracles as Evidence Against the Existence of God", *The Southern Journal of Philosophy* 23/3 (1985), pp. 347~353; "Miracles and God: A Reply to Robert A. H. Larmer", *Dialogue* 36 (1997), pp. 741~752; "Miracles and Larmer", *Dialogue* 42 (2003), pp. 123~145.

신은 죽었는가, 아니면 사악한가?
—신의 도덕적 성격과 존재적 지위에 대한 성찰

존 해리스(John Harris)
영국 맨체스터 대학 법률대학원의 생명윤리학 교수이며, 과학·윤리·혁신연구소(The Institute for Science, Ethics and Innovation)의 소장이다. 또한 《의료윤리 저널(*The Journal of Medical Ethics*)》의 공동 편집장이며, 최근에 펴낸 책으로는 『*On Cloning*(복제에 관하여)』과 『*Enhancing Evolution*(진화를 고조시키다)』이 있다.

아버지는 내가 열두 살 때 돌아가셨고, 나는 하룻밤 새 무신론자가 되었다. 나에게 신은 악질이거나 죽었거나, 또는 두 가지 모두라는 사실이 금방 명백해졌다.[1] 그날 전에 내가 철학적인 질문에 대해 어떤 호기심을 가졌던 것 같지는 않고, 그 후에도 그런 질문에 대해 궁금해했던 적은 한 번도 없었다고 생각한다. 그 뒤 1년이 채 안 되어 어머니가 돌아가셨을 때, 어머니의 죽음이 신의 성격이나 존재 지위에 관해 추론했다고 해서 신이 내게 내린 심판이라는 생각은 전혀 들지 않았다. 그 사이의 기간에 신의 도덕적인 성격이나 존재 지위에 관해, 아니면 인간사에 신이 전적으로 무관하다는 것과 관련해 생각이 바뀔 만한 이유는 전혀 찾지 못했다.

이런 성찰들에서 나는 신의 존재에 반대하는 주장을 제기하거나,

동료인 새러 챈(Sarah Chan)의 여러 유익한 언급에서 도움을 받았다.

그들의 도덕적인 성격에 대한 비난 같은 것은 시도하지 않을 것이다. 그동안 이런 것은 넘칠 만큼 많았다. 나는 독자들에게 버트런드 러셀의 「나는 왜 그리스도인이 아닌가Why I Am Not a Christian」(같은 제목인 러셀의 논문선집에 실린 논문), 리처드 도킨스의 『만들어진 신The God Delusion』, 크리스토퍼 히친스의 『신은 위대하지 않다God Is Not Great』, 다니엘 데닛Daniel Dennett의 『주문을 깨다Breaking the Spell』에 관심을 가지라고 촉구할 것이다.[2]

바로 앞에서 거론한 굉장한 책의 저자들이 이미 그토록 많은 이야기를 했는데도 아직도 불신앙disbelief의 목소리가 더 들려야 하고, 믿지 않는 이유를 더 제시해야 한다니 좀 생뚱맞다. 이 책에 기고한 필자들에게 요청된 주제는 '왜 전지전능하고 선하며 우주를 관리하는 존재가 존재한다는 견해를 지지하지 않는지, 그것에 대한 당신의 설명'이었다. 내가 볼 때는 물음의 출발 지점이 믿음belief이 아니라 불신앙이어야 할 것 같다. 이유 없이 믿는 것은 이성적이지 않다. 뭔가가 사실이라고 생각할 이유가 존재하지 않는다면, 그게 사실이 아니라는 믿음 외에 달리 어떤 믿음도 가질 이유가 애당초 없는 것이다. 우리 모두가 믿을지도 모르는 것, 어쩌면 믿을 수 있는 것, 믿을지 말지 생각해보거나 그럴 가능성을 알아볼 마음을 먹는 것 등등 많지만, 내 경우에는 신과 초자연적인 존재가 그런 범주에 포함된 적은 한 번도 없다.

누군가가 그에게 '신의 존재에 대한 불가지론자가 아니라 왜 무신론자인가?'라는 질문을 하자, "누가 내 집 정원 땅속에 요정이 있다고 생각하냐고 묻는데, 나는 그 점에 관해 불가지론자라고 대답하지는 않습니다"라고 말한 사람이 조너선 밀러*였지 싶다. 뭔가가 사실이라고 믿을 충분한 이유가 없는 상황이라면, 그게 사실일

지도 모르고 아닐지도 모르는 게 아니라, 사실이 아니라는 것이 합리적인 결론이다. 믿을 수도 있는 환상적인 일은 너무나 많지만, 나는 한순간도 그것이 진실이라고 믿지 않는다. 그런 것이 진실이거나, 그럴 가능성이라도 있다고 짐작할 이유나 조금이라도 적절한 이유가 도무지 없기 때문이다. 신에 관해서는 확실히 그렇다. 세계가 기원전 4004년에 창조되었는지 아닌지라는 질문을 받을 때, 또는 지구가 우주의 중심인지 아닌지, 인간이 가장 단순한 생명 형태에서 유래하는 진화 과정의 일부분인지 아닌지 등의 질문을 받을 때, 합리적인 사람이라면 아무도 불가지론자가 되지는 않는다. 그 어떤 판단도 증거나 주장에 의거해서 수정될 수 있지만, 우리는 그렇게 해야 할 설득력 있는 이유가 없는 상황에서는 믿을 만한 충분한 이유가 도무지 없는 것들에 대해 불가지론자가 되지 않는다. 모든 사실적 증거가 어떤 것에 반대하고 그것을 지지하는 편은 전혀 없을 때, 합리적인 사람이라면 불가지론자가 되지 않는다. 어떤 종교는(그런 게 있는지 모르지만 모든 지혜로운 종교는 아마) 믿음은 믿음의 문제지 증거의 문제가 아니라고 규정하는데, 물론 사람들이 믿는 대상은 진리라고 믿기는 것에 대한 믿음이지 그것이 진실하다는 사실에 대한 믿음은 아니다. 무신론자가 합리성과 종교는 완전히 반대라고 생각하는 경향이 있는 것은 사실이지만, 종교인들은 믿는 것이 합리적이라고(의미 있다고?) 생각하는 경향이 있다.

내가 볼 때 '난 신이 있다고 믿지 않는다'와 '난 신이 없다고 믿는다'는 말에는 그리 큰 차이가 없다. 어느 한쪽이 더 단호하게 들리기

● 조너선 밀러(Jonathan Miller) 1934~. 영국의 연극 및 오페라 연출가, 작가, 방송인. 원래는 의사였다. 고전에 대한 혁신적인 재해석으로 악명이 높다.

는 하지만, 차이는 그런 정도다. 무신론은 신이 없다는 확정된 확신이다. 신의 존재에 대한 불가지론은 그 물음에 대해 결론을 내리지 못하는 태도다.

버트런드 러셀은 사후에 신 앞에 나가서 자신의 불신앙에 대해 설명하라는 요구를 받는다면 뭐라고 말하겠냐는 질문을 받았다. 내 기억에 따르면, 러셀은 이렇게 대답했다.

"'당신이 내게 두뇌를 주었고 모든 증거가 당신의 존재에 반대하는데, 내가 달리 무슨 결론을 내릴 거라고 기대했습니까?'라고 대답했으면 합니다."³

더글러스 애덤스*는 어리석은 믿음에 대해서도 우스운 말을 잘했다. 진실하고 까다로운 문제인데 사람들이 미심쩍은 설명으로 도발하자 더욱 그랬다. 「우주의 끝에 있는 레스토랑The Restaurant at the End of the Universe」의 첫 페이지에서 애덤스는 행성 빌트보들 6호Viltvodle 6에 사는 자트라바티드 종족The Jatravartid의 우주창조론을 이렇게 설명한다.

그 이야기는 아래와 같다.

태초에 우주가 창조되었다.

이 때문에 많은 사람들이 매우 화가 났고, 많이들 그것을 매우 잘못된 일로 여겼다.

많은 종족들은 일종의 신이 그것을 창조했다고 믿었는데, 빌트보들 6호 행성의 자트라바티드 종족은 전체 우주는 사실 '위대한 초록 아

• 더글러스 애덤스(Douglas Adams) 1952~2001. 영국의 작가, 극작가. 『은하수를 여행하는 히치하이커를 위한 안내서(*The Hitchhiker's Guide to the Galaxy*)』를 썼다.

클시저Great Green Arkleseizure'라는 존재가 재채기를 하는 바람에 출현했다고 믿는다.

위대한 흰 손수건Great White Handkerchief의 도래라고 부르는 순간이 닥칠까봐 영원한 두려움 속에서 살아가는 자트라바티드 종족은 푸른 색의 몸집이 작은 생물로, 각각 팔이 50개가 넘게 달려 있다. 매우 특이하게도 역사상 수레바퀴보다 먼저 에어로솔 탈취제를 발명해낸 유일한 종족이었다.

그러나 위대한 초록 아클시저 이론은 빌트보들 6호 행성 이외의 다른 곳에서는 별로 널리 받아들여지지 않는다. 그렇기 때문에 우주는 여전히 수수께끼 같은 장소이고, 다른 설명이 끊임없이 추구되고 있다.[4]

지구에 살고 있는 동료 인간 중에서 놀랄 만큼 많은 수가 현재 믿는 신들 가운데 어느 하나도 믿지 않는지 설명하라는 요구는 내가 위대한 초록 아클시저 이론에 대해 왜 회의적인지 설명하라는 것과 마찬가지다. 물론 이 유추類推는 귀류법과 유추의 요소를 모두 갖춘 논증적인 장치이기는 하지만, 직설적인 '논증argument'은 아니다. 그러나 '극화'의 한 예로 보면 될 이 이야기는 내가 증명의 책임burden of proof이 일방적으로만 부과된다고 생각하는 이유를 보여준다.

혹시 중요한 내용을 빠뜨렸을지도 몰라 리처드 도킨스의 『만들어진 신』을 다시 읽던 중에, 나는 증명의 책임 소재에 관해 버트런드 러셀이 제기하고 도킨스가 더욱 매끈하게 다듬은 주장을 다시 보아 반가웠다.

(종교의) 정통에 속하는 많은 사람들은 기존의 어떤 교조에 대해 이

야기하면서, 그것을 지지하는 교조주의자들이 그것이 참임을 입증하는 것이 아니라 그것을 반증해야 하는 임무가 회의주의자들에게 있는 것처럼 말한다. 물론 이것은 잘못이다. 내가 만일 지구와 화성 사이에 태양 주위를 타원형 궤도로 도는 도자기 찻주전자가 있다고 주장한 다음 그것이 워낙 작아서 최고 성능을 가진 망원경으로도 볼 수 없다는 세심한 설명을 덧붙인다면, 그 주장을 반증할 수 있는 사람은 아무도 없을 것이다. 하지만 거기서 그치지 않고, 내 주장이 반증될 수 없는 만큼 그것을 의심하는 것은 받아들일 수 없는 인간 이성의 억측이라고 덧붙인다면, 나는 헛소리하는 사람 취급을 받을 것이고, 이는 타당한 처사다. 그러나 만일 고대 문헌에서 그런 찻주전자의 존재가 긍정되었고, 일요일마다 그것을 신성한 진리로 가르치며, 학교에서는 아이들의 마음에 확고하게 주입한다면, 그 존재를 덥석 믿으려 하지 않는 것이 괴짜의 표시이고, 의심하는 자는 계몽된 시대에서는 정신과의사의 관심 대상이었을 것이며, 더 전에는 필시 종교재판관의 감시 대상이 되었을 것이다.[5]

하늘의 찻주전자라니, 정말 더글러스 애덤스에게 맞먹을 만한 아이디어다. 더 정확하게 말하자면, 애덤스의 탁월성은 버트런드 러셀을 연상시킨다. 리처드 도킨스는 계속 이렇게 말한다.

누가 내게 무신론자인지 물어보면, 나는 그에게 그 또한 제우스, 아폴로, 아몬 라, 미트라스, 바알, 토르, 보탄(오딘), 황금 송아지, 날아다니는 스파게티 괴물*에 관해서는 무신론자라고 지적하는데, 이것은 재미있는 전략이었다. 나의 무신론은 그들의 것보다 신 하나가 더 많을 뿐이다.[6]

모든 또는 거의 모든 종교인은 몇몇 신정정치 전통이 내세우는 신을 인정하지 않는다. 모든 신을 부정하는 것이 하나를 제외한 모든 신의 부정보다 더 급진적인가? 그럴 수도 있다. 하지만 몇몇 신에 대한 회의가 합리적이라고 인정하면, 전체 무신론에 반대하는 논의의 타당성이 약해진다. 그런 논의는 선호되는 믿음의 다른 증거에 따른 기초, 또는 이성적 기초를 지적하지 않을 수 없다.

더글러스 애덤스가 버트런드 러셀을 차용해온 부분도 칭찬할 만하지만, 애덤스는 『더크 젠틀리의 성스러운 탐정 사무소^{Dirk Gently's Holistic Detective Agency}』에서 하늘의 찻주전자에 어울릴 만한 다른 문명이 고안한 발명품인 전기 수도승^{The Electric Monk}을 소개해, 그것으로 믿음의 문제를 다룬다.

바위곶 높은 곳에는 전기 수도승이 지루해하는 말 위에 앉아 있다…….
전기 수도승은 노동 절약적인 장치로, 설거지 기계나 비디오 녹화기와 비슷하다. 설거지 기계는 지루한 접시를 대신 씻어주어 우리가 직접 설거지하는 수고를 덜어준다. 비디오 녹화기는 지루한 TV 프로그램을 우리 대신 시청해, 우리가 직접 시청하는 수고를 덜어준다. 전기 수도승은 우리를 대신해 어떤 것들을 믿어주며, 그럼으로써 점점 더 성가신 일이 되어가는, 우리가 믿을 것이라 예상되는 세상의 모든 것을 대신 믿어주는 임무를 수행한다.
운 나쁘게도 이 전기 수도승이 고장이 나서, 모든 것을 되는 대로 마

● 날아다니는 스파게티 괴물(FSM, Flying Spaghetti Monster) 미국의 바비 헨더슨이 캔자스 주 교육위원회에 낸 창조론 교육에 대한 항의 편지를 계기로 싹튼 네티즌들의 풍자적인 반그리스도교 운동.

구 믿기 시작했다. 심지어는 자기들이 솔트레이크시티를 믿기 힘들어졌다는 것도 믿기 시작했다. 물론 솔트레이크시티라는 것은 들어본 적도 없다. 또 이 계곡에서 유타 주의 그레이트 솔트레이크까지의 마일 수와 대략 같은 수인 퀸기길리언^{quingigillion}이라는 말도 들어본 적이 없다.

이 계곡에 무슨 문제가 있는가 하면, 이런 것이다. 그 수도승은 현재 계곡과 계곡 안에 있는 것, 그 주위에 있는 모든 것, 수도승 자신과 수도승의 말을 포함한 모든 것이 균일하게 분홍색으로 되어 있다고 믿는다. 이 때문에 어떤 사물을 다른 것과 구별하기가 상당히 어려워지고, 그리하여 뭔가를 행하거나 어디로 가는 일이 완전히 불가능하거나, 아니면 적어도 어렵고 위험해졌다. ……

수도승은 얼마나 오랫동안 이 이야기를 믿었는가?

글쎄, 수도승에 관한 한 그것은 영원이었다. 산을 옮길 만한 신앙^{faith}, 적어도 모든 증거가 그렇지 않은데도 산들이 분홍색이라고 믿는 믿음은 확고하고 결코 사라지지 않을 믿음이다. 뭐든 손에 잡히는 대로 그것에다 던져볼 수도 있지만, 그래봤자 꼼짝도 하지 않을 거대한 바위다.⁷

내 몫의 터무니없는 믿음을 대신 떠맡아주는 전기 수도승이 필요할 때가 많은데도 내 곁에는 그게 없으니, 내게 할애될 터무니없거나 기능 불량인 믿음을 내가 보기에는 훌륭한 기초 위에서 실용적으로든 지적으로든 최소한으로 제한하기로 나 혼자서 결정했다. 실용적으로는 그 분량을 줄이지 않으면 전기 수도승에게 해를 입히는 마비 현상이 올 것이고, 지적으로는 그렇게 하지 않으면 쓰레기가 넘쳐 내 마음에 달라붙을 테니 말이다.

별로 새롭지도 않은 나의 계명을 요약해보자. 소문이나 '신앙'만을 기초로 어떤 것을 믿는다는 의미의 믿음을 가질 만한 일반적인 타당한 이유(본질적인 이유)란 없다. 물론 우리가 사물을 대할 때 그 기반에는 모두 신뢰가 깔려 있다. 어딘가의 누군가가 그것들을 진실한 것으로 인정할 건전한 이유를 제시했고, 또 그런 건전한 근거가 설득력이 있다고 믿기 때문이다. 이는 그 기초가 이성으로 이해하고 인정할 수 있으며, 누구나 그것을 조사할 수 있고, 또 원칙적으로 그것들을 접하고 납득할 수 있다는 의미다.

믿기 위한 타당한 이유는 모두 까다로운 것들이고, 믿음을 지지하는 설득력 있는 지적 기초 및 그런 기초에 설득력을 부여해주는 증거와 논의의 결합을 요구할 것이다. 콘포드[F. M. Cornford]는 지난 세기가 끝날 무렵 이런 식으로 말했다.

"뭔가를 믿는 데는 오직 한 가지 논리만 있다. 그 외의 것들은 모두 아무것도 믿지 않기 위한 논리이다."[8]

위대한 초록 아클시저 이론에서 구약성서에 이르기까지 온갖 종교와 종교 이론들에서는 설득력이 있기는커녕 종교적 믿음을 선택할 그럴듯한 이유를 절반도 찾지 못했다.

나는 결론을 내리기 위해 종교적 믿음에 기인하는 존중이라는 문제에 대해 발언하고 싶다.

볼테르가 말한 것으로 추정되는 다음 발언에 대해, 문자 그대로는 아니더라도 그 정신에는 나도 동의한다. 그는 "당신이 하는 말에는 동의하지 않지만, 그 말을 할 수 있는 당신의 권리는 목숨을 걸고 옹호하겠다"고 말했다. 하지만 당신이 선택에 따라 말할 권리가 있고 믿을 권리를 가지고 있다고 인정하는 것들을 내가 **존중**해야 하는가?

여기서 우리는 개인에 대한 존중과 믿음에 대한 존중을 구별해야 한다. 개인에 대한 존중은 모든 인간은 귀중한 생명을 가졌으며, 그 생명 안에서 개인적인 삶의 관심사가 중요시된다는 점에서 동등하다는 생각의 일부다. 벤담Jeremy Bentham의 유명한 표현에 따르면 "모든 사람은 모두 한 표씩만 갖는다. 꼭 한 표뿐이다."[9] 하지만 한 표의 자격을 가지려면 그저 수적인 동등성 이상의 자질이 필요하다. 그 말은 표를 행사하는 사람은 도덕적으로 중요하다는 생각을 담고 있기 때문이다.

이 생각을 나는 인간의 존엄성이라는 기준에서 표현해보았다. 존 설스턴John Sulston과 함께 집필한 유전학에 적용되는 정의의 요건에 관한 논문에서, 나는 이렇게 주장했다.

유전적 형평성의 기초를 각 개인의 동등한 입지라는 생각에 두고, 각자가 누구와도 동일한 관심, 동일한 존중, 보호를 받을 자격이 있다는 생각(각자는 오직 그 자신에게만 해명하면 된다는 벤담의 공식)을 확립할 때, 우리는 무엇이 인간의 존엄성을 구성하며 무엇이 그것을 훼손하는지에 대해 더 명료하게 파악한다. 더 나아가서 이런 그림은 교훈적이며, 모든 도덕 원리가 해야 하는 그런 의미에서 행동을 지도한다. 이 견해에서는 인간의 존엄성이 공동체 안에서의 동등한 입지라는 기준에서, 또 권리와 이익에 대한 동등한 존중이라는 기준에서 표현된다. 벤담이 하는 말은 의미심장하게 적절한데, 두 가지 생각을 담고 있는 것 같다. 첫 번째는 동등한 계산이라는 생각이다. 한 사람이 1일 때 두 사람이 있으면 2가 된다는 식이다. 이 생각은 왜 항상 더 적은 인명보다는 더 많은 인명을 구하는 것이 도덕적인지를 알려준다. 모든 생명은 똑같이 중요하기 때문이다. 벤담의 두 번째 생각은 사람들이 숫자상으로만 문제가 될 뿐 아니라 더 절대적이고 실존적인 의미에서도 중요하다는 생각을 담고 있다. 그들은 무언가의 이유 때문에 중요하다! 간단하게 말해, 그들은 동등한 존엄성과 입지를 지니기 때문에 중요한 존재이고 중요시된다.[10]

이런 견해에서는 궁극적 가치라는 것의 의미는 곧 인간 공동체에서의 동등한 입지이며, 개인적 특질personhood 이론이 설명하려는 내용이기도 하다.[11] 하지만 개인적 특질은 무언가에게 중요하다는 말이 무슨 뜻인지에 대한 설명이기도 하다. 생명의 가치란 그것을 가진 사람은 누구나 궁극적으로 가치 있는 존재로 여겨지는 그런 궁극적 가치다. 하지만 이 가치에는 단순히 존재하기만 하는 것을 넘어서는 내용이 있다. 뭔가에게 중요하다는 것은 다음의 질문을 전제한다. 즉 무엇에게 중요한가? 내가 보는 개인적 특질의 설명에 따르면, 이 질문에 대한 대답은 이렇다. 인간은 자신의 존재가 스스로에게 중요하다는 것을 알기 때문만이 아니라 존재가 지속되는 것이 왜 중요한지, 또 중요한지 아닌지에 대해 견해를 갖기도 하는 그런 종류의 생물이기 때문에 중요하다는 것이다.[12] 그러므로 개인이 존중받을 자격을 갖는 것은 자신들이 의미가 있고 도덕적으로 중요하기 때문이다.

존중받을 만한 존재인 개인들은 도덕적으로 존중받을 권리를 갖지만, 개인들이 실제로 행하고 믿는 것은 존중받을 만한 것도 있고 아닌 것도 있다. 확실히 믿음은 그저 뭔가 때문에 중요한 존재, 그래서 존엄한 존재인 개인의 믿음이기 때문에 존중될 자격을 갖는 것은 아니다. 말하자면, 스스로 존중받고자 한다면 그 믿음은 존중받을 만해야 하고, 존중받을 자격이 있어야 한다. 최소한의 증거와 논의 기준을 충족시켜야 한다. 간단하게 말해 최소한의 그럴듯함의 요건을 채워주어야 하는 것이다.

인간 공동체 안에서 존중받을 만한 입지와 존엄성을 지닌 사람이 광적인 믿음을 가졌다고 해서 도덕적으로 중요하고 자격 있는 인물로서의 그의 지위가 위태로워지지는 않는다. 그러나 어떤 개인을 한 개인으로 존중한다는 것이 반드시 그의 신념 자체까지 존중한다는 뜻은 아니다.

하지만 누군가의 믿음은 아무리 광적인 것일지라도 다른 의미에서 존중될 자격이 있다. 믿음에 대한 존중이라는 것을 그런 믿음의 표현과 준수가 타인들의 중요한 이익을 무시하거나 그들의 권리를 위배하지 않는 한 한 개인이 가진 믿음을 형성하고 유지하고 표현할 자격이라는 의미로 여긴다면, 그렇다는 말이다.[13] 그럴 경우 물론 우리는 믿음에 대한 존중이라는 이 두 번째 의미에서 모든 사람의 믿음을 존중해야 할 것이고, 나는 확실히 그렇게 한다.

나 자신의 지적인 생활은 내가 신을 믿기를 중단한 때부터 시작되었다.[14] 나의 지적 상태가 어떻게 변하든 믿음이 살아남을 수 있다고는 믿지 않는다. 생각이란 본질적으로는 호기심이 많고 회의적이다. 그것은 "있는 그대로의 사물이 얼마나 근사한가?"라는 질문이 아니라 "그것들은 왜 그런 모습(상태)인가? 더 좋아질 수 있는가?"라는 질문에 관심이 있다.

종교는 본질적으로 볼테르가 묘사한 신성한 바보의 말을 따라 "모든 것은 가능한 세계 중에서 최상의 것인 이 세계에서 최선의 상태다"라고 말한다.[15] 합리성은 말한다, "우리는 더 잘할 수 있다." 우리는 확실히 그렇게 할 수 있다![16]

주

1 허구적인 인물들이 성격이나 속성을 갖고 있으며, 살아 있지 않다는 의미에서다(그들이 엄밀하게 말해 '죽은' 것도 아니라는, 죽지 않은 상태임을 인정하지만). 물론 다른 사고방식에서는 허구적인 인물은 '불멸'이다. 그러므로 나는 불멸의 신을 믿는 것일까?
2 Bertrand Russell, *Why I Am Not a Christian* (London: George Allen and Unwil, 1957); Richard Dawkins, *The God Delusion* (London: Bantam, 2006); Christopher Hitchens, *God Is Not Great: The Case Against Religion* (London: Atlantic Books, 2007); Daniel C. Dennett, *Breaking the Spell: Religion as a Natural Phenomenon* (Harmondsworth: Penguin, 2006).
3 러셀이 내 마음의 귀에 이런 말을 하는 것을 들을 수 있지만, 권위 있는 출처는 찾지 못했다. 한 가지 가능한 출처는 www.whyfaith.com/2008/08/24/not-enough-evidence/이다.
4 Douglas Adams, *The Restaurant at the End of the Universe* (London: PanMacmillan, 1980), p. 1.
5 Bertrand Russell, "Is There a God?", J. C. Slater and P. Köllner, eds., *Collected Papers* vol. 11 (London: Routledge, 1997); Dawkins, *The God Delusion*, p. 52에 인용됨.
6 Dawkins, *The God Delusion*, p. 53.
7 Douglas Adams, *Dirk Gently's Holistic Detective Agency* (London: Pan Books/Heinemann, 1988), pp. 3~4.
8 F. M. Cornford, *The Microcosmographia Academica* (Cambridge: Bowes and Bowes, 1908). 그가 실제로 한 말은 다음과 같다. "뭔가를 하는 데는 한 가지 주장만 있다. 그 외의 것들은 아무것도 하지 않는 것에 대한 주장이다." (p. 22)
9 J. S. Mill, Mary Warnock, ed., *Utilitarianism* (London: Collins/Fontana, 1962), p. 319. John Harris and John Sulston, "Genetic Equity", *Nature Reviews Genetics* 5 (2004), pp. 796~800도 볼것.
10 Harris and Sulston, "Genetic Equity".
11 Mary Anne Warren, *Moral Status: Obligations to Persons and Other Living Things* (Oxford: Clarendon Press, 1997)과 John Harris, *The Value of Life* (London: Routledge and Kegan Paul, 1985)를 볼것.
12 내 책 『*Violence and Responsibility*』 (London: Routledge and Kegan Paul, 1980)와 『*The Value of Life*』의 1장을 볼 것.
13 여기서는 이 말의 뉘앙스를 열거할 수 없지만, 그것이 매우 문제가 많은 자격 요건의 조합이라는 점은 인정해야 한다.
14 또는 현학적인 독자들에게는 한순간 전일 것이다.
15 Voltaire, *Candide* (1795). 판본은 Penguin Popular Classics (London: Penguin Books, 1997 & 2001)이다.
16 John Harris, *Enhancing Evolution: The Ethical Case for Making Better People* (Princeton and Oxford: Princeton University Press, 2007)에서 더 잘할 가능성과 필요성에 대해 더 많은 이야기를 하려고 시도한다.

불신앙의 세 단계

줄리언 새벌레스쿠(Julian Savulescu)
영국 옥스퍼드 대학의 우에히로 실용윤리학 교수이며, 옥스퍼드 우에히로 실용윤리학 연구센터의 소장이다. 생명윤리학에 관한 수많은 토론에 참여한 전문가이다. 최근 국내에 소개된 『철학 한입(Philosophy Bites)』에서 그의 생각을 엿볼 수 있다.

과거에 나는 신자, 그것도 독실한 신자였지만, 지금은 아니다. 내가 불신앙자가 된 과정은 세 단계로 진행되었다. 하지만 먼저 내가 신자였을 때의 이야기를 해보자.

사춘기 초반에 나는 죽음 뒤에 무엇이 이어지는지 깨달았다. 그리고 겁에 질렸다. 그와 함께 또는 그로 인해 나는 삶에, 그리고 죽음에 의미를 부여해줄 아버지 같은 존재를 믿기 시작했다. 나는 미션계 학교에 다녔는데, 거기서는 매일 아침 성서를 읽고 공부하는 시간이 있었다. 찬송가를 불렀고, 종교 수업은 필수였다. 나는 '말씀'을 게걸스럽게 집어삼켰고, 그대로 믿었다. 또한 종교에 대해 깊이 생각했고, 종교 공부를 즐겼다. 그 결과 나는 학교에서 2년 연속 종교 과목 우등상을 탔고, 교목의 총애를 받았다.

밤마다 주기도문을 외고 잠자리에 들었다. 하지만 그 전에 나만의 기도문을 읊었다. 그걸 처음 만든 것은 열두 살 때쯤이었다. 그것은 이렇게 시작한다.

"하느님, 저를 질병과 암과 결핵과 탄저병과 매독과 발과 구강의 질병으로부터 보호해주소서……."

여기에 나는 내가 아는 온갖 병의 이름과 금지 명령을 추가했다. 그 목록은 갈수록 길어졌다. 나중에는 처음부터 끝까지 다 읊는 데 5분이나 걸렸고, 10분이 될 때도 있었다. 기도문을 읊지 않으면 잠을 잘 수도 없었다. 나는 극도로 미신적이 되었고, 내 기도문을 읊지 않으면 그런 끔찍한 질병에 걸릴 거라고 믿었다.

그런데 열여섯 살 때쯤 불신의 첫 단계가 시작되었다. 나의 그런 프로젝트가 전체적으로 대책 없이 바보 같은 짓으로 보이기 시작했고, 공포와 권위와 신비를 통해 사회적 통제력을 행사하고 안전을 제공하려는 장치로 여겨진 것이다. 나는 예수가 물 위를 걸었다거나 물을 포도주로 바꾸었다는 이야기, 또 천국과 내세가 있다는 주장을 더 이상 믿을 수가 없었다. 그런 일은 내가 세계에 대해 아는 내용 및 그에 대한 과학적 이해와 형이상학적으로 들어맞지 않았다. 그 모든 것이 과거에는 사회적이고 심리학적으로 쓸모가 있었지만, 이제는 연료가 다 떨어진 동화처럼 보였다. 이것은 형이상학적 비현실성metaphysical implausibility을 느끼는 단계였다. 심오하지도, 새롭지도 않았지만, 어쨌든 그게 내 경험이었다.

그래도 신과 비슷한 개념은 계속 가지고 있었다. 친절하고 너그럽고 좋은 분이신 아버지께서도 항상 당신만의 신을 믿어왔다고 말씀하셨다. 신은 세계나 내세에 관한 이야기가 아니라 영성과 신비의 표상이 되었다. 나는 도스토옙스키와 톨스토이의 책을 여러 권 읽고 영향을 받았다. 그들은 종교와 철학과 지혜를 융합하는 것 같았다.

도스토옙스키는 『죄와 벌』에서 이렇게 썼다.

"고통을 받아들이고, 그것을 통한 속죄를 달성하라. 그것이 우리가 해야 할 일이다. …… 폭넓은 이해와 깊은 감정을 얻으려면 고통을 겪고 고생을 해봐야 한다. 진정으로 위대한 사람들은 세계 속에서 지극한 슬픔을 경험해야 한다고 믿는다."

톨스토이는 『전쟁과 평화』에서 다음과 같이 말했다.

"삶을 사랑한다는 것은 신을 사랑하는 일이다. 누구보다도 더 힘들고 더 축복받은 자는 자신의 고통 속에서, 그래야 하는 이유가 없는 고통 속에서 이 삶을 사랑하는 자다."

이들은 위대한 작가이고, 인간 심리 연구자들이다. 나는 그들의 생각을 스펀지처럼 빨아들였다.

하지만 그때 나는 의과대학 공부를 마치고 의사 노릇을 시작했다. 인턴이었을 때 최초로 내가 확인해야 했던 죽음이 생생하게 기억난다. 병실로 들어갔더니 장의사가 시신을 가져가려고 기다리고 있었다. 나는 필요한 검사를 한 뒤 머뭇거렸다. 장의사는 이도 없이 딱 벌어진 입과 유리알처럼 크게 뜬 눈을 쏘아보고 있던 나를 쳐다보았다.

"눈은 항상 뜬 상태에요. 우리가 눈을 꿰매어 평화롭고 고요하게 보이도록 만들지요."

나는 그때 죽음과 고통의 현실을 처음으로 보았다. 그 뒤 나는 혈액학, 종양학, 중환자 치료법 등 힘든 과목을 공부했다. 전혀 죄가 없는 젊은이들이 고통스럽게 죽어가는 모습을 보았고, 약물에 중독되어 피부가 벗겨지는 것도 보았다. 전혀 의미 없는 사고로 끔찍한 화상을 입거나 사지가 절단된 모습도 보았다. 어떤 사람들은 죽어가면서 비명을 질렀고, 어떤 사람들은 겁에 질린 채 조용히 숨을 거두었다.

내가 현장에 있지는 않았지만, 음주 운전을 하다가 차가 뒤집히는 사고를 낸 젊은 여자의 전형적인 이야기가 기억난다. 그녀가 의식을 회복했을 때 의사들은 그녀의 척추 중 일부가 완전히 절단되어, 다시는 팔이나 다리를 움직이지 못할 거라고 말했다. 하지만 인공호흡기는 뗄 수 있을 것이다. 움직이지 못하는 채 누워 있는 그녀의 눈에 눈물이 차올랐다.

"술을 마신 대가가 너무 컸지."

어느 의사가 말했다.

그 의사는 길고 검은 머리칼에 턱수염을 길렀고, 가죽 재킷을 입었으며, 벨트에 접이칼을 차고 있었다. 그는 지옥의 천사 '소니' 바거•처럼 보였다. 또 빈틈없고 매우 뛰어난 신경외과 의사이기도 했고, 평생 좋은 일을 무척 많이 했다.

고통의 문제를 다루는 신학 문헌도 어마어마하게 많고, 도스토옙스키와 톨스토이 같은 위대한 작가들이 제안한 해결책도 있지만, 고통과 죽음에 무슨 의미나 가치가 있다는 생각은 내게서 증발해버렸다. 유별난 철학적인 이유는 없이 그냥 내가 보고 들은 것이 신에 대한 믿음을 부숴버렸다. 이것은 존재적 무의미성의 단계였다. 나는 안전한 자동차를 샀고, 파도타기와 스키를 즐겼으며, 철학을 하기로 결심했다. 의미를 찾기 위해서가 아니라, 내가 나쁜 카드를 뽑기 전에는 항상 철학을 좋아했기 때문이다. 그것이 고통의 가치라는 것에 내가 보인 반응이었다.

• 지옥의 천사 '소니' 바거(Hell's Angel 'Sonny' Barger) '지옥의 천사(Hell's Angel)'는 할리데이비슨 모터사이클 클럽인 'Hell's Angel Motor Cycle Club'의 창시자 소니 바거(Sonny Barger)가 쓴 자서전 제목.

불신앙의 마지막 단계는 비교적 최근에야 왔다. 나는 계속 믿고 싶었고, 아버지 같은 존재의 보호와 종교의 확실성과 결정적인 방향 제시를 원했다. 하지만 나는 서서히 무신론의 책임을 받아들였다. 한번은 천장을 올려다보면서, 신이나 누군가 공평한 관찰자가 존재하고, 인생의 딜레마를 만날 때 내가 어떻게 해야 하는지를 그에게 그냥 물어볼 수 있기를 원했던 적이 있었다. 누가 옳은지 물어보고 싶었다. 하지만 아무도 없었다. 나는 위대한 철학자, 정신과의사, 심리학자, 그 밖에 지혜와 경험을 가진 다른 분들과도 만나서 이야기해보았다. 내가 받은 충고는 상식적이고 합리적인 노선이었지만, 그런 노선들도 서로 충돌했다. 나는 도덕적 선택의 부담을 누그러뜨려줄 사람은 아무도 없다는 결론에 도달했다. 그리고 결국 우리는 홀로 죽을 것이다. 우리는 이런 선택을 스스로 해야 하며, 그로 인한 책임도 져야 한다.

좋은 무신론자가 되기는 힘들다. 좋은 인간이 되기가 힘들기 때문이다. 거짓 진리에 매달리지 않고 모호성, 불확실성, 인간의 삶과 선택의 피할 수 없는 손실을 정면으로 마주 보려면 힘이 든다.

만일 내가 신을 믿었더라면 지금까지 해온 일들, 내린 선택들이 달라졌을까? 신이 존재한다면 그는 우리가 행한 일들을 심판할 것이다. 자신이 하는 일을 다른 사람들이 인정해주지 않을 때, 신은 진정한 이유를 알 거라고 생각하면 막연하게나마 마음이 놓이는 면이 있다. 그러나 나는 내 행동을 책임질 준비가 되어 있다.

여러 사람에게 상처를 주기도 했지만, 내가 해야 하는 일을 하려고 노력했다. 다르게 했더라면 싶은 일이 많지만, 당시에는 내가 한 일이 옳게 보였다. 같은 실수를 두 번 다시 저지르지 않기를 바라지만, 오류 가능성은 인간의 존재 조건의 일부분이다.

신은 이라크를 침공한 부시에게 상을 줄까, 아니면 세계의 가난하고 인구가 지나치게 집중된 저개발 지역에서 피임약 사용이나 에이즈의 확산을 막기 위한 콘돔 사용을 못하게 하는 사람들에게, 또는 신의 이름으로 살인을 저지르는 테러리스트들에게 보상을 해줄까. 신이 고의적이고 예견 가능하며 피할 수 있는 비참함이 발생한 것에 대해, 설사 그것이 자기 이름으로 저질러진 일이라 하더라도 보상을 해주리라는 생각은 믿기 힘들다. 신이 존재한다는 것보다도 더 믿기 힘들다.

이제 나는 신의 존재가 큰 의미가 없다고 믿는다. 중요한 것은 윤리적인 행동이며, 충분한 이유가 있을 때 행동하고, 행동한 데 대한, 또는 행동하지 못한 데 대한 책임을 지는 것이다. 신에게는 행동이 신의 이름으로 또는 그의 경전에 참조함으로써 수행되었는지, 수행되지 않았는지는 중요하지 않을 것이다. 중요한 것은 그것들이 윤리적인가 아닌가다.

내가 젊었을 때 좋아한 또 다른 작가인 베케트^{Beckett}는 『고도를 기다리며^{En attendant Godot}』에서 이렇게 썼다.

"모든 사람에게 작은 십자가가 있다. (한숨을 쉰다.) 죽을 때까지 지고 다녀야 한다. (다시 생각한다.) 그리고 잊힌다."

우리가 지고 다니는 십자가가 어떤 의미에서는 작은 것일 수도 있다. 그리고 우리는 확실히 잊힐 것이다. 하지만 그 사이에 우리 삶도 있다. 신이 존재한다면, 내가 하기로 선택한 것을 그가 인정해주기를 희망한다. 하지만 지금 내게 중요한 것은 이 삶을 내가 선택했고, 충분한 이유에서 선택한 것이라는 사실이다. 이 거대한 고통의 시간 사이사이에, 우리 모두가 마침내 소멸하기 전에, 지극한 아름다움과 깊은 인간적인 연결과 행복과 충만함의 순간들이 있다는 사실이 중요하다.

　내 아들이 처음으로 자전거를 타면서 웃는 모습을 보는 것. 지금은 아홉 살과 열한 살인 딸들을 데리고 60센티미터 깊이로 새로 쌓인 눈 위에서 처음으로 자연설 스키*를 타던 일. 100번도 넘게 몸을 돌려 바라보던, 둘 다 바로 뒤에서 따라오면서 입이 귀에 걸리도록 웃는 모습. 자기들이 할 수 있다는 걸 깨닫고, 눈 위를 날아가고 있다는 걸 아는 모습. 이른 아침 햇살 속에서, 첫 번째 파도를 정면으로 맞으며 수정처럼 잔잔한 바다에서 파도를 타고 노 저어나가는 것. 이것이 지금 내가 믿는 것이다.

● 자연설 스키(off-piste skiing) 활강코스 밖에서 타는 스키.

아무 종교도 없다고 생각해보라

에드가 달(Edgar Dahl)
독일 생식의학회(German Society for Reproductive Medicine)의 대변인이다. 『Giving Death a Helping Hand: Physician-Assisted Suicide and Public Policy(죽음에게 도움의 손길을 내밀다: 의사의 조력을 받은 자살과 공공 정책)』를 펴냈다.

1989년 베를린 장벽이 무너진 뒤부터 동부 독일과 서부 독일은 각각 종교적 입장에 관한 조사를 정기적으로 행했다. 거의 대부분의 동부 독일인들은 신을 믿느냐는 질문에 그저 "아니, 난 완벽하게 정상이야"라고 답한다.

이 대답은 대부분의 미국인들에게는 충격적이었다. 그건 신을 믿는 것이 어딘가 '비정상적인' 것임을 암시하는 대답이 아닌가. 성장기에 다들 리처드 도킨스의 『만들어진 신』을 읽기나 한 것처럼, 동독 사람들은 실제로 종교를 가진 사람을 괴상하고 기괴하고 정신 나간 사람으로까지 여긴다.

나는 동독에서 태어났기 때문에 이런 태도가 잘 이해된다. 웬만한 미국인들의 생각과는 달리 우리는 절대로 종교에 대해 적대감을 갖도록 키워지지 않았다. 사실은 사정이 그보다 훨씬 더 나빴다. 종교에 대해 완전하고도 철저하게 무관심해지도록 자랐으니 말이다.

미국에서 아이들이 교회에 가는 일요일 오전에 우리는 영화관에 갔다. 나는 지금도 조지프 L. 맹커비츠$^{Joseph\ L.\ Mankiewicz}$가 제작한 〈클레오파트라〉와 앤서니 만$^{Anthony\ Mann}$의 〈로마 제국의 멸망〉을 본 일, 블레이크 에드워즈$^{Blake\ Edwards}$의 〈위대한 경기$^{The\ Great\ Race}$〉나 빌리 와일더$^{Billy\ Wilder}$ 감독의 〈뜨거운 것이 좋아$^{Some\ Like\ it\ Hot}$〉를 보며 웃던 기억이 난다.

어느 날(아마 열 살 때쯤이었던 것 같다) 장 들라누아$^{Jean\ Delannoy}$가 제작하고, 대배우 앤서니 퀸과 아름다운 지나 롤로브리지다가 주연한 〈노트르담의 꼽추〉를 보러 갔는데, 늦었다. 영화를 보지 못해 실망한 나는 집으로 돌아 가던 중에 성 바울 성당을 지나갔다. 그때, 시간이 남았으니 교회에나 들어가 볼까 하는 생각이 들었다. 교회 안에는 거의 모두 60대나 70대인 사람이 열대여섯 명 또는 스무 명 가량 있었다. 먼지 냄새, 곰팡이 낀 그림, 십자가에 못 박혀 피 흘리는 구세주의 조각상을 보니 불안해졌다.

그러면서도 사람들이 무얼 하고 있는지 보기 위해 조금 더 가까이 갔다. 가보니까 그들은 영성체를 받는 중이었다. 제단 주위에 모인 그들은 성배와 쟁반을 돌리면서 서로에게 '주의 살을 먹고 피를 마시라'고 말했다. 나는 몸이 떨렸다! 어찌 다른 사람의 살과 피를 먹을 수 있다는 건가? 이들은 어떤 사람들인가?

집으로 달려온 나는 엄마에게 교회에 있던 사람들에 대해 물어보았다. 그러자 엄마는 이렇게 말했다.

"그 사람들은 그리스도인이야. 그들은 신과 사탄이 있다고 믿고 천국과 지옥도 믿어. 엄마의 부모님도 종교인이셨어. 외할아버지는 유대교였고, 외할머니는 가톨릭이었지. 내가 세 살 때 그분들이 나치에게 살해되었기 때문에, 나는 종교에 대해 아무것도 모르지만 말이야."

별로 흥미 없을 것 같은 화제를 바꾸려고, 엄마는 한마디 덧붙였다.

"신경 쓰지 마, 우리와는 상관없어."

내가 로만 폴란스키^{Roman Polanski} 감독의 영화 〈악마의 씨^{Rosemary's Baby}〉를 TV에서(물론 서독일 채널로) 본 게 대략 그 무렵이었던 것 같다. 나중에야 그 영화가 그리스도인이 아니라 사탄 숭배자들을 묘사한 것임을 알았다. 하지만 그때는 차이를 별로 알 수 없었다. 내가 볼 때는 둘 다 이상한 존재를 믿고 이상한 행동을 하는 이상한 사람들이었다. 완전히 다른 두 신앙의 차이를 알기에는 그때 내가 너무 어렸을지도 모르겠다. 하지만 내가 말하려는 건 그게 아니다. 그건 내가 얼마나 편견이 없었는지를 입증해준다. 그때 내가 그리스도교를 본 방식은 힌두교도가 그리스도교를 보는 것과 다르지 않았다. (아니면 그리스도인이 힌두교를 보는 것과도 다르지 않았다. 절망하고 저주받은 영혼들이 수백 종류의 신들로 가득 찬 하늘에 기도하는 것으로 보았을 테니까.)

이상하게 들릴지도 모르겠지만, 내가 그리스도인을 직접 만난 것은 열두 살 때였다. 6학년 때 우리 반에 목사의 딸이 있었다. 그 아이는 굉장히 좋은 사람이었지만, 난 그녀에게 말을 걸기 싫어했던 걸로 기억한다. 어쨌든 나는 종교적인 사람을 신과 악령 등 아무도 본 적이 없는 존재들과 접촉한다고 주장하는 수수께끼 같은 사람으로 여겼다.

무신론적인 분위기에서 자란 점을 감안한다면, 내가 학생 때 철학만이 아니라 신학 수업도 들은 것은 분명 놀라운 일이었을 것이다. 내가 열여섯 살 때쯤 종교에 흥미를 느낀 것은 잉그마르 베르히만Ingmar Berman의 영화인 〈제7의 봉인〉과 도스토옙스키의 소설 『카라마조프의 형제들』때문이었다. 게다가 신학을 공부하면 인문학 교육을 아주 잘 받을 수 있을 것 같았다. 히브리어·그리스어·라틴어를 배워야 했고, 철학·심리학·교육학을 배웠으며, 미술·관념·정치의 역사를 재미있게 공부했다.

그러나 캔터베리의 안셀무스, 토마스 아퀴나스, 윌리엄 오컴을 읽었는데도 내 생각은 바뀌지 않았고, 나는 여전히 신의 존재를 의심하는 무신론자였다. 창조주를 믿는 이해할 만한 이유가 있다는 것은 인정했지만, 이런 이유 가운데 어느 것도 강력한 이유가 되기는커녕 설득력도 없었다.

가령 '신 존재를 위한 존재론적 주장'을 보자. 이 주장에 따르면 신은 '인식될 수 있는 어떤 것보다 더 위대한 존재'라고 한다. 다른 말로 하면 신은 모든 면에서 완벽하다는 것이다. 그는 지식, 힘, 덕성 면에서 완벽하다. 그러나 그 주장에 따르면, 어떤 존재가 완벽하다면 그 존재는 반드시 존재해야 한다. 존재하지 않는 존재라면 완벽할 수 없기 때문이다.

임마누엘 칸트가 지적했듯이, 이 주장은 틀렸다. 어떤 존재가 완벽하려면 특정한 속성을 가져야 하는 것은 분명하다. 전능하다거나 전지하다는 식의 속성 말이다. 하지만 그렇기 때문에 그것이 존재해야 한다는 의미는 아니다. 결국 존재는 속성이 아니다. 신의 정의는 그가 어떤 종류의 존재여야 하는지에 대해서만 말해줄 수 있다. 하지만 그가 정말로 존재하는가 하는 것은 완전히 다른 문제, 그저 개념 정의만으로는 해결될 수 없는 문제다.

또 다른 유명한 증명은 '신 존재를 위한 우주론적 논의'다. 그 논의에 따르면 존재하는 모든 것에는 원인이 있다. 하지만 모든 것에 원인이 있으면 우주에도 원인이 있어야 한다. 그 원인이 신이다. 이것이 필연적인 주장인가? 아니! 문자 그대로 모든 것에 원인이 있다면 신 역시 원인을 가져야 한다. 신에게 원인이 있다면 그 원인에도 또 원인이 있을 것이고, 그렇게 무한히 소급된다.

종교적 변증론자들은 우주론적인 논의가 견실하지 못하다는 것을 알자, 논의를 재구성해 모든 것에는 원인이 있지만 신은 예외라고 말했다. 신 본인은 원인을 갖지 않는다. 그는 causa sui, 즉 그 자체의 원인이라는 것이다. 하지만 이렇게 바꾸고 나니 논리가 더 빈약해졌다. 그 전제가 참이라면 결론은 참일 수 없고, 결론이 참이라면 전제가 참일 수 없으니 말이다. 모든 것에 원인(전제)이 있다면 신 역시 원인을 가져야 한다. 신에게 원인이 없다면(결론), 모든 것에 원인이 있다는 주장은 명백히 틀렸다.

오로지 논의를 계속 이어가기 위해서라도, 잠시 그 자기 원인$^{causa\ sui}$이라는 이상한 개념이 실제로 말이 된다고 가정해보자. 원인을 필요로 하지 않는 어떤 것이 있을 수 있다고 하면, 그것은 우주일 수도 있고 신일 수도 있다. 따라서 아무리 애를 써도 우주론적 논의는 그냥 설득력이 없다. 게다가 그것이 설득력이 있다 한들 원래 입증하려던 목적을 입증하지 못할 것이다. 우주론적 논의가 입증할 수 있는 것은 오로지 '제1원인'뿐이다. 그러나 제1원인의 존재를 입증하는 것은 사랑과 자비를 베푸는 그리스도교의 신 존재를 입증하는 것과는 여전히 거리가 멀다.

아마 신 존재 증명 가운데 가장 인기 있는 것은 '목적론적 논의'일 것이다. 하늘의 별을 보라, 숲의 나무를 보라, 황야의 동물을 보라. 그것들은 모두 어떤 질서 정연한 방식으로 행동한다. 이 질서는 어디서 오는가? 어떤 지적인 설계자가 만들어낸 것이 아닐 수 없다.

이 설계자가 신이다! 이 논의는 호소력은 있지만 확실히 결정적이지는 않다. 데이비드 흄이 지적했듯이, 뭔가가 설계된 것처럼 보인다는 것이 곧 그것이 설계되었다는 뜻은 아니다. 게다가 찰스 다윈의 진화론을 생각하면 자연에 있는 질서는 이와 다르게 설명될 수 있다. 그런 질서는 얼마든지 자연 선택에 따른 적응 결과일 수 있는 것이다.

뿐만 아니라 세계에는 무질서도 대단히 많다. 병원에서 신생아실이나 종양 병동이나 정신과 병동에 가본 사람이라면, 이른바 하늘의 설계자라는 존재가 정말 자애로운지 심각한 의심이 생길 것이다. 여기서 우리는 그리스도교의 신에 대한 가장 강력한 반대 입장으로 곧바로 나아간다. 즉 '악의 문제'가 그것이다.

악의 문제를 가장 잘 표현한 사람은 아마 에피쿠로스일 것이다.

"신이 악을 예방하고 싶지만, 할 수 없는가? 그렇다면 그는 전능하지 않다. 그는 예방할 수는 있지만 그렇게 할 마음이 없는가? 그렇다면 그는 자애롭지 않다. 그가 능력도 있고 마음도 있는가? 그렇다면 악은 어디서 오는가?"

악의 문제에 대한 전통적인 그리스도교식 대답은 우리에게 주어지는 것은 모두 우리 탓이라는 것이었다. 우리는 모두 죄인이기 때문에(아무 죄가 없어 보이는 신생아들조차 수포성 표피박리증 같은 끔찍한 질병에 시달리는 것도), '죄 속에서 수태되고 태어났으므로' 고통을 겪을 만하다는 것이다.

이런 터무니없는 주장에 제대로 반응하려면, 이 책에 할애된 지면으로는 부족할 것이다. 그러므로 다윈이 지적한 문제에 집중하기로 하자. 즉, 불필요한 고통과 죄 없는 동물들의 고통이라는 문제 말이다.

세계에 고통이 많다는 데 대해서는 아무도 반박하지 않는다. 인간의 고통에 대해서는, 도덕적으로 발전하기 위해 고통이 도움이 된다는 상상으로 설명될 수 있다고 주장하는 사람도 있다. 하지만 세계에 있는 인간의 수는 다른 모든 생물의 수에 비하면 빙산의 일각에 불과한데, 그런 존재들도 어떤 도덕적 발전과 무관하게 대단한 고통을 겪는다. 우주를 창조할 수 있는 신처럼 강력하고 지식이 많은 존재는 우리의 유한한 마음으로 보면 전지전능한데, 그의 자애가 무한하지 않다고 주장하는 것은 우리가 알고 있는 것과 어긋난다. 무한한 세월 동안 수백만의 동물이 고통을 받는 것이 어떤 이익이 될 수 있다는 말인가.[1]

내가 본 가장 끔찍한 다큐멘터리 중 하나는 데이비드 아텐버러*가 만든 BBC 자연사 프로그램이었다. 그 필름은 세렝게티국립공원에 사는 100만이 넘는 동물들의 주기적인 이동 광경을 보여준다. 이 동물들은 남부 평원에 닿기 위해 악어가 우글대는 마라 강을 건너야 했다. 그리하여 강을 건너는 동안 말 그대로 수백 마리의 누가 무자비하게 죽임을 당했다. 그중 일부는 상처 입은 채로 빠져나갔지만, 다른 쪽 강둑에서 기다리고 있던 사자들에게 산 채로 잡아먹혔다. 나는 자문했다. 도대체 어떻게 생겨먹은 신이 이런 '이빨과 발톱이 붉게 물든 자연'을 창조했는가?

  졸업한 뒤에 나는 새로운 생물학적·의학적 기술에서 비롯되는 윤리적 이슈를 전공하기로 결정했다. 그리고 헬가 쿠세^{Helga Kuhse}와

---

* 데이비드 아텐버러(David Attenborough) 영국의 동물학자, 방송인. 『식물의 사생활(*The Private Life of Plants*)』을 썼으며, BBC에서 걸작 다큐멘터리를 여러 편 제작했다.

피터 싱어Peter Singer의 안내를 따라 오스트레일리아 멜버른에 있는 모나쉬 대학 인간 생명윤리학 센터The Centre for Human Bioethics에 들어갔다. 그때 나는 다시는 종교적 이슈를 다룰 필요가 없을 것이라고 생각했다. 그런데 그건 대단한 착각이었다. 피임, 낙태, 인공수정, 시험관 수정, 착상 전 유전자 진단, 수태 전 성별 선택, 자기 복제 등 생명윤리학에서 그리스도교 교회가 발언하지 않는 이슈란 애당초, 문자 그대로 없었다.

그것이 그 자체로 잘못된 일은 아니다. 성직자들은 시급한 도덕적인 문제에 개입할 자격을 분명 갖고 있다. 그러나 교회의 발언에는 뭔가 특이한 면이 있다. 종교적 발언은 세속적 발언보다 더 높은 권위자로 대접받겠다고 주장한다. 놀랍게도 그리스도교 신앙 옹호자들만이 아니라 그 적들까지도 종교 지도자에게 일종의 도덕적 우위를 허용한다. 신학자들은 어떤 이유에서인지 윤리적 이슈의 전문가라고 믿는 경향이 있다.

왜 그런가? 대답은 뻔하다. 거의 모든 사람이 아직도 종교와 윤리가 불가분의 관계라고 여기기 때문이다. 또는 그보다 더하게, 그들은 종교가 윤리학의 기초이며, 신학이 없으면 도덕도 없다고 여전히 믿고 있다.

이런 것을 나는 왜 '놀라운' 현상이라 여기는가? 글쎄, 그게 사실이 아니기 때문에 놀라운 것이다. 사실 이 믿음은 이성의 시대에 살아남을 수 있었다는 사실 자체가 이상할 정도로 뻔뻔스러운 거짓말이다. 확실치는 않지만, 윤리가 종교에 근거하고 있다는 믿음은 그리스도교에 의한 2000년에 걸친 세뇌 공작의 결과인 것 같다. 거의 모든 아이들은 도덕 법칙이 구약성서의 십계명에서 유래한다고 배우면서 자란다. "거짓말하면 안 된다", "남의 것을 훔치면 안 된다", "사람을 죽이면 안 된다"와 같은 도덕 법칙이 종교적인 성격을 갖고 있다는 생각이 아이들의 마음에 깊이 각인되어, 어른이 된 뒤에도 그에 대해 좀처럼 의문을 품지 않는 것이다.

성직자들은 종교가 윤리의 기초라는 가정을 분명 환영한다. 그들은 두 손을 치켜들고 교회의 치마폭 안으로 돌아와 그 도덕적 권위를 인정하지 않는다면 사회적 재앙이 생길 것이라고 선언해 이 믿음을 조장하기도 한다. 그리하여 지금은 교황 베네딕토 16세로 더 잘 알려진 요제프 라칭거Joseph Ratzinger 추기경은 "상대주의의 독재가 임박했다"고 경고했다. 그는 신에게 등을 돌리고 나면 옳고 그른 게 무엇인지 알지 못할 것이라고 말했다.

종교가 윤리의 정초석이라는 생각은 이른바 '윤리학의 신의 명령 이론Divine Command Theory of Ethics'이라는 것에 가장 잘 설명되어 있다. 신의 명령 이론에 따르면, 옳고 그른 것을 판단하기는 쉽다. 신이 인정하는 것은 옳고, 그렇지 않은 것은 그르다. 신은 충성심을 인정하고 불충을 인정하지 않으므로, 충성은 선하고 불충은 악하다.

그러나 신의 명령 이론에는 심각한 결함이 있다. 그리스의 철학자 소크라테스가 2000년도 더 전에 지적했듯이, 이 이론의 지지자들은 피할 수 없는 딜레마에 직면한다. 그 딜레마는 다음의 매우 단순하고 순진한 질문을 제기하는 것만으로도 드러난다.

"자선은 신이 인정했기 때문에 선한 것인가, 아니면 자선이 선하기 때문에 신이 그것을 인정했는가?"

"신이 인정했기 때문에 자선은 선하다"고 대답한다면, 만일 신이 잔인함을 인정하는 일이 생긴다면 잔인함이 선하고 자선이 악이라고 인정해야 한다. 신이 완전히 제멋대로 법칙을 정하는 존재라고는 생각할 수 없을 테니까, 그는 아마 서둘러 덧붙일 것이다.

"그렇기는 하지만 신은 선하기 때문에 절대로 잔인함을 인정하지는 않을 것이다."

하지만 이 대답으로도 문제는 해결되지 않는다. 오히려 더 심각해진다. 어쨌든 신이 '선하다'고 말할 때, 그의 말이 무슨 의미일까? '선함'이 오직 신에 의해 '인정되는 것'이라는 의미만 갖는다면, '신은 선하다'는 말은 '신은 그 자신만 인정한다'는 의미이고, 공허한 주장이 된다. 다른 말로 하면, 신의 명령 이론은 신의 명령을 완전히 자의적인 것으로 만들고, 신이 선하다는 교리를 동어 반복적인 것으로 환원시킨다.

이 받아들일 수 없는 결론을 피하려면, "자선慈善은 신이 인정했기 때문에 선한 것이 아니다. 신은 자선이 선하기 때문에 그것을 인정했다"고 말해야 한다. 그렇게 하면 자선은 인류의 고통을 덜어주고 세계 속의 참상을 줄이는 데 기여하기 때문에 선하다고 주장될 수 있다. 그리고 신이 자선을 인정한 진짜 이유도 바로 이것이다. 뿐만 아니라 이런 대답 위에서만 신이 선하다는 교리도 실제로 보존될 수 있다.

그러나 이 응답을 채택하더라도 딜레마를 만난다. 자선이 선하기 때문에 신이 자선을 인정했다고 말하면, 신과 별개로 옳고 그른 판단 기준이 있음을 인정하는 것이다. 어떤 행위를 선한 것으로, 다른 행위를 악한 것으로 만드는 것은 신의 인정 여부가 아니다. 인류의 행복에 그것이 미치는 영향에 따라 어떤 것은 옳은 행위, 어떤 것은 악한 행위로 판정된다. 따라서 이 선택지를 택하는 사람들은 사실상 윤리의 신학적 개념을 포기한 것이며, 옳고 그른 것을 판단하는 데 신이 필요 없음을 인정해야 한다. 무엇이 선하고 악한지를 판단하기 위해 신을 바라볼 것이 아니라, 그저 옳고 그른 궁극적인 표준을 직시해야 한다.

　소크라테스의 주장이 담고 있는 함의는 명백하다. 종교 지도자들이 주장하는 것과는 반대로 윤리는 종교에 근거하지 않으며, 도덕은 신학과 별개의 문제라는 것이다. 따라서 도덕적 신학자들은 도덕적 철학자, 또는 인류복지 증진에 적합한 법칙에 따라 살고자 하는 다른 어떤 사람들보다 도덕적 진리에 대해 더 큰 발언권을 갖지 않는다.

　따라서 내가 이 책에 실린 '불신앙의 목소리'에 참여하고자 했던 주된 이유 가운데 하나는 도덕적인 것이다. 종교 지도자들이 자기 교회 신도들에게 의사의 도움을 받은 자살이 '죄'라고 깨우쳐주는 것은 얼마든지 인정할 수 있지만, 다른 모든 사람에게까지 그리스도교적 가치를 강요하려고 드는 것은 절대로 받아들일 수 없다. 감당할 수 없는 고통으로 괴로워하는 죽음을 앞둔 환자가 '그리스도의 수난'을 나누어 져야 한다는 도덕적 의무감을 느낀다면, 굳이 말리지는 않겠다. 하지만 교회가 얼마나 대단한 존재이기에 자기들의 종교관에 순응하지 않는 사람들에게까지 어떤 식으로 죽어야 하는지를 지시한단 말인가? 교회와 국가의 엄격한 분리 방침 위에 세워진 자유주의적 민주주의는 모든 시민이 각자의 가치관에 따라 살고 죽을 수 있게 해주어야 한다.

주

1 James Rachels, *Created from Animals: The Moral Implications of Darwinism* (Oxford: Oxford University Press, 1991), pp. 105~106.

신이 없다는 게 정말 명백한 사실일 수 있을까?

스티븐 로(Stephen Law)
런던 대학교 헤이스롭 칼리지에서 철학을 가르치며, 영국 왕립철학연구소에서 발행하는 《싱크(THINK)》의 편집을 담당한다. 국내에서도 『돼지가 철학에 빠진 날(The Philosophy Files)』, 『철학학교(The Philosophy Gym)』를 포함한 철학 교양서로 많이 알려져 있다. 최근에 『왜 똑똑한 사람들이 헛소리를 믿게 될까(Believing Bullshit: How Not Get Sucked into an Intellectual Black Hole)』가 출간되었다.

이렇게 말해보자. "신이 있거나 아니면 없거나." 하지만 우리는 둘 중 어느 쪽으로 끌리는가? 이성은 이 물음에 대해 판정하기가 힘들어졌다.
―블레즈 파스칼

파스칼처럼, 수많은 유신론자들은 이성으로는 신이 존재하는지 아닌지 판단할 수 없다고 믿는다. 사실을 말하자면, 신이 존재하더라도 물리적 실재를 초월하는 존재이기 때문에 단순히 관찰을 통해서 신이 존재하는지를 판정하는 것은 **원칙적으로** 불가능하다고 추정하는 사람들이 많다. 과학, 더 일반적으로 말하면 경험적 관찰은 기껏해야 몇 개 안 되는 힌트만 제공할 수 있다. 그것으로는 합리적인 의심 이상의 물음은 해결하지 못한다.

나는 이 견해를 거부한다. 내가 보기에 우리는 주위 세계를 관찰함으로써 신이 존재하는지에 대한 물음에 답할 수 있다. 사실 나는 신이 없다는 것은 아주 명백한 사실이라고 주장하려고 한다.

이 마지막 주장은 일부 무신론자까지 놀라게 할지도 모른다. 신이 없는 게 **너무나 명백하다니**, 어찌 그럴 수 있는가? 이것은 위대한 정신의 소유자들이 수천 년 동안 계속 숙고해오면서 아직도 어떤 실질적인 합의에 도달하지 못한, 고통스러울 정도로 어렵고 복잡한 물음이 아닐 수 없다. 그런데 어찌 그 대답이 아주 명백할 수 있는가?

하지만 나는 그렇다고 생각한다. 그 결론을 여기서 약술해보겠다.

먼저, 우리가 말하는 것이 **어느 신인지** 분명히 하자. 유대교-그리스도교의 신은 유대인, 그리스도인, 모슬렘 들이 숭배하는 신이다. 종교적 정통에 따르면 그는 전지전능하며 무한히(최대한) 선하다고 하는데, 아마 이게 가장 중요한 특징일 것이다. 우리는 신이 우리를 자녀들처럼 사랑한다는 말을 많이 듣는다.

이 특정한 신에 대한 믿음이 적어도 비합리적이지는 않다고 여기는 사람들은 전형적으로 자신들의 믿음을 지지하는 다양한 논의들을 가리켜보인다. 그들은 "왜 무가 아니라 존재가 있는가?"라고 물을 것이다.

"신은 우주의 존재를 설명한다. 신의 존재는 필연적이기 때문에 더 이상의 설명이 필요없다. 알겠는가? 신은 이 물음에 대해 유일하게 조금이라도 만족할 수 있는 대답을 주신다."

아니면, 다음과 같은 미세 조정된 유형의 논의가 있을 수도 있다.

"매우 특정한 법칙들과 초기 조건이 있어야만 우리 같은 의식 있는 존재들을 만들어낼 수 있는 우주를 창조할 수 있다. 우주가 이런 특징들을 우연히 가질 확률은 얼마인가? 천문학적으로 작다. 그렇다면 그보다 훨씬 가능성이 큰 것은 어떠한 우주적 지성이 의도적으로 우주를 그런 식으로 설계했을 가능성이다. 그 지성이 바로 신이다."

　유신론자들이 대부분 인정하는 이런 논의는 신에 대한 믿음이, **증거**는 아닐지라도 합리적으로 말해 최소한 그것을 지지하는 **뭔가**를 갖고 있음을 보여준다.

　문제는 이런 논의는 논리가 **매우** 빈약하다는 점이다. 그것들이 확실하게 내세울 수 있는 것은 기껏해야 우주에는 누군가 설계자나 창조자가 있다는 정도를 넘지 못한다. 사실은 이 창조주-설계자 주장에서 전능하며 무한히 선하다는 결론에 이르려면 한 번 더 크게 도약해야 하지만, 그런 도약은 정당성을 인정받지 못한다. 사실 이런 논의는 창조주-설계자가 무한히 악하다는 결론이나 무한히 선하다는 결론을 모두 지지하기 힘들다(실제로는 지지하지 않는다).

　사태는 더 악화된다. 신의 존재를 지지하는 대중적인 논의의 절대 다수(전부 다는 아니더라도)는 이 특정한 유대교-그리스도교적인 신이 존재한다고 가정할 이유를 별로 제시하지 못하는데다가, 설상가상으로 그 가설을 반박할 매우 강력한 증거가 나타난다. 물론 '악의 문제'가 그런 증거다(이 맥락에서 악에는 고통과 고난, 살인, 절도 등의 도덕적인 사악한 행동도 모두 포함된다). 사실 악의 문제는 두 가지다. 논리적인 문제와 증거상의 문제가 그것이다.

악의 논리적인 문제

만일 존재한다면, 신은 분명 전능하고 무한히 선할 것이다. 그런데 그 존재는 또한 논리적으로 악의 존재와 양립할 수 없다. 전능한 존재는 악이 존재하지 못하도록 막을 수 있다. 무한히 선하므로 악의 존재를 원치 않을 것이다. 그런데 악은 존재하므로, 여기서 논리적으로 유대교-그리스도교적인 신은 존재하지 않는다는 결론이 나온다.

여기서 세계가 담고 있는 악의 분량은 상관이 없다는 것에 주목하라. 논의의 쟁점은 신의 존재는 논리적으로 **일체의 악**의 존재와 **양립할 수 없다**는 데 있다.

아마 신은 최대한으로 선한 세계를 창조하고 싶을 것이라고 제안한다면 논리적인 문제를 다룰 수도 있겠다. 존재할 수 있는 것 가운데 최대한으로 선한 세계 말이다. 이렇게 최대한으로 선한 세계에는 악이 약간은 있을지도 모른다. 왜? 악은 더 큰 선, 악을 능가하는 선을 위해 치러야 하는 대가니까. 그와 같은 최대한으로 선한 세계는 아무런 악이 없는, 즉 악은 조금도 없지만 최대한으로 선하지는 않은 세계보다 나을 것이다.

예를 들어 어떤 그리스도인이 자유의지는 매우 큰 선이라고 주장한다고 해보자. 자유의지가 있으니 우리는 가끔 나쁜 행위를 선택하기도 한다는 말은 참이다. 하지만 그는 자유의지의 선함이 우리가 하는 나쁜 행위의 악함을 능가할 것이므로, 신은 여전히 그런 세계를 창조하리라고 주장한다.

증거에 의거한 악의 문제

악의 논리적인 문제란 전능하고 최대한 선한 신이 **약간의 악이라도** 허용하는지의 이유를 설명하는 문제다. 그 문제는 해결될 수도 있다. 이와 달리 증거에 의거한 문제는 이런 신이 왜 **그토록 많은 악**이 자신의 창조에 들어가도록 허용했는가를 설명하는 문제다.

전지전능하고 지극히 자애로운 존재가 최소한의 악을 가진 세계를 창조할 수 있다는 점은 인정하더라도, 그토록 엄청난 분량의 고통과 고난을 담고 있는 세상을 만들 이유는 분명 없지 않겠는가?

신은 까닭 없는 고통을 허용하지는 않을 것이라는 주장으로 이 문제를 더 날카롭게 다듬을 수 있다. 아무리 작더라도 악의 존재는 반드시 충분한 이유가 있어야 한다. 하지만 세계에 들어 있는 엄청난 분량의 고통을 생각해보면(인간이 등장하기 전 수억 년 동안 동물들이 겪어왔던 고통도 포함하고, 또 지금까지의 마지막에서 두 번째의 대량 절멸 사태로 인해 지구상 모든 생물종의 95퍼센트가 사라진, 문자 그대로 상상도 못할 참상도 포함해서), 이 논리가 그런 상황을 모두 설명할 수는 없다는 것이 금방 명백해지지 않는가?

그러니 악의 논리적인 문제는 처리될 수 있을지 몰라도, 증거에 의거하는 문제는 유신론의 합리성에 대한 매우 심각한 위협으로 보인다. 신의 존재를 지지하는 거의 모든 대중적 논의는 전능하고 최대한 선한 신이 있다는 가설을 지지하는 증거를 제시하지 못할 뿐만 아니라, 그 가설을 반박하는 매우 강력한 증거도 있는 것 같으니 말이다. 믿는다는 것이 '**불**합리하지 않은' 것이 되기는커녕, 유대교-그리스도교적인 신에 대한 믿음이 매우 비합리적인 것으로 보이기 시작한다.

유신론자들은 증거에 의거한 악의 문제가 제기하는 도전에 어떻게 응할 것인가? 그들은 흔히 신정론神正論(theodicy)을 구축해서 대응한다. 이것은 존재하는 악의 분량에 대한 유신론적 설명이다. 그럴 목적으로 개발된 설명은 여러 가지인데, 그중 가장 인기 있는 설명 세 가지를 살펴보자.

❶ 자유의지 신정론

자유의지가 호출된 것은 악이라는 논리적인 문제를 다루기 위해서만이 아니었다. 증거에 의거한 문제를 다룰 때도 필요하다. 간단한 사례가 하나 있다. 신은 우리에게 자유의지를 주었다. 자유의지는 무척 큰 선이다. 그것은 또 어떤 중요한 선도 허용한다. 예컨대 자신의 자유의지로 선한 일을 하는 능력 같은 것이다. 좋다. 신은 우리가 항상 선하게 행동하도록 강요할 수 있지만 그런 경우 우리는 한낱 꼭두각시 같은 존재일 것이며, 선한 행위에 담긴 칭찬받을 만한 요소에 대해 도덕적 공적을 인정받지 못할 것이다. 우리 자신의 의사에 따라 행한 선이 훨씬 큰 선이다. 그렇다, 우리는 자유의지를 가졌기 때문에 가끔은 잘못을 저지른다. 훔치고 죽이고 전쟁도 벌인다. 그러나 자유의지가 허용하는 선한 일들은 이런 악행을 충분히 능가한다.

❷ 성격 구축이라는 신정론

신학자 존 힉^{John Hick}의 표현을 빌려오자면, 이 세상은 '영혼이 만들어지는 골짜기'*다.¹ 신은 우리가 사는 세상을 천국처럼 만들어줄 수도 있었다. 그러나 그는 그렇게 하지 않기로 결정했다. 우리에게 성장할 기회를 주고, 우리가 그가 원하는 종류의 고귀하고 덕성스러운 존재로 발전하기를 바랐기 때문이다. 그런 종류의 성장을 하려면 투쟁이 필요하다. 고통이 없으면 얻는 것도 없다. 끔찍한 병을 이겨낸 많은 사람들은 그런 시련이 몹시 고통스럽기는 했지만 그

• 영혼이 만들어지는 골짜기(vale of soul-making) 영국 시인 존 키츠(John Keats)의 편지에 나오는 말을 차용한 것. 키츠는 지구상의 삶이 그리스도교 송가에서 말하는 것처럼 눈물의 골짜기(vale of tears)가 아니라 영혼을 생성해나가는 골짜기라고 말했다.

같은 사실을 원망하지 않는다고 말한다. 그 일을 통해 정말 중요한 게 무엇인지 알고, 도덕적으로나 영적으로 발전할 기회를 얻었기 때문이라는 것이다. 신은 우리에게 고통과 고난을 안겨줌으로써 도덕적으로든 영적으로든 성장하고 발전할 헤아릴 수 없이 귀중한 기회를 준다.

❸ 자연법칙 신정론

인간들이 효과적으로 행동하려면 세계가 규칙적인 방식으로 작동되어야 한다. (가령, 내가 성냥을 나무에 부딪혀 불을 켤 수 있는 것은 그런 상황에서는 항상 불꽃이 일어난다고 결정하는 법칙이 있기 때문이다.) 자연의 법칙이 있다는 것은 우리가 자연환경에서 행동하고, 그 범위 안에서 서로 상호 작용할 능력을 갖기 위한 선결 조건이다. 이런 능력은 더 큰 선을 허용한다. 그것들은 도덕적으로 덕성스러운 방식으로 행동할 기회를 제공한다. 정말, 그런 법칙에 지배되는 세계에서는 약간의 악을 만들어내지 않을 수 없다. 예를 들면 우리가 생존하고 진화하는 터전인 안정적인 육지를 만드는 데 관련되는 법칙과 초기 조건들에서는 지진과 쓰나미를 유발하는 판구조의 이동도 동시에 만들어낸다. 하지만 **이런 법칙들이 허용하는 선은 지진과 쓰나미가 초래하는 악을 훨씬 능가한다**. 상이한 법칙 또는 초기 조건들에 의해 지배되는 결과로 훨씬 더 큰 선악의 비율을 갖는 세계를 설계할 수도 있지 않나 생각할 수도 있다(육지는 안정적이고 지진은 없는 세계 등등). 하지만 우리가 예견하지 못한 결과들(지진이 없는 대신에 그보다 더 심각한 지구적 재앙이 올 수도 있지 않을까)이 있을 수도 있기 때문에, 그런 세계는 실제로는 우리의 실제 세계보다 더 나쁠 것이다.

물론 앞에서 제시한 세 가지 신정론에는 모두 약점이 있다. 자유의지 신정론을 예로 들어보자. 그것은 고통과 자연재해로 인한 고난 같은, 이른바 자연악이라는 것을 설명하지 못한다. 성격 구축 신정론 역시 이런 질문을 유발한다. 동물은 왜 수억 년 동안 고통을 받아야 했나? 그들도 성격을 구축할 필요가 있었던가?

그런데도 여전히 수많은 신자들은 증거에 의거한 악의 문제가 쉽게 풀리지 않는다는 것은 인정하면서도, 그런 움직임들을 모두 함께 고려한다면 적어도 증거에 의거한 문제의 규모를 줄이는 데는 크게 도움이 된다고 주장할지도 모른다. 적어도 신에 대한 믿음이 비합리적이지는 않게 만드는 데 충분할 정도로 말이다. 또 마지막 카드로 미스터리 카드를 꺼낼지도 모른다.

❹ 미스터리 카드

그들은 이렇게 말한다. 사실 이 세계는 모든 가능 세계 가운데 최고의 것이다. 궁극적으로 신이 그런 참상을 허용한다는 사실은 이해할 수 있다. 그저 우리가 인간이다 보니 어째서 그렇게 되는지를 보지 못할 뿐이다. 기억하라. 우리는 여기서 신의 마음을 다루고 있다는 것을. 무한히 강력하고 현명한 존재인 그의 계획은 우리가 흠잡을 수 있는 것이 아니다. 조금이라도 겸손함을 보이라! 신이 있다면, 이것이 모두 그가 만든 신성한 계획의 일부라면, 우리가 그런 사실을 도무지 이해하지 못하는 것도 놀랄 일이 아니지 않은가? 그러니 우리가 그를 그다지 많이 이해할 수 없다는 사실은 신이 없다는 사실을 증명하는 증거로는 빈약하다.

이제 나는 이 글의 중심 목적에 도달했다. 그것은 내가 증거에 의거한 악의 문제에 대한 이런 종류의 반응이 지독하게 부적절하다고 여기는 까닭을 설명하는 부분이다. 사실, 나는 그런 신은 없다는 것이 여전히 매우 명백한 사실이라고 믿는다. 유추를 하나 들어 왜 그런지 설명하겠다.

악한 신 가설과 선의 문제

전능하고 최대한으로 선한 신이 없다고 가정하자. 그 대신에 전능하지만 최대한 악한 신이 있다고 하자. 그의 사악함은 무한하며, 잔인함에도 끝이 없다. 이것을 악한 신 가설이라 부르자.

　내가 그런 존재를 믿는다고 해보자. 내 믿음은 얼마나 합리적인가? 틀림없이 매우 비합리적일 것이다.

　왜 그런가? 앞에서 검토한 신의 존재를 지지하는, 인기 있는 두 논의는 결국 악한 신 가설도 똑같이 지지하게 될 텐데 말이다. 앞에서 본 표준적인 선한 신 가설을 지지하는 경우와 다르지 않을 것이다. 그리스도인, 유대인, 모슬렘이 이런 논의를 자신들의 신앙에 대한 중요하고도 합리적인 지지로 널리 전제하는 만큼, 그것들이 똑같은 정도로 악한 신 가설의 논리적 근거도 될 수 있음을 인정해야 하지 않는가. 물론 어떤 사람도 악한 신 가설을 믿지 않는다. 거의 모든 사람은 그 가설이 그냥 합리적이지 않다는 이유만이 아니라, 말 그대로 터무니없다고 여기고 즉각 거부한다. 그런 존재가 없다는 것은 **너무나 명백하다**. 왜 그런가?

　글쎄, 현실을 보면 악한 신 가설을 반박하는 증거가 압도적으로 많지 않은가? 세계에 존재하는 엄청난 분량의 선이 그런 증거를 제공하지 않는가 말이다. 아마 악한 신도 더 큰 악을 위해 자신의 창조물 속에 약간의 선은 허용할지도 모르지만, 그 목적을 위해 그토록 많은 선이 필요할까? 왜 그는 우리에게 이토록 많은 즐거움을 주는 사랑과 웃음과 무지개를 그대로 내버려둘까? 악한 신은 왜 우리에게 사랑할 아이들을 주고, 그들이 우리를 무조건 사랑하게 허용하는가? 악한 신은 사랑을 증오하는데! 또 악한 신은 왜 우리가 서로를 돕고 서로의 고통을 위로해주도록 내버려둘까? 악한 신이라면 그런 짓은 절대로 하지 않을 텐데…….

눈치 빠른 독자들은 악한 신에 대한 이 반론이 악의 문제를 거울처럼 반영한다는 사실을 알아차렸을 것이다. 전능하고 최대한 선한 신이 있다고 믿는다면, 당신은 왜 그토록 많은 악이 있는지를 설명해야 하는 문제에 부딪친다. 전능하고 최대한 악한 신이 있다고 믿는다면 당신은 왜 그토록 많은 선이 있는지를 설명해야 한다. 이 두 번째 문제를 **선의 문제**라 불러도 좋겠다.

악한 신 가설이 선한 신 가설과 마찬가지로 신의 존재에 대한 가장 대중적인 논의라고 많은 사람들에게 지지를 받아야 할 텐데도, 거의 모든 사람은 그것을 터무니없고 말이 안 되는 것이라고 여긴다. 또 그렇게 하는 것이 옳다. 왜 그런가? **선의 문제에 그것을 반박하는 경험적 증거가 압도적으로 많이 들어 있기** 때문이다.

하지만 이제 선의 문제를 다루기 위해 마련되는 다음의 움직임들을 살펴보자.

역逆 신정론

❶ 역 자유의지 신정론

악한 신은 왜 우리가 서로를 이기심 없이 도와주고 고통을 누그러뜨리도록 내버려둘까? 자, 악한 신이 우리에게 자유의지를 주었다. 이때 자유의지는 어떤 중요한 악, 우리가 자유의지로 악행을 저지를 능력이다. 정말로 신은 우리에게 항상 악을 행하도록 강요할 수도 있었지만, 그렇게 되면 우리는 그저 꼭두각시에 불과할 테니까 악행에 대해 도덕적으로 책임을 지거나 비난받을 여지가 없어질 것이다. 그것이 진정한 도덕적 악행이 되려면, 우리는 잘못된 행동을 자유롭게 선택해야 한다. 그래서 악한 신이 우리에게 자유의지를 준 것이다. 자유의지를 받은 결과 우리는 가끔은 선한 일을 하기로 결정한다. 서로를 돕고 고통을 줄이는 등. 하지만 이런 선은 자유의지가 가져오는 악에 의해 압도된다.

뿐만 아니라 자유의지로 인해 어떤 중요한 형태의 심리적인 고통이 발생할 수도 있다. 정말로 신은 그냥 우리 모두를 시뻘겋게 달아오른 쇠꼬챙이로 고문하고 영원히 끝낼 수도 있다. 하지만 우리의 마음을 가지고 장난치는 게 얼마나 더 큰 만족감을 주겠는가. 또 얼마나 사악한가. 악한 신은 우리에게 자유의지와 함께 약하고 이기적인 본성을 줌으로써 우리가 **유혹**의 고뇌를 확실하게 맛보게 만든다. 또 굴복할 때는 죄책감이라는 고통도 느끼게 한다. 자유의지가(또는 자유롭다는 착각이) 주어진다면,[2] 우리는 이런 더 깊고 심리적인 형태의 고뇌를 겪을 수밖에 없다.

❷ 성격파괴적 신정론

힉^{Hick}은 착각했다. 이것은 '영혼이 만들어지는 골짜기'가 아니라, 영혼을 파괴하는 골짜기다. 악한 신은 우리가 고통을 겪고 악을 행하고 절망하기를 원한다.

그렇다면 악한 신은 왜 자연의 아름다움을 창조했을까? **대비**를 위해서다. 추악한 것을 더욱 추악하게 보이게 만들기 위해서다. 모든 것이 똑같이 지독하게 추악할 때보다, 그 가운데 간혹 아름다움이 흩어져 있을 때 우리는 그 추악함 때문에 더 심하게 고통스러워진다.

악한 신이 일부 사람들에게 사치스러운 생활 스타일과 성공을 던져주는 이유도 고통을 극대화하기 위한 대비가 필요하기 때문이라고 설명된다. 그들이 누리는 대단한 행운은 나머지 사람들의 고통이 더욱 예리하게 느껴지게 하기 위해 계획된 것이다. 그들은 그럴 자격이 없는데도 너무나 많은 것을 가졌고, 우리는 아무리 노력해도 그들이 가진 것을 절대로 얻지 못한다는 것을 안다면 누군들 만족하며 살아갈 수 있으랴. 또 그런 행운을 누리는 소수도 진정으로 행복하지는 않다는 것을 기억하라.

왜 악한 신은 우리가 사랑할 아름다운 아이들을 주고, 또 그들이 무조건적인 사랑으로 응대하게 만들까. 우리가 그들에 대해 끝없이 걱정하게 만들려고. 아이들을 가짐으로써 느끼는 고뇌와 고통의 깊이는 부모가 아니면 알 수 없다.

악한 신이 우리에게 아름답고 건강한 신체를 주는 것은 무엇 때문일까. 건강과 활력이 오래가지 않으리라는 것을 알기 때문에, 젊어서 죽거나 노쇠해져서 자기 통제력도 잃고 관절염에 걸리는 등 역겨운 몰골이 될 것이기 때문이다. 뭔가 근사한 것을 잠깐 주었다가 그것을 점차 빼앗아감으로써, 우리는 애당초 그런 것을 가져보지 못했을 때보다 더 심한 고통을 겪을 수 있다.

❸ 역 자연법칙 신정론

효과적이고 합목적인 행동을 하려면 세계가 규칙적으로 작동해야 한다. 자연법칙이 있다는 것은 우리가 자연환경에 대해, 그 속에서 서로 상호 작용할 수 있는 능력을 갖기 위한 선결 조건이다. 이런 능력은 큰 악의 여지를 허용한다. 가령, 그것들은 도덕적으로 타락한 방식으로 행동할 기회를 준다. 서로를 죽이고 괴롭힐 기회가 생기는 것이다. 악한 신은 우리에게 이런 능력을 줌으로써 좌절감 같은 중요한 심리적인 고통도 맛보게 해준다. 애초에 행동할 기회가 주어지지 않았더라면 우리는 시도해볼 수도 없고, 그럼으로써 거듭되는 실패에 좌절하지도 않을 것이다. 정말로 법칙으로 지배되는 그런 세계는 약간의 선을 만들지 않을 수 없다. 이를테면 악한 신은 우리에게 물리적인 환경에서 행동할 능력을 줌으로써 고통을 피하고 쾌감을 찾아나설 능력도 주었다. 그렇기는 해도 그런 선은 이 법칙들이 허용하는 악에 의해 압도된다. 상이한 법칙들 또는 초기 조건에 의해 지배되는 결과로 본다면 선에 비해 악이 더 많지만(가령 더 많은 신체적 고통이 있고 쾌감은 훨씬 적은 상황), 우리는 미처 예견하지 못했던 이유로 인해(아마 우리는 고통이 더 커지면 더 많은 자비와 동정심을 갖고 타인에게 일반적으로 잘 대해주는 모양이다) 항상 실제 세계보다 더 나아질 그런 세계를 설계할 수 있다고 생각할지도 모른다.

물론 이런 역 신정론으로도 이해시키지 못한다면 나는 항상 미스터리 카드를 꺼낼 수 있다.

❹ 미스터리 카드

이 세상은 사실 모든 가능한 세계 중에서도 최악의 것이다. 악한 신이 사랑과 웃음과 무지개를 허용한다는 사실이 궁극적으로는 완벽하게 이치에 맞는다. 그저 우리가 한낱 인간이다 보니 어찌해서 그렇게 되는지를 이해하지 못할 뿐이다. 기억하라, 여기서 우리가 상대하는 것이 신의 마음이라는 것을. 그는 무한한 힘을 가진 교활한 존재다. 조금이라도 겸손함을 보이라고! 악한 신이 있고, 이것이 모두 그의 신성한 계획의 일부라면, 우리가 그것을 좀처럼 이해하지 못하는 것도 별로 놀랄 일이 아니지 않은가? 그러니 우리가 그것을 제대로 이해하지 못한다는 사실은 악한 신이 없다는 충분한 증거가 아니다.

전부는 아니더라도 다른 많은[3] 표준 신정론들도 위와 비슷하게 뒤집어질 수 있다. 그렇다면 우리가 틀렸다고 결론지어야 하는가? 그에 대한 반대 증거가 분명해 보이는데도 그의 존재에 대한 믿음이 결국은 **불**합리한 게 아니라고 전제해야 하는가?

물론 아니다. 악한 신 가설은 매우 명백하게 거짓이다. 악한 신 존재 가설을 압도적으로 반증하는 설명들을 되는 대로 분류할 수 있다고 해서 그 가설을 반박하는 압도적인 증거가 없다거나, 악한 신 가설이 실제로 매우 어리석은 믿음이 아님이 입증되는 것은 아니다.

나는 선한 신 가설도 이와 같다고 주장한다. 선한 신 가설은 이성으로 참이나 거짓을 판정하기가 불가능한 어떤 것이 결코 아니라, 사실은 거짓임이 직설적으로 경험적으로 밝혀진다. 눈이 있는 사람이라면 모두 그것이 **매우 명백하게** 거짓임을 볼 수 있다(나는 진짜 수수께끼는 왜 그토록 많은 사람이 이것을 보지 못하는가 하는 것이라고 생각한다). 혹여 우주에는 창조자가 있는지도 모른다. 아마 우주의 배후에는 일종의 지성이 있는 모양이다. 하지만 설사 그런 것이 있다 하더라도 우리는 그것이 악한 신이 아니라고 강하게 확신할 수 있지 않은가? 그렇다면 **그것이 선한 신이 아니라는 확신은 왜 안 된다는 건가?** 애당초 무엇이, 누가 우주를 창조했는지 모를 수도 있다. 하지만 누가 창조하지 않았는지는 매우 확실하게 알 수 있다.

물론 선한 신 가설을 믿는 사람들은 말할 것도 없이 선한 신과 악한 신 가설의 균형 같은 것을 맞춰 보려고 애쓸 것이다. 실제로 균형이 좀 잡히기도 한다. 하지만 그런 균형 중의 어느 것도 타당성의 저울을 선한 신 가설 쪽으로 크게 기울어지게 만들지는 않는 것 같다.[4] 그래서 나는 그것을 믿지 않는다. 내게는 선한 신 가설은 악한 신 가설과 마찬가지로 거짓임이 **매우 명백하다**.

주

1 J. Hick, ed., *Classical and Contemporary Readings in the Philosophy of Religion*, 2nd edn. (Englewood Cliffs: Prentice-Hall, Inc., 1970), P. 515.
2 어쨌든 우리에게 있는 것은 이게 전부다.
3 가령 앞으로 나올 논문 「The Evil God Hypothesis」를 보라.
4 앞의 글.

난 왜 유신론자가 아닌가?

프라비르 고시(Prabir Ghosh)
인도 과학과 합리주의자 연합(The Science and Rationalists' Association of India)의 사무총장이다. 합리주의, 사회학, 심리학에 관한 책을 여러 권 썼으며, '신인(神人, godmen)'과 점성술사, 기타 온갖 다른 비술(秘術) 수행자들의 정체를 폭로한 수백 건의 기록을 작성했다. 그가 그들을 상대하는 과정은 BBC와 내셔널지오그래픽 등에 의해 영상화되었다.

여기서 '나'라는 단어는 나만을 뜻하지 않는다. '나'란 나처럼 신의 존재를 믿지 않는 일반 사람들을 나타낸다. 그들은 그 사실을 말해도 되는 뒷배경과 적당한 무대가 없기 때문에 입 밖에 내어 말하지 않을 뿐이다.

그러면 사람들은 왜 신을 믿는가? 이유는 수없이 많다. 가난한 사람에서 백만장자까지, 종교 지도자나 노벨상을 받은 과학자 등 믿는 사람들은 모습이 다양하며 저마다 다른 지적 수준을 가지고 있다. 그러니 매우 당연하게도 그들이 종교 신앙을 선호하는 이유도 질과 복잡성 정도에서 다양하다. 무뚝뚝하게 별로 따지지 않고 헌신하는 자세에서 복잡하고 과학적인 은유에 이르기까지, 유신론을 지지한다고 알려진 증거와 이유와 표현은 놀랄 만큼 광범위하다. 이런 주장들을 무시하고 스스로를 무신론자라고 선언하는 것은 바보짓이다. 그러므로 나는 오랜 세월 동안 힘들여 신자들이 행한 크고 작은 온갖 발언, 전능한 신의 존재를 지지하는 모든 논리를 최대한 수집해왔다. 맹목적인 신앙에 반대해서 벌인 40년 넘는 나의 십자군 여정에서 수집해온 것들이다.

이런 논점들을 수집하는 동안 나는 진지하게 노력했고, 합리주의자에 속하는 동료와 친구들이 나를 도와 수많은 주장들을 수집해주었다. 이 십자군 여정의 몇몇 지점에서는 공개적인 도전도 전개했다. 누구든 입증 가능한 여건에서 '신의 권능'을 보여줄 수 있다면, 기적이든 초자연적인 현상이든 보여줄 수 있다면 나는 이런 합리주의적인 활동을 접고 조직을 폐쇄하겠다고 말이다. 지금까지 내게는 수백 건의 크고 작은 도전이 들어왔지만, 그런 도전자들은 모두 처참하게 실패했거나 최후의 순간에 비판당하지 않으려고 달아났다. 내 말이 독선적인 것 같은가? 부탁하는데, 잠시라도 찬찬히 생각해보라. 자신의 신앙에 대해 완고한 쪽은 **신자**들이 아닌가? 전능한 분의 존재에 대해 흔들리지 않는 믿음을 굳게 지키는 것은 **유신론자**가 아닌가? 그와 반대로 우리 같은 합리주의자들은 태도를 바꿀 준비가 되어 있고, 이유를 찾기만 하면 견해를 수정할 준비가 되어 있다. 우리가 완강해질 수 있는 것은 오직 이성에, 진리에 기초를 둔다는 확신에 대해서만이다.

자, 당신이 뭔가가 잘못이거나 거짓이거나 존재하지 않는다는 것을 알았는데도 다른 이유 때문에, 즉 거기에 투자된 관심이나 공공의 선이라는 명분 때문에 여전히 그것을 지지한다면, 우리는 그것을 진리라고 부르지 않는다. 내가 볼 때 그것은 이성이 아니다. 그저 말 그대로 기회주의일 것이다.

아주 최근에, 여기 인도에서 우리는 사람들이 비합리적으로 보이는 현상의 배후에서 합리적인 설명을 찾으려는 모습을 보았다. 즉

1995년에 인도에서 일어난 유명한 사건 말이다. 가네샤(힌두교의 인기 있는 신)의 석상이나 점토상이 신도들이 바친 우유를 문자 그대로 마셨다! 아니면 그랬다고들 주장했다. 소문은 입에서 입으로, 전화를 통해 들불처럼 퍼져나갔다. 신도들과 호기심 많은 군중 수백만 명이 코끼리 머리를 한 그 신을 모시는 근처의 사원으로 몰려갔다. 이 사건을 설명해보라는 전화가 내게 300통이 넘게 왔다. 그리고 그다음 날, 수많은 목격자들이 합리주의자_yuktibadis_들에게 몰려가서 해명을 요청했다. 언론은 매우 긍정적으로 행동해서, 초자연적인 것처럼 보이는 이 현상 배후에 있는 자연적인 이유를 발표했고, 광풍은 이틀 만에 끝이 났다. 사람들이 어떻게 진실을 알고자 앞으로 나섰는지 우리는 보았다. 코끼리 신이 우유를 먹는다는 데서 느끼는 흥분감은 그 현상 배후에 있는 과학을 알게 된 흥분감보다 더 강하지 않았다. 궁극적으로는 지식은 진보를 뜻하며, 인간은 본성적으로 진보를 환영한다.

내가 기자들, 사진기자들과 함께 가서 현상을 설명해주자 뉴스 매체들은 대중에게 진실을 밝혔다. 나는 표면장력과 모세관 현상과 대중의 히스테리와 자기 최면이라는 인간적인 요소들을 단순한 용어로 설명해주었다. 뉴스 매체는 사람들이 무엇을 원하는지 알고 있었다. 대중이 원하는 것을 파는 게 그들의 사업이다. 진보적 이념이 현재 사회 시스템의 기본 구조를 해치지 않는 한, 그들은 진보적 이념도 팔 것이라는 점에 유념해야 한다. 대중 매체 사업은 사회 시스템의 구조가 훼손되지 않게 유지시켜야만 번성할 수 있다. 그러므로 대중 매체가 가네샤 사건에 대해서는 제 목소리를 냈다고 하지만, 운명론과 심령주의, 신에 관한 신화를 밝혀내는 데서는 망설인다. 이것들이 빈민들이나 무산자 대중을 안정시키고 오도誤導하는 데 효과적으로 사용되는 세 가지 기본 원칙이기 때문이다. 그들은 공통적으로 이런 핑계를 댄다. "대중의 감정을 다치게 하지 마라." 그러니 그들이 전하려는 메시지는 '신은 건드리지 마'라는 것이다! 약간 비합리적인 신앙은 그냥 가련한 평범한 사람의 마음속 깊은 곳에 안전하게 간직되어 있게 하자! 그가 달리 의지할 것도 없지 않나!

나는 독자들에게 무엇이 이성이며 무엇이 아닌지를 열린 마음으로 구분하라고 요청한다. 애매모호한 태도와 이중 잣대는 우리를 진리로 이끌어주지 않는다.

다음에서 유신론을 선호하는 가장 흔한 논의 네 가지를 골라 검토하면서, 실제 생활에서 겪은 일들을 소개하려 한다. 이런 논의는 종교적 신앙에 관한 공통적이고도 완고한 질문을 던진다.

물음1 신의 사랑도 우정이나 사랑, 애정처럼 매우 친밀하고 개인적인 방식으로 느껴질 수 있다. 친구나 어머니의 사랑도 눈에 보이지 않는다. 하지만 그것이 존재한다는 것을 부정할 수 있겠는가? 그렇다면 당신은 왜 신의 사랑의 존재를 거부하는가?

이 점에 관해, 살아오면서 나 자신이 겪은 사건 하나가 기억난다. 정신이 약간 이상한(나중에야 이를 알았다) 가우리샹카르라는 남자아이가 있었는데, 그는 당시 신인 영화배우이던 매력적인 헤마 말리니에게 정신없이 빠져 있었다. 다른 면에서는 행동거지가 정상이던 가우리는 어느 날 내게, 헤마에 대한 자신의 깊은 사랑이 쌍방적인 것이 되었다고 털어놓았다. 그들은 서로의 존재를 항상 느낄 수 있게 되었다고, 그가 그녀에 대해 무슨 생각을 하거나 말을 하면 그녀는 미소 짓거나 키스를 보내어 응답한다고. 많이 심각한데! 나는 생각했다.

"아무도 볼 수 없어." 그는 계속 말했다. 그건 지각perception의 문제야. 어머니의 사랑이나 친구간의 우정이 눈에 보이나? 아니잖아? 하지만 그건 존재하거든. 헤마와 나 사이도 그것과 비슷해."

말할 필요도 없지만, 가우리샹카르는 정신과의사에게 가야 했다. 상담을 여러 번 하고 난 뒤에야 그는 헤마의 사랑과는 달리 어머니의 사랑은 손에 잡히는 여러 가지 방식으로 표현된다는 것을 깨달을 수 있었다. 그것은 당신이 아플 때 열이 난 이마를 짚어주는 서늘한 손이나, 제일 좋아하는 커리를 담은 뜨거운 밥그릇의 형태를 띠기도 한다. 친구의 사랑은 당신 아버지가 병원에 입원했을 때 병원 복도에서 함께 밤을 세워주는 모습으로, 또 동네 깡패에게서 당신을 구해주려다가 얻어맞아 팔에 멍이 든 채 함께 집으로 가줄 때 나타난다. 그 발리우드Bollywood 스타에 대한 사랑이 보답을 받았다고 느낄 때, 그것이 행동으로 표현된 일을 한 번이라도 지목할 수 있었던가? 그렇지 않다면 그는 모든 게 상상 속의 일임을 인정해야 한다. 이런 종류의 상상적인 것에 대한 강한 믿음이 곧 정신 질환이다.

가우리의 성이 무엇이었는지는 기억나지 않는다. 하지만 한참 지난 뒤인 1984년에 가우리샹카르 채터지Gaurishankar Chatterjee라는 어떤 사람이 지역 일간지인 《아난다 바자르 파트리카Ananda Bazar Patrica》의 편집장에게 보낸 편지가 내 관심을 끌었다. 이 사람이 바로 그 가우리샹카르일까? 그는 이렇게 썼다.

"친구나 어머니의 사랑도 손에 잡히지도 않고 눈에 보이지도 않는다. 하지만 그것이 존재한다는 것을 부정할 수 있겠는가? 못한다. 같은 논리가 신의 사랑에도 적용된다. 그것은 우리의 지각 속에 있고, 느껴질 수 있고, 내면의 마음에서 소중하게 간직될 수 있다."

얼마나 비슷한가! 유일한 차이는 예전에 헤마 말리니를 사랑한 사람은 정신병원으로 갔지만, 이 편지를 쓴 필자는 독실한 신자로 인정되고 존경받는다는 점뿐이다. 인도 사회에서 광인은 신의 화신이나 열렬한 신자로 숭배된다. 이것이 우리 전통이다. 비정상성이 위대함의 표시로 오해되는 것이다.

물음2 공기는 눈에 보이지 않는다. 고조할아버지도 본 적이 없다. 아소카 왕도 본 적이 없다. 하지만 당신들은 그들이 존재했음을 믿는다. 그렇다면 당신은 왜 전능한 자의 존재를 거부하는가?

나는 이런 식의 유사 논리의 공격을 많이 받았다. "전기를 볼 수 있는가?", "런던탑을 본 적이 있는가?" 없다. "그렇다면 왜 당신은 신을 믿지 않는가? 그저 당신이 본 적이 없기 때문인가?"

수천 년 전의 원시인들은 예전 경험에 의거한 지식에 의존하도록 배웠다. 그들은 자기들이 본 것을 믿지 않았지만, 눈에 보이는 것을 지켜봄으로써 원인을 올바르게 이끌어내도록 배웠다. 숲에서 구름처럼 피어오르는 연기를 보고 불이 났다는 것을 짐작할 수 있었다. 이것은 자연 현상을 지켜봄으로써, 그들 주위에서 반복적으로 일어나는 일들의 원인과 결과를 관찰함으로써, 또 그에 대한 지식이 여러 세대에 걸쳐 전달됨으로써 짐작할 수 있는 일이다. 그리하여 우리는 공기는 보지 못하지만 바람의 영향을 안다. 전기의 효과도 안다. 선조들이 전해준 역사 자료를 통해 아소카 왕이 존재했음 또한 안다. 고조할아버지가 존재했다는 것을 원인과 결과를 통해 알 수 있다. 내 선조들이 먼저 존재하지 않았다면 내가 태어날 수 없기 때문이다. 이런 것들은 모두 기본적이고 익숙한 지식이다. 런던탑이 존재한다는 사실을 믿는 데 맹목적인 신앙은 필요 없다. 책, 잡지, 사진, 장래에 실제로 런던에 갈 수 있는 가능성만으로도 그것의 존재를 충분히 납득할 수 있다.

물음3 신의 존재가 아직 입증되지 않았다는 이유만으로 장래에 입증될 가능성을 거부할 수 있는가?

나는 오래전에 매우 학술적인 인물에게서 이 질문을 받았다. 그는 서벵골 주의 전직 교육부 장관이었는데, 이렇게 주장했다.

"글쎄요, 입증된 적은 없지요. 하지만 신의 부재 또한 입증되지 않았다는 것을 부정할 수 있습니까. 그러니…… 얼마든지 (신의 존재가 입증될) 가능성이 있지요."

타당하다. 과거에는 가설에 불과했던 주장이 나중에 진리로 확립된 경우는 많다. 그러므로 합리주의자로서 우리는 신의 존재가 장래 언젠가는 입증될지도 모른다는 큰 가능성이 있다는 그의 말에 동의할 수 있을까? 그때까지는 신이 존재하지 않는다고 원칙적으로 말할 수 없다. 이런 불가지론적인 견해가 유명한 철학자이던 그의 입에서 나온 것이다. 나는 그와 논쟁하지 않았다. 다만 조금 있다가, 악령과 도깨비와 요정과 유령 같은 존재를 믿는지 점잖게 물어보았다. 또 벵골의 우화에 나오는 그 밖의 다른 거인이나 괴물의 우스운 이름도 더 보탰다. 그는 짜증스럽게 대답했다.

"아니오, 저는 미신을 믿지 않습니다."

나는 이름 몇 개를 더 보탰다. 유니콘이나 불을 내뿜는 용, 날개 달린 말은 어떤가요? 서사시에 나오는 하늘을 나는 전차는 어떨까요? 그다음에 내가 어떤 말을 할지 예견한 그는 음울한 표정으로 침묵했다.

나는 슬쩍 웃음을 띠면서 그 침묵을 깼다.

"선생님, 이런 것들이 존재하지 않는다는 데 선생님도 동의하지 않을 수 없지요? 우리가 그에 대해 이야기를 들었더라도 말입니다. 그런 그림도 보았지요. 그것들 역시 원칙적으로는 아직 부재임이 입증되지 않았습니다. 그러니 가까운 장래에 그런 것들이 이 우주의 어느 먼 구석에 존재하고 있음이 발견되지 않는다고 누가 장담하겠습니까? 선생님 논리에 따르면 이 모든 것이, 그 어떤 것도 믿음의 대상이 될 수 있습니다."

그는 대답하지 않았다.

물음4 신이 없음을 증명할 수 있는가?

"신이 존재하지 않음을 증명할 수 있는가? 점성술이 거짓임을 증명할 수 있는가?" 이런 언어의 폭격은 매우 흔히 일어난다. 그에 대한 대답도 똑같이 간단하다. 여기에 들어 있는 오류를 설명해줄 어떤 사건 하나를 이야기해보자.

1990년 1월 23일이었다. 콜카타에서 약 200킬로미터 떨어진 크리슈나나가르 마을회관에서 세미나가 열렸다. 나는 '점성술 대 과학'이라는 주제의 토론에 참여해 달라는 초청을 받았다. 여러 점성술사와 탄트리크*들이 참석했다. 거기서 나는 미사일 공격을 두 차례 받았다. 청중들이 전율을 느끼는 모습이 역력히 보였다.

나는 자세한 내용을 설명하기 전에 청중들에게 내가 모든 것을 아는 사람도 아니고, 느끼는 것을 항상 잘 설명하지도 못한다고 미리 털어놓았다. 우리 삶에서는 너무나 많은 일이 일어나지만 그 원인을 항상 이해하지는 못한다고 말이다. 예를 들면, 나는 연속해서 세 번 뛰어오르면 키가 커진다는 것을 알았다. 자세한 내용을 설명하면서 열성적인 청중들에게 이렇게 말했다.

"여러분에게 보여줄 수도 있어요. 내가 한 자리에서 두 발을 구르고 뛰어오르면 키가 적어도 7센티미터는 커집니다. 왜 그런지, 어떻게 그렇게 되는지는 저도 몰라요."

청중들은 서로 수군거리면서 불편하게 들썩거리기 시작했다. 마을회관 바닥 한쪽 구석에 일종의 기둥 같은 것이 서 있었다. 아마 인도 독립기념일에 국기를 걸기 위한 설비였을 것이다. 나는 그 기둥을 가리키면서 탄트리크 한 명을 불러, 내가 시범을 보이는 것을 지켜보라고 했다. 그는 나의 지시에 따라 기둥에다 내 키를 표시했다. 순간, 바늘 하나가 떨어져도 들릴 만큼 조용해졌다. 나는 세 번 뛰고 나서 기둥으로 돌아간 뒤, 탄트리크에게 내 키를 재보라고 했다. 청중석에서 수군거리는 소리가 들렸다. "저것 봐, 더 커졌어!", "그래, 맞아! 정말 그런데." 등등. 탄트리크는 내 키를 쟀다. 그는 다시 쟀다. 한번 더 쟀다. 그러고는 놀라서 소리쳤다.

"아니오! 똑같아요. 당신은 더 커지지 않았소."

● 탄트리크(tantrik) 힌두교의 예배 형식인 탄트라(Tantra)의 수행자.

이번에는 내가 놀랄 차례였다.

"아니라고? 어째서 그런가요? 내가 조금 더 커지지 않았다는 겁니까?"

나는 곧바로 퉁명스럽게 물었다.

"제대로 쟀어요?"

탄트리크는 청중들을 마주 보며 자신 있게 큰 소리로 말했다.

"누구든 나와서 살펴보시오. 이 사람의 키는 똑같아요. 1센티미터도 더 자라지 않았습니다."

"그래요, 그러면 죄송합니다. 아마 오늘은 제대로 안 되는 모양이군요. 하지만 제 말을 믿으세요, 예전에는 여러 번 실제로 그랬다고요. 매번 5~7센티미터씩 자랐다가 몇 분 안에 원래대로 돌아가곤 했어요. 오늘은 왜 이런지 모르겠네요."

나는 이렇게 사과하며 당혹스러운 표정을 지었다.

청중들은 불만스럽게 웅성거렸다. 그중 몇 사람은 크게 항의하기도 했다.

"어떻게 그런 일이 일어나는지 설명해줄 수 있어요?"

나는 다시 시작했다. 하지만 이번에는 그 탄트리크가 완강했다. 그는 화난 목소리로 소리쳤다.

"뭘 설명하려고요? 당신은 그 재주를 보이지 못했고, 실패했어요. 당신이 먼저 재주를 보이고 난 뒤에 설명해야 할 것 아니오."

나는 희미한 목소리로 간청했다.

"제발 내게 믿음을 가지세요. 오늘은 실패했지만, 다음번에는 증명하겠습니다. 날 믿지 못합니까?"

"미안합니다. 우린 당신을 믿을 수 없어요. 합리적인 정신을 가진 사람이라면, 당신의 터무니없는 주장을 믿을 수 있다고 생각하지 못하겠는데요."

"제가 거짓말쟁이라고 하시는 겁니까? 한번 실패했다고 내가 사기꾼이라고요? 내 주장이 거짓임을 증명할 수 있습니까. 내가 세 번 뛸 때마다 키가 자라지 않는다는 걸 당신이 증명할 수 있냐고요?"

이제는 내가 화를 낼 차례였다.

그 탄트리크는 더 이상 화를 참지 못했다.

"어찌 당신이 먼저 증명하지 못하는 걸 우리더러 설명하라는 거요? 당신이 주장하는 것에 대한 증명은 당신이 해야 할 일입니다. 자신이 주장한 내용을 증명하는 것은 주장하는 사람의 임무지 듣는 사람의 임무가 아니란 말이오."

나는 전체적인 웅성거림이 잦아들 때까지 몇 분간 기다렸다. 그런 다음 손에 마이크를 쥐고 차분하게 말했다.

"그래요. 그게 애당초 제가 여러분에게 말하고자 했던 것입니다. 자신이 참이라고 주장하는 것을 증명하는 것은 언제나 주장하는 사람의 임무입니다. 믿지 않는 사람은 어떤 것도 반증할 필요가 없습니다. 신의 존재를 증명하는 것은 유신론자들의 임무입니다."

청중석에서는 큰 박수가 터져나왔다.

우리가 이곳 인도에서, 이성을 전파하고 종교를 재규정하는 임무를 시작한 것은 이렇게 해서였다.

믿을 수가 없군!

러셀 블랙포드(Russell Blackford)
오스트레일리아 출신의 프리랜서 작가이자 편집자다. 모나쉬 대학 철학과와 생명윤리학과 보조연구원으로 있으며, 《진화와 기술 저널(*The Journal of Evolution and Technology*)》의 편집장이다.

내가 들은 성서 이야기들이 그리스도교 시대의 신화에 불과하다고 결론지은 것은 기껏해야 아홉 살을 넘지 않았을 때였다(당시 우리 가족이 살던 오스트레일리아의 뉴캐슬 근처 벨몬트사우스에 있던 검소한 집이 기억나는 걸 보면). 미래 시대, 수천 년 뒤의 시민은 내 친척과 선생들이 그리스와 로마의 신들을 믿지 않는 것과 똑같이 그리스도교 이야기를 진실로 취급하지 않을 것이라고 생각했다. 뿐만 아니라 내 눈에는 그런 미래 시민의 대담한 무신론이 정당하다고 입증될 것 같았다.

그로부터 40년도 더 지난 지금 나는 그 어린아이가 내린 결론이 다분히 지혜로웠다는 것을 알지만, 한동안(대략 사춘기에 해당하는 기간 동안)은 그리스도교의 그럴듯하지 않은 주장을 믿으려고 시도해 보았다. 그런 것은 또래들로부터 받는 압박 때문이었을 수도 있다. 고등학교에서 내가 어울린 아이들은 종교적인 성향을 갖고 있었다. 어쨌든 나는 그리스도교 신앙에서 타당한 이유를 찾아보려고 한동안 애쓰기는 했다. 자기기만을 위한 이런 노력은 결실을 맺었고, 나중에는 우리 대학교에서 복음주의 연합의 부회장이 되었다. 그런데도 마음 한편에는 항상 깊은 의구심이 남아 있었다. 복음주의 그리스도교의 세계관 전체(그 밖에도 내가 아는 다른 모든 것)에서 많은 부분이 믿기지 않았으니까.

나는 끝내 복음주의 연합의 회장은 되지 않았고, 그 이상의 지위인 그리스도교의 목사 같은 위치로는 올라가지 않았다. 부회장으로 있던 1년 임기가 끝날 무렵(열아홉 살이나 스무 살이었다), 고뇌가 없지는 않았지만 마침내 나는 그리스도교의 세계관에 승복하지 못하겠다는 결론을 내렸다. 그러고는 복음주의 활동을 조용히 접고, 공부와 젊은 시절의 복잡한 연애에 몰두했다. 힘들게 얻은 불신앙에 대해 야단스럽게 떠들어대지는 않았다. 그 뒤 내 인생의 성장기였던 그 시절에 대해 자주 돌이켜보지만, 한 번도 심각하게 흔들린 적이 없었다.

***

그리스도교의 정통적인 형태 및 정통 아브라함 유신론 전통 전체를 도무지 믿지 못할 것으로 만드는 것은 어떤 이유 하나가 아니다. 한편으로는 아브라함 유신론이 보는 우주관, 우리 행성, 자연 질서 속에서의 인류의 특별한 위치와, 다른 한편으로 잘 보강된 주류 과학이 점차 밝혀주는 모습 사이에는 수많은 긴장 관계가 형성되어 있다. 그런 점은 고려해야겠지만, 예나 지금이나 똑같이 내게 가장 심각한 문제는 세계가 사랑으로 가득하고 섭리를 관장하는 전지전능한 신에 의해 창조되었다는 견해다.

이는 물론 악이라는 전통 문제에 관련된다. 즉 신의 힘, 지식, 완벽한 선함을 세계에 있는 악의 존재와 양립시키는 어려움이 그것이다. 그러나 현행 학계의 철학에서 악의 **논리적인** 문제가 해결될 수 있다는 주장은 거의 진부한 말로 취급된다는 점에 주목하라. 왜냐하면 먼저 다음의 주장을 천명하기만 하는 데는 형식상의 모순이 전혀 없기 때문이다.

1. 신은 전지전능하다.
2. 신은 완벽하게 선하다.
3. 세계에는 악이 있다.

형식적인 모순을 만들어내려면 이것 외에 다른 전제들을 더 끌어와야 한다. 하지만 그런 전제들은 항상 도전받을 여지가 있다. 가령 전지전능한 존재는 악을 제거하거나 예방할 수 있다고, 또 완벽하게 선한 존재라면 그렇게 하고 싶어 할 것이라고 가정해보자. 신이 존재하지 않는다는 연역적으로 타당한 논의에서 이런 식의 추가 전제를 채택할 전망은 얼마든지 있다. 하지만 그 추가 전제가 받아들여질 수 있는 것들인가?

종교의 변증론자들은 완벽하게 선한 존재는 모든 악을 제거하거나 예방하기를 원치 **않으리라고** 흔히 주장해왔다. 인간 존재가 자유의지를 가지고 실행하는 존재라면, 악한 행동과 사건이 벌어질 위험이(적어도) 논리적으로 필요할지도 모른다. 아니면 어떤 선(짐작건대 위대한 선)이 존재하기 위해서는 약간의 악이 논리적으로 필요한지도 모른다. 가령 세계에 자비의 감정과 행동이 존재하려면 논리적으로 적어도 약간의 고통은 필요하다. 신이라 하더라도 논리적인 필연성에 따라 결정해야 하니까.

　글쎄, 그럴지도 모른다. 하지만 여기서 적어도 두 가지는 분명히 해야 한다. 먼저, 나는 여기서 요구되는 자유의지(우리를 형성하는 인과적 질서로부터 궁극적으로 자유로운 어떤 것)를 어떤 경우에든 실제로 가져본 사람이 한 명이라도 있다는 증거를 보지 못했다. 우리는 합리적으로 보아 귀중하게 여길 만한 능력을 많이 갖고 있다. 숙고의 능력, 우리 자신의 가치를 성찰할 능력(하지만 만물의 외부에 존재하는 아르키메데스의 점에서 성찰하는 것은 아닌), 우리 가치를 표현해주는 방식으로 행동할 능력, 우리의 선택에 의해 세계에 (흔히) 영향을 미칠 능력 등이 그런 것들이다. 이런 것들을 간단명료하게 '자유의지'의 능력이라 불러도 타당할 것이다. 하지만 우리는 궁극적으로 스스로를 창조하는 자가 아니며, 우리를 지금과 같은 존재로 만들어준 사건(유전적인 잠재력과 유년 시절 초반의 경험 등등)의 맨 밑바닥에 자유의지라는 것은 절대로 없다.

　둘째, 신의 방식은 항상 어느 쪽으로 극단적인 방식으로 정당화될 수 있다. 우리가 세상에서 보는 모든 끔찍한 고통, 고생, 비참함에도 불구하고 그것에 논리적으로 의존하는 **어떤 것**을 밝혀내고, 이 '**어떤 것**'이 말로 다할 수 없이 너무나 귀중하기 때문에 그 고통과 고생과 비참함이 정당화될 수 있다는 주장은 언제나 가능하다. 하지만 그 주장에 동의하지 않는다면 내가 너무 까다로운 걸까? 주위 여건에 짓눌려 사람들과 다른 생물들이 끔찍한 고통을 견뎌야 하는 일 없이 그저 행복하기를 바란다면, 우리의 가치가 너무나 밋밋하고 천박한 것일까? 아마 우리는 현실의 세계와 여러 면에서 비슷한 세계를 실제로 원해야 할 것이다. 좀 격렬하고, 항상 고통이 다가올 가능성이 있으며, 고생과 비참함이 절대로 멀리 있지 않지만(개인의 죽음이나 집단의 죽음은 말할 것도 없고), 그럼에도 용감한 행동과 영웅주의가 있는 그런 세계를. 이런 접근법은 우리가 무엇을 생각하든 간에 신이 온갖 끔찍함을 허용하는 것이 타당하다고 주장한다. 대단히, 진정으로 가치 있는 것을 달성하기 위해 그런 거니까.

이런 모든 주장에 논리적인 일관성이 있다는 것은 나도 인정한다. 하지만 제 정신을 가진 사람이라면 과연 그런 참상들을 진지하게 인식하면서도 그 주장을 실제로 믿을 수 있을까?

흘러넘치도록 많은 세계의 끔찍한 상황들, 헤아릴 수 없이 오랜 세월 동안 그토록 많은 인간들과 다른 허약한 생물들에게 한없이 다양하게 가해진 격심한 고통, 심각한 고생과 비참하다고밖에 말할 수 없는 처지 등을 조사하다 보면, **사랑**과 **섭리**의 신(하지만 전지전능한)이 그런 모든 것을 허용할 조금이라도 적절한 이유가 있으리라고는 도저히 믿을 수 없다. 강조해서 말하지만, **논리적으로는** 그런 신 나름의 (신비스러운) 이유가 있을 수 있다는 것이 **불가능**한 얘기는 아니다. 하지만 이런 상황, 또는 이와 조금이라도 비슷한 상황에서 그런 증거가 무슨 의미가 있을까? 혹시라도 설득력 있는 주장이 나타나서 사랑과 섭리의 신의 존재를 납득시킬 수 있을 때까지는, 고통과 고생을 신정론*적으로 합리화하는 완고한 주장에 대해 우리가 보일 수 있는 최선의 반응은 지적 불신 incredulity 과 도덕적 혐오감이 뒤범벅된 감정이다.

뿐만 아니라 설득력 있는 주장이 제시된 적도 전혀 없다. 어떤 초

• 신정론(神正論) 또는 변신론. 신의 옳음을 변호하는 이론.

월적인 창조자의 존재에 대해 가장 기대할 만한 주장, 가령 근본적·물리적 상수의 조정이라는 것에 의거하는 주장 등도 사랑과 섭리의 신의 존재를 확립하는 데는 전혀 미치지 못한다.

***

계속 고찰해나가면 유신론자의 문제는 더 심각해진다. 사랑과 섭리의 신이라면서 왜 우리를 그의 존재 자체에 대한 그 같은 의심 속에 내버려두는가. 그럼으로써 기껏해야 애매모호한 경험이나 의혹 섞인 증거나 불투명한 주장에 의지할 수밖에 없게 만드는가? 특히 그런 존재가 왜 우리에게 그 존재와 사랑에 대한 명확한 확인도 해주지 않고, 세계의 끊임없는 참상을 그대로 내버려두는지, 그 이유를 확실하게 설명해주지 않는가?

게다가 이 존재는 우리 같은 합리적인 생명 형체를 등장시키기 위해 왜 생물학적 진화라는 과정을 채택했을까? 그 느리고 엉성한 돌연변이, 생존, 적응 방법이 동물 세계에서의 말로 다할 수 없는 잔인함과 비참함을 초래하는 상황, 기능상 불완전한 설계, 이성적인 생명이 등장하기까지 수십 억 년이라는 시간이 걸릴 것이라는 사정을 예측할 수 있었을 텐데도 말이다. 전지전능한 존재라면 자신이 원하는 결과를 선택한 다음, 창세기 시작 부분의 시구에 묘사된 것처럼 눈 깜짝할 새에, 또는 그저 며칠 밤낮 만에 기능적인 불완전성이 없는 생명체를 만들어낼 수도 있지 않았을까.

다시 한번 말하지만, 대답하려는 시도는 있을 수 있다. 사랑과 섭리 (등등)의 관계는 아마 논리적으로 불완전한 것이 아니라거나, 신은 이 모든 것에 좋은 이유를 갖고 있을 것이라는 등등. 하지만 또

한번 말하지만, 그런 존재가 있다는 독자적인 증거가 제시되지 않는다면 우리는 입이 딱 벌어질 만한 의혹에 대해 신의 이름을 앞세운 핑곗거리들을 검토할 것이다.

간단하게 말하자면, 사랑과 섭리 (등등)의 신이 존재한다는 확신에 반대하는 주장은 설득력이 있지만, 그런 신의 존재를 지지하는 진정으로 설득력 있는 주장은 이제껏 나온 적이 없다. 그런 주장이 제시된다면, 우리는 죽음을 피할 수 없는 존재인 인간 남녀들의 눈에는 그의 전체 동기가 너무나 분명치 않다는 점을 통탄해하면서도 생각을 바꾸어 이런 신이 존재한다는 사실을 받아들일지도 모른다. 하지만 현실을 보면 우리를 지켜봐주는 그런 사랑과 섭리 (등등)의 신은 없다고 결론지어야 한다. 적어도 **이런** 모습의 신에 관한 한 무신론자가 되는 것이 가장 이성적인 대응 자세다.

***

앞에서 나는 그리스도교를 포기했을 때 별로 야단스럽게 떠들지 않았다고 말했다. 복음주의 활동을 중단했지만 그에 대해 불평을 하지는 않았다. 이는 일종의 비겁함 때문이었는지도 모른다. 정면 대결을 피하고 싶었기 때문이다. 하지만 마음 한쪽으로는 진심으로 친구와 가족들의 감정을 보호해주고 싶었기 때문이기도 했다. 어찌되었든 내 삶에는 다른 더 중요한 것들이 있었으니까.

하지만 시대가 달라졌다. 1970년대에는, 또는 1990년대에도 종교철학이나 종교제도, 종교 지도자들에게 더 이상 도전할 필요는 없다고 생각했을 수도 있었다. 중요한 일은 모두 이루어졌고, 과학 혁명, 계몽주의, 다윈, 1960년대에 일어난 사회적 우상 파괴 운동등과 더불어 다들 종교는 시들어가고 있다고 생각했을지도 모른다. 그러나 지금은 상황이 아주 다르다. 계몽된 사회라고 하는 서구에서도 그렇다. 되살아난 그리스도교 철학이 영미 종교철학 속에 깊이 도사리고 있다. 줄기세포 연구라든가 치료를 위한 복제 연구 같은 이슈를 둘러싸고 벌어지는 정책 결정 과정에서 특정한 종교적 도덕성이 결정권을 휘두르는 때가 자주 있다. 또 자금이 두둑한 세력들이 문자 그대로의 창세기 이야기와 상충하는 과학에 대한 대중의 신뢰를 약화시키기 위해 움직이고 있다.

이념 투쟁은 전혀 끝나지 않았다. 이제 종교 및 그 모든 주장을 회의적인 눈으로 속속들이 조사하고 검토해야 할 때가 되었다. 믿음이 없는 우리 같은 사람들이 정통 아브라함 유신론 (및 다른 종교체계들)의 수많은 변형태들이 누려온 자격 없는 특권을 반박하고 끌어내릴 이유는 넘칠 만큼 많다. 주교, 사제, 장로들에게 너무 자주 부여되어온 특별한 권위에 도전해야 한다. 이제 무신론자, 회의주의자, 합리주의자, 인문주의자, 의심하는 사람, 철학적 자연주의자 등 어떤 이름으로 불리든, 우리가 공개적으로 나서서 토론을 시작할 시간이다. 그 어느 때보다도 지금이 바로 우리의 불신을 소리내어 말할 시간이다.

왜 안 되지?

숀 캐럴(Sean M. Carroll)
캘리포니아 공대의 물리학 선임 연구원이다. 《네이처(Nature)》, 《시드 매거진(Seed)》, 《스카이 앤 텔레스코프(Sky and Telescope)》, 《뉴사이언티스트(New Scientist)》 등의 과학 저널과 잡지에 글을 발표해왔다. 『Spacetime and Geometry(시공간과 기하학)』를 펴냈다.

신이란 무엇을 뜻하는가? 자기들이 왜 신을 믿지 않는지를 설명하려고 할 때 무신론자들은 대부분 사전적인 정의를 염두에 둔다. '최고의 존재, 창조주이자 우주의 지배자.'[1] 이것이 꼬박꼬박 교회에 가는 보통 사람들이 제시하는 신 개념이다. 백발을 텁수룩하게 길렀거나 걸핏하면 죄인에게 벌을 내리는 성향이 다분한 노인 모습이어도 좋고 아니어도 좋지만, 신을 의식을 가진 존재로 그리는 것은 틀림없다. 신은 생각과 동기를 가지고 세계 속에서 활동하는 행위자다. 그는 관례적인 자연법칙의 범위 밖에 존재하며, 가끔은 그것을 어기는 게 좋겠다고 여기기도 한다.

이 같은 신 개념은 전 세계적으로 수십 억의 사람이 받아들이는 것이니, 오로지 그 이유만으로도 한번 다루어볼 만하다. '틈새의 신'•은 자연적 우주의 이런저런 면모를 설명하기 위해 불러온 것으로, 과학적 가설의 요건은 갖추었지만 너무 심하게 부족한 점이 많다고 판명된다.² 하지만 무신론자들은 자신들이 구제 불능으로 단순화된 허수아비를 공격하고 있다는 말을 가끔 듣는다. 전형적인 교회 신도들의 머릿속에는 수염 기른 신의 모습이 들어 있겠지만, 신학자들은 신의 본성을 훨씬 더 섬세하게 이해한다. 신을 간섭을 해대는 단순한 존재라고 직설적으로 반박한다면 중요한 요점을 놓칠 뿐이라는 것이다.

또 그런 주장에는 나름대로 타당성도 있다. 지금은 이런 허수아비 식의 버전이 수십 억 명에게 실제로 받아들여지고 있으며, 따라서 그 자체로 상대해볼 가치가 있다는 사실은 좀 제쳐두자. 무신론자들이 자신들이 옳다고 주장하고 싶다면, 그들은 적의 입장 가운데 가장 강력한 버전, 가장 철학적이고 논리적으로 정교한 '신' 개념을 공격해야 한다.

한 가지 문제는 그것 역시 파악하기 힘들기로 악명 높은 개념이라는 사실이다. 수천 년 동안 계속 위대한 정신의 소유자들이 신이 무엇을 의미해야 하는지를 놓고 논쟁해왔지만, 합의라 할 만한 것에 이르지는 못했다. 오늘날도 신학자들 가운데 신이라는 개념을 일종의 믿음과 목적을 가진 개인처럼 보는 사람들이 많다.³ 하지만 다른 사람들은 훨씬 더 추상적인 어떤 것을 추구한다. 조금 살펴보면, 다음과 같은 공식을 발견할 수 있다.

- 신은 필요한(유일하게 필요한) 존재다.⁴
- 신은 일체의 실체가 존재할 수 있는 조건이다.⁵
- 신은 만물의 제1원인이다. ―아리스토텔레스, 아퀴나스

• 틈새의 신(God of the gaps) 신은 현대 과학으로 설명할 수 없는 부분에 존재한다는 의미.

- 신은 생명의 정수다.[6]
- 신은 존재하는 모든 것의 통합체다. —범신론, 스피노자
- 신은 우리가 자신들의 고통을 평가하는 개념이다.[7]

이런 정의들은 모두 똑같지는 않지만, 하나의 일반적인 정신을 공유한다. 신은 우주 안팎의 어딘가에 있으면서 이런저런 일을 하고 돌아다니는 어떤 존재가 아니다. 그보다는 고유한 존재론적 범주, 우주가 존재하고 기능하기 위해 어떤 식으로든 중요한 범주이며, 단순한 인간 중심화에 저항한다. 앞서의 공식을 '간섭주의자 신'으로, 뒤의 공식을 '신학적 신'으로 부를 수 있다. 후자의 호칭은 신^{theos}과 논리^{logos}라는 단어의 원래 의미를 끌어다 쓴 것이다. 기적은 일어나지 않는다거나 자연 선택 이론만으로도 생명의 다양성을 충분히 설명할 수 있다는 단순한 주장은 신학적 신 개념을 상대할 때 별로 힘을 쓰지 못한다.

   신에 대한 이런 식의 정의를 만나면, 무신론자는 머리카락을 쥐어뜯으면서 '도대체 이게 무슨 뜻이냐'고 묻고 싶은 충동이 생기더라도 참아야 한다. 무신론자들은 우주를 창조했으며 인간의 행동에 관심을 갖는다는 초자연적인 존재 이야기를 들으면, 그것의 존재는 믿지 않을지 몰라도 적어도 개념 자체는 알아들을 수 있다. 하지만 '필요한 존재'라든가 '생명의 정수', '존재할 수 있는 조건' 따위의 말은 직설적인 반박을 할 수 없다. 무슨 이야기를 하는지 도무지 파악이 안 되기 때문이다. 무신론자를 과학적 사고를 가진, 세계를 경험적으로 검증 가능한 모델에 입각해서 설명하려는 유물론자로 볼 때의 이야기다.

   그리고 실제로 신학적 신을 믿는 사람들이 염두에 두고 있는 것

왜 안 되지? 107

은 매우 다양하다. 지나친 단순화의 위험은 있지만, 그것들을 두 가지 범주로 나누어볼 수 있다.

- 세계의 일부 면모, 또는 우주 그 자체의 이름표인 신
- 세계를 의미 있게 만들기 위해 논리적으로 필요한 관념으로서의 신

첫 번째 범주에는 범신론자가 들어간다. 그들은 신을 자연 또는 물리학 법칙과 동일시하며, 사랑의 능력 또는 세계에 대한 경외감과 동일시하기도 한다. 과학적 유물론자들이 이런 사람들에게 보이는 반응은 간단하다.

"그래? 왜 진작 그렇게 말하지 않았어? 당신은 그냥 무신론자군."

즉 이런 것들에게 신이라는 이름표를 붙이고 싶다면, 그냥 붙이라는 것이다. 그것은 우리가 세상에서 살아가는 방식이나 그것을 이해하는 방식에 아무런 영향을 미치지 못한다. 실용주의자들(무신론자들은 대부분 실용주의인 경향이 있다)이 볼 때 이런 관점은 그냥 부적절할 뿐이다. 그것은 형이상학이 아니라 어휘의 문제다.[8]

그러므로 우리가 (마침내) 관심을 가져야 할 것은 두 번째 범주인 신학적 신 개념이다. 이 정의에 따르면 신은 의인화할 수 있는 존재도, 우주 또는 그 면모들에 붙이는 이름표도 아니다. 신은 새로운 종류의 본질essence로서 물질세계의 일부도, 그것과 우연히 함께하는 존재도 아니다. 그것은 물질세계가 존재하기 위해 존재해야 하는 본질이다. 신은 세계를 창조한 다음 그로부터 물러나든가, 시간 전체에 걸쳐 세계가 존재하도록 버팀대가 되어준다.

무신론자들은 물질세계와 진정으로 구별되는 어떤 범주가 존재한다고 믿지 않는다. 그들은 세계가 물질로 만들어졌고, 그 물질은 법칙에 따르며, 그런 법칙은 한 번도 깨진 적이 없으니 그걸로 끝이라고 본다. 더 이상 아무것도 필요하지 않다. 세계의 기초 구성 재료 가운데서 발견될 수는 없지만 그것으로부터 등장해, 인간의 삶에서 결정적으로 중요한 목적에 봉사하는 어떤 범주가 있을지도 모른다. 하지만 이런 것들 중 어느 것도 바깥 세계와 분리되지 않고 그 바깥에서 발견되지도 않으며, 진정으로 다른 법칙들을 요구하지도 않는다. 물리적 우주는 자족적이고 완결된 것이다.

이 관점에서는 신학적 신의 신봉자와 유물론적 무신론자 사이의 대화가 왜 그토록 좌절감을 안겨주는지, 그 이유가 쉽게 보인다. 전자는 "세계가 시작되려면, 또 그것이 계속 유지되려면 신이 있어야 한다"고 말하고, 후자는 "아니, 없어도 돼"라고 말한다. 대화가 "그래" 또는 "그렇지 않아", 이 수준 이상으로 발전하기는 힘들다.

일을 좀 진척시키기 위해 신학적 신의 신봉자들이 종종 제시하는 종류의 논의로 눈을 돌려보자. 여러 개 중에서 하나를 선택해야겠지만, 느낌은 전해질 것이다. 플라톤에서 아퀴나스를 거쳐 현재에 이르는 신학적 사고 취향을 가진 사상가들에게 인기 있는 '제1원인으로부터의 논의 The Argument from First Cause' (우주론적 논의)를 살펴보자.

우연적인 것들이 존재한다. 그것들은 반드시 존재해야만 하는 것들이 아니었다. 우연적인 것들의 존재 원인은 그 자체 밖에 있다. 그 원인은 또 다른 우연적인 존재거나 어떤 필연적인 존재다. 인과의 사슬은 그냥 무한히 이어질 수는 없다. 어떤 필연적인 존재가 궁극적 원인이 되어야 한다. 그 필연적인 존재가 신이다.

이런 종류의 논의로 회의적인 불신자의 마음을 바꿀 수 있으리라고는 생각하기 힘들다. 하지만 이미 믿을 준비가 되어 있는데 간섭주의자인 신은 너무 구식이고 단순하다고 여기는 사람들에게는, 우주론적인 논의가 신학적 신을 믿기 위한 피상적으로 그럴듯한 명분을 제공해준다. 결과가 있으려면 원인이 있어야 하지 않겠는가?

사실은 아리스토텔레스와 플라톤의 주장이 물리적인 세계에 대한 진리였더라면, 결과가 있으면 원인도 반드시 있다는 말이 참이었을 것이다. 특정한 고대 철학의 흐름에 따르면(위의 두 사람과 반대 입장인 데모크리토스와 원자론자들), 인과율은 우주가 가진 정말로 근본적인 특징이다. 예를 들어, 어떤 물질의 자연 상태를 그 자리에 가만히 있는 것으로 보는 세계관에서는 움직임이 생기려면 원인이 있어야 한다. 좀 덜 공식적인 태도로 말한다면, 원인과 결과라는 개념은 우리의 일상 경험을 개념화하는 데 유용한 방식이다. 누군가가 유리잔을 넘어뜨리면, 넘어뜨린다는 행동은 넘어진 유리잔의 원인으로 추정되며, 충분히 타당하다.

하지만 요즘 우리는 더 잘 알고 있다. 갈릴레이, 뉴턴, 라플라스 이후의 현대 물리학은 인과율이 아니라 결정론에 의거한다. 어떤 주어진 시간에 우주의 상태를 알고 자연의 모든 법칙을 아는 완벽한 계산 능력을 갖고 있다면, 어떤 시점에서든 우주의 상태를 예견할 수 있다. 이는 미래와 과거가 똑같이 잘 결정되어 있다는 뜻이다. 우주의 상태를 구체적으로 밝히는 데 필요한 정보의 양은 한순간에서 다른 순간으로 보존되며, 자연법칙은 어떤 한 시간대에서 다른 시간대의 상태로 넘어가는 가역적可逆的인 지도를 제공한다(양자역학에서의 측정 과정은 이 법칙에서 예외지만 근본적인 것은 아니다. 이제는 많은 사람들이 그렇게 알고 있다).

결정론적 우주에서는 인과율이라는 개념의 지위가 매우 다르다. 그것은 어떤 식으로도 기초가 되지 않으며, 특정한 상태의 시간적 정리에 대한 편리한 설명만 제공한다. 유리잔을 넘어뜨리기 전의 우주 상태를 고려할 때, 우리는 그런 넘어짐이 일어날 것이라고 자신 있게 예견할 수 있다. 마찬가지로, 그것이 걸려 넘어진 뒤에 돌이켜보고, 그것이 예전에는 똑바로 서 있었다고 자신 있게 말할 수 있다. 예전 상태의 어떤 요소가 그 뒤에 따라오는 상태의 원인이라는 말에는 깊은 의미가 없다. 그런 말은 적어도 바로 뒤에 이어지는 상태가 그 전 상태를 초래했다고 말하는 것과 거의 다르지 않다. 원인과 결과는 근본적인 요소가 아니다. 우주는 자연법칙과 일치해서 그냥 덜컹거리며 나아갈 뿐이다.

물론 인과율은 의심할 여지없이 우리의 일상생활에서 유용한 개념이다. 그 유용성은 우리의 물리적 우주에 관한 냉엄한 사실, 즉 낮은 엔트로피인 과거에서 높은 엔트로피인 미래를 향해 쏘는 시간의 화살이라는 것에서 비롯된다. 물리학 법칙이 뒤집힐 수는 있지만 거시적인 과정은 흔히 불가역적으로 보인다. 엔트로피가 혼자서 감소하는 일은 절대 없으니 말이다. 그 결과 낮은 엔트로피 상태인 과거의 특징(너의 팔꿈치가 무신경하게 테이블 위를 휘저었다)이 높은 엔트로피 상태인 미래 상황(유리잔이 바닥에 떨어져 수십 조각으로 깨졌다)의 발생 원인이라는 사고방식은 아주 유용하다. 하지만 물리학 법칙에 복종하는 기본 입자들의 더 깊은 층위로 내려간다면, 우주의 완전한 역사는 어떤 시점에서든 계산될 수 있다.

그렇다면 우주론적 논의는 이제 어떤 상황에 놓여 있는가? 우주의 심오한 진실을 밝히는 문제에 관한 한, 그것은 혼란에 빠져 있다. 존재는 우연적인 것과 필연적인 것으로 구분되지 않으며, 결과와 원인의 근본적인 구별도 없다. 그저 우주, 법칙에 따르는 우주가 있을 뿐이다. 그것은 실재에 대한 완결되고 자기 충족적인 묘사다. 신은 필요 없다.

근대의 과학적 유물론자가 우리 우주 및 다른 가능 우주를 보는 방식에 대해 잠시 고찰해볼 만하다. 과학은 세계를 형식적인 시스템으로 구성한다. 수학적·논리적 구조 및 형식적인 시스템의 다양한 원소들이 실재에 상응하는 방식을 구체적으로 밝히는 '해석'이 그런 시스템이다. 그리고 이런 사고방식에 따르면, 정말로 존재하는 것은 그것밖에 없다. 뉴턴 역학에서 우주는 시간을 통해 발전하는 위상 공간phase space의 한 요소다. 일반 상대성이론에서 우주는 4차원이 중첩된 곡면 시공간이다. 양자역학에서 우주는 시간 속에서 움직이는 복소 힐베르트 공간*이다. 아마 언젠가 만물에 관한 이론이 우리 손에 들어온다면, 진실이란 좀 다른 종류의 수학적 구조물임을 이해하게 될 것이다. 구체적으로 무엇이 선택되었는지는 중요하지 않다. 요는 그 수학적 구조가 무엇인지, 또 그것이 우리의 경험론적 체험에 어떻게 상응하는지를 알면, 일은 끝난다는 것이다.

다른 말로 하면, 일관성 있는 일체의 수학적 구조물은 하나의 가능한 우주다. 과학이 하는 일은 그저 어떤 가능한 우주가 옳은가를 판단하는 것이다. 여기에 인식 가능한 우주가 있다. 그것은 1과 0의 무한한 끈, 1이 두 번 나오면 그다음에는 0이 하나 나온다는 무한

• 복소 힐베르트 공간(complex Hilbert space) 독일의 수학자 다비드 힐베르트의 이름을 딴 개념으로, 순수하게 대수적인 성질만을 지닌 벡터 공간에 각, 길이 등 기하학적인 성질을 부여한 것. 수학, 물리학, 공학 등에서 함수 공간으로 널리 사용되며, 특히 편미분방정식과 양자역학 및 신호 처리 등의 분야에서 필수적인 도구. 복소 힐베르트 공간은 실수를 사용하는 실 힐베르트 공간에서, 스칼라를 실수에서 복소수로 바꾼 것이다.

반복 유형을 따르는 끈이다.
……110110110110110110……

그것은 우주다. 그다지 흥미 있는 우주도 아니며, 그것이 우리 우주가 아님은 확실하다. 하지만 하나의 가능 우주다. 그 우주의 일부로 봉사하는 신은 없으며, 마찬가지로 신이 그곳에 있어야 할 아무 이유도 없다는 것이 요점이다. 그리고 우리 세계에도 신은 없다.

신은 반드시 있어야 하는 존재가 아니다. 신학적 개념이 내세우는 비교적 순진한 우리 신도 마찬가지다. 신학적 신을 지지하는 논의들이 계속 범하는 실수는 **세계 안에서** 그런대로 효과적으로 작동하는 추론을 가져다가 **전체 세계에다** 무비판적으로 적용하는 일이다. "결과에는 원인이 있다. 과정에는 시작이 있다. 선택에는 이유가 있다." 이런 것은 우주의 역사를 구성하는 사건들 사이에서는 이치에 맞는 공리지만, 우주 그 자체에 적용되면 곧바로 범주의 오류를 범하고 만다.

제1원인으로부터의 논의에는 비꼬인 부분이 수없이 많다. 다음에 나오는 질문에는 흔히 신이 대답으로 제시된다.

"세계는 애당초 왜 존재하는가?"

또 다른 물음도 있다.

"왜 다른 세계가 아니라 바로 이 세계가 존재하는가?"

유신론자들은 이런 물음을 던지지만 무신론자가 하는 대답이라는 것이 온통 "왜 그러지 말아야 하는가?"라든가 "그냥 그렇기 때문이야" 따위니, 질문을 하는 것만으로도 좌절감을 심하게 느낄 것 같다. 매우 깊은 층위에 내려가면 이런 대답이 모두 옳다. 매일매일의 일상 세계에서 겪는 경험은 "이건 왜 이런 식이지?"라는 질문을 던질 때 합리적인 대답을 기대할 수 있는 그런 식의 것이다. 그러나 전체 우주에 대해서는 그런 기대를 하지 않는다. 우주가 그냥 원래 그런 것일 수도 있고, 그 이상으로 우리가 찾을 수 있는 더 깊이 있는 설명은 없을 경우도 얼마든지 있다. 물론 예를 들면 모든 가능 우주가 존재한다는 설명이 있을 수도 있고, 또 인류 선택 효과$^{\text{anthropic selection effect}}$는 그저 지적인 생명체가 존재할 수 있는 우주에서 그냥 물음을 던진다는 뜻을 함축한다. 혹은 아닐 수도 있다. 우리가 마침 살고 있는 이 특정한 우주는 앞으로 발견되어야 하며, 더 이상의 설명을 하지 않아도 되는 주어진 사실일 수도 있다. 중요한 것은 그것이 주어진 사실이어도 괜찮다는 것이다. 우주에 대해, 또는 논리에 대해 우리가 아는 바에 따르면, 결코 우주 그 자체 바깥에서 어떤 설명이 있어야 하는 것은 아니다.

 유물론적 무신론자와 신학적 신의 신봉자 사이에 생기는 의견 차는 논리와 증거에 달린 문제인 동시에, 개인 성품과 심리학에 관련된 문제이기도 하다. 이유가 무엇이든 신을 믿을 마음의 자세가 되어 있는 사람이라면, 추상적이고 철학적으로 소원한 신이라는 개념은 성서가 내세우는 간섭주의적인 신과 순수하게 유물론적인 우주의 비인격적인 기계 사이에서 편안한 타협점이 되어줄 수 있다. 우리가 비인격적인 기계에 대해 뭔가 마음 불편하게 느낄 일은 전혀 없다. 우주는 존재하며, 우리가 하는 일의 일부는 그것이 정확하게 무엇인지 알아내는 것이다. 그리고 우리의 또 다른 일은 거기에 직접 살면서, 우리 삶의 형체로부터 의미와 깊이를 쌓아나가는 일이다. 일단 그런 관점을 택하고 나면 신 존재에 대한 논쟁은 기껏해야 필요 이상의 짐 꾸러미 정도로밖에는 보이지 않는다. 버려도 후회할 일은 없다.

그곳은 크고 차갑고 의미 없는 우주다. 그리고 우리는 그 외의 다른 어떤 방식의 우주도 받아들이지 않을 것이다.

주

1 *Random House World Dictionary*, 2006.
2 Sean Carroll, "Why (Almost All) Cosmologists Are Atheists", *Faith and Philosophy 22* (2005), pp. 622~635.
3 가령 Richard Swinburne, *Is There a God?* (Oxford: Oxford University Press, 1996).
4 Matthew Davidson, "God and Other Necessary Beings", *Stanford Encyclopedia of Philosophy* (2005년에 초판 발행). http://plato.stanford.edu/entries/god-necessary-being/.에서 구해볼 수 있다.
5 Terry Eagleton, "Lunging, Flailing, Mispunching" (리처드 도킨스가 쓴 『만들어진 신』에 대한 서평), *London Review of Books*, 2006년 10월 19일.
6 Michel Henry, *I Am the Truth: Toward a Philosophy of Christianity*, trans. Susan Emanuel (Stanford: Stanford University Press, 2002).
7 John Lennon, "God", John Lennon/Plastic Ono Band (Apple/EMI: 1970).
8 이 견해를 고수하는 사람들 가운데 십중팔구는 이러한 성격 규정에 동의하지 않겠지만, 현재 우리의 목적을 위해서는 그 정도로 감당해야 할 것이다.

핵심 쟁점

오필리어 벤슨(Ophelia Benson)
『*The Dictionary of Fashionable Nonsense: A Guide for Edgy People*(유행하는 난센스 사전: 멋쟁이가 되기 위한 안내서)』과 『*Why Truth Matters*(진실은 왜 중요한가)』의 공저자다. 웹사이트 '나비와 수레바퀴(Butterflies and Wheels)'의 편집자이며, 《철학자 잡지(*The Philosophers' Magazine*)》의 부편집자로 있다.

표준적인 신이 존재한다고 믿지 않을 설득력 있는 이유 하나는, 그것에 대해 아는 사람이 아무도 없다는 명백한 사실이다. 그것에 대해 아는 사람도, 아는 바도 전혀 없는 초자연적인 존재라는 것은 신의 암묵적 정의에 속하는 부분이다. 신에 대해 제시된 주장들은 진짜 지식과 전혀 비슷하지 않다. 이것은 신의 이력서에다 세부 내용을 임의로 추가해보면 금방 알 수 있는 일이다. 가령 신은 전지전능하고 영원한 우주의 창조자이며, 푸른 눈을 가졌다고 해보자. 상황이 어떻게 밝혀질지 알 것이다. 전지전능하고 영원히 자애롭다는 것은 모두 신이 가져야 하는 이상적인 특성이다. 그러나 푸른 눈이라는 것은 특정한 사실을 지적하는 말인데, 신의 눈이 푸르다고 말하면 그게 맞는지 틀리는지 아무도 모른다는 사실이 갑자기 확연해진다. 그 외의 사실에 대해서도 아무도 모르는 건 마찬가지다.

신의 눈이 푸른지 우리는 모른다. 빨강 머리인지도 모른다. 농구를 하는지도 모른다. 커피를 마시는지도 모른다. 어떤 힌트도 없다. 그렇다면 신이 전능한지 영원한지는 어찌 아는가? 역시 모른다. 그저 일신교의 신은 그를 칼리나 로키나 아테나처럼 까다롭거나 탐욕스럽거나 다투기 좋아하는 신들보다는 중요하고 어른스럽고 세련된 신으로 만들어주는 특정한 속성들을 갖는다고 가정되어 있을 뿐이다. (이상하지만 여기에 특정한 속성 하나가 들어설 여지는 있다. 우리는 신이 남성이라는 것은 '알고' 있다. 신은 아프로디테나 프레이야라는 개별자보다는 더 이상적이고 추상적이고 일반화되어 있으며, 그들처럼 특정하거나 현세적이거나 눈이 푸르거나 커피를 마시는 성별이 아니라 일반적이고 추상적인 다른 성별, 즉 남성이다.) 우리는 신이 전능한지는 모른다. 그저 신이라 불리는 존재는 전능해야 한다고 가정할 뿐이다. 그것이 신의 정의에 속하기 때문이며, 신은 신이라 불리기 때문에 전능해야 한다는 것을 안다. 그것은 지식이 되기에는 매우 빈약하다. 같은 맥락에서 너무 무거워서 신도 들어올리지 못하는 자몽을 만들 능력이 신에게 있는가 하는 질문도 재미삼아 해볼 수 있다.

 이처럼 신에 대한 지식이 매우 빈약한데도 사람들은 일상적으로 자기들이 그를 알고 있는 것처럼, 알 수 있는 것처럼, 모른다고 생각할 이유가 없는 것처럼 그에 대해 이야기한다. 많은 사람들은 자기들이 신에 대해 뭔가를 알고 있다고 생각하지만, 그 내용은 자기들이 안다고 생각할 이유도 없고, 심지어는 주위에서 보는 모든 현상과 상충되는 것들이다. 이 같은 사실의 불일치가 지식에 방해가 되지 않는다니 이상한 일이다.

 사람들은 신이 선하다는 것, 신은 만물을 보살피며 모든 것에 긴밀한 관심을 보인다는 것, 그들에게 일어나는 모든 선한 일과 나쁜 일이 거의 일어날 뻔하다가 결국은 일어나지 않는 모든 경우가 신

덕분인 줄 아는 것 같다. 하지만 그들은 자신들에게 일어나는 모든 나쁜 일과, 좋은 일이 거의 일어날 뻔하다가 결국은 일어나지 않는 모든 경우도 신 때문이라는 것은 모른다. 허리케인이나 지진이나 폭발을 겪고 살아남은 사람들은 신이 자신들을 구해주었다고 말하지만, 희생자들이 죽고 파멸한 것이 신 때문이라는 말은 하지 않는다. 올림픽 선수들은 금메달을 따고 나면 신이 선하다고 말하지만, 4등이나 5등을 했을 때는 신이 악하다고 말하지 않는다. 다른 사람들이 그런 등수를 받았을 때는 더 말할 것도 없다.

물론 그런 것이 신에 관한 인식론의 장점이다. 워낙 대단하게 유연하고, 편리하고, 주관적이다. 신에 대한 지식은 각자의 소원에 딱 들어맞도록 깔끔하게 형성되었다. 내가 이긴 것은 신이 선하기 때문이고, 지는 것은 신의 탓이 아니다. 내가 쓰나미에서 살아남으면 신은 선하고, 다른 사람들이 쓸려가거나 익사할 때는 그런 공식이 적용되지 않는다.

개인적인 환상의 차원이라면 이런 것은 모두 얼마든지 이해될 수 있다. 상상의 친구라는 것이 지루하고 말도 안 듣고 항상 싸움을 걸어온다면, 뭐 하러 그런 친구를 두겠는가? 하지만 신자들의 일반적인 행태처럼 신에 관한 인식을 일종의 지식으로 여기면 이야기가 좀 이상해진다. 승리한 선수는 "신은 선하다고 생각해요"가 아니라, "신은 선합니다"라고 말한다. 신에 대한 주장이 지식으로 다루어지는 것이다. 그래서 "하지만 당신은 신을 모르잖아……"라는 생각을 자주 한다. 무례하게도 그 생각을 입 밖에 내서 말해 보면, 신은 신비스럽고 언어로 표현될 수 없으며, 우리 시야를 벗어나 숨어 있는 존재라는 표준적인 대답을 듣게 된다.

그것이 바로 내가 그 신이라는 작자를 믿지 않는 중요한 이유이기도 하다. 또 설사 다른 방식으로 신이라는 것이 납득할 만한 존재임을 깨닫는다 하더라도, 나는 원칙적으로 그를 믿는 걸 거부하겠다. 허클베리 핀처럼 이렇게 말할 것 같다.

"좋아, 그렇다면 지옥에 가고 말지."

신은 무엇 때문에 숨어 있어야 할까? 무슨 일인가? 무슨 바보 같은 게임 때문인가? 신은 전능하고 자애롭지만 숨어 있다고? 제발 좀 그만하시지. 그 어떤 맥락에서도 그런 것에 시간을 낭비할 사람은 없을 텐데. 이상적이고 사랑이 넘치고 관심이 많고 열심인 부모가 자기 아이들에게서 영영 숨어 지낸다고 하면, 누가 그 말을 곧이 듣겠는가? 그런데 사랑이 넘치는 신이라면서, 그 말을 믿으라고?

물론 당장 돌아오는 대답은 신도들은 신이 **실제로 숨어 있다**는 피할 수 없는 이유 때문에 그 사실을 **받아들일 수밖에 없다**는 것이다. 신이 개인들에게 나타나지 않는다는 사실, 심지어는 진정한 메시지를 보내지도 않는다는 것, 그래서 신자들은 그 해석하기 힘든 사실을 설명할 뭔가 다른 말을 가져야 한다. 신이 수수께끼처럼 숨바꼭질한다는 설명은 바로 "왜 신은 우리 주위에 없는가?"라는 질문에 가장 쉽게 대답하는 길이다.

그러나 그 대답에는 신에 관한 모든 주장과 똑같은 결함이 들어 있다. 아무도 그런 사실을 모른다는 점이다. 아무도 신이 숨어 있다는 것을 모른다. 살아 있는 실제 인간을 보듯이 주위에서 신을 볼 수 없다는 것은 다들 알지만, 그것이 신이 살아 있는 존재이면서 숨어 있기 때문이라는 것은 아무도 모른다.

아무도 그 점에 대해 알지 못한다. 그리고 그것은 신의 부재에 대한 가장 알기 쉬운 설명이 아니다. 신의 부재에 대해 가장 명백하고 단순하고 경제적인 설명은 우리 앞에 등장할 신이 없다는 것이다.

신이 숨어 있다는 설명이 효과가 있는 것은 오로지 신이 도무지 우리 앞에 나타나지 않는데도 존재한다고 믿고 싶어하는 사람들의 소망 때문이다. 그래서 그들은 신이 현재 숨어 있는 줄 아는 척하는 것이다. 소망이 생각을 낳았고, 생각은 다시 변형되어 '지식'이 되었다.

하지만 이는 매우 절망적인 전략이다. 다른 맥락에서라면 그런 식의 주장이 받아들여지지 않는다는 사실에서도 이를 알 수 있다. 호텔이나 레스토랑에 갔는데 모든 것이 더럽고 허물어지고 부서진 유리 조각들에 뒤덮여 있다면, 지배인에게 한마디 하고 싶어진다. 그런 상황에서 지배인이 숨어 있다면 우리는 곧 짐을 챙겨 그곳을 떠나고 말지, 그를 용서해주면서 남은 평생을 거기에 머물지 않는다. 우리는 **떠난다**.

이런 수수께끼를 설명할 때 유신론자들은 우리가 그저 인간일 뿐이므로 이해하지 못한다고 말한다. 좋다. 그렇다면 우리는 이해하지 **않는다**. 이에 대해 아무것도 모른다. 우리가 아는 것이라고는 오직 추측하거나 소원하거나 희망하는 내용뿐이다. 그런데도 그들은 그것이 마치 충분히 근거 있는 사실인 것처럼 신에 대한 이야기를 여러 가지 한다. 신이 '신비스러운' 것은 회의주의자가 까다로운 질문을 던질 때뿐이다. 그 외의 경우에 신도들은 자기들의 지식을 기쁘게 확신한다. 하지만 그건 좀 지나치게 자기 편의적인 태도가 아닐까.

그것은 확실히 너무 편의적이며, 그것이 만들어내는 신은 매우 역겹다. 이 점에 대해 신자가 아닌 사람들보다 신자들이 더 언짢아하지 않는 건 이상한 일이다. (물론 언짢아하는 사람도 많다. 테레사 수녀도 그랬다. 다음에는 교황도 의혹을 갖는다는 사실을 알게 될 것이다.) 확신 있고 교조적인 신자들이 자기들이 가진 것이 얼마나 장난이 심하고 불쾌하게 구는 신인지 알아차리지 못하는 것 같으니, 이상하다. 신비스럽게 굴면서도 자신을 믿으라고 요구하는(어떤 이야기에서는 영원한 고통을 감수하라고도 한다) 신은 양립 불가능한 것들을 요구하는 신이다. 이는 작고 약한 종족들을 갖고 노는 악질적인 장난처럼 보인다.

  모든 것은 신앙에 달려 있다. 신은 우리가 태양의 존재에 대해 알게 된 것처럼 자신의 존재에 대해 알게 되는 걸 원치 않는다. 그러면서 우리가 '신앙^{faith}'은 갖기를 원한다. 왜? 이건 심술이다. 워낙 자주 일어나기 때문에 흔하기는 하지만, 그래도 심술궂다. 인간관계는 그런 식으로 작동하지 않는데, 왜 신이라고 해서 그래도 되는지는 분명하지 않다. 우리가 태어나기 전에도 죽은 뒤에도 숨어 있으면서 우기가 자기를 사랑하고 믿고 감사해하기를 기대하는 친구나 형제나 부모나 은인은 없다. 그런데 신은 왜 그렇게 하는가?

  여기서 신앙의 시험이라는 대답이 자동으로 나온다. 그렇다면 신은 우리의 신앙을 시험하지 말아야 한다. 뭔가를 시험하고 싶다면 터무니없는 것을 믿는 성향이나 순종성, 기꺼이 속으려는 태도가 아니라, 사기와 거짓말과 거짓말쟁이를 알아내는 우리의 능력을 시험해야 할 것이다. 신은 좋은 자질을 희생시키고 나쁜 자질을 권장할 것이 아니라, 좋은 자질과 나쁜 자질이 어떻게 다른지를 알아야 할 것이다.

  하지만 그렇게 된다면 '신앙'은 너무 쉬운 일이 되어버린다고들 말한다. 사실 그것은 강요에 의한 것이 되어버릴 테고, 그렇게 되면 소용이 없어진다. 그들의 주장에 따르면 신앙은 요가나 바이올린 연주처럼 일종의 피나는 훈련이다. 신앙은 저항을 극복해야 하고,

그런 것이 아니라면 중요하지 않다. 신이 그냥 바로 등장해서 한 점 의혹도 없이 자신이 존재한다고 말해준다면, 이는 달리기 주자가 스테로이드 약을 먹는 것처럼 반칙이고, 자격을 잃고 만다. 그러면 안 된다. 우리는 스스로의 노력으로 신앙을 **획득해야** 한다는 것이다. 신이 존재하지 않음을 가리키는 모든 증거만 있고, 그것이 존재함을 가리키는 증거는 전혀 없는데도 신이 존재한다고 믿는 것이 그런 노력이다.

다른 말로 하면 신은 우리의 모든 추리 능력과 조사 방법들을 거부하고, 우리가 아무 이유 없이 자신을 믿어주기를 원한다. 신은 우리가 평생 동안 뭔가를 정말로 알아내고 싶을 때, 예를 들면 식량이 어디 있는지, 폭풍이 불어올지, 이 물을 마셔도 되는지, 병에 걸렸을 때 무슨 약을 써야 하는지 등등을 알아내고 싶을 때 하는 행동을 하지 않기를 원하며, 동전을 던지는 것처럼 그냥 신은 존재한다고 판단하라는 것이다.

나는 거부한다. 나는 우리의 최선의 판단과 추론 능력을 무시하기를 기대하는 신을 '선하다'고 여기는 것을 거부한다. 그것이 핵심 쟁점이다. 그것은 오로지 악질적인 장난일 뿐이다. 이 신이 결국 우리를 만들었다고 하는데, 그렇다면 인간을 이런 추론 능력을 가진 존재로 만든 것도 신이다. 이런 능력이 제대로 작동한다면 오류와 명백한 거짓을 탐지할 수 있다. 그러니 아무 이유 없이 그 모든 것에 반대하라는 게 도대체 무슨 말이냐는 것이다. 시험인가? 아니다. 시험 따위가 아니다.

영구히 숨어 있는 신, 자신의 존재에 대해 아무런 실제 증거를 주지 않는 신, 그러면서도 자신이 없음에도 존재한다고 믿는 것이 덕성이라고 주장하는 신은 그냥 순전히 속임수 부리는 신이며, 난 그런 신과 상관하고 싶지 않다. 우리의 추론 능력과 증거를 감안한다면, 신의 존재를 믿지 않는다고 우리를 탓할 권리는 그에게 없다. 그러니 그것이 실제로 존재하거나 우리 탓을 한다면, 그건 악질적인 소행이다. 다행히 나는 그 점에 대해 별로 걱정하지 않는다. 그런 신이 존재한다고 생각하지 않으니까.

신은 얼마나 자비로운가?
— 고통에 의거한 무신론 논증

니콜라스 에버리트(Nicholas Everitt)
영국 이스트앵글리아 대학에서 은퇴한 뒤 개방 대학(The Open University)에서 철학 과목을 가르친다. 철학의 여러 분야에 관심이 있으며, 특히 종교철학이 주 관심 분야다. 『The Non-Existence of God(신의 부재)』이라는 책을 펴냈다.

> 신음으로 대가를 치르지 않으면서
> 시작하는 것도 없고, 끝나는 것도 없다.
> 우리는 타인들의 고통 속에서 태어나며,
> 우리 자신의 고통 속에서 사라지므로.[1]

내가 무신론자라고 말하면, "신이 없다는 것도 증명할 수 없지 않아요?"라고 되묻는 사람들이 있다. 나는 "짧게 말하면 '그렇다'가 되겠지만, 길게 대답한다면 '경우에 따라 다르다'입니다"라고 대답한다. 짧은 대답이 필요한 이유는 확실하게 예 또는 아니오로 대답하지 못하는 것은 본격적인 무신론은 아직 아닌 어떤 상태, 의혹이나 망설임이 있다는 뜻이라고 생각하는 사람들이 있기 때문이다. 그런 사람들에게는 내가 완전한 확신을 가진 무신론자임을 분명히 하고 싶다. 하지만 지적 정직성의 관점에서는 긴 대답도 필요하다. 그들이 던진 원래 질문에 대한 대답은 여러 다른 중요한 요인에 따라 달라진다. 그중 가장 중요한 두 요인은 우리가 이해하는 '증명'이란 무엇인가, 그리고 '신'이란 무엇인가 하는 것이다.

첫 번째 질문을 먼저 다루어보자. 증명의 기준은 여러 가지다. 수학적 증명, 합리적 의심을 모두 넘어선 증명(형사 법정에서와 같은 경우) 등등. 나는 신의 부재가 모든 합리적 의심을 넘어 입증될 수 있다고 믿는다.

두 번째 질문에 대해, 철학자와 철학적인 성향을 가진 신학자들 사이에서 통용되는 표준에 따르면, 신을 정의해주는 것은 일련의 형이상학적인 속성이다. 즉 전지전능하고, 완전히 선하며, 영원하고, 어디에나 있으며, 우주의 창조주이자 우주를 유지해주는 존재라는 등의 속성이 그런 것들이다. 물론 다른 정의도 가능하며, 그럴 경우 그것에 적합한 다른 찬반 논의가 이어질 수 있다. 하지만 지금 당장의 목적을 위해 내가 부정하려는 것은 표준적으로 규정된 신의 존재다.

그러니 어떻게 하면 모든 합리적인 의심을 넘어 그런 존재가 존재하지 않는다는 것을 보여줄 수 있을까? 신의 존재를 지지하는 논의 가운데 어느 하나도 성공하지 못했으며, 또 반대하는 논의가 적어도 하나는 성공했다는 것까지 보여주어야 철저하게 입증했다고 말할 수 있을 것이다. 여기서 나는 첫 번째 질문만 다루고, 두 번째 질문은 살펴보기만 하려 한다. 첫 번째 문제는 신을 정의하는 속성에 모순이 있음을 보여주는 것이다. 그러므로 신이 존재한다고 말하는 것은 네모난 동그라미가 있다고 하거나, 가장 큰 소수素數가 있다는 말과 마찬가지 이야기다. 나는 이 전략이 성공할 수 있다고 믿지만, 그 경로는 기술적이고 논쟁적이며, 머리카락을 쪼개는 일과 같다고 볼 사람도 있을 것이다. (나는 머리카락을 쪼개는 식의 엄밀한 논증을 거의 모든 사람이 싫어한다는 사실을 도저히 이해하지 못했다. 진실과 오류의 차이가 머리카락 한 올만큼도 안 되는 상황이라면 누구나 그 머리카락을 쪼갤 정도로 정밀하게 논증해야 하는 것 아닌가.) 그러므로 두 번째 전략은 그처럼 규정된 신의 존재가 우주 또는 그 내용에 관한 부정할 수 없는 어떤 사실과 양립할 수 없음을 보여주려는 것이다. 이것 역시 입증될 수 있다고 믿는다.

일부 무신론자들은 인간의 자유의지의 실재가 신의 전지성全知性 주장과 양립할 수 없다는 점을 따지고 든다. 내가 오늘 아침에 커피를 마시리라는 것을 신이 어제 알았다면, 오늘 내가 커피를 선택한 것이 어찌 나의 자유행동일 수 있겠냐는 것이다. 하지만 나는 그보다는 악의 존재, 특히 고통의 현상에 집중할 때 무신론을 지지하는 논의의 노선을 더 강력하게 구축할 수 있다고 믿는다. 매우 광범위하게 적용되고 정도도 매우 강하며, 응분의 보상 따위는 전혀 없는 고통 말이다.

원래의 논의 노선은 설명하기 쉽다. 먼저, 신이 모든 것을 다 안다면 그는 세계에 있는 모든 악에 대해 알고 있을 것이고, 전능하다면 모든 악이 발생하는 것을 막을 힘이 있을 것이다. 또 완벽하게 선하다면, 그는 모든 악을 예방하고 싶어 할 것이다. 하지만 악은 존재한다. 그러므로 신은 존재할 수 없다. 여기서 우리는 '신'이라는 단어로 무엇을 뜻하는지를 비교적 엄밀하게 구체화할 필요가 있음을 알게 된다. 신의 부재 증명은 그가 존재하기 위해서는 어떤 속성을 가져야 하는지, 바로 그 점에 달려 있다.

이 간단하고 직관적으로 강력한 노선의 논의가 시작된 지는 2000년도 더 되었다. 물론 그 세월 동안 유신론자들은 생각해낼 수 있는 온갖 다양한 반론을 개발해왔다. 가장 흔한 것이 이른바 '더 큰 선'을 위한다는 방어 논리다. 그것은 완벽하게 선한 신은 모든 악이 생기지 않게 미리 막고 싶어 할 것이라는 대담한 선언을 부정하는 내용이다. 그런 선언 대신에 더 큰 선을 위한다는 방어 논리가 제기되어, 완벽하게 선한 신은 모든 악이 발생하는 것을 미리 막고 싶어 하겠지만, 미리 막을 수 없는 악이 있다고 주장한다. 왜냐하면 그런 악을 막자면 그것을 상쇄하는 수준 이상의 모든 선까지 막게 되기 때문이라는 것이다. 그런 악이 있어야 그것을 상쇄하는 더 큰 선이 존재할 수 있다. 그런 선을 찾아낼 수 있다면 유신론자는 악에 의거한 반론을 물리칠 것이다.

하지만 무엇이 그와 같은 악을 상쇄하는 선일 수 있을까? 여기서 유신론자의 진영은 둘로 쪼개진다. 회의주의적 유신론자$^{skeptical\ theist}$라 불리는 첫 번째 일파의 대답은 한심하다.

"무엇이 악을 상쇄하는 선인지 우리는 모른다. 하지만 뭔가가 틀림없이 있을 것이다."

이는 유신론자들이 과거에 의지하던 비합리성처럼 들릴 수도 있다. 회의론자라면 "왜 뭔가가 반드시 있어야 하는가?"라고 물을 것이다. 하지만 신이 존재한다고 생각할 만한 매우 강력하고 독립적인 이유를 가진 유신론자라면, 이 물음에 대해 대답을 갖고 있을 것이다. 신이 존재한다는 게 이미 확실하다면, 그가 악을 왜 허용하는지에 대해서도 충분한 이유가 반드시 있으리라고 합리적으로 추론할 수 있기 때문이다. 그게 뭔지 우리는 모르더라도 말이다. 비유해 보면, 내가 매우 훌륭하다고 생각하는 누군가가 겉으론 보기에 어떤 나쁜 행동을 한다는 말을 들으면 나는 매우 합리적으로 이렇게 말할 수 있다.

"그 사람이 그럴 만한 충분한 이유가 있었겠지. 내가 아는 한 그렇게 형편없이 처신할 사람은 아니니까. 하지만 그게 어떤 이유일지 전혀 모르겠다."

유신론자들이 내세우는 이런 노선의 방어 논리를 완전히 뒤엎으려면, 우리는 신의 존재를 지지하는 어떤 논의도 그의 존재를 받아들일 충분한 이유를 제시하지 못한다는 것을 보여야 한다. 내가 앞에서 무신론자를 완벽하게 변론하려면 무신론 지지 논의를 방어하는 동시에 유신론 지지 논의를 제거할 필요가 있다고 말한 것도 이 때문이다. 하지만 앞에서 말한 것처럼 여기서 우리는 위의 두 번째 질문에 집중하려 한다.

상쇄하는 선이 틀림없이 있다면 유신론자들은 왜 그게 무엇인지 말해주지 못하는가? 이에 대한 표준 대답은 다음과 같다.

"그런 선이 있다손 치더라도 우리의 유한한 이해력과 허약한 도덕 수준 때문에 그게 무엇인지 말할 수 있다고 생각할 이유가 없기 때문이다."

입장이 난처해지면 인간이 가진 이해력의 유한성에 호소하는 이런 주장은 항상 좀 수상하지만, 유신론자들을 위해 논의 수준을 낮춰 보도록 하자. 신이 제시한 상쇄하는 선이 실제로 무엇인지 묻지 말고, 적어도 후보가 될 수 있는 것들의 목록만이라도 달라고 부탁하자. 하지만 회의론적 유신론자는 그 어떤 상쇄하는 선에 대해서도 꿈조차 꿀 수 없었다.

부분적으로 이 첫째 논의는 그들의 선한 도덕감에 바치는 찬사지만, 다른 한편으로는 그들의 입지가 지극히 믿기 힘든 것임을 드러낸다. 그들이 다음과 같이 말하는 한 그것은 그들의 도덕성에 바치는 찬사다.

"우리는 홀로코스트, 대서양을 무대로 한 노예 무역, 그 밖에 인간 역사에 가득 찬 다른 참상들의 악을 상쇄할 수 있는 어떤 것을 단 하나도 생각할 수 없다."

하지만 그렇게 되면 그들의 입지는 모든 합리적인 의심에 굴복하고 버티지 못한다. 비유하자면, 그들은 고소당한 사람이 이런 식으로 말하는 것과도 같다.

"내 지문이 살인 무기에 찍혀 있다는 걸 알고, 희생자의 피가 내 옷에 온통 묻어 있다는 것도 알고, 서로 관계없고 신뢰할 수 있는 여러 목격자가 범죄 현장에서 내가 달아나는 것을 목격했다는 사실도 안다. 그렇기는 해도 내가 무죄임을 보여줄 이 모든 사태에 대한 설명이 반드시 있을 것이다. 그것이 어떤 설명인지 나는 전혀 모르지만, 또 어떤 설명이 가능한지도 생각할 수 없지만, 난 그저 그런 설명이 반드시 있으리라고 믿는다."

고발당한 사람이 자기를 방어하기 위해 이것 이상 더 말하지 못한다면, 그 사람은 모든 합리적인 의심을 꺾지 못하고 유죄로 판명되어 마땅하다.

그렇다면 인류의 자유의지의 존재를 끌어대어 우주의 악을 상쇄하는 선을 불러내려는 두 번째 시도는 어떨까? 그런 시도에 따르면 신은 자유의지라는 선물을 주었으며, 악이 발생하는 것은 인간들이 이 선물을 오용했기 때문이라고 한다. 도덕적으로 찬양받을 만한 위대하게 선한 행동을 할 수 있는 모든 세계는 분명히 도덕적으로 악한 행동 역시 똑같이 가능한 세계다. 우리의 행동 선택에 대해 도덕성을 따질 수 있으려면, 행동의 결과가 매우 좋거나 매우 나쁜 상황이 되어야 한다. 고통이 없으면 자비도 있을 수 없고, 잘못된 행동이 없다면 용서도 있을 수 없으며, 결핍이 없으면 도움도 있을 수 없다.

듣기만 해도 금방 알 수 있겠지만, 이런 계통의 발언은 너무나 설득력이 없다. 악당이 내 다리에 총을 쏘았는데 어떤 자비로운 사람이 나를 돌봐준다면, 그건 분명 좋은 일이다. 하지만 그 자비가 워낙 선하기 때문에 애당초 악당이 나를 쏘았다는 사실 자체도 정당화해준다고 말한다면 어처구니가 없어진다. 차라리 총 쏘는 일이 없고 자비도 없는 편이 더 나은 세상일 것이다.

게다가 악당들이 만드는 악은 그들 자신이 아니라 대부분 죄 없는 사람들에게 해를 끼친다. 악당은 죄 없는 경리 직원을 쏘고 돈을 들고 달아난다. 석유화학 기업은 이윤을 극대화하기 위해 호수를 오염시키고 지역 어민들의 생계를 박탈한다. 간단하게 말해, 자유의지의 오용으로 해를 입는 희생자는 무고한 사람들일 때가 많다. 어떤 쪽을 보든 악의 많은 부분은 인간이 자유의지를 오용하는 것과는 상관없음이 명백하다. 2004년의 쓰나미로 죽은 사람은 22만 5000명가량이며, 집과 생계를 빼앗긴 사람들은 더 많다. 하지만 그것은 인간이 자유의지를 잘못 쓴 데서 발생한 일이 아니다. 인간이 그 어떤 선행을 하더라도 쓰나미가 일어나지 않았을 때에 맞먹는 결과를 내지는 못할 것이고, 쓰나미가 발생했더라도 기적적으로 아무런 피해가 나지 않은 상황과 같아질 수는 없을 것이다. 신이 있다면 그는 쓰나미가 일어나도록 방치하기를 **선택**한 것이다. 그것이 엄청난 고통을 초래하리라는 것을 알면서도 그런 것이다. 어떻게 완벽하게 선한 신이라는 존재가 그런 종류의 자연재해가 꼬박꼬박 일어나고, 그때마다 인류가 어마어마한 참화를 겪는 세계를 만들 수 있는가?

그런 참화는 쓰나미만이 아니다. 일부 통계에 따르면 지난 700년 동안 대규모 재해가 열세 번 있었는데, 매번 100만 명 이상의 인명이 사라졌다고 한다.[2] 100만 명의 죄 없는 사람들을 죽지 않게 막을 수 있는 힘을 가졌으면서도 그 사태를 막지 않겠다고 냉정하게 거절하는 인간이 있다고 해보자. 그런 사람은 괴물이라 불러 마땅할 것이다. 그런 주체가 인간이 아니라 신이라고 해서 뭐가 달라지는가? 자연재해에서 인간의 자유의지가 초래한 부분을 제외한다 하더라도(예컨대 범람원인 줄 알면서도 거주하는 경우라든가, 화산인 줄 알고 있는 곳에서도 산다든가, 지진대인 줄 알면서도 사는 경우 등등), 여전히 인간의 통제력을 넘는 곳에서 발생하는 이유 없는 고통은 엄청나게 많다.

인간의 자유의지와는 전혀 관계없이 악이 발생한다는 더욱 놀라운 예는 인류가 출현하기 전에 동물들이 겪었던 고통에서 찾을 수 있다. 신중하게 가정해서, 인류가 출현하기 1억 년 전에 고통을 느끼는 능력을 가진 생물종이 존재했다고 생각해보자. 이런 생물은 거의 모두 고통스럽고 끔찍하게 죽었을 것이다. 산 채로 잡아먹혔을 수도 있고, 탈수증이나 기아 때문에 죽었을 수도 있고, 산불 때문에 산채로 타죽었을 수도 있고, 화산 분출이나 지진으로 생매장당했을 수도 있고, 참혹한 병으로 죽었을 수도 있다. 동물들이 겪는 고통이라는 거대한 모자이크 속의 아주 작은 조각 하나가 최근 언론에 보도된 바 있다.

농부들은 송아지와 양들이 까마귀에게 쪼여 죽는 일이 늘었다고 전한다. 새들이 눈을 파먹고, 혀와 하복부의 부드러운 살점을 쪼아 먹는 바람에 가축들은 죽기 직전까지 고통을 겪는다.[3]

이런 우주적인 참상이 계속 허용되는데, 도대체 그 어떤 균형 잡는 선의 존재가 정당화될 수 있을까?

더 나아가서 이런 어마어마한 동물들의 고통은 그 동물이 어쩌다 매우 운이 나빠서 장기적으로 겪는 일이라고 볼 수 없다. 이런 고통은 신이 창조한 대로의 세상에서는 피할 수 있는 것이 아니다. 애당초 신(존재한다면 말이지만)이 창조한 동물 세계는 초식동물과 육식동물로 나뉘어 있으니 말이다. 그러니 결론적으로 말해 이 세상에서는 하나의 종이 번성하려면 다른 존재의 고통이 절대적으로 필요해진다. 어떤 동물이 굶어죽거나, 다른 동물이 찢겨 먹히거나 둘 중의 하나다. 동물 세계는 광범위하고 극단적인 고통 자체가 절대적으로 불가피해지는 방식으로 설정되어 있다. 이런 고통은 인간이 자유의지를 갖기 때문에 발생할 것으로 추정되는 이득과는 전혀 상관없다. 적어도 인간의 경우에는, 누군가가 번성하는 데 다른 사람들의 고통이 반드시 필요하지는 않다. 비록 현실에서는 필요하겠지만.

그러므로 우리는 이 지점에 도달한다. 유신론자들도 세상에 고통이 존재한다는 사실이 적어도 신의 존재를 반박하는 우선적 증거라는 것은 인정한다. 약 2000년 동안 그들은 이 사실을 그럴듯하게 해명할 방법을 찾으려고 애썼지만 성공하지 못했으며, 그것은 여전히 전지전능하고 완벽하게 선한 신이라는 존재를 부정하는 강력한 이유다.

앞에서 이 입장에 대한 내 소견을 논리적으로 설명해왔다. 하지만 약간의 의심이 사라지지 않고 남아 있다는 것도 인정하지 않을 수 없다. 그것은 논의 자체에 대한 의심이 아니라, 그 논의와 나 자신의 확신에 대한 것이다. 내 삶에서 일어났던 몇 가지 일에 대해 이야기해보면 무슨 뜻인지 더 분명해질 것이다. 나는 10대 초반에 단순한 형태의 유신론을 수용했다가 10대 후반에는 불가지론자가 되었다. 열아홉 살 이후로는 무신론으로 이동했다. 개종 경험이라든가 갑작스러운 지적 전복顚覆 같은 사건은 없었다. 그보다는 유기적인 과정이었다. 나는 성장한 결과 무신론자가 된 것이다. 그런 입장 변화는 유신론에 대한 어떤 새롭고 강력한 반대를 발견했기 때문도, 예전에 이미 알고 있던 어떤 주장에 부여하던 것보다 더 큰 무게를 다른 주장에 부여했기 때문도 아니었다. 그보다는 어떤 지적인 이동 같은 것, 돌이켜보면 결과적으로는 올바른 방향으로 이동해왔지만, 원래 올바른 방향인 것을 알고 일부러 그쪽으로 움직인 것은 아닌 그런 이동에 속했다.

    무신론자가 된 뒤, 나는 평생 무신론자였다. 유신론을 지지하는 논의와 무신론에 대한 유신론의 대답을 만났음에도 그래왔다. 물론 나중에 만난 이런 유신론의 논증들이 눈에 뻔히 보이도록 빈약했고, (대부분의 경우에) 무신론의 논증이 더 강력했다고 생각한다. 하지만 가끔은 내가 유신론의 논증을 거부하는 것이 일차적으로 무신론을 지지하기 때문인지, 아니면 유신론의 결함에 대한 지적 통찰의 산물인지 궁금해지곤 한다. F. H. 브래들리Bradley는 "형이상학은 우리가 본능적으로 믿는 것에 대한 한심한 이유를 찾아내는 과목"이라고 말한 것으로 유명하다.[4] 앞에서 내가 무신론을 지지하면서 제시한 이유들이 한심하다고는 생각하지 않지만, 어찌되었든 내가 본능적으로 믿는 것을 지지하는 이유로 갖다댄 건 아닌지 의심이 생기기는 한다.

주

1 Francis Thomson, "Daisy", www.piemhunter.com/poem/daisy-2/
2 http://across.co.nz/WorldsWorstDisasters.html.
3 Observer, London, 2008년 5월 4일. www.guardian.co.uk.environment/2008/may/04/wildl ife.
4 F. H. Bradley, *Appearance and Reality* (Oxford: Clarendon Press, 1968), p. x.

제2부
생각 있는 사람들의 세계
―구원 대신 이성을 선택한 사람들

자가당착

잭 댄(Jack Dann)
네뷸러상과 세계판타지상 등 여러 상을 수상한 미국 작가로, 지금은 오스트레일리아에 살고 있다. 쓰거나 편집한 책이 70권이 넘을 정도다. 『The Man Who Melted(녹아버린 사람)』, 『The Rebel: An Imagined Life of James Dean(반란자: 제임스 딘의 상상된 삶)』 등의 소설을 썼다. 『대성당의 기억(The Memory Cathedral)』은 국내에도 번역되어 있다.

오, 난 당신을 찾아다녔어……

어렸을 때 나는 매일 밤 잠들기 전에 간절한 바람을 담은 구절 ("들으소서, 주 이스라엘이시여, 우리 신, 주께서는 한 분이시니.")을 넣어 기도를 올리곤 했다. 축일에는 노인 냄새를 풍기는 축축한 시너고그(유대교 회당)에 나가 아버지 곁에 앉아 있었다(지금도 "그가 평화롭게 쉬시기를"이라는 구절이 내 기억의 터널과 미로 속에서 메아리친다). 나는 그 붙잡기 힘들다는 혼령, 신의 존재, 다시 말해 유대교 카발라 신비주의자들이 셰키나*라 부르는 것을 의무적으로 공부했다. 다른 종교도 탐구했는가 하면 명상도 했으며, 너무 뜨거워서 피부가 갈라질 정도인 아메리카 원주민들의 땀의 움막**에 웅크리고

---

* 셰키나(shekhinah) '머무는 것'을 의미하는 히브리어. 유대교 신학에서 하느님이 세상에 임재하심을 일컫는 용어.

도 있었다. 나는 거기서 환영을 보고 비명을 지르기도 했다. 나를 빨아들이던 독수리의 숨소리가 들리는가 싶더니 그 숨은, 너무 뜨거워서 오히려 차갑게만 느껴지는, 날카로운 어둠으로 나를 내뱉어버렸다. 나는 심장을 날것으로 먹어 봤고 주술사들이 뜨거운 석탄을 입에 넣는 것을 보았으며, 고대 히브리어를 배웠고, 토라(율법)를 공부했다. 또 꿈을 명철하게 꾸도록 수련했으며, 흑백사진 같은 환각 속에서 절정에 올랐다가 어질어질한 환각의 절벽에서 거의 떨어질 뻔하기도 했다.

사실 나는 알고 있었다. 독수리는 없었다는 것을. 호르몬이 끓어오르던 그 뜨거운 젊음의 여름에 이미, 더 냉철하고 또 더욱 안락한 삶을 누리는 인생의 겨울인 지금과 마찬가지로. 그 땀의 움막에서 독수리의 존재를 느꼈던 다른 사람들 역시 나만큼이나 독수리가 없다는 것을 알고 있었을 것이다. 비록 나중에서야 이성적으로 그 경험이 교감성 환각이었다고 추론할 수 있었지만, 독수리가 날개를 펄럭이며 스쳐가는 것을 느끼는 순간에도, 또 땀의 움막 자체가 거대한 고함 소리로 변하는 순간에도 **나는 알고 있었다**. 몸을 떨면서 독수리 깃털을 흔들어 나를 두드린 이는 주술사였음을. 고함 소리 역시 나 자신의 숨소리라는 것을 이미 **나는 알고 있었다**. 극단적인 열기, 감각이 사라져버리는 완전한 어둠, 살을 태울 것만 같던 그 뜨겁고 동시에 차가운 고통이 바로 내가 상상해온 '신을 만나는 순간^{epiphanies}'이었음을 **나는 알고 있었다**. 그렇다, 내가 경험한 건 다름 아닌 그것들이었다. 그런 칼날같이 예민한 순간에 나는 내가

•• 땀의 움막(sweat lodge) 제례용 정화 움막. '한증천막' 또는 '이니피(inipi, 영혼의 장소)'라고도 불린다.

본질적인 의미를 포착했고(곧 잊어버렸지만), 셰키나의 신성한 존재를 느꼈으며, '말이 육신이 되는 것'을 경험했다고 생각했다.

한번은 소설을 쓰던 중에 잠시 쉬다가 집안을 걸어다녔다. 뉴욕주 북부에 있는 그 집은 남북전쟁 전에 지어진 것으로, 햇볕 바른 창문으로 하루 종일 여러 방에 햇빛이 흘러들었다. 이 방 저 방, 이 창문에서 저 창문 쪽으로 걸어다니는 동안 나는 갑자기 집중력이 고조되는 실존의 순간을 체험했다. 낯익은 것들을 새로운 눈으로 보고 있다고 느꼈고, 그 시점에 이런 황홀감, 세속적인 것에 대한 매혹의 깨달음이 고작 몇 분 동안만 지속되는 선물임을 깨달았다. 그것은 실제로 몇 분간만 지속되었지만, 로버트 브라우닝의 시구절을 빌려오면 그 짧은 동안, **"지붕이 들썩거리고 흔들렸으며, 교회의 첨탑이 불꽃으로 타오르고, 깃발이 펄럭였다."**

그래, 나는 당신을 찾아다녔다.

나는 슬픔의 그늘에서도 당신을 찾았고, 친구들과 시너고그에 앉아 있던 이른 아침 안식일이 녹아든 빛 속에서도 찾았다. 젊음이 사라지고 중년에 들어서면서, 나 자신을 불가지론자라 부르던 시절에도 당신을 찾아다녔다. 나는 신비가의 '바보들의 길'을 기꺼이 따라갔으며, 그렇게 세월은 흘러갔다. 그리고 지금에야, 머리가 회색에서 백발로 변한 지금, 거울 속에 광대뼈가 툭 튀어나온 얼굴에 주름진 낯선 모습이 비치는 지금, 더 이상 아드레날린과 테스토스테론이 치솟는 '전사'가 아닌 지금, 점점 더 커지는 죽음의 무게가 항상 짓눌러오는 지금, 나는 스스로를 무신론자라 부른다. 땀의 움막, 시너고그, 교회, 공부와 명상, 거의 대부분의 시간을 책과 철학과 신학과 역사와 과학과 위치 이동의 기적적인 수단인 소설에 파묻힌 채 살아온 뒤에야, 나는 홀로 생각에 잠긴다. 내가 그토록 필사적으로 찾아다녔던 '당신'은 나였다. 나 자신보다 더 큰 어떤 것과 연결되기를 내가 얼마나 갈망했던가. 나를 집어삼키는 축복의 순간을 얼마나 갈망했던가. 나는 평화와 안정을 그리고 우리의 기도와 희생으로 달랠 수 있는 중재자, 신을 갈망했다. 하지만 나치 수용소와 캄보디아의 킬링필드에서 목격했듯이, 우리 인간은 온 세상의 기도와 주문과 탄원을 모조리 동원해도 동료 인간들의 끔찍한 행동으로부터 구원되지 않는다. 혹시 교육과 기술, 과학에 기대할 수 있을지는 모르겠다. 아마 우리의 정신과 우주에 대한 더 엄격하게 합리적인 탐구가 우리 안에 있는 야수를 정복해서 더 이성적인 존재로 진화하도록 도와줄지도 모른다. 하지만 그것 역시 기도이고 탄원이겠지. 비합리적인 희망일 것이다.

나는 얼마 안 되는 평화와 안정을 찾아냈지만, 스스로를 믿음으로 밀어넣을 수는 없었다. 의식을 확장해서 변화된 상태로 나아가려고 애써 보았고, 그런 고조된 의식의 귀중한 순간들이 내면이 아니라 외부에서 온다고 믿으려고 애써 보았다. 또 개인적인 신의 증거를 조금이라도 발견하려고 노력했다. 나는 라이프니츠의 '모나르론Monadology' 같은 철학 관념의 숨이 막힐 듯한 건축학적인 우아함을 즐기는 것과 마찬가지로, 세계의 위대한 신앙체계가 지닌 복잡성과 아름다움과 위엄과 예술적인 조화를 인정할 수 있다. 이런 체계 가운데 몇 가지는 흔히 내적으로는 거의 수학적인 일관성을 지니고 있지만, 그것들은 내가 원치 않는 믿음의 도약을 요구한다. 점점 죽음에 가까워지고 있으니 파스칼의 내기*라든가 기타 온갖 반

• 파스칼의 내기(Pascal's Wager) 파스칼이 전개한 그리스도교 변증론. 신이 존재할 확률이 매우 낮다 하더라도 신을 믿는 편이 합리적이라는 내용.

이성적·반과학적인 합리화가 갈수록 더 공허하게 들린다.

　나는 내가 더 깊이 볼 수 있을 때 빛나는 순간들을 맛보았고, 그런 순간들을 앞으로도 더 많이 누리고 싶다. 나는 일상에서 마법을 보았고, 더 많이 보기를 원한다.

　그러므로 다음의 글은, 농담처럼 읊는 무신론자의 기도문이다.

　내 정신 속에 있는 모든 악령과 유령과 천사와 요괴를 탐구하기를 희망한다. 나는 생각과 가능성의 한계를 탐구하기를 희망한다. 인류가 예술과 과학과 기술에서 일상적으로 발견하는 것들을 끌어안기를 희망한다. 과거와 현재와 미래의 모든 잘못과 사소한 잔혹 행위와 홀로코스트와 전쟁과 킬링필드에 대해서는 나와 우리의 책임으로 돌릴 것이다. 나는 목적론이 주는 안전함을 거부할 것이다. 나는 구원을 위해 기도하지 않겠다. 신들에게 분통을 터뜨리지도 않겠다. 나는 간절히 원하지 않겠다. 죽음의 공포와 불확실성을 극복하기 위해 미신과 불합리성을 끌어안지 않겠다. 나는 죽음의 깊은 우물 속을 계속 들여다볼 것이며, 겁에 질려 달아나지 않으려고 노력하겠다.

　아멘…….

분명히 무신론자

줄리언 바지니(Julian Baggini)
철학 교양서 분야에서 두각을 드러내며 왕성하게 집필 활동 중이다. 최근『가짜 논리: 세상의 헛소리를 간파하는 77가지 방법 (*The Duck That Won the Lottery : 100 New Experiments for the Armchair Philosopher*)』, 『에고 트릭: '나'라는 환상, 혹은 속임수를 꿰뚫는 12가지 철학적 질문』 등을 펴냈다.『무신론이란 무엇인가 (*Atheism: A Very Short Introduction*)』도 번역되어 있다.《가디언 (*Guardian*)》,《파이낸셜 타임스 (*Financial Times*)》,《뉴스테이츠먼 (*New Statesman*)》등 신문·잡지에도 자주 기고한다. 또한《철학자 잡지 (*The Philosophers' Magazine*)》의 공동 창간자이자 편집자이다.

내가 (바울처럼) 다마스쿠스에서 오는 길에 눈이 멀어버리는 발작에 휩싸였다고는 말할 수 없지만, 믿음에서 불신앙으로 이동한 결정적인 순간은 있었다. 나는 그 순간을 아주 생생하게 기억한다. 어떤 면에서 그것은 매우 특별하고 사적인 경험이었지만, 다른 면에서는 그것이 내가 왜 무신론자인지에 대해, 그리고 왜 지금 같은 무신론자가 되었는지에 대해 어떤 사실을 반영하는 것이라고 생각한다.

어렸을 때 나는 신을 믿는 것을 당연시했다. 유달리 종교적인 가정에서 자란 것은 아니었지만, 확실히 무신론자 가정도 아니었다. 어쨌든 나는 가톨릭계 초등학교에 다녔고, 그 학교는 하루 종일 우리를 부드럽게 세뇌시켰다. 우리는 손을 가슴 앞에 모으고 기도할 자세를 갖춘 채 행진해서 조회에 참석했고, 식사를 시작하고 마칠 때마다 감사 기도를 올렸다.

돌이켜볼 때 내게 가장 놀랍게 여겨지는 것은 아이들이 자신들이

하는 일을 이해하는지 못하는지에 대해 어른들이 거의 상관하지 않은 것 같다는 사실이다. 우리는 성모 기도문과 주기도문을 매일 읊었지만 "예수를 잉태한 그대의 자궁에 축복 있으라"라든가, "그대의 이름이 신성해질 것이다^{Hollowed}" 같은 문장은 전적으로 아무 의미도 없었다. 마리아가 예수라 불리는 자궁을 가졌는가? 자궁이 있기나 한가? 자궁이란 게 도대체 뭔가? 신의 이름이 '하워드'인가?●

아마 더 심각한 것은 점심 식사를 마칠 때마다 "맛있는 만찬을 주셔서 신께 감사합니다"라고 말했는데, 이것이 거짓말이라는 점이었다. 우리가 왜 식사에 대해 감사해야 하는지는 알지만, 음식은 거의 항상 맛이 없었고, 따지기 좋아하는 사람이라면 점심은 절대로 만찬이 아니라고 주장할 것이다.

그러나 당시에는 이 모든 것은 신이 물론 존재하며, 그에게 가는 길은 가톨릭뿐이라는 필요한 인상을 창출하는 데 효과가 있었다. 그런데 중학교에 가자, 갑자기 종교는 훨씬 덜 중요한 것이 되었다. 급우들은 대부분이 개신교도였고, 내가 짐작하기에 그들은 신 없이 사는 것처럼 보였다. 그렇기는 했어도 나는 여전히 신이 존재한다고 생각했고, 존재한다면 그것은 무척 중요한 문제이므로, 개인적으로는 내 종교를 진지하게 여겼다. 심지어 성당에는 계속 나가지 않았지만 자발적으로 견진성사^{confirmation}도 받았다.

그러다가 감리교 청년회에 나가기 시작했고, 그 모임을 통해 교회에 나갔다. 교회의 신도들은 상당히 책을 많이 읽었고, 자유주의 성향을 지녔다. 하지만 감리교 연합청년회$^{The\ Mathodist\ Association\ of\ Youth\ Clubs:\ MAYC}$가 매우 복음주의적이라는 사실을 아는 사람이 그들 중에

● 신성한(Hollowd)을 하워드(Howard)로 잘못 들은 탓.

분명히 무신론자 **143**

얼마나 되었는지는 잘 모르겠다. 그 모임은 매년 한 번씩 주말에 런던에서 집회를 가졌다. 전국에서 모인 수천 명의 아이들이 교회의 마루에서 자고 연주회와 경기를 보고, 로열 알버트 홀에서 열리는 일요 예배에 참석하는 것이다.

예배는 항상 감정적인 행사였다. 수천 명의 10대 청소년들이 그처럼 인상적인 공간을 빼곡히 채우고 〈예수가 대답이시니$^{Jesus\ is\ the\ answer}$〉를 부른다. 그리스도가 자신들의 삶에 들어와 그곳에서 우리 눈앞에 있는 행복한 인간으로 만들어주기 전에는 방황하면서 여러 모로 비참한 삶을 살았던 사람들의 간증도 마찬가지로 감동적이었다. 예배에는 '이리 나오라$^{come\ on\ down}$'의 순간도 있었다. 그것은 복음주의 집회의 주요 요소로, 자신의 삶을 그리스도에게 바치기로 맹세할 만큼 감동된 사람들은 앞에 나와서 자원자와 함께 작은 기도를 올리는 행사였다.

복음주의의 접근법이 지닌 과잉성에 마음이 끌린 적은 한 번도 없었다. 예를 들면 세계교회운동^{ecumenical}의 예배에서 친구와 나는 항상 '손 드는 사람들'을 비웃곤 했다. 그들은 침례교회의 록밴드가 노래를 이끌 때마다 눈을 감고 손바닥을 위로 치켜들곤 했다. 그렇기는 했어도 핵심 사상 두어 가지는 받아들였던 것 같다. 그리스도와 개인적인 관계를 가질 수 있다는 것이나, 감정이 성령의 실재성을 알려주는 일종의 지표라는 주장 같은 것들이다.

그런 주말에 몇 번 참석해보았지만, 대학에 가기 전 마지막으로 갔을 무렵에는 나의 신앙은 이미 시들어가고 있었다. 신이 존재하지 않는다고 생각했다는 게 아니라, 그리스도교 또는 다른 어떤 종교의 온갖 구체적인 내용도 인정할 수가 없었다. '뭔가가 있겠지만, 그게 그리스도교의 신은 아니야'라는 단계였다.

하지만 아직 모두 버릴 준비는 되어 있지 않았다. 시간이 흐르면서 알게 되었듯이, 신앙은 정기적으로 시들해지고 시험을 겪는다. 의심은 신앙을 더 강화시킬 기회지 포기할 이유는 아니다. 그러므로 나는 런던으로 가면서, 그곳 생활이 신앙을 고쳐시켜줄지도 모른다는 기대를 품었다.

그러나 그곳에 도착하자마자 나는 포기하기 시작했다. 포기한 것이 많았다. 대체로 토요일은 아예 버린 날로 쳤다. 일요일이면 기분이 좀 나아지지만, 그래도 내가 신앙을 완전히 정리해버렸다는 전적인 확신은 들지 않았다. 그래서 다른 사람들과 함께 앉지 않고 응급 구호 구역에서 예배에 참여하기로 했다. 아이러니하게도 알고 보니 그곳은 어딘가 신의 영역에 속했다. 그래서 나는 100퍼센트 공감하지도 않으면서 예배에 참여하기보다는 관찰하면서 거리를 두었다. 그것은 계시였다.

갑자기 예배의 중심 사실이 눈이 멀 정도로 투명하게 명백해졌다. 성령은 전혀 작동하지 않았고, 모든 것이 인간의 행위였다. 감정이 쌓이고 계속 상승해서 사람들이 그리스도에 대한 헌신을 쇄신하거나, 헌신하도록 요청받는 결정적인 지점에 도달할 수 있게 구성된 과정이었다. 그것을 집단 히스테리라고 부른다면 조금은 지나친 표현이겠지만, 그리 심한 과장은 아니다.

일부 복음주의자는 분명히 사기꾼 예술가였지만, 감리교 연합청년회^{MAYC}는 그런 것 같지 않았다. 나는 그 행사의 운영자들 스스로는 진심으로 성령이 활동할 수 있는 올바른 여건을 만든다고 생각했다고 믿는다. (같은 방식으로 일부 '심령연구가'들은 불운한 제물들을 속이기 위해 콜드리딩 기술•을 사용하지만, 다른 사람들은 기본적으로는 그것과 똑같은 기술을 진지하게 사용하면서도 결과에 너무나 감동한 나머지 자기들이 특별한 힘을 가졌다고 정말로 믿는다.)

고교 심화 과정에서 요한복음을 자세히 공부했을 때, 성서가 신이 아니라 인간의 작업이라는 사실은 이미 매우 분명했다. 그때의 런던 집회는 내가 속했던 종교의 다른 모든 측면에도 똑같은 판단이 적용된다는 것을 확신시키는 데 기여했다. 정신의 스위치가 켜졌다. 신은 그리스도교가 이해하는 것보다 훨씬 더 충실하게 인간화되었다.

그저 전기적傳奇的인 관심사 이상으로 흥미 있는 사실은 일단 이런 인지적인 면모가 밝혀지고 나면 인간에 의해 만들어진 종교의 본성이 참이라고 믿는 게 아니라 명백한 진리라고 선언되기까지 오래 걸리지 않는다는 점이다. 그러나 이런 명백성은 문제가 좀 있다. 그것이 정말 명백하다면 왜 나는 예전에는 다르게 믿었을까? 똑똑한 사람들은 왜 계속 믿는가? 명백함의 범주라는 것이 애당초 위험할 정도로 주관적이지 않은가?

똑똑한 신자와 무신앙자들은 모두 기본 입장이 자신들과 같은 사람들 사이에서가 아니면 대체로 '그건 뻔해'라는 식의 이야기를 하지 않는다. 마치 이것이 지적으로 불명예스러운 대화 방식임을 이해하는 것 같다. 상식을 거론할 때처럼 말이다. 하지만 여기에 솔직하지 못한 면이 있다. 많은 사람들은 자기들 신앙의 핵심 요소가 존재한다거나 존재하지 않음이 정말로 명백한 사실이라고 보기 때문이다. 더 나아가서 나는 사람들이 신과 영성에 대해 어떤 근본적인 믿음을 갖는지를 결정할 때, 대부분 가장 강력한 위력을 발휘하는 것이 이 명백함the obvious이라고 주장한다. 이와 반대로, 특히 학자들

• 콜드리딩 기술(cold-reading technique) 사전에 아무 정보도 없는 상태에서 상대방의 심리를 읽어내는 기술, 또는 대본이나 각본 없이 펼치는 연기.

은 신이 존재하는지 아닌지를 판단해야 할 때 최신판 존재론적인 논의의 복잡한 내용 같은 것이 실제로 중요시될 것이라고 착각한다. 만일 그런 것들이 실제로 중요하다면 학술적 논쟁 결과에 따라 그들의 마음도 더 자주 바뀔 것이다. 그런데 실은 종교철학자들은 최소한 근본적인 헌신이라는 면에서는 다른 사람들과 똑같이 한결같은 모습을 보인다.

하지만 같은 사실이 한 개인에게는 명백하게 참으로 보일 수 있고 다른 사람에게는 명백하게 거짓으로 보일 수 있다면, 그것만으로도 '명백함'을 쓸모없는 범주로 폐기할 이유가 충분하지 않은가? 나는 그렇게 생각하지 않는다. 믿음이 명백해지는 방식은 불신이 명백해지는 방식과 매우 다르기 때문이다.

이 점을 그리스도인이자 물리학자인 러셀 스태너드 Russell Stannard가 내 동료 제러미 스탠그룸 Jeremy Stangroom과 가진 인터뷰에서 했던 말을 예로 들어 설명해보자. 스태너드는 기도가 신과의 접촉을 성립시킨다는 증거를 어떻게 얻는지에 대한 질문을 받았다. "나는 여러분이 종교적인 인물과 이야기할 때, 그들은 강력한 증거가 자신들의 내면에 있다고 느낀다는 점을 깨달아야 한다고 생각합니다. 융 Jung이 말한 것과도 같아요. '나는 신을 믿을 필요는 없다. 나는 신이 존재한다는 것을 안다.' 내가 느끼는 게 그런 것입니다."

그때까지 스태너드는 매우 초연한 태도로 신에 대한 믿음의 증거를 이야기해왔다. 마치 그 자신이 과학적인 방법에 의해 확인되어야 하는 하나의 가설인 것 같았다. 그러나 앞의 발언에서 그런 태도가 어떤 면에서는 간판이었음이 드러났다. 믿는 사람에게는 제3자가 입증할 수 있는 어떤 증거도 필요하지 않다는 것이니 말이다. 내적인 확신이면 충분하다.

내 생각으로는 이것이 믿음이 가진 명백함의 전형적인 성격이다. 명백하게 느껴지거나 보이기 때문에 명백한 것이며, 믿는 사람 본인 외에 아무도 그 명백성을 입증할 필요가 없다. 내가 가끔 인용하는 또 다른 예는, 현재로서는 달에 갔던 마지막 인간인 유진 서난*의 말이다. 그는 이렇게 말했다.

"제정신을 가진 사람이라면 별과 온 사방의 영원한 어둠을 보면서 그 경험의 영성을, 또 최고의 존재가 존재한다는 사실을 아무도 부정하지 못할 것이다."

이것은 명백함에 대한 호소지만, 이것을 뒷받침할 어떤 증거도 없다. 마치 "내가 느끼는 걸 네가 느낀다면, 너도 그게 명백하다는 걸 알 거야"라고 말하는 것과 같다.

종교가 인간이 만든 것이라고 보는 믿음의 명백함은 이와 매우 다르다. 여기서는 주관적인 감정이 아니라 모든 사람이 쓸 수 있는 압도적인 증거에 의거한다. 종교의 사회학, 역사, 심리학의 연구 결과를 종합하면 모두 종교가 신이 아니라 인간에 의해 시작되었음이 밝혀진다. 이 사실을 명백하게 만드는 것은 신이라는 원인 탓으로 돌리는 증거보다는 인간이 기원이라는 해석을 가리키는 압도적으로 묵직한 증거들이다.

무신론의 다른 명백한 주장에 대해서도 사정은 같다. 인간이 제대로 기능을 발휘하는 신체와 두뇌에 그 존재와 의식이 달려 있는 생물학적인 유기체라는 사실은 명백하다. 이는 우리가 그게 분명히 참이라고 느끼기 때문이 아니라, 그것을 지지하는 증거가 확실하고 압도적으로 많기 때문이다.

---

* 유진 서난(Eugene Cernan) 제미니 9호, 아폴로 10호와 17호에 탑승했던 우주비행사.

따라서 믿음^belief과 무신앙^nonbelief이 서로를 상쇄하지 않는 것이 명백해지며, 명백함이라는 것은 상관이 없어진다. 그보다는 명백함에는 적어도 두 종류가 있으며, 믿음이 의거하는 명백함은 대부분 믿기 힘든 종류이고, 무신앙이 의거하는 것은 믿을 만한 종류의 명백함임을 알 수 있다. 어쨌든 그 정도는 누가 봐도 분명해야 한다.

이런 정도가 확실히 내가 앨버트 홀에서 얻은 중요한 관점 전환을 제대로 표현한 말일 것 같다. 내가 본 것은 홀에 가득한 사람들이 모두 자기감정을 믿는 모습이었다. 거기서 벌어지는 일에 대해 한 번만이라도 객관적으로 바라본다면, 그런 감정을 일으킨 원인이 겉모습과는 다르다는 것을 알 텐데 말이다.

그러나 무신론의 기본 진리가 명백하다는 데도 문제가 있다. 종교가 명백하게 거짓이라고 생각한다면, 지적인 인물들이 왜 여전히 그것을 믿는지 공감하고 이해하기가 힘들어진다. 그 결과 걸핏하면 터무니없이 잘못된 이론들이 제안된다. 신자를 일종의 정신적 바이러스의 희생물로 보는 견해가 그런 예다.

사실 많은 종교인들이 자기 행위의 다양한 부분이 신적인 재능보다는 인간적인 재능의 결과라는 사실을 충분히 알고 있다. 또 하늘에 있는 신을 사후에 우리의 영혼이 날아올라가야 할 존재라고 생각하는 것이 어리석다는 사실도 알고 있다. 하지만 명백하게 거짓인 것을 지워도 종교가 텅 비어버리지는 않는다. 인간이 어떤 형태든 초월성에 대한 탐구를 포기해야 하는지, 그들 자신보다 더 높은 도덕적 권위를 인정하지 말아야 하는지는 분명하지 않다. 자신의 삶이 영원이 아니라 유한한 것을 지향해야 하는지도 불분명하다. 또 종교의 형이상학적인 틀^framework이 문자 그대로 진실하든 진실하지 않든, 사람들이 그 속에서 살아갈 좋은 틀을 종교가 제공하는지 아닌지도 분명치 않다.

  종교가 무엇을 할 수 있는지에 대해 이런 추상적인 용어로 이야기하는 것은 회피라는 반박을 받을 수 있다. 신앙이 무엇을 뜻하는지에 대한 비축어적*인 이해를 구하는 것은 자유주의적·지적인 엘리트들뿐이니 말이다. 신자들의 절대다수는 명백하게 거짓인 신조를 문자 그대로 받아들인다.

  나는 아마 그게 사실일 거라고 생각하지만, 더욱 불분명한 경우가 있다 보니 상황이 더 복잡해진다. 먼저, 명백한 것을 알아보는 능력은 우리가 지키는 믿음이라는 더 넓은 틀에 의지한다. 10대 때 나는 바보가 아니었는데도 신에 대한 믿음을 배경으로 세계를 보는 데 익숙했고, 그 확인을 부정하는 증거는 눈에 보이지 않았다. 사람들에게 '명백한' 진리를 보여준다 한들, 그들이 믿는 다른 모든 상황이 그런 것은 없다고 말해줄 때는 보여주는 것으로는 충분하지 않다.

  둘째, 사람들이 실제로 믿는다는 사실에서 가장 중요한 것이 그들이 믿는다고 말하는 대상인지 아닌지가 분명치 않다. 성서의 글자 하나하나까지 모두 참이라고 믿는 근본주의자는 얼마든지 있다. 하지만 적어도 교회에 나가는 그리스도인의 절대다수는 신과 그리스도에 대해 자기들이 믿는 게 정확하게 무엇인지 잘 모른다. 예를 들면 예수가 신의 아들이라는 데는 동의하는 사람도, 그게 정말 무엇을 의미하는지는 상당히 불확실하다고 흔히 인정한다.

  그런 사람들이 그저 혼란에 빠졌을 뿐이라고 코웃음 치고 넘어가

• 비축어적(非逐語的, non-literal) 어느 한 표현의 의미가 그 표현을 구성하는 단어들이 지닌 문자 그대로의 의미의 총합으로 사용되지 않는, 표현을 통해 말한 이의 의도를 추론해야 하는 경우.

기는 쉽다. 가령 모든 종교가 신에게 가는 똑같이 타당한 길이라고 하는, 마음은 편안하게 해주지만 일관성은 없는 생각을 진심으로 믿는 사람이 많은 것 같다. 하지만 교조적인 일관성이 종교 생활을 영위하기 위한 선결 요건이라면, 그런 교조적인 모호성은 종착점일 뿐이다. 이 강력한 조건이 어떻게 요구될 수 있는지 모르겠다. 신학자와 무신론 이론가들에게 굉장히 중요한 것이 일반 신도들에게도 반드시 중심 관심사인 것은 아니다.

사람들을 종교적으로 살아가게 만드는 이유가 그들 자신에게도 불분명할 수 있다. 이런 것이 현실이라면, 우리 눈에는 그들이 떠받드는 여러 믿음이 명백히 거짓임이 보이는데도 그들이 종교를 금방 포기하지 않는다고 해서 놀라지는 말아야 한다.

개인적으로 말하자면, 나는 무신론의 명백함이라는 문제에 대해 약간 양면적인 입장이다. 한편으로 내게는 신이나 신의 책이나 예언자들에 대한 바보 같은 견해임이 뻔한 것을 사람들이 계속 붙들고 있는 것을 보면 자주 실망한다. 하지만 다른 한편으로는 무신론자 동료들이지만 종교에는 명백히 거짓이거나 무가치한 것이 아닌 다른 요소도 많다는 것을 이해하지 못하는 사람들을 봐도 똑같이 좌절감을 느낀다.

나 자신의 탈개종$^{\text{de-conversion}}$에 대한 기억이 이 긴장감을 다스리는 데 도움이 된다. 그 기억은 내가 비교적 늦은 나이까지 믿음을 가질 수 있었던 것을 생각하면, 그보다 더 늦은 나이에도 계속 믿음을 갖는 사람들을 바보라고 여길 필요는 없다는 점을 상기시켜준다. 또한 내게 가장 명백한 것은 종교에는 아무 내용도 없다는 것이 아니라, 어떤 종교나 경전도 신이 만든 것이 아니라는 사실이라는 점도 상기시킨다. 또 그럼으로써 내가 근본적으로 무엇을 믿는가 하는 물음에서 가장 중심에 있는 것은 그것이 명백하다는 느낌이지만, 다른 사람들에게 무엇이 명백한지, 또 그들로 하여금 자신이 뭔가를 믿는다고 믿게 만드는 것이 무엇인지를 이해하는 것은 매우 복잡한 문제일 때가 많다는 점도 되새기게 한다.

종교적 믿음과 자기기만

아델 메르시에(Adèle Mercier)
캐나다 온타리오 주 퀸스 대학의 철학과 교수다. 언어철학, 심리철학 및 그와 연관된 형이상학, 인식론, 자연언어 의미론, 언어철학, 이론언어학의 기초 이슈를 연구한다.

신에 관해 말하자면, 나는 그들이 존재하는지 아닌지, 그들이 어떤 종류인지 모른다. 그 주제가 워낙 불분명하고, 인간의 수명은 워낙 짧기 때문이다.

—프로타고라스, 『*On the Gods* 신에 관하여』 (DK 80b4)

나는 종교적인 믿음이 없다. 믿음이 있다고 주장하는 사람들도 대부분 마찬가지라고 본다. 이렇게 말할 때, 일상적으로 우리가 쓰는 믿음belief이라는 개념을 바꾸는 것은 결코 아니다. 비록 가끔은 우리의 믿음 개념에 대해 착각할 수도 있다는 뜻을 함축하기는 하지만 말이다. 어떤 것을 믿는 것과 자신이 뭔가를 믿는다고 믿는 것은 다른 문제다. 그들의 차이는 쉽게 설명된다.

첫 번째 방향에서, 뭔가를 믿는다는 것(어떤 대상이나 사건에 대한 일차적인 믿음이라 부르자)은 자신이 그것을 믿는다고 믿는 것과는 다르다. 이것을 우리의 일차적인 믿음에 대한 이차적인 믿음, 또는 일차적인 믿음의 소유라 부르기로 하자. 우리는 국화^{chrysanthemum}라는 단어를 자신이 쓸 줄 안다는 사실을 모르면서도 그 글자를 쓸 수도 있다. 이와 마찬가지로 자신이 믿는다는 것을 알아차리지 못하면서 많은 것을 믿을 수 있다. 이 경우에는 우리가 그것을 믿는다는 믿음이 결여되어 있다. 예를 들면 태평양에 있는 물고기가 갈라파고스 제도에 있는 새의 수보다 더 많다고 믿을 수 있다. 하지만 지금 이 순간까지도 우리는 자신이 그렇게 믿는 줄을 모르고 있었을 것이다. 이는 1분 전에 그것을 믿지 않았다가 지금 막 그 믿음을 갖게 되었다는 말이 아니다. 예전 문장의 어느 것도 지난주에는 갖고 있지 않던 새로운 믿음을 형성하게 했을 어떤 (새로운) 사실도 가르쳐주지 않았다. 당신은 태평양의 물고기 대 갈라파고스의 새에 관한 일차적인 믿음을 이미 갖고 있었지만, 당신 자신에 대한 이차적인 믿음, 즉 자신이 일차적인 믿음을 갖고 있다는 믿음은 없었다. 이런 종류의 일차적인 믿음이 무수히 많으므로, 그것에 대한 이차적인 믿음의 결여 상태도 그에 걸맞게 어디에나 있다.

뭔가를 믿는다는 것은 당신이 그것을 믿는다는 믿음과는 더욱 강한 의미에서 다르다. 일차적인 믿음은 이차적인 믿음이 없어도, 또 이차적인 믿음을 정면으로 부정할 때도 성립할 수 있다. 국화라는 단어의 철자를 쓰는 방법을 안다고 확신하지 못할 때도 사실은 그 철자를 이미 알고 있을 수도 있다. 이와 비슷한 모순이 믿음에서도 일어난다. 소련의 국영 일간지인 《프라우다^{Pravda}》는 소련 내에서 '뉴스'의 공식 출처였다. 여론조사를 해보면 독자들은 그 신문에서 읽는 어떤 내용도 믿지 않는다고 강하게 부정한다. 그것이 국가를 선전하는 도구임을 알고 있기 때문이다. 하지만 소련 국내에서 벌어지는 사건들에 대한 일차적인 믿음에 대해 조사해보면, 《프라우다》의 독자들은 그 신문을 읽어야만 가질 수 있는 믿음과 견해를 갖고 있었다. 이런 일이 어떻게 일어나는지 이해하기는 어렵지 않다. 《프라우다》에서 P라는 기사를 읽을 때, 우리는 "P 기사는 《프라우다》에 실렸다. 그러니까 근거 없고 거짓말이다"라고 혼잣말을 한다. 그런데 시간이 지나가면 우리는 P의 내용은 기억하지만, 그것을 어디서 읽었는지는 기억하지 않는다(그런 일을 누가 기억하겠는가). 먼저 당신이 아는 사실은 자신이 P를 믿는다는 것이다. 도시의 괴담이라는 것이 생기는 과정도 바로 이런 식으로 설명되는데, 그런 괴담이 없는 곳이 없다는 사실이 내 주장을 확인해준다.

현재의 용도에서 더 중요한 것은 그 역이다. 우리가 뭔가를 믿는다고 믿는 것은 그것을 믿는 것과 같지 않다. 여기도 간단하게 설명할 방법은 많다. 캐나다 출신인 내 시아버지 같은 사람은 버터(butter)라는 단어에 t발음이 들어 있다고 믿는다. 그렇게 믿는다고 강력하게 주장하기도 한다. 모국어(또는 종교)와의 관계가 화제가 될 때, 그 어떤 거짓말이라 하더라도 사람들이 그에 관한 이차적인 믿음을 강력하게 주장하는 것을 보면 참 재미있다. 하지만 당신은 분명히 이 믿음을 갖고 있지 않다. 적어도 북미 영어에 능통한 사람이라면 그렇다. 만일 그런 믿음을 갖고 있다면 당신이 실제로 내는 발음인 '버더'(buDer: 퍼덕거리는 d음을 내는)가 아니라 '버터'(buTer: t발음이 나는)라고 말할 것이다. 재현해보자면, 그럴 때 당신이 믿는 것은 butter의 정상 발음은 버더지만(당신이 실제로 어떻게 발음하는지 증언해보라) t소리가 나는 것이 정상 발음이라고 믿는다고 믿기도(착각으로) 하는 것이다. 그러므로 당신이 어떤 믿음을 갖고 있다고 믿는다는 것이 실제로 그런 믿음을 갖고 있다는 뜻은 아니다. 그저 국화

종교적 믿음과 자기기만 155

라는 단어를 쓸 줄 안다고 믿는 것이 그것을 실제로 쓰는 법을 안다는 뜻은 아닌 것과 똑같다.

  자기들이 믿는다고 우기는 종교의 주장을 실제로 믿는 사람은 거의 없다. 가령 자기들이 믿는다고 말하거나 생각하는 게 무엇이든, 거의 모든 사람이 죽는 순간에 삶이 끝난다고 믿는다. 사후에도 삶이 계속된다고 정말 믿는다면, 우리는 죽음을 피하기 위해 그토록 애쓰지 않을 것이다. 죽음은 자러 들어가는 것과 비슷해질 것이다. 즐겁게 지내던 중이라면 실망스럽겠지만, 상관없다. 내일 또 즐거운 시간이 올 테니까(내일이 아니면 또 그다음 날, 또 그다음 날, 또 그다음 날……). 가난하고 병들고 우울하고, 그 밖에도 다른 나쁜 상황에 처한 사람들은 죽음을 바라고 장려하고 재촉할 것이다. 그들의 다음 생이 지금보다 더 나빠질 일은 분명히 없을 테니까. 확실히 무슨 생각을 하고 무슨 말을 하든, 순결하고 죄 없는 사람들 앞에 축복이 가득한 영생이 기다린다고 정말 믿는 사람은 거의 없다. 당신의 삶이 얼마나 행복했든 그것이 영원히 저주받을 만한 일을 하지 않은 한 당신을 기다리고 있을 영원한 축복에 비하면 아무것도 아니라면, 영원에 비해 당신의 삶은 깨알만한 무$_{無}$의 한 점에 불과하다면, 살아 있는 하루하루가 뭔가 나쁜 일을 할 위험을 증가시켜 그 때문에 지옥에 가야 할 수도 있다면, 사랑하는 부모는 당신이 태어나는 순간 자기희생을 감수하고라도 당신의 목을 부러뜨려 죽이고 영원한 저주로부터 구하려 하지 않을까? (그들은 나중에 이해심 많은 신 앞에서 사랑하는 마음으로 당신을 위해 옳은 일을 했다고 이해시킬 수 있을 것이다.) 혹시 당신은 사람들을 위해 그들을 죽이는 일을 신이 묵과하지 않을 거라고 생각하는지도 모르겠다. (신이 선하다면 왜 묵과하지 않겠는가? 또 그들 자신의 이익을 위한 일이기도 한데?!) 그렇기는 해도 사후의 삶을 정말 믿는다면, 당신은 최소한 극단적으로 무모한 사람이 될 것이다. 당신을 지옥으로 보낼 유혹에 빠지기 전에 최대한 빨리 죽고 싶어 할 테니까. 당신은 거리를 건널 때 혹시라도 트럭에 치어 즉사할지도 모른다는 은밀한 기대 때문에 절대 주위를 돌아보지 않을 것이다. 당신 아이들이 아직 순수하고 순진무구할 때 생을 끝내게 할 수도 있다는 희망에서, 그들을 위험한 얼음 절벽으로 데려갈 것이다. 신이 정의롭지 못한 자들을 정말 벌할 것이라고 생각한다면, 당신은 당신 아이들이 지옥의 영원한 고통을 겪을 위험이 있는데도 당신 자신의 즐거움을 위해 아이들이 살아 있도록 보호할 만큼 이기적으로 굴지는 않을 것이다. 그러나 우리는 대부분 그렇게 느끼거나 행동하지 않는다. 또 우리의 맞춤법 능력을 보여주는 것은 자신의 능력에 대한 기대가 아니라 실제로 우리가 쓰는 글자이듯, 우리의 진정한 일차적인 믿음을 드러내는 것은 실제 감정과 행동이지 그것들을 우리 자신에게 표현하는 방식이 아니다. 혹시 그런 믿음이 해롭지 않다고 생각할까봐 하는 말인데, 일차적인 종교적 믿음의 진정성을 행동으로 드러내는, 사후 세계의 삶과 영원한 축복을 진정으로 믿는 사람의 가장 좋은 예는 자살 특공대다.

거의 모든 종교적 믿음은 사람들이 일차적인 믿음이라고 착각하는 이차적인 믿음이다. 사실은 갖고 있지 않은 믿음을 자신이 갖고 있다고 믿는 표준 형태 한 가지는 내용이 없고 공허한 것, 다시 말해 아무것도 아닌 것을 믿는다고 믿는 것이다. 산타클로스가 존재한다고 믿는다고 생각하는 아이들이 바로 그런 예다. 산타클로스가 존재하는 것은 아이들이 자신을 계속 믿게 만들기 위해서가 아니다. '산타클로스를 믿는다'고 생각하는 아이들이 믿는 것은 어떤 물건이나 사람에 대한 일차적인 믿음이 아니라 이차적인 믿음이다.

그것은 둘 중 하나다. 먼저 그것은 그들 자신에 대한 이차적인 믿음일 수 있다. 그들은 그 특정 인물에 대한 특정한 믿음을 갖고 있다고 믿지만, 사실은 믿을 믿음이 없다. 왜냐하면 이런 믿음의 대상인 인물이 없었기 때문이다. 아니면 산타클로스에 대한 믿음이란 어떤 특정 개념, 즉 빨간 옷을 입은 인상 좋은 뚱보 노인이 북극에서 순록이 끄는 썰매를 타고 굴뚝으로 내려와 아이들에게 선물을 나눠준다는 개념이 전 세계에서 똑같이 예시된다는 (허위의) 이차적인 믿음이다. 신이 존재하지 않는다면, 그렇기 때문에 신이라는 것이 비지시적인 표현이라면, 신에 대한 모든 일차적인 믿음이라고 알려진 것은 사실은 다음에 나오는 이차적인 믿음 두 종류 중 하나다. 자기 자신에 대한 잘못된 이차적인 믿음, 즉 실제로는 믿음을 가질 대상이 없고, 그래서 그것이 존재한다는 믿음이 성립할 수 없는데도 특정한 대상이 존재한다고 믿는 공허한 믿음이거나, 그게 아니라면 특정한 개념에 대한 이차적인 믿음, 즉 문제의 그 특정한 개념이 예시되는 특질을 가졌다는 믿음이라는 것이다. 신을 믿는다고 알려진 사람들은 대부분 한낱 개념이 아니라 존재(대상, 사물)를 믿는다고 알려졌다. 그런 존재가 없다면 신에 대한 믿음 역시 그에 걸맞게 공허하다. 좀 다른 맥락이지만 거트루드 스타인 Gertrude Stein이 말한 것처럼, "거기에는 거기가 없다 there is no there there". 하지만 여기서 신의 비존재 non-existence에 대한 물음을 계속 던지지는 말자. 내가 강조하고 싶은 요점인 종교적 믿음이 이차적이라는 사실은 신이 존재하든 안 하든 변하지 않기 때문이다.

당신이 실제로는 갖고 있지 않은 믿음을 갖고 있다고 믿는 또 다른 정통 방식은 믿음으로 여겨지지도 않을 만큼 구성이 엉성한 어떤 것을 믿는다고 생각하는 것이다. 예를 들어보자면 $E=mc^2$의 공식을 전혀 이해하지도 못하면서 그것을 믿는 것과 매우 비슷하게, 어떤 권위 있는 저자가 썼다는 책에서 읽었으니 "나끈한 도소리들이 해변덕에서 팽팽 돌고 송구뚫었네"*라는 내용을 믿는다고 주장하는 경우를 상상해보라. 그들의 일차적인 믿음이 잘못된 것은 아니다. 그 나끈한 도소리 $^{\text{slithy toves}}$가 어쨌든 해변덕에서 송구뚫지 $^{\text{gimble in wabes}}$ 않는다는 것도 아니다. 문제는 나끈한 도소리라는 게 애당초 의미가 통하지 않는 표현이기 때문에 가질 만한 믿음이 없다는 것이다. 나끈한 도소리가 없기 때문이 아니라(실제로 없기도 하지만) 그게 존재하는지 아닌지를 알아보기 위해 어디서 시작해야 할지도 모르기 때문이며, 해변덕에서 송구뚫는 것이 거기에 관련되는지 아닌지는 더더욱 모르기 때문이다. 그 문장이 의미 없는 난센스이므로, 그것을 믿는다고 주장하는 것도 의미 없는 난센스다. 나끈한 도소리라는 개념에 관한 이차적인 믿음을 갖는다고 주장하는 것도 공허하다. 그에 대한 믿음을 갖는다고 주장하는 개념 자체가 규정되지 않은 것이기 때문이다.

종교적 믿음을 가졌다고 주장하는 사람들은 거의 모두가 자기들의 믿음의 내용을 분석하지 않는다. 해보라는 권유를 받아도 하기 싫어한다. 어떤 유신론자에게 신에 대한 물음, 신이라는 개념에 대한 예리한 물음을 던져보라. 그러면 당신은 대답을 듣지 못할 것이다. 그들 노선의 한쪽 끝에는 우리가 실제로 거의 이해하지 못하는 것들, 이해할 수 없을 뿐만 아니라 본질적으로 신비스러운 개념들이 있다. 따라서 그들의 일차적인 믿음이 지시하는 대상은 지시할

---

* 나끈한 도소리들이 해변덕에서 팽팽 돌고 송구뚫었네(slithy toves Did gyre and gimble in the wabe) 루이스 캐럴이 지은 『거울 나라의 앨리스』에 나오는 험프티 덤프티의 시구절. 여기서는 웅진주니어에서 나온 김석희 씨의 번역본에서 인용했다.

수 없는 것이며, 그들의 이차적인 믿음은 개념에 관한 믿음과 같은 종류일 수가 없다. 그들이 주장할 개념들 자체가 규정되어 있지 않기 때문인데, 이는 정말로 의도적으로 그러하다. 그들의 믿음을 구성하는 개념들은 **본질적으로** 속이 텅 비어 있다.

생각 없이 안일한 태도로 자유의지에 의거한 변론을 악의 문제에 대한 응답으로 받아들이는 경우만큼 이런 점이 명료하게 드러나는 곳은 없다. 전능하고 선한 신은 잔인하거나 미친 사람들에게 자유의지를 실천할 특권을 주기 위해 의롭고 죄 없는 사람들이 강간당하고 살해당하는데도 그냥 그대로 있다. 그는 모든 종족의 순진무구한 아이들, 자유의지를 갖고 있지 않다고 알려진 아기들까지도 누구를 탓할 수도 없는 자연재해로 고통스럽게 죽어가게 내버려둔다. 어떤 경우든 그는 기적을 통해 마지막 순간에 개입할 수 있었다. (케이크를 먹었는데도 그대로 또 생기게 할 수 있는 것이 신적인 능력 아닌가. 그런데도 왜 그렇게 하지 않을까?) 라이프니츠 같은 대단히 훌륭한 정신의 소유자도 그런 질문까지 소화할 비위는 없었던 것으로 보인다.

사람들이 대부분 자신들이 고백하는 종교적 명제의 자세한 내용을 검토하지 않으려 하는 데는 충분한 이유가 있다. 상황을 직시해 보자. 이는 그들의 일차적인 종교적 믿음이 어리석기 때문이다. 예수가 성령에 의해 처녀 수태 방식으로 태어났다는 것, 무함마드가 달을 둘로 쪼갰다는 것, 악은 신이 우리에게 자유를 허용하는 대가로 감당해야 하는 결과라는 것 등. 그런 믿음들은 아테나가 제우스의 머리에서 완전 무장한 채 솟아올랐다는 이야기, 또는 거북이 등으로 지구를 떠받치고 있다는 이야기, 신이 처녀들을 절벽에서 내던지라고 명령한다는 것, 그리고 그리스도인을 사자굴에 던지는 것만큼이나 수긍하기 힘들다. 거의 모든 사람은 (일차적으로) 이 사실을 안다. 그런데도 한 신을 믿는 사람들은 다른 신을 믿는 사람들을 보면서 거만하게 코웃음을 친다.

다른 점에서는 정상적인 사람들이 어째서 그런 어리석음에는 승복할까. 그 이유는 누구라도 짐작할 수 있다. 그 어리석음을 파헤치는 정교한 이론들이 이제 막 태어났기 때문이다. 부아예^{Boyer}, 도킨스, 데닛의 책은 이 문제에 관한 훌륭한 초보용 입문서다. 하지만 확실한 것은 ①인간은 각자가 속한 문화의 비합리적인 이야기만 믿고 다른 문화의 이야기는 믿지 않는다. ②그저 어떤 종류든 임의적인 것이 아니라 특정한 종류의 비합리성을 따르는 성향이 있다는 것이다. 가령 GOD가 DOG라고 믿는 영어 사용자는 없다. 어디서나 종교의 신호를 찾아내는 성향을 가진 사람들이라면 경악할 만한 증거들이 있지만 말이다. ③종교란 가려울 때 긁으면 시원해지는 것처럼 많은 사람들이 탐닉하기 좋아하는 인간 두뇌의 한 가지 성향이라는 것이다. 그런 쪽으로 끌리는 마음이 무엇으로 설명되든, 《프라우다》식 원칙 때문에 그처럼 희한할 정도로까지 고통받는 것은 부모들이 말하는 것을 믿도록 진화적으로 프로그래밍된 후손들, 또는 어렸을 때 선사 시대의 선조들로부터 세습된 격세 유전적인 성향에 노출된 아이들에게나 해당되는 일이다. 종교적인 학교 교육이 세속적인 대중 교육에 밀려난 나라들에서 무신론의 비중이 높아지는 것은 별로 이상한 현상이 아니다.

일차적인 종교적 믿음이 악명 높을 정도로 터무니없는 것일 수 있는 한 가지 이유는, 그것들이 전혀 제대로 형성된 믿음이 아니라는 점에 있다. 어떤 믿음이든 연원은 모순에 있으며, 제멋대로 끌어 모은 어떤 속성과도 난센스식으로 공존할 수 있다(둥근 사각형은 물론 둥글면서 사각형이다. 하지만 둥근 것들의 조합에는 둥근 사각형이 없으니 그것은 둥근 것이 아니고, 똑같은 이유로 사각형도 아니다). 종교가 계속 그런 식으로 있을 수 있는 이유 하나는 종교 신자들이 우선적으로, 또는 전체적으로 일차적인 믿음이 아니라 그것에 대한 이차적인 믿음에 몰두해 있기 때문이다(데닛이 이 점을 잘 지적했다). 종교는 은근히 컨트리클럽과 비슷하다. 골프 시합이 아니라 사회적 정체성에 관심을 갖는다는 점이 다를 뿐이다. 중요한 것은 당신이 믿는다는 것을 이차적으로 믿는(그리고 다른 사람들도 역시 이차적으로 믿는다는) 사실이다. 당신의 일차적인 믿음이 참인지, 그것들이 참인지를 당신이 이해할 수 있을 만큼 타당한지조차도 문제가 되지 않는다. 그런 종교가 자기들이 믿는다고 주장하는 종교적 신념을 규정하고 정당화하는 데보다는 그 종교를 가질 권리를 방어하고 정당화하는 데 훨씬 많은 시간을 소모한다는 사실에서도 그런 점이 드러난다(종교 전쟁을 벌이고 교회를 짓고, 성직자들을 지원하는 데 들어가는 막대한 인적·물적 자원을 생각해보라. 그런 노력으로 얻어지는 객관적인 진리나 잘 규정된 개념의 분량은 비교도 안 되게 적다). 또 사람들이 자신들의 종교적 믿음에 대해 의문을 제기할 때, 그들이 취하는 균형 잃은 분노 역시 마찬가지다. 일차적인 믿음의 진실성을 의심할 때, 그 의심의 대상은 오직 그 주장의 진실성뿐이다. 그런데 종교적 믿음에 의심을 제기하면 믿는 자의 존재 전체가 의문의 대상이 되어버린다. 아홉 살짜리 아이에게 성욕을 품은 쉰 살 먹은 가나안 사람을 호색한 아동 성욕자라 부를 때, 이런 평가에 동의하지 않는 사람은 당신에게 이의를 제기하면 된다. 그런데 같은 기준을 무함마드에게 적용시키면 당신은 사형 선고를 받는다.

종교는 전적으로 자신의 믿음이 옳다고 믿는 문제지, 옳은 믿음을 갖느냐 하는 문제가 아니다. 일차적인 믿음에 내용이 있다면, 그 내용은 진리를 기준으로 점검될 수 있다. 사람들이 어떤 반대 증거에도 불구하고 자신이 그것들을 믿는다고 믿을 수 있는 것은 바로 그런 믿음에 내용이 없기 때문이다. 하지만 내용 없는 일차적인 믿음에 대한 이차적인 믿음이 치러야 하는 대가는 자기기만이다.

모든 형태의 자기기만은 위험하지만, 인간이 살아가는 이유에서 진실함을 빼앗는 것보다 더 잔인한 일은 없다.

참고 도서

- Boyer, Pascal, *Religion Explained: The Evolutionary Origins of Religious Thought* (New York: Basic Books, 2002).
- Dawkins, Richard, *The God Delusion* (London: Bantam Books, 2006).
- Dennett, Daniel C., *Breaking the Spell: Religion as a Natural Phenomenon* (New York: Viking Books, 2007).
- Frege, Gottlob, "On Sense and Reference" (1892), Brian McGuinness, ed., *Collected Papers on Mathematics, Logic and Philosophy* (Oxford: Basil Blackwell, 1984).
- Frege, Gottlob, "On Concept and Object" (1892), Brian McGuinness, ed., *Collected Papers on Mathematics, Logic and Philosophy* (Oxford: Basil Blackwell, 1984).
- Frege, Gottlob, "The Thought: A Logical Investigation" (1918), Brian McGuinness, ed., *Collected Papers on Mathematics, Logic and Philosophy* (Oxford: Basil Blackwell, 1984).

〈닥터 후〉와 합리주의의 유산

손 윌리엄스(Sean Williams)
왕성하게 활동하는 베스트셀러 소설 저자로서, 오스트레일리아의 애들레이드에 살고 있다. 그의 최근 소설인 『The Force Unleashed : Star Wars(포스 언리쉬드 : 스타워즈)』는 동명의 컴퓨터 게임을 소설화한 작품이다. 《뉴욕타임스(New York Times)》 베스트셀러 1위에 오르기도 했다.

어른이 된 뒤에 그때까지 지켜오던 습관적인 신앙의 토대가 무너진 이유를 여러 다른 사람 탓으로 돌린 일이 여러 번 있었다. 나는 열일곱 살 때까지 규칙적으로 교회에 나갔으며, 한동안은 성가대원과 복사 노릇도 했고, 아버지의 뒤를 이어 목사가 될까 하는 생각도 해보았다. 아버지도 어렸을 때부터 자신을 계속 따라다녔던 소명의식에 따라 뒤늦게 성직에 들어가셨다고 했다. 아버지의 경우는 신학 공부가 믿음을 더 강화시켰지만, 내 경우에는 주변 분위기 속에 저절로 젖어들면서 배운 것이 정반대 결과를 낳았다. 그래서 아버지는 로버트 안톤 윌슨 Robert Anton Wilson, 프랭크 자파 Frank Zappa와 함께 무심결에 나를 신앙에서 멀어지게 한 사람들의 명단 꼭대기에 자리 잡았다.

그러나 내게 자리 잡은 무신론의 가장 깊은 뿌리는 어느 한 사람이 아니라 영국의 대중 TV쇼 주인공이 밝힌 견해에 있다.

처음 만들어진 지 50년이 다 되어가는 〈닥터 후〉*는 어느 외계인 시간 여행자와 인간 동료들의 모험을 따라 우주 구석구석을 찾아가며, 때로는 그 너머까지도 간다. 나는 여섯 살 무렵부터 〈닥터 후〉의 팬이었고, 1970년대의 다른 아이들과 마찬가지로 허구의 괴물이 TV 화면 가득 나올 때는 정면으로 마주 보지 못하고 소파 뒤에 숨곤 했다. 나는 그 뒤로도 계속 그 시리즈의 열렬한 팬이었고, 최근에는 (작으나마) 그 프랜차이즈에 기고하게 되어 기쁘다.** 그래서 팬픽션이라고 해야 가장 맞는 말이 될 만한 글을 끄적이던 열성적인 어린 필자에서부터 성장해온 하나의 궤적을 완결할 수 있었다. 그런데 〈닥터 후〉가 내 인생에 얼마나 깊은 영향을 미쳤는지를 깨달은 것은 최근의 일이다. 특히 열렬한 신앙심을 발전시키거나 그것이 들어서지 못하게 하는 데서 그랬고, 전문 작가라는 직업을 택하는 문제에서도 그랬다.

이 연구는 부분적으로는 영국 성공회 사제 총회에서 얻은 자극에서 비롯되었다. 그들은 2008년 5월에 〈닥터 후〉 시리즈를 활용해 '종교의 닮은꼴에 대한 연구, 특히 악과 부활과 구원이라는 주제에 관해' 연구하도록 권장했다.¹ 그 집회를 주최한 구세군 측 대변인 앤드루 우딩Andrew Wooding은 "〈닥터 후〉에는 그리스도교의 상징이 수없이 들어가 있는데, 다른 방법으로는 설명하기 힘든 관념을 이해시키는 데 그런 상징을 쓸 수 있다"고 말했다.² 더 큰 선을 위한 자기희생, 불멸성, 환상에서 조언 구하기, 그리고 교회 등이 이런 관념

• 〈닥터 후(Doctor Who)〉 1963년에 영국 BBC에서 처음 만들어진 시즌제 공상과학 드라마. 시즌을 거듭하면서 계속되다가 1989년에 중단되었고, 그 뒤 2005년에 새 시리즈로 만들어져 지금도 방영되고 있다.
•• 숀 윌리엄스는 〈닥터 후〉의 에피소드 가운데 하나인 'Midnight in the Cafe of Black Madonna'를 썼다.

이다. ('일상에서 볼 수 있는 사물이지만 더 높은 어떤 것을 가리키는 것'이라는 점에서 교회는 타디스*와 비슷하다는 주장도 있다.)³

〈닥터 후〉가 영국의 국교인 영국 성공회의 온갖 상징과 주제로 뒤범벅되어 있다는 것은 부정할 수 없는 사실이다. 전성기 시절 〈닥터 후〉의 프로듀서였던 배리 레츠Barry Letts는 이 시리즈에서 종교의 유사성을 찾으려는 사람들을 이해한다고 말한 것으로 인용된다. 문화 유산 때문만이 아니라, "선과 악의 투쟁을 다루는 장기 프로그램이라면 그리스도교적인 주제를 그 배경막으로 갖기" 때문이라는 것이다.⁴ 각 편의 제목들만 슬쩍 훑어보아도 그리스도교 용어와 은유에 대한 지식이 익숙하게 사용되고 있음이 드러난다. '에덴의 악몽', '성 바돌로매 축일 전날의 학살', '달렉의 창세기', '아마겟돈 요인', '사탄의 구덩이', '크리스마스 침공', '라자루스 실험', '악마의 행성', '스티븐의 만찬', '신의 전쟁' 등이 그런 예들이다. 수도승, 사제, 심판, 저주, 지하 세계, 낙원 등이 지배적인 요소로 등장한다.

이야기 줄거리 자체도 유대교-그리스도교의 신앙을 자주 참조한다. 닥터의 재생성은 부활이라기보다는 즉각적인 재현에 더 가깝지만, 재생성regeneration · 부활resurrection · 재현reincarnation은 모두 종교가 내세우는 주요 테마이다. '유령의 불빛Ghost Light'의 절정 부분에서 출현한 외계인은 천사의 모습을 하고 있다. 날개 달린 천사는 '블링크', '저주 받은 항해'에서도 두드러진 등장인물이다. 666이라는 숫자는 '종말의 날Doomsday'과 '미드나잇' 편에서 나온다.

그렇다면 나의 무-신앙심a-religiosity이 싹트기 시작한 곳은 어디인

● 타디스(TARDIS) 이 시리즈에서 닥터가 타고 다니는 우주선. 1960년대 영국 길거리에서 흔히 볼 수 있던 경찰 전용 전화박스 모양을 하고 있다. '시간과 공간의 상대적인 차원(Time And Relative Dimension In Space)'의 이니셜을 딴 이름.

가? 그 대답은 쉽다. 시리즈가 꾸준히 추구하는 합리주의와 과학적인 방법에 있다. 극중에서 닥터는 이렇게 말한다.

"일어나는 모든 현상에는 과학적인 설명이 있게 마련이지, 어디를 찾아봐야 하는지 알기만 한다면 말이야."[5]

이 메시지는 이 시리즈에 등장하는 다른 악당들과 함께 교회와 신앙이 머리를 높이 쳐드는 수많은 경우에 한결같이 강조된다.

원래 신처럼 등장한 존재들이 고등 외계인으로 밝혀지는데, 이는 물론 놀라운 일이지만 항상 설명할 수 있는 현상이며, 그들은 절대 초자연적인 존재가 아니다. '화성의 피라미드', '펜달의 영상', '웽치앙의 부적' 같은 편이 그런 예들이다. 그보다 작은 규모로는 '네스호의 괴물', '피의 돌', '이빨 바위의 공포', '펠라돈의 저주' 같은 편에 나오는 전설 속의 생물이 외계인이었음이 밝혀진다. 사제와 신비가들은 신을 이용해서 경쟁자나 가만히 있지 못하는 원주민들을 굴복시키는 데 쓰려고 위협하는 존재로 여겨진다. 미신에 너무나 찌들어 있는 덕분에 두 번 처리되어야 했던 행성인 펠라돈에 관한 이야기 '펠라돈의 괴물'과 '만드라고라의 가면', 오해로 인해 닥터 본인이 신격화되는 '악의 얼굴'이 그런 경우다. 어떤 경우든 초자연적인 것의 정체는 폭로되며, 과학적인 해결법이 적용되고, 원래 현상은 복원된다.

'악령들(데몬)the Daemons' 편을 자세히 들여다보면 〈닥터 후〉가 이 문제에 관해 지속적으로 유지하는 입장을 보여주는 수많은 예를 찾을 수 있다. 1971년에 방영된 이 편은 악마의 종말이라는 마을 근처에 있는 고분에서 진행되는 고고학적 발굴로 이야기가 시작되었다. 이 시기 〈닥터 후〉의 원형적인 구성으로 여겨지는 그 이야기는 마법과 종교라는 두 개의 뿔이 달린 괴수를 과학의 도전에 정면으

로 대치시킨다.•

반과학적인 입장의 주 대변인은 미스 올리브 호손이다. 악마의 종말 마을의 주민인 그녀는 고분을 발굴하는 데 반대했는데, 타당한 이유는 있었다. 그녀는 스스로를 백마녀(p. 18)라고 선언하고, 발굴 현장에 저주가 걸려 있다고 믿기 때문에 "어리석고", "모자장수••만큼 미쳤다"고 묘사된다. 뒤이어 닥터가 나와서 마을 주민들을 공포에 몰아넣은 사건들을 비교적 산문적으로 설명한다.

"여러분이 겁에 질리는 건 충분히 그럴 만해요. 하지만 이 수수께끼 같은 악마에 대해 미스 호손이 한 말이 옳기 때문은 아닙니다. 그녀가 본 것은 훨씬 더 실제이고 훨씬 더 위험한 것입니다. 그건 6만 광년 떨어진 행성에서 우주선을 타고 여기 온 외계인이에요."(p. 71)

〈닥터 후〉에서 과학으로 인정되는 것이 실제 생활에서는 과학으로 인정될 수 없는 경우도 있겠지만, 닥터가 상황이 어떻게 되어가는지 안다고 말한다면 그것은 최소한 느슨하게라도 합리주의적인 방법론에 기초한 판단이라는 것을 사람들은 이해한다.

"그가 이룬 업적은 모두 과학에 의거한다. 인간의 과학이든 아니면 악령〔데몬〕들의 과학이든."(p. 141)

이것들은 미스 호손의 것(룬 문자, 별, 머큐리의 부적 따위)이나 다른 종교적인 위조품과는 다르다.

미스 호손〔닥터는 그녀의 견해를 즉각 쓰레기, 미신 같은 쓰레기(p. 61)로 치부하고 무시한다〕이 오직 한 가지 설명, 즉 유효한 초자연적인 설

• 이하 본문과 인용문에 적힌 페이지는 모두 주5에 있는 책 『Doctor Who and the Daemons』(London: Target, 1974) 판에 의거함.
•• 『이상한 나라의 앨리스』에 나오는 매드 해터(Mad Hatter).

명만 가능하다고 주장하자, 닥터는 그녀의 이론은 '난센스!'라고 소리 높여 비난하며, 그 논박은 근사한 몬티 파이튼* 스타일로 진행된다.

> "당신은 일부러 퉁명스럽게 구는군요, 닥터. 우리는 초자연적인 것을 다루고 있어요. 내가 말했죠. 오컬트! 마법!"
> 닥터는 머리를 흔들며 말했다.
> "아니오, 과학이오."
> "마법이라고요!"
> "과학이오, 미스 호손." (p. 82)

다른 편에서도 그렇지만 이 편에서 닥터는 클라크의 제3법칙**('어떤 기술이든 충분히 발달하면 마법과 구별할 수 없어진다')을 들어 악마의 종말 마을에서 일어나는 기적 같은 사건들만이 아니라 '데몬^{Daemon}의 선진 과학의 잔재일 뿐인 모든 마술 전통'도 설명한다. 그는 계속한다.

> "〔인류는〕 그것들을 전설로, 신과 악마들로 바꾸었다. 하지만 둘 다 아니다. 그들은 다른 세계에서 온 존재들이다." (pp. 83~84)

미스 호손이 '마법' 기술을 부리면서 속임수를 썼다고 기꺼이 털어놓을 때, 그녀의 수사학적인 운명이 확정된다. 두통이 있는 남자에게 "아스피린 두어 알만큼의 효과가 있는 진통성 약초를 주사하

• 몬티 파이튼(Monty Python 또는 Monty Python's Flying Circus) 같은 이름의 영국 코미디 그룹이 제작하는 코미디 쇼 시리즈.
•• 명작 SF 영화 〈2001 스페이스 오디세이(2001: A Space Odyssey)〉의 작가 아서 클라크가 만든 예견의 법칙 세 가지 중 세 번째.

면서 위약 효과를 더하기 위해 주문을 읊조린다." 나중에 그녀는 자신이 읊은 말은 실제로는 자장가 '메리는 어린 양 한 마리를 가졌네'의 후렴구에서 따온 것이라고 고백한다.

"그건 마술이 아니었어요. 이제 당신은 제 비밀을 모두 알았네요." (p. 75)

닥터와 미스 호손은 끝없이 다투지만, 둘의 철학적인 차이는 끝내 해결되지 않는다.

"마법이 아니오, 미스 호손. 과학이라니까요."
"마법이에요, 닥터."
"과학이라고."
"마법."
그녀는 확고하게 말했다. (p. 170)

그렇기는 해도 최후의 말은 닥터 몫이다.

"닥터는 조에게 윙크하며 말했다. '글쎄, 그건 마법이 아니었어.'" (p. 171)

종교가 세계를 이해하는 유효한 수단이라는 관점은 〈닥터 후〉에서 수없이 강조되며, 나의 성장하는 두뇌에 강력한 강장제로 작용했다. '만드라고라의 가면'(1976)에서 닥터와 (조수인) 사라 제인 스미스는 르네상스 시대의 이탈리아에 도착해 다른 별들에서 초자연적인 존재로 가장해서 들어온 또 다른 적대 세력과 만난다.[6] 포로가 된 군주^{prince}는 "새로운 학문에 항상 대답이 있는 것은 아니다. 그저 옛 신념은 마법과 요술과 악령의 행위임을 알고 내던져버리고, 우리 자신의 지성을 신뢰해야 한다는 뜻일 뿐이다"라고 말한다. 이런 철학은 닥터가 진심으로 동의하는 바다.(p. 39) 심문당했을 때 닥터는 마술사의 신념이란 '인기만 노리는 무성의한 말'이라고 부른다. "오직 다채로운 상상력과 재빠른 말솜씨만 있으면 되는 것들이다." (p. 30)

닥터는 펠라돈 행성의 왕족인 야수의 전설에 대해 처음에는 "쓰레기 같은 이야기!…… 당신이 말하는 그 현상은 견고하고 스릴 있는 사실이야!"(p. 197)라고 하다가,[7] 나중에는 그것을 "기술적인 잔재주"라고 말한다.(p. 37)[8] 두 경우 모두에서 이른바 아게도르 신이라는 존재가 은밀한 정치적 음모에 가담한 지역 파벌에 고용되었으며, 제사장이 미신적인 난센스를 부추기려는 태도가 고통스럽게 폭로된다.

"릴라, 어떤 것에 대해서도 절대적으로 확신하지 마." '악의 얼굴' 편에서 닥터가 조수에게 말한다. "그건 지성이 부족하다는 표시야."(p. 25)[9] "무릎을 꿇으면 너의 성장에 방해가 된다는 말을 아무도 해주지 않았나?"(p. 82)

계속 이런 식이다. 〈닥터 후〉의 내용에 종교적인 아이콘과 주제가 융합되어 있는지는 모르겠지만, 가끔씩 초점이 흔들리기는 해도 그 융합물이 시너지를 일으키는 일은 없다.

그런데 현재 〈닥터 후〉의 제작자인 확고한 무신론자 러셀 T. 데이비스Russell T. Davies는 최근에 이런 발언을 했다. "종교는 인간 속의 매우 원초적인 본능이며, 매우 훌륭한 본능이고, 우리 상상력의 일부다."[10] 그가 조종간을 잡고 있는 동안 닥터는 다시 한 번 그리스도교적인 악마의 외계적 잔재와 대결한다.[11] 그 적이 무엇인지 설명해 달라는 요구를 받지만, 닥터는 그의 예전 화신들은 전혀 거리낌 없이 대결한 바 있는 바로 그 질문을 거듭 회피한다.

로즈: 그게 정말 뭐라고 생각해?

닥터: 내 생각으로는……, 우린 그걸 이겼어. 내게는 그걸로 충분해.

'우드의 행성'(2008)에서 닥터가 그 존재는 "악마였다"고 단언하는 부분에서도[12] 계속 무신론적인 입장은 살짝 철회된다. 아마 2007년에 '새 지구New Earth'에서 닥터에게 주어진 새로운 별명인 '외로운 신 lonely god'이 그의 머릿속에 남아 있는지도 모른다.[13] 어둠의 왕자를 거꾸러뜨릴 수 있는 존재가 신이 아니면 누구겠는가?

나는 이런 혼합된 메시지를 점점 더 종교적인 감성에 구속되는 세계로 후퇴하는 증거라기보다는 정교한 미끼라고 보는 편이다. 〈닥터 후〉의 합리주의적인 입장은 거의 반세기 동안 성공하기도 하고 실패하기도 하면서 살아남았고, 그 과정에서 과학적인 방법의 중요성을 나 같은 아이들에게 교육시켰다. 의도는 좋을지 몰라도 방향이 틀린 전도사들이 그 쇼를 자신들의 신념을 선전하는 데 사용하자고 주장할지 모르지만, 그들의 노력은 미처 깨닫지도 못하는 사이에 아이들을 옳은 길로 인도할 것이다. 종교적 사고를 향하기보다는 그것에서 멀어지는 쪽으로 말이다. 내 아버지는 한 번도 그런 유혹에 넘어간 적이 없지만, 구세군은 그럴지도 모른다.

그러니 그가 어떤 얼굴을 갖고 있든,• 〈닥터 후〉 만세! 또 그의 메시지가 사람들에게 전파되기를. 이성은 언제나 우세할 것이며, 아무리 힘든 상황에서도 건강한 영국식 스토아주의와 함께 소화될 수

• 닥터는 치명적인 상처를 입어 생명이 위태로워지면 열세 번까지 신체를 재생성해서 계속 살아갈 수 있는데, 재생성할 때마다 닥터로서의 정체성과 기억은 그대로지만 외모와 성격이 대폭 바뀌기 때문이다.

있을 것이다.

"당신은 그게 뭔지 알아?"
벤튼이 물었다.
"별로. 그저 외계인이라는 것밖에는. 바깥 우주에서 온."
그대로 갈게요~ 〔조가〕 대답했다.
벤튼 하사는 체념하는 듯이 한숨을 내쉬며 말했다.
"항상 그렇지." 14

주

1 저자 미상, "Doctor Who to Boost Church Popularity", *Adelaide Today*, 2008년 5월 4일. www.news.com.au/adelaidenow/story/0,22606,23646148-5005962,200html (2008년 5월 5일 참조).

2 Jonathan Wynne-Jones, "The Church Is Ailing-Send for Doctor Who", *Sunday Telegraph*, 2008년 5월 4일. 온라인으로는 www.telegraph.co.uk/news/newstopics/howaboutthat/1925338/The-church-is-ailing---send-for-Dr-Who.html (2008년 6월 14일 자).

3 앞의 책.

4 앞의 책.

5 Barry Letts and Guy Leopold, *Doctor Who and the Daemons* (London: Target, 1974), p. 10. 뒤에 나오는 페이지는 이 책의 것이며, 그 뒤에 이어지는 내용은 이 책에서 인용된 문장이다. 가이 레오폴드가 쓴 BBC TV 시리즈에 근거를 둔 책으로, 가이 레오폴드는 배리 레츠와 로버트 슬로만의 필명이다.

6 Phillip Hinchcliffe, *Doctor Who and the Masque of Mandragora* (London: Target, 1977). 루이스 마크스가 쓴 BBC TV 시리즈를 근거로 함.

7 Brian Hayles, *Doctor Who and the Curse of Peladon* (London: Target, 1974). 같은 저자가 쓴 BBC TV 시리즈물의 대본에 의거함.

8 Terrance Dicks, *Doctor Who and the Monster of Peladon* (London: Target, 1980). 브라이언 헤일스가 쓴 BBC TV 시리즈물 대본에 의거함.

9 Terrance Dicks, *Doctor Who and the Face of Evil* (London: Target, 1978). 크리스 부셰가 쓴 BBC TV 드라마 시리즈에 의거함.

10 Wynne-Jones, "The Church Is Ailing—Send for Doctor Who".

11 '사탄의 구덩이(The Satan Pt)', 매트 존스(Matt Jones)의 대본.

12 '우드의 행성(Planet of the Ood)', 키스 템플(Keith Temple)의 대본.

13 '출구 없는 고속도로(Gridlock)', 러셀 T. 데이비스(Russell T. Davies)의 대본.

14 Letts and Leopold, *Doctor Who and the Daemons*, p. 77.

잠시, 거듭나다

그렉 이건(Greg Egan)
오스트레일리아의 과학소설 작가로, 휴고상을 받았다. 과학적 사실을 토대로 하는 '실제 과학소설'이 전문으로 '최고의 현대 SF작가'라는 평가를 받고 있다. 『*Permutation City*(순열 도시)』로 존 W. 캠벨기념상의 최우수 소설부문을 수상했다. 「예언자」(『갈릴레오의 아이들』), 「내가 행복한 이유」(『하드 SF 르네상스』), 「단일체」(『오늘의 SF 걸작선』) 등은 국내에서도 만날 수 있다.

10년이 넘는 세월 동안(열두 살에서 20대 중반까지) 어떤 종교의 형이상학적인 주장을 설득하려는 논의를 만난 적은 한 번도 없지만, 나는 신의 존재에 관한 직설적이고 직접적이며 반박의 여지없는 지식을 가졌다고 확신했다.

아버지는 온건하고 독실한 성공회 신자였고, 우리들에게 교회에 나가라고 권했다. 가끔 주일학교에서 가르치기도 했지만, 집에서는 종교에 관해 거의 이야기하지 않았다. 어머니가 그 주제에 대해 무슨 견해를 밝힌 기억은 없다. 그런데 형은 10대 초반에 종교를 매우 진지하게 받아들이기 시작하더니, 결국은 가톨릭으로 개종했다.

가톨릭 중에서도 형이 가입한 특정 교파는 은사주의 운동 Charismatic movement이라 알려진 것과 관련이 있었다. 그들은 '성령 속에서의 세례 Baptism in the Holy Spirit'가 구원에 필요하다고 믿었다. 미국 개신교의 다양한 흐름 가운데 눈에 띄는 활동을 통해 최근 들어 더 넓은 대중에게 매우 친숙해진 이 운동의 기초는 성서의 사도행전 2장 1절에서 4절까지의 글에 있다.

오순절이 본격적으로 시작되었을 때, 그들은 모두 한곳에 모여 있었다. 그런데 갑자기 거센 바람이 몰려오는 것 같은 소리가 하늘에서 들렸다. 그 소리는 그들이 앉아 있던 집을 가득 채웠다. 그러더니 갈라진 혀 모양의 불꽃이 그들 위에 나타나서 그들 하나하나의 머리 위에 앉았다. 그들은 모두 성령으로 가득 찼으며, 성령이 발언할 능력을 주자 저마다 다른 언어로 말하기 시작했다.

1973년에서 1974년 여름에 나는 중학교에 가고 싶어 안달을 했다. 중학교에 가면 위대한 지적 모험을 떠날 수 있으리라고 확신했던 것이다. 혼자서 미분을 공부했지만, 네 살 위인 형은 나에 비해 눈부시게 지적이고 더 현학적으로 보였다. 형은 외국어를 공부했고, 열두 살짜리의 눈으로 보면 방대한 세속적 지식이라 할 만한 것에 숙달해 있었다. 우리는 방을 함께 썼으며, 매일 밤 어머니가 책 읽기를 멈추게 하고 불을 끈 뒤에도 사라지지 않는 과학이나 철학에 대한 물음들을 이리저리 되씹으며 어둠 속에서 한 시간가량 이야기를 나누곤 했다.

어느 날 밤, 대화가 신의 문제로 향했다. 교회 예배는 참을 수 없이 지루했지만, 나는 여전히 기본적으로는 신자였다. 그때까지는 심오한 회의를 맛본 경험이 없었다. 종교가 제기하는 주장에 의심스러운 점들이 있기는 했지만, 기본적으로는 배워나가다 보면 그런 의문점은 아마 해결될 거라고 생각했다. 그 외의 부분들을 보면,

인류는 우주를 이해하려는 프로젝트를 앞으로도 계속 진행할 테니까 모든 물음에 답이 나와 있는 시대에 살게 될 거라고 예상하지 않을 이유는 없었다.

형은 그리스도교의 역사와 다양한 신학자와 철학자들이 여러 세기에 걸쳐 제시해온 믿음에 관한 주장에 대해 이야기했다. 놀랍게도 형은 그런 주장들이 모두 부적절하다는 점을 거리낌 없이 인정했다. 형은 신에게 가는 길을 이성으로 추리할 수는 없다고 말했다. 믿음은 믿음의 문제이고, 믿음은 신의 선물이다. 하지만 그것은 선별된 소수에게만 주어지는 그런 선물은 아니었다. 신에게 진지하게 요청한다면 그 선물은 내게 주어질 것이다. 내가 해야 할 일은 무릎을 꿇고 기도하고, 예수에게 내 마음속에 성령을 보내 달라고 부탁하는 일뿐이었다.

확신하건대, 그때 나는 실제로는 가고 싶지 않았던 장소로 끌려가고 있음을 느꼈다. 나는 논쟁을 통해 매복을 벗어나고 싶었고, 적어도 시간을 좀 더 벌고 싶었다. 아마 이것이 모든 사람에게 필요하지는 않을지도 모른다고 주장했다. 며칠은 더 생각해도 되겠지. 하지만 형은 그런 것을 전혀 인정하지 않았다. 성령으로 세례받지 않은 사람은 저주를 받을 것이고, 내가 느끼는 두려움은 사탄이 집어넣은 것이다. 이 일은 지금 시행되어야 한다, 그렇지 않으면 사탄이 내 영혼을 가져갈 것이다.

그래서 우리는 침대에서 일어나 함께 무릎을 꿇었고, 나는 하라는 대로 했다.

기도를 마치자 무척 만족스러운 기분이 들었지만, 결정적인 사건이 일어났다는 확신은 별로 들지 않았다. 하지만 형이 그렇게 되었다고 장담하자, 정말 그런 것만 같은 기분이 더 강해졌다. 내가 말

없이 기도하자 기도에 즉시 응답이 왔고, 강력한 감정이 밀물처럼 쏟아져 들어왔으며, 이런 말 없는 대화는 더 풍부하고 더 강렬해져 오로지 마음속에서 예수의 이름을 부르기만 하면 감당할 수 없이 행복하고 안전하고 사랑받는다는 느낌이 들었다. 나는 원래 종교의 교리를 의무적으로 반복했지만 얼마든지 재고하도록 설득될 수도 있는 사람이었는데, 몇 시간도 안 되어 신의 존재에 대한 의심을 한낮에 하늘만 보아도 입증되는 태양의 존재를 의심하는 것만큼이나 터무니없는 것으로 여기는 사람으로 변했다.

그 뒤 몇 주 동안 나는 형 친구들 모임에 마스코트처럼 받아들여져, 형을 졸졸 쫓아다니며 기도 모임과 지역 가톨릭 교회의 예배에 참석했다. 당시는 뮤지컬 〈갓스펠Godspell〉의 시대였다. 은사주의 운동에 참여한 수녀, 신부, 수도사, 일반인들의 모임은 기타를 튕겨대고 마약을 멋대로 쓰는 히피들의 모임과 무척 비슷했다. 그 모임에 정치적·사회적 의제가 있었는지 모르겠지만, 있었더라도 내 머리를 그냥 비껴 지나갔다. 기억에 남은 것은 기도와 노래를 많이 했다는 것뿐이다. 심지어 나는 방언*으로 기도하면서, 자음 **sh**와 **l**의 억양을 강하게 내는 외국어처럼 들리는 음절들을 줄줄 쏟아내기도 했다. 형은 한 번도 히브리어를 들은 적이 없는데도 히브리어로 기도하기 시작한 어떤 여성의 일화를 이야기해주었다. 히브리어를 아는 사람이 그 주장을 인정해주었다는 것이다. 하지만 우리의 기도 모임을 녹음해서 언어학자들에게 분석해 달라고 보내는 사람은 아무도 없었다. 설사 내가 그런 생각을 했더라도 아마 막연하게 불경스러운 일이라고 무시했을 것이다. 신앙은 검증 대상이 아니니까.

• 방언 성령을 받은 그리스도인이 무아지경인 상태에서 배운 적이 없는 언어로 이야기하는 것.

그들의 모임에 얼마나 오래 나갔는지는 정확하게 기억나지 않는다. 결국은 사춘기의 독립심이 눈을 떴고, 나는 그 모임에서 떨어져 나왔다. 성공회든 가톨릭이든 교회 예배에 더 이상 나가지 않았고, 겉으로 보기에는 생활 감각이 정상으로 돌아왔다.

하지만 성령이란 노래하는 수녀들의 방에서 걸어나가는 것처럼 간단하게 멀어질 수 있는 것이 아니다. 나는 지금도 매일 아침에 일어나면 모든 의심의 가능성을 넘어 예수가 나를 위해 죽었으며, 아버지 하느님이 나를 사랑하고, 궁극적으로는 모든 게 바로잡히리라는 것을 안다.

그런데 그리스도교의 절대적인 핵심과는 별개로 나는 교조적이고 경전적인 세부 내용에는 도무지 관심을 가질 수가 없었다. 성령으로 세례받지 않은 사람들이나 전혀 다른 종교를 믿는 사람들이 저주를 받을 것이라고는 도저히 믿을 수가 없다. 지옥을 믿는다는 확신도 없다. 단지 천국에 대한 순수하게 자발적인 대안으로서의 지옥 개념은 예외겠지만 말이다. 그런 곳에서는 너무 자존심이 강해 신의 사랑을 받아들이지 못하는 사람들이 서로의 시선에서 사르트르적인 지옥을 느낄 수도 있다. 10대에 들어서자 공식적인 그리스도교의 가르침 중에서 더 많은 부분이 부당하게, 솔직하게 말하면 유치하고 어리석게 느껴지기 시작했다. 하지만 내 속에서 살고 있는 예수의 전령은 그런 성질이 전혀 없었으며, 모든 것에 우선했다. 교황, 주교, 신학자, 또는 교활하게 번역된 사도들의 어떤 주장도 그것에 밀려났다. 신이 모든 인류를 구원하리라는 것을 내가 **알고 있다**는 것이 맨 아래쪽 한계선이었다. 내가 그로부터 느끼는 사랑은 무조건적이었기 때문이다.

종교적 확신이 있다고 해서 과학에 대해 느끼는 흥미가 줄어들거나 제약되지 않는 것은 분명하다. 창조론자를 만난 적도 없었다. 그런데도 물리학 법칙을 점점 더 알아나가자 일종의 감독하는 존재로서의 신이라는 느낌이 불편해졌다. 양자역학의 불확실성 때문에 신이 개입하고, 영혼이 육체와 직접 접하는 통로가 열린다는 공허한 생각에 동의하는 단계까지 나아가기도 했다. 하지만 깔끔한 해결책을 얻으리라고 진심으로 기대했던 것은 아니었다. 신의 존재는 나 자신의 존재처럼 주어진 사실이었다. 과학은 자신이 밝힐 것은 얼마든지 계속 밝혀나갈 것이고, 내가 그 점에 대해 두려워할 일은 조금도 없다. 내가 이해하는 것은 과학자들이 발견해낸 것의 극히 일부분에 불과하며, 그들 자신에게도 아직 응답되지 않은 물음이 수없이 있으니, 전체 개념의 지그재그 퍼즐이 맞아 들어가지 않을지도 모른다는 주장은 우물에서 숭늉 찾는 격으로 성급해 보였다.

그때의 내 신앙은 나 자신의 양심 및 자연과학이 밝혀내는 모든 것과 완벽하게 양립할 수 있었으니, 그런 신앙을 어렵지 않게 평생 유지할 수도 있었다. 큰 평화와 만족감을 맛볼 기회가 있고, 결국은 모든 잘못이 바로잡히리라는 확신이 있다면 견디기 힘들지 않을 테니까.

그런데도 결국은 그런 상태가 왜 와해되었는가? 매우 서서히, 내 관심이 문제 자체로 돌아갔다. 내 신앙의 이유, 내 확신의 근원 자체로 돌아간 것이다. 그날 밤 형 곁에서 기도했을 때, 내게 일어난 일은 정확하게 무엇인가? 내가 성령을 부를 때 정확하게 무슨 일이 일어났는가?

내 신앙은 트집 잡히는 걸 좋아하지 않았다. 내가 이런 종류의 질문을 스스로에게 던지자 그에 대한 대답처럼 초월적인 행복감이 왈칵 몰려들면서, 그런 일을 이해하려고 들면 안 된다는 명령이 떠올랐다. 하지만 나는 종교 공동체에 속한 사람이 아니었다. 처음 그것과 함께 겪은 경험에 대한 해석을 규제할 사람이 주위에 아무도 없었다. **'기도를 할 때 기쁨을 느꼈다'는 것이 과연 무엇을 입증할 수 있는가?** 아마 기도할 때 기쁨을 느끼는 방법을 발견했다는 정도에 불과한지도 모른다. 인간 두뇌는 유연한 기관이며, 다른 종교들의 온갖 복잡한 황홀경이나 명상의 실제 사례들에 비하면 이것은 매우 약소한 성과로 보였다. 올바른 종류의 속박 아래서 사는 열두 살짜리 아이도 해낼 수 있을 정도였으니까.

그럼에도 나는 그 결론에 여러 해 동안 저항했다. 모호한 대안적인 설명은 나의 원래 해석을 반증하지 못했다. 심지어 나를 스캐너에 집어넣고 물리적 메커니즘의 온갖 세부 사항을 지적해낸다 한들, 그게 무슨 의미겠는가? 그 종교적 기쁨(다른 모든 종류의 기쁨도 그렇듯이)에 상응하는 신체의 특정 부위가 있었다. 성령은 나의 신경 전달 물질에 전혀 손을 대지 않으면서 어떻게 나를 위안했던가?

내 신앙에 결정적인 마지막 쐐기를 박은 것이 무엇인지 기억나지는 않는다. '가장 그럼직한 것이 무엇인가?', 아마 이 정도의 문제로 압축되었을 것이다. 그리고 나에게 있어서 가장 그럼직한 것이란 두 가지였다. 내가 지구상의 모든 종교 중에서도 하필이면 우주의 참된 창조자를 숭배한다는 문화에서 태어났다는 것과, 그럼에도 나는 초자연적인 어떠한 것에도 의지하지 않고서 내 감정의 로르샤흐 얼룩●을 나름대로 그럴싸하고도 쉽게 설명해냈다는 것이다.

내 경험을 지나치게 일반화하는 것은 어리석은 노릇이지만, 그것

● **로르샤흐 얼룩** 스위스의 정신 의학자, 로르샤흐(Rorschach)가 개발한 인격 진단 검사(로르샤흐 테스트)에 빗댄 표현. 의미를 담고 있지 않은 잉크 얼룩에 대한 반응을 바탕으로 감수성이나 감정 등의 인간 특징을 분석한다.

을 개별적인 사례로만 보는 것도 똑같이 어리석다. 신경학자들은 내가 묘사한 것 같은 종교의 실천에 연결된 특정한 메커니즘을 결국은 지적해내겠지만, 내게는 그 메커니즘들이 다양해질 가능성도 똑같이 높다고 본다. 내가 한때 수많은 다른 종교의 신자들과 공유했으리라고 짐작되는 것은 신비 체험의 핵심이라기보다는 그것을 둘러싸고 있는 전체 꾸러미다. 우주에 목적이 있다는 믿음, 우리 역사의 형언할 길 없는 참상과 일상생활에서 겪는 사소한 비참함들에도 불구하고 모든 것이 결국은 바로잡힐 것이라는 약속이 그것이다. 이것은 강력하고 호소력 있는 개념이다. 일단 그것을 터득하고 나면 놓아버리기는 쉽지 않다. 또 그것을 쥐고 있으면서 이성적으로 표현하기 위해 엄청난 노력을 기울이는 사람들도 있다.

실재에 대한 무조건적인 사랑

데일 맥고완(Dale McGowan)
전업 작가이자 편집자다. 비종교적인 부모를 위한 포괄적인 자료집으로는 최초인 『Parenting Beyond Belief(믿음의 울타리 밖에서 부모 노릇하기)』와 『Raising Freethinkers(자유사상가 키우기)』를 편집했다. 2008년에 '올해의 하버드 인문주의자(Harvard Humanist of the Year)'로 지명되었다.

자신의 이야기를 사실과 다르게 하기는 너무나 쉽다. 유형을 찾아내는 성향이 있는 두뇌는 어지러운 삶의 원재료를 받아들이고 돌이켜보면서 누군가가 영웅적으로 선도하는 대본을 짜나간다. 마치 회오리바람이 폐품처리장을 통과해 지나가는데, 그 바람 속에서 저절로 747 비행기가 조립된다는 식이다.

그래, 한심한 비유이기는 하다.

하지만 일단 결과를 알고 나면 저마다 자신의 삶을 기필코 이타카로 돌려놓고 마는 호머적인 시련과 승리의 오디세이로 바꾸고도, 자신은 그저 불러주는 대로 받아 적었을 뿐이라고 스스로를 설득하는 것도 어렵지 않다.

나를 형성한 중요 사건은 열세 살 때 열려 있는 아버지의 관을 뚫어지게 바라보는 장면이었다. 나는 아버지의 죽음은 큰 물음the Big Question이 내 정수리를 가격한 사건이었다고 나 자신과 다른 사람들에게 말해왔다. 아버지를 데려갔다고 신에게 '불같이 화가 났기' 때문이 아니었다. 나는 아버지를 사랑했지만, 체중이 140킬로그램인데도 하루에 담배를 세 갑씩 피우는 남자가 죽었다고 신에게 책임을 묻는다면 좀 뻔뻔스럽지 않을까. 그보다 나는 모든 것을 집어삼키는 지적인 호기심에 사로잡혔다. 그때까지 그 정도의 열기를 느껴본 적이 없었다. '아버지'는 분명히 그 관 속에 있지 않았다. 그렇다면 그는 어디 있는가? 관 두껑이 천천히 내리덮이는 동안 나는 그 진실을 알겠다고 눈물을 흘리며 맹세했다. 혹은 아닌지도 모른다.

그날 기억에 남은 것은 관 장면만이 아니었으니까. 적어도 다른 장면 하나가 떠오르면서 관 옆에서 얼핏 드러난 진리에 대해 진지하게 따지고 들었다. 나는 장례식 전날 내내 우리 집을 가득 메운 조문객들의 포옹과 좋은 뜻으로 중얼거리는 위로의 말을 피하느라 애썼다. 중간에 내 방으로 숨었지만, 그 음모는 성공할 수가 없었다. 항상 누군가는 망자의 아들이 자리에 없는 것을 알아차리고, 반드시 찾아내어 위로해주고야 말겠다고 맹세하며 나선다.

어김없다. 내가 침대에서 책을 읽고 있는데, 문간에서 들리는 음성이 나를 깜짝 놀라게 했다.

"오, 데일."

고모는 내 무릎에 있는 책을 보더니 숨을 훅 들이마시며 말했다.

"오, 정말 좋은 일이야. 그걸 읽는 걸 보니 정말 반갑다. 애야, 견디기 힘들 때는 성서만한 게 없단다."

독실한 신자였던 고모가 알지 못했던 것은 내가 위안을 찾으려고 그 책을 손에 잡은 게 아니라는 사실이었다. 나는 이미 그것을 회의적인 눈으로 읽고 있었다. 언제부터였는지는 모르지만, 그다음에 일어난 일로 볼 때 회의적인 성서 독해가 나흘 전에 있었던 아버지의 죽음 때문에 시작된 것은 아니었다. 고모는 내 침대 곁으로 와서는 내가 읽고 있던 페이지를 보았다.

"오, 안 돼. 애야, 열왕기列王記를 읽고 싶지는 않겠지. 지금은 아니야. 그건 아니야."

고모 말은 물론 맞았다. 강물처럼 흐르는 피에서 위안을 느끼는 게 아니라면, 열왕기는 별로 도움이 되지 않는다. 신은 엘리샤가 머리칼을 잃었을 때 그걸 놀리는 아이들을 죽이도록 곰을 보낸다. 여자들은 상대방의 아이들을 잡아먹는다. 아합의 70자녀가 참수된다. 이 장에는 이런 종류의 일들이 등장하니까.

고모는 책장을 넘겨 시편을 펼쳐놓고 내 어깨를 두드린 다음 방을 나갔다. 따깍따깍, 그녀 나름의 행복한 이야기를 짜나간다.

관 옆에서 알현한 진리에 문제가 있다는 건 알겠는가? 성서를 열왕기부터 읽기 시작하는 사람은 없다. 다들 그렇듯이 나도 창세기에서 시작했다. 성서를 처음 제대로 읽기 시작한 것은 한참 전이었다. 쉬었다가 다시 손에 잡기를 계속하면서 다 읽기까지 대략 3년쯤 걸린 것 같다. 아버지의 죽음 때문에 의문이 생겨 성서를 읽고 싶어졌다고 하더라도 열왕기까지 나아가기에는 시간이 부족하지 않았겠는가.

더 전으로 거슬러 올라가서, 나는 결국 내가 믿음을 버리게 만든 더 그럴듯한 촉매재를 찾아냈다. 어렸을 때 나는 그리스·로마 신화를 무척 좋아했는데, 그러다 보니 그런 것들이 더 최근의 버전, 즉 성서 속의 사건들과 어떤 점에서 그토록 다른지가 궁금해졌다. 다나에와 페르세우스의 이야기(이 이야기에서 신은 다나에를 임신시키고, 그녀는 위대한 영웅을 낳는다)를 읽을 무렵, 신에 의한 성모 마리아의 수태와 예수의 탄생 이야기를 처음 들었다. 죽음을 피하기 위해 야

실재에 대한 무조건적인 사랑   185

외에 버려지지만, 왕의 하인이 아기를 발견해서 왕궁으로 데려가 왕과 왕비의 아들로 키워지는 이야기는 두 번 읽었다. 처음에는 오이디푸스였고, 두 번째는 모세의 이야기였다.

또 탐구의 본질인 세계에 대한 어떤 태도도 개발했다. 세계와 사랑에 빠진 것이다. 칼 세이건과 다른 과학 대중화 주자들 덕분에 나는 우주는 멋진 곳이며, 그 한복판에서 의식을 가진 존재로 있을 기회를 얻었으니 믿을 수 없이 행운이라는 결론에 도달했다. 세계에 대한 경이감에는 아무 조건이 없다. '만일'이라는 추가 조항은 없다. 나는 실재에 대해 무조건 넋을 잃었고, 어느 시점에서는 큰 물음을 다루기 시작했다. 신은 존재하는가?

내게 무슨 선입견이 있었다면, 그건 흔히 있는 인간적인 선입견이었을 것이다. 즉 그 모든 것이 진실이기를 바라는 욕구 말이다. 관 옆에 서서 신의 존재 외에 다른 어떤 것을 내가 소망할 수 있었겠는가. 신이 있어야 내 아버지의 존재가 지속될 수 있을 테니까. 하지만 실재에 대한 나의 사랑에는 자기기만을 심각하게 싫어하는 취향이 당연히 함께 따라왔다. 불편한 진실일지라도 진실 그 자체가 환상보다 아름답다. 신이 있다면 나는 전율을 느낄 것이다. 신이 없다고 해도 전율을 느낄 것이다. 난 그저 알고 싶었을 뿐이다.

간단하게 말하면, 난 그 물음을 심각하게 받아들였다.

장애물 세 가지가 금방 나타났다. 첫 번째 장애는 그 물음은 물을 수 없는 것이라는 주장이었다. "그건 그런 종류의 질문이 아니다." 어느 주일학교 교사가 무슨 의미인지 설명해주지도 않고 우리 반 학생들에게 그렇게 말했던 것을 기억한다. 그저 물어보기 위해서라도, 나는 그것이 참이 아니라고 가정하고 물어본다면 무슨 일이 일어날지 알아봐야 했다.

두 번째 장애는 신의 분노였다. 의심은 죄악이고, 캐묻는 것은 신성에 대한 공격이다. 생각을 좀 한 다음 나는 신이라는 것이 내가 진심으로 그에 대해 잘못 생각했다고 해서 영원한 벌을 줄 정도로 불안정한 존재거나, 솔직하게 말하면 그 정도로 자기애가 심할 수는 없다고 판단했다.

세 번째 장애는 그 질문이 다른 것들과 같은 종류의 질문이라 하더라도 대답할 길이 없다는 생각이었다. 신을 입증할 수도 없고 반증할 수도 없으니까.

첫 번째 장애를 넘어간 것은 고등학생 때였다. "신은 존재하는가?"라는 질문에는 대답할 필요가 없다는 것을 깨달았다. 반증될 수 없는 단언을 모두 믿어야 하는가? 러셀의 찻주전자는 그렇지 않다고 말한다. 그러니 "왜 다른 사람들은 신을 믿는가, 또 그들이 믿는 이유라는 것이 설득력이 있는가?"라는 질문은 전적으로 던질 수 있고, 던져볼 만한 것이다.

대학에 입학했을 무렵 나는 15년째 교회에 다녔고, 적어도 10년 동안은 회의적인 생각을 마음속에 숨기고 있었다.

내가 살아온 평생 동안 우리 가족은 교회에 다녔고, 아버지가 돌아가신 뒤 20년 동안은 나도 계속 나갔는데, 새롭게 더 열심히 다녔다. 나는 아홉 종류의 교회 종파, 즉 가톨릭, 그리스도 통합교파United Church of Christ, 영국성공회Episcopalian, 침례교, 감리교, 유니테리언Unitarian, 모르몬교, 장로교, 루터파에 눈을 크게 뜨고, 귀를 기울이고, 생각하고 읽고 의문을 던졌다. 나는 신자들에게 그들이 왜 믿는지, 왜 힌두교도나 드루이드교도가 아니고 그리스도인인지, 경전에서 어떤 내용이 문자 그대로 참이고 어떤 것이 상징인지 물음을 던졌다. 또 그들의 경전을 읽었다. 구약이나 신약 성서만이 아니라 코란, 베다, 영지주의靈智主義 문헌, 외경, 그들에 대한 주석서까지 모두 읽었다.

나는 '탐구'하고 있었는가? 내가 야곱처럼 신과 씨름했는가? 내가 '신앙의 여정'을 가고 있었는가? 아니, 별로 그렇지 않았다. 이런 서술들은 모두 매력적이었지만 내 목표는 더 단순했다. 그리스도교의 구도를 믿지 않는다는 판단은 이미 내려졌는데, 대체로 의자에 앉아 추론하기만 해도 충분했다.

입문자들을 위해 말해두자면, 나는 어렸을 때 그리스도교 이야기를 알기 전에 그리스와 로마 신화에 푹 빠져 지냈다. 그다음에 예수 이야기로 넘어가자, 다른 의상을 걸친(흥미는 덜하지만) 동일한 내용이라는 것을 금방 알아볼 수 있었다.

두 번째, 구원에 대한 신의 계획은 지독하게 불공평하다. 내가 다른 신앙을 가진 지구상의 수십억 명에 비해 틀림없이 낙원에 한 다리를 걸칠 수 있는 것은 그리스도교가 있는 장소와 시간대에 태어난 덕분이다. 신이 과연 그토록 중요한 계획을 그토록 불공정하고 비효율적으로 운영할까?

세 번째, 신을 다른 무엇보다도 믿고 찬양하라는 요구는 신을 대접하는 방식으로는 그럴 법하지도 않고 멋있어 보이지도 않는다.

마지막으로, 계속 확대되는 우주와 우리 자신에 대한 지식은 흔히 성서의 주장과 배치된다. 경전이 타당하다면 지식의 발전은 더욱더 경전의 내용이 정확하다는 사실을 입증해야 할 것이다. 그런데 이 경전의 정확도는 우리가 아는 것들 가운데 남아 있는 빈틈 속으로 점점 더 뒷걸음질 치고 있다.

이 모든 것은 착각이라는 실로 직조된 옷감이 빠른 속도로 풀어헤쳐지는 것처럼 보인다.

그렇기는 해도 나는 탐구를 계속했다. 내가 뭔가를 놓친 건 아닐까 하는 성가신 의혹에 떠밀린 것이다. 결론에 도달했는데도 그저 내가 잘못한 게 틀림없을 거라고 확신했다. 그렇다는 증거가 있어서가 아니라 모든 사람이 놓치고 있던 어떤 것을 내가 알아냈다고 믿기에는 충분히 뻔뻔스러워지지 못했기 때문이다. 10대 때 나를 무섭게 해서 반쯤 죽게 만들었던 매들린 머레이 오헤어•라는 예외는 있었지만, 나는 나 자신이 지구상에서 유일한 무신앙자라고 생각했다. 달리 어떤 생각을 할 수 있었겠는가? 모든 세대의 위대한 정신의 소유자들이 모두 그리스도교를 받아들인 것 같았으니, 내가 뭔가를 놓치고 보지 못했음이 분명하다. 나는 그리스도의 이야기를 의심했지만 그것을 대체할 사상체계를 아직 발견하지 못했고, 나와 의심을 함께할 동료도 물론 찾지 못했다.

대학에 가자 실재實在에 대한 탐구가 공식적으로 시작되었다. 나는 진화를 충분히 이해하기 위해 인류학을 전공했다. 그 이론이 그리스도교의 공격을 3세대 동안 견뎌온 뒤에 지구상의 모든 생명체에게 깊은 동족의식을 확립해주며 경외감을 일으키고 겸손하게 만드는 실재로 받아들여졌다는 사실을 알게 되었다. 이것은 어떤 특별한 창조보다 훨씬 아름다운 시각이었다. 나는 매우 점진적으로 자연 선택에 의한 진화가 품고 있는 모든 함의를 충분히 이해하면 그리스도교의 가장 본질적인 요소(지구상의 피조물들 가운데서 인간이 특별한 존재라는 생각)가 철저하게 와해되리라는 것을 깨달았다.

하지만 내가 아는 한 그렇게 생각하는 것은 여전히 매들린과 나

• 매들린 머레이 오헤어(Madalyn Murray O'Hair) 미국 무신론자 조직(American Atheist)을 창설한 교사 출신의 무신론자. 미국에서 가장 증오받는 사람으로 꼽히다가 1995년에 아들 및 손녀와 함께 살해당했다.

뿐이었다. 대학교(세상에, 버클리 대학인데도!)에서도 우리의 문화사에 상당한 정도로 존재하는 체계적인 불신앙^{disbelief}에 대해서는 전혀 배우지 못했다. 내가 위대한 영웅으로 숭배하는 사람들이 모두 믿는데, 어찌 나만 믿지 않을 수 있는가? 내가 배운 바에 따르면 미국의 건국 영웅들은 모두 신자였지만, 실제로는 믿는 사람이 그들 가운데 극소수였다. 진화론과 그리스도교 신앙이 상충하지 않는다는 것이 다윈의 견해라고 배웠지만, 사실은 그렇지 않다. 다윈은 자서전에서 이 점을 분명히 했다. 그런데 그의 아내가 의도는 좋았을지 몰라도 잘못된 동기에서 그 내용을 초판본에서 삭제했다. 나는 아인슈타인이 신에 대해 말한 내용이 그의 개인적인 믿음을 반영한 것이라고 짐작했지만, 그가 그 주장을 여러 번 짜증스럽게 부정했다는 사실을 나중에 알았다.

마침내 30대가 되었을 때에야 나는 A. N. 윌슨^{Wilson}의 연구 내용을 읽고 모든 세대의 위대한 지적·도덕적 정신의 소유자들 가운데 얼마나 많은 수가 이런저런 자유사상가였는지 알게 되었다. 세네카, 디드로, 볼테르, 제퍼슨, 링컨, 수전 앤서니$^{Susan\ B.\ Anthony}$, 토머스 에디슨, 알베르트 아인슈타인, 프로이트, 마크 트웨인, 흄, H. L. 멩켄^{Mencken}, 시몬느 드 보부아르, 버트런드 러셀 등. 그들은 모두 자신의 의심과 그 이유에 대해 웅변적으로 저술했다. 그런데 나의 모든 성향으로 볼 때 그들의 주장을 얼마든지 받아들일 수 있었겠지만, 그런 글은 내 손에 들어오지 못했다.

종교의 의혹에 담긴 풍부한 유산에 대한 체계적인 문화적 억압이 그런 유산을 눈에 보이지 않는 곳으로 몰아낸 것이다. 그 지적 전통을 빼앗았으니 의혹이 생길 수가 없었다. 그렇게 억압당한 연구를 발견하자 나는 그 속에서 노닐었다. 나는 전적인 고립 상태였다가 두어 주일도 안 되어 거인들과 함께 있게 되었다.

그런데도 그런 종교에 뭔가가 분명히 있을 것이라는 생각은 여전했다. 옳지 않은 생각이겠지만, 나는 그토록 많은 사람이 무엇에 설득당했는지를 여전히 파악하지 못했다. 그래서 나는 가장 높은 수준으로 올라가서 친구이자 가톨릭 신학자인 두 사람과 편지를 길게 주고받았지만, 그들이 가진 것은 교묘한 사기극뿐임을 알았다. 아무것도 없었다.

나는 놀랐다. 뿐만 아니라 화가 났다. 내 기분은 커튼 뒤에 있는 오즈의 마법사가 후줄근한 배불뚝이임을 알았을 때 도로시가 느꼈던 것과 똑같았다. '이게 전부라고? 장난하는 거야?'

진실을 향한 깊은 욕망에서 시작된 여정은 마침내 종교란 철저하게 인간이 창조해낸 구조물이라는 강고한 확신에서 끝났다. 그것은 우리의 희망과 두려움을 반영하는 것일 뿐이다. 그것은 우리의 무지의 잉걸불에서 점화되어 허술하기 짝이 없는 잔가지로 타올랐지만, 그럼에도 영속적인 것이 되었다. 그러니 나는 결국은 신학자가 될 운명이 아니었다. 사실 무신학자^{atheologian}라는 게 있다면 내가 바로 그런 존재다.

신전의 폐허 속에 서 있는 내게 무엇보다도 놀랍게 여겨진 것은 그리스도교 신앙이 전면적인 검토를 견뎌내지 못했다는 점이다. 불신앙의 방향으로 저울 눈금이 살짝, 예를 들면 51 대 49 정도로 기울어진 정도도 아니었다. 그리스도교의 교리에는 신앙을 떠받칠 것이 아무것도 남아 있지 않았다. 내리기 힘든 판단이나 어려운 질문도, 불분명한 결과도 없다. 전체 기획을 덮고 있는 판자가 얼마나 얇은지, 또 질문을 질문으로 다루겠다는 간단한 결단만으로도 그 판자가 얼마나 쉽고 완전하게 깨질 수 있는지를 깨닫고 나는 놀랐다.

나는 힘겨운 작업을 원했지만, 사실 그렇게 힘든 작업은 없었다. 나는 올바른 대답을 매우 일찍 얻었다. 그런 다음 30년 동안 내가 한 일을 점검하면서 지냈다.

앞으로 세기가 거듭될 동안 우리는 그토록 자명하게 거짓이고 자기모순적인 체계의 얇은 얼음판 위에서 어떻게 계속 활동할 수 있을까? 그렇게 하려면 우리를 사랑해서 우리에게 최선의 것만 일어나기를 원하는 사람들이 해주는 말을 믿고 종교적 신앙faith은 내재적이고 의문의 여지없이 선하며 모든 선한 사람은 신앙을 가진 사람이라는 것을 믿으면 된다.

나는 믿기를 원하는 사람들에게 공감한다. 아버지가 돌아가셨을 때 위로해주었을 그 편안한 확실성을 활용할 수도 있었다. 우주의 진공 속에서 시속 6만 4000킬로미터로 달리는 회전공• 위에 앉아 있는 나 자신을 상상하면서 전율한다. 또 헉슬리와 흄과 에피쿠로스의 도움을 받으면서도 나는 죽음을 두려워한다. 특히 아버지가 돌아가신 나이가 되니 더욱 그렇다. 하지만 내가 필요로 하는 그 모든 위안과 확신, 우리가 실제로 얻은 모든 위안과 확신은 저마다 똑같이 이상하고 무섭고 근사한 의식적인 삶을 물려받은 주위 사람들로부터 얻는 것들임을 안다.

우리는 우주적으로 하찮은 존재다. 공간에서는 한 점에 불과하고 시간에서는 한 찰나에 불과한, 헤아릴 길 없이 미미한 존재다. 그렇지만 우리는 서로에게만큼은 중요해질 수 있다. 이루 말할 수 없이 소중한, 우리 서로에게만은 말이다.

• 즉 지구를 의미한다.

우발적인 엑소시스트

오스틴 데이시(Austin Dacey)
철학자로서 과학, 종교, 윤리학이 만나는 부분을 주제로 글을 쓴다. 유엔에 파견된 탐구센터(Center for Inquiry) 대사를 지냈으며, 『The Secular Conscience: Why Belief Belongs in Public Life?』(세속적 양심: 왜 믿음이 공적 삶에 속하는가)』를 펴냈다.

10대 때 나는 퇴마사였다. 1980년대 중반에는 악령에 들려 있었다. 많은 사람들은 악령을 쫓아내는 예수의 능력 때문에 신을 믿었다. 나는 내가 악령을 쫓아낼 수 있기 때문에 신을 믿었다. 사실 그것들을 몰아내기는 그리 어렵지 않았다. 당신의 마음에서 그것들을 몰아내는 게 요령이다. 나의 유년 시절은 영웅과 괴물과 마법의 세계였다. 그리스도교 우주론은 그런 마법의 세계에 쉽게 들어맞을 수 있다. 나는 그 뒤에는 그런 세계에서 벗어났지만, 그 전에 자주색 옷을 입고 불어를 쓰는 어떤 악마[•]를 만난 적이 있다.

미국 중서부의 농촌에서 사색적이고 자유주의적인 가톨릭교도로 자란 나는 열두 살 때 엄격하게 조직된 예수 열광 신도 집단에 가담해서 반항을 시작했다. 우리의 표현에 따르면 그 집단은 '신을 향

• 어떤 악마(incubus) 잠자는 여성을 범한다고 여겨지던 악마.

해 불이 붙은' 젊은이들이었다. 지방 신도들이 많이들 그랬듯이 우리는 경전 중심적이고, 가끔은 카리스마적인 복음주의 개신교도이기도 했다. 하지만 그곳 학교의 다른 아이들과는 달리 우리는 그것을 우리 식의 급진적인 하부 문화로 바꾸었다. 성서를 학교에 가지고 다녔고, 지독하게 전복적인 형태의 그리스도교식 록음악("주의 이름을 거룩하게 하옵시며"라는 구절을 쓰지 않고도 노래를 끝까지 부를 수 있는 종류)을 들었다. 조심스럽게 찢어낸 청바지를 입고 이리저리 뭉친 머리에는 기름기가 줄줄 흘렀으며, 공부 시간에는 웅크리고 앉아서 갈라디아서를 읽다가 동급생들을 노려보곤 했다. 우리의 독학 지도자인 목사의 아들 대니얼(이건 또 다른 사연인데, 우리가 결성한 거듭난 록 밴드의 리드 싱어이기도 했다)을 따라 우리는 키르케고르의 음울한 루터교에 공감했다. 키르케고르는 경건하고 안락하게 살아가는 덴마크 이웃들의 정면에 대고 "그리스도교는 고통받고 있다"고 내뱉었다.

번영 복음*의 자기 치유적인 종교는 우리에게 공허하게 들렸다. 우리는 신자이기 전에 남자아이였고, 우리의 상상력은 판타지 모험 소설에서 알게 된 더 어두운 비전에 매혹되었다. 우리는 당대 문화가 내세우는, 머리를 길게 기르고 우울한 표정을 한 예수에게는 별로 흥미가 없었고, 에라스뮈스나 한스 홀바인의 그림에 나오는 인간적으로 허약한 예수에게도 매력을 느끼지 못했다. 그보다는 장엄할 정도로 잔인하고 고압적인 구약의 신에게 더 매력을 느꼈다. 우리에게 그리스도교적 우주는 C. S. 루이스^{Lewis}의 『사자와 마녀와 옷

• 번영 복음(prosperity gospel) 신앙을 통해 물질적인 축복을 받을 수 있다거나 받는 게 당연하다는, 예수를 믿으면 건강하고 부자가 된다는 입장.

장^{The Lion, the Witch, and the Wardrobe}』을 통해 J. R. R. 톨킨^{Tolkin}의 중간계^{Middle Earth}에 연결되었고, 그것을 거쳐 무역사적인 고대의 야수와 마법의 영역에 연결되는 세계였다. 이곳에서 용감한 기사는 브뤼헐이나 보스의 그림에 나오는 악몽과 정면으로 상대할 수 있으며, 리바이어던은 불을 내뿜고, 그렌델과 골리앗은 형제이며, 성모 마리아는 단테의 베아트리체(우리는 진심에서 베아트리체를 당시 할리우드에서 가장 인기 있는 스타이며, 우리의 판타지 게임에 나오는 수많은 마녀와 동반자의 모델이던 나스타샤 킨스키의 모습으로 상상했다) 앞에서 빛을 잃는다.

  이런 초자연적인 우주의 잡종 신은 세계를 만들고 실재를 굴절시키는 마법의 대가이며, 최고의 불가사의한 힘을 가지고 통치한다. 요컨대 우리가 숭배하는 것은 백색의 간달프다. 우리 교회가 그 신도들에게 타로카드나 던전 시리즈와 드래곤 같은 게임을 금지한 까닭은 그것들이 변덕스럽기 때문이 아니라 위험하기 때문이었다. 흑마술은 실제로 있었고, 조심하지 않으면 통제할 수 없는 악한 힘에게 문을 열어준다. 돌이켜보면 결국은 악령을 불러오는 일을 피할 수가 없었다.

  악마의 이름은 끝내 알아내지 못했다고 생각하지만, 그는 어느 무더운 여름날 우리 모임의 유일한 여자 회원인 제나의 모습으로 우리 삶에 들어왔다. 제나의 가족은 우리 경계선 너머(인디애나 주)의 이국적인 땅에서 환영을 받으며 들어온, 깨알만한 우리 농촌 마을의 비교적 신참 주민이었다. 아버지는 트럭 수리공이었고, 어머니는 TV 멜로드라마를 즐겼다. 그들은 남부의 록음악과 농담을 좋아했다. 그들은 교회에 나가지 않았다. 제나는 악단에서 탬버린과 키보드를 연주했다. 그녀의 관능적이고 우울한 외모는 운만 좀 따른다면 앨범을 잔뜩 팔아치울 수도 있을 만큼 매력적이었다. 또 사악하게 웃기는 유머 감각도 있었다.

악령에 들리는 일은 깊은 황홀경에 빠지는 형태로 시작되었다. 제나는 아무 예고도 없이 의식을 잃고 공황 상태로 떨어지곤 했다. 그럴 때 그녀는 다리를 절룩거리고 숨소리가 리드미컬해진다. 내리깐 눈꺼풀 밑으로 튀어나온 동공이 양쪽으로 급속히 왔다갔다 했다. 이런 상태가 몇 분간, 또는 한 시간이 넘게 계속되기도 했다. 우리는 얼마 안 가서 예수의 이름을 부르거나 성서를 제나의 이마에 갖다대면 그 초대받지 않은 손님이 찌르는 듯한 긴 비명 소리와 함께 튀어나온다는 것을 알았다. 얼마 지나지 않아 목사인 대니얼의 아버지와 교회의 여러 장로가 개입했다. 귀신 들리는 기간이 더 길어지고 더 야단스러워졌다. 두어 번은 악령이 우리와 말을 나누기도 했는데, 때로는 톡톡 끊어지는 영어로 했고, 또 다른 때는 웅얼거리는 말이었다. 기원도 알 수 없었지만, 그게 프랑스어라는 데 다들 동의한 적이 한 번 있었다. 우리는 그 프랑스어 발언을 제나가 정말로 사탄의 손아귀에 붙잡혔다는 최종 확인으로 받아들였다. 어쨌든 그녀는 프랑스어를 몰랐으니까(그곳 고교에서는 영어 외에 다른 외국어를 가르치지 않았다). 물론 우리 가운데 아무도 몰랐는데, 누군들 무슨 수로 알았겠는가? 이런 사건은 혼령이 잠복 상태로 들어가면 대부분 끝이 났다. 제나는 잠잠해지고, 그런 다음 의식을 되찾았으며, 여러 날 또는 여러 주일 동안 평화롭게 지냈다. 하지만 그 실체는 다시 돌아온다.

처음에는 언제 악령에 들리는지 탐지할 수가 없었다. 그냥 당하기만 했다. 루터파 신도들이었으니 퇴마술에 대한 공식적인 작업 교본이 없어서, 신약성서의 설명을 바탕으로 즉흥으로 만들어냈다. 그렇기는 한데, 악령을 미네소타 주에서는 흔히 볼 수 있는 돼지 무리 속으로 쫓아보낼 생각은 아무도 하지 않았다. 그러다가 우리는 그것이 성적인 유혹과 관련해서 나타난다는 사실을 발견했다. 다들 대니얼과 제나 사이에서 어떤 흥미로운 일이 남몰래 진행되고 있다는 낌새를 알아차린 것이다. 스멀스멀 엄습하는 정욕의 위협은 공식적으로는 어떤 인물로 구현되었다. 프린스^{Prince}, 악의 왕자가 아니라 팝 가수인 프린스였다. 프린스는 걸어다니는 정욕의 화신이었고, 미국 농촌의 백인들이 보기에는 아마 상상할 수 있는 것 가운데 가장 위법적인 캐릭터였을 것이다. 성별을 초월한 패션에다 모습을 여러 가지로 바꾸는 도착적인 요괴 같은 존재인 그는, 사기성이 짙은 눈과 저항할 수 없는 멜로디로 갈고리를 걸어 누구든 블랙 펑크로 끌어들일 수 있었다. 제나는 은근히 그를 좋아하는 것 같았다. 알고 보니 프린스의 음악을 듣거나, 나중에는 당시에 그가 가장 좋아하는 색으로 알려졌던 보라색 옷만 보아도 발작이 일어날 수 있었다. 10대들의 섹스 유령이 그 모든 악령 사건에 드리워져 있었지만, 그것은 항상 대리자를 통해서만 발언했다. 그런 일들을 돌이켜보면, 땀에 흠뻑 젖은 티셔츠를 입고 자기 집 거실 마룻바닥에서 몸을 비틀며 비명을 질러대는 이 젊은 여자를 남편과 동료들이 붙들고 씨름하는 것을 지켜보는 목사 부인의 마음속에는 무슨 생각이 오갔을지 종종 궁금해졌다.

 나는 제나에게 도대체 무슨 문제가 있는지 자주 궁금해했다. 내가 여기서 묘사한 것은 모두 사실이었지만, 눈물 흘리는 이콘화나 다른 기적이라고 알려진 것들에 대한 조사 전문가인 내 친구 조 니켈이 자주 쓰는 표현을 빌리자면, 그런 것 모두가 진짜는 아니었다. 제나와 내가 연락하는 사이이긴 하지만, 그녀는 바로 얼마 전까지만 해도 자신의 경험에 대해 이야기할 준비가 되어 있지 않았다. 나는 그녀가 자기 입장에서 그 경험을 글로 써보고, 도대체 그녀가 어땠는지, 왜 그랬는지를 이해시켜주었으면 싶었다. 남자아이들이 그렇게 했던 이유는 짐작할 수 있다. 재미가 있었기 때문이다. 그 사건은 공허하고 평범한 우리 마을을 휩쓸고 지나간 모험이었다. 어느 날 우리는 집단적으로 검은 겉장으로 이루어진 단순한 성서가 눈에 보이지 않는 영적 차원에서는 불타는 흰 칼이라고 상상했다. 우리는 뒷마당에서 춤을 추면서 보이지 않는 칼을 맨눈으로는 보이지 않는 모기 떼 같은 유령들에게 휘둘렀다.

그러던 어느 날, 설명도 없이 악령이 사라졌다. 세월이 흘러 소년들은 '도시'로 떠났고, 더 세속적인 모임을 만났다. 제나는 그 그룹을 떠나 결혼했고, 나도 나중에는 해안 지대로 이사해서 뭔가를 배우려고 노력했다. 우리 가운데 언제나 가장 사려 깊은 신자였던 대니얼은 생명과 숭배를 위한 안내서인 토라로 돌아가자고 주장하는 그리스도교 신학책을 썼다. 대학 1학년이 끝날 무렵 나는 형이상학적인 자연주의자이자 무신론자가 되었지만, 당시에는 거듭남을 거부할 이유를 제대로 댈 수 없었다.

철학을 공부하러 간 나는 유신론 및 종교적 신앙을 지지하고 반대하는 논의를 붙들고 씨름하면서 젊은 날의 개종과 역개종 사건에서 가장 현저한 요인이 비지성적이고 비인지적인 성질이라는 사실을 알았다. 나는 이성을 통해 믿음에 들어가지 않았고, 이성에 의해 벗어나지도 않았다. 어느 날 그냥 그 입장을 떠난 것이다. 물론 나는 믿음을 가졌다가 그 믿음이 변했다. 보수적이고 그리스도교적인 성도덕과 내 호르몬의 신체적인 충돌도 약간은 관계가 있을 것이다. 내면의 프린스가 원칙에게 승리한 것이다. 하지만 먼저, 그리고 무엇보다도 그 이야기 자체가 내 상상력을 붙들어두지 못했다.

귀신 들리는 일은 사실 위력이 대단했지만, 전체 세계관이 모두 그러했다.

고향 도시를 일찌감치 떠나 더 국제적인 장소로 가자, 판타지의 세계에서 벌어지는 일에 대한 매혹은 다른 관심사로 대체되었다. 즉 지구에서 무슨 일이 벌어지느냐 하는 것이다. 판타지는 더 절박한 글에 밀려났다. 결국 '악령' 이야기는 근사하지만, 악령이 하는 이야기는 그렇지 않다. 악령의 행동 동기는 무엇이었는가? 또 신은 도대체 어떤 동기에서 예수의 고통을 지켜보았는가? "좋아, 내가 너희 인간을 용서해주겠다. 그렇지만 내 아들을 죽여야 한다." 그런 데는 이야기로서의 일관성조차 없다.

내가 공부를 더 할수록 귀에 익은 이야기들과의 관계가 더욱 불편해졌다. 나 자신의 이야기에 지겨워진 나는 타인들의 신에게, 타인들의 혼령에게 창문을 열고 빛을 받아들였다. 그 무렵 나는 진화과학을 읽기 시작했고, 마법에 걸린 우주의 주술은 완전히 증발해버렸다. 진화론의 긴 이야기^{saga}는 매력적일 뿐만 아니라 물리학, 의학, 심지어 종교에서도 우리가 알아야 할 다른 모든 것에 연결될 수 있었다. 나는 다윈과 함께 뒤엉킨 강둑•을 바라보았고, '이 생명관' 속에서 그 장엄함과 비극을 느꼈다.

나는 계몽주의 때부터 내려오는 구식 합리주의자가 보고 들은 것을 다시 읊을 생각은 없다. 인류의 영적 계통 발생이 개체 발생을 재현한다는 이야기("인류의 영아 시절에 인류는 마법과 제의에 기댔지만, 성장하자 미신을 던져버리고 세계를 있는 그대로 보았다") 말이다. 여

• 뒤엉킨 강둑(Tangled bank) 다윈이 쓴 『종의 기원』 맨 마지막 문단의 이야기. 온갖 다양한 생물종이 한데 엉켜 살아가는 장소.

기에 진실이 전혀 없지는 않지만 사람들을 오도할 위험이 있다. 인지심리학자와 행동경제학자들이 보여주듯이, 마법적인 사고를 하고 싶어 하는 성향은 대부분 충분히 발달된 성인 두뇌의 발전이 중단되었기 때문이 아니라 제대로 작동하는 데서 생겨난다. 다만 그렇게 잘 작동하는 두뇌가 불행하게도 진화에 의해 예견되지 못했던, 그래서 우리의 단순한 정신적 치유 기재와 지름길로는 처리할 수 없는 복잡한 새 환경을 만나면 그런 일이 벌어지는 것이다. 다른 면에서는 합리적인 도박사가 아무 규칙이 없는 숫자 배열에서 자기가 원하는 숫자가 나올 차례가 되었다고 확신하는 상황을 상상해보라.

또 마법을 믿는 것을 조롱하고 싶은 생각도 없다. 인도와 아프리카 등지의 일부 마을에서는 그런 믿음이 아직도 처형과 악랄한 살인을 하는 원인이 된다. 나는 지난 10년간 교육과 인권 문제를 연구하면서 그런 무지와 극심한 편견의 악령을 인간의 삶에서 몰아내기 위해 상당한 노력을 쏟아왔다.

더 나은 이야기가 승리하기를 기대할 수밖에 없다. 우리 대부분에게는 전통적인 종교의 악령에 지배되던 세계에서의 도피란 이성을 수용하는 것만이 아니라 어떤 이야기가 더 나은 이야기인지를 알아보는 것이었고, 그렇기 때문에 더 섬세한 능력이 있어야 그런 일이 가능해지는 것이라는 교훈을 얻게 될 것 같다. 이는 그 이야기를 더 잘해야 하며, 더 잘 들어야 한다는 뜻이기도 하다. 악령들이 돌아온다면 나는 그에게 의자를 내주고 앉으라고 청할 것 같다. 적어도 이제 나는 그가 어디서 왔는지 알아낼 수 있을 만큼은 프랑스어도 알고 있으니 말이다.

마법의 시각에서 종교를 보면?

제임스 랜디(James Randi)
공연하는 마술사, 과학적 회의주의자. 초자연적 현상에 대한 주장과 유사 과학에 대한 도전으로 유명하다. 제임스 랜디 교육 재단을 설립했으며, 〈자니 카슨의 투나잇쇼〉에 자주 출연했고, TV 프로그램 〈펜 앤드 텔러: 불쉿!(Penn & Teller: Bullshit!)〉에도 출연했다.

무신론자에는 두 종류가 있다. 한 종류는 신은 없다고 말한다. 다른 종류는 신이 있다는 납득할 만한 증거가 없다고 말한다. 나는 두 번째 종류의 무신론자다. 내가 이 말을 하는 것은 신의 존재를 반증할 방법이 없기 때문이며, 다른 누구도 그런 방법이 있다고 생각하지 않기 때문이다. 그리고 부정을 입증하는 것은 어려운 일이며, 불가능하기도 하다는 이야기는 너무나 여러 번 들었다.

내 친구 마이클 셔머(회의론자 학회 The Skeptics Society 설립자, 244쪽 참고)는 거듭남을 통해 그리스도교 철학을 믿기로 선택했다가 나중에 불신앙자 disbeliever 들의 세계에 들어갔다. 그런 경험을 했다는 점에서 나는 그가 좀 부럽다. 난 내가 배운 종교의 내용들을 하나도 믿었던 기억이 없기 때문이다. 내게 있는 가장 이른 기억은 주일학교에서 배운 것에 대한 완전한 불신 disbelief 이었다. 나는 셔머처럼 신과의 만남을 경험한 적이 없었고 따라서 그가 근본주의자들이나 예수, 천사, 천국, 지옥, 악령, 무염 수태, 화체설, 마법, 퇴마술, 그 밖에 그리스도교의 여러 우화에 대한 다른 열렬한 신자들을 상대할 때 그랬던 것만큼 그들에게 공감할 수 없었다. 그와 똑같이 어리석은 다른 종교의 주장에 대해서는 말할 필요도 없다.

내가 다닌 주일학교에서 경험했던 일 가운데 기억나는 이야기가 하나 있다. 부모님은 별로 종교적이지 않았지만, 사교적인 이유로 지역 교회에 소속될 필요를 느꼈으므로 일요일 오후마다 내게 25센트를 들려 '그들'의 성공회 교회에 보냈다. 그 주화를 헌금 쟁반에 넣으라는 것이었다. 그러나 부모님의 짐작은 완전히 빗나갔다. 처음 두 번은 그 방법이 통했지만, 내가 계속 "왜요?"라고 묻고 "선생님은 그걸 어떻게 알아요?"라고 따지는 통에 주일학교 교사들이 너무나 짜증을 내고 전혀 반기지 않았으므로, 나는 참석하지 않기로 결정했다. 그들이 매우 안도했을 거라고 확신한다.

물론 그렇게 되니 문제가 생겼다. 일요일마다 받는 25센트는 어떻게 해야 하나? 이 돈을 중요하지 않은 즐거움에 써버리는 것은 옳지 않게 보였지만, 점점 성장하는 내 신체에 영양을 공급해야 할 필요는 충분히 알고 있었다. 친구인 게리도 용돈을 20센트 받았으므로, 우리는 퍼디의 약국에서 파는 두 가지 맛 아이스크림에 그 돈을 투자하는 게 현명하다고(또 적절하다고) 판단했다. 특히 개리가 가진 20센트로는 한 가지 맛밖에 살 수 없었으니 더욱 그랬다. 그런 식으로 거의 2년이 흘렀는데도 부모님은 내 수법을 끝까지 알아내지 못하셨고, 그에 대해 내가 죄책감을 느낀 적은 한 번도 없었다고 여기서(아마 평생 처음일 것이다) 털어놓는다. 지금도 죄책감은 없다.

어른인 지금도 나는 내가 속한 사회가 대체로 종교라는 신화를 받아들인다는 사실에 경악한다. 충분히 확립된 진리인 진화 사실이나 기본적인 성교육을 학교 수업에서 금지하기 위해 심각한 노력을 경주하고 있을 정도라니 말이다. 교육이라는 단어가 내가 처음 배운 뒤에 새로운 의미로 바뀐 모양이다. 이런 식의 공백은 자리를 잘못 잡은 아첨이거나, 아이들이(어른들도) 자신의 삶을 합리적이고 논리적이며 유용한 방식으로 영위할 수단을 갖추어야 할 시스템 설계상 오류로 보인다. 그저 사회의 일부에게 불쾌감을 주지 않으려고 사상과 교육을 검열한다는 것은 무서운 현상인데, 이런 파괴적인 풍조가 종교 때문에 계속 발생했다. 내가 태어난 뒤 지구가 우리 항성 주위를 마흔 번 도는 동안 새로운 이성의 새벽이 오기를 은근히 바랐지만, 그런 일은 일어나지 않았다.

내 직업은 마술사다. 더 정확하게 말하면, 나는 소환사^{conjuror}다. 미국에서 말하는 마술사^{magician}는 정확한 용어가 아니다. 마술사는 초자연적인 수단을 써서 자연법칙을 실제로 무너뜨리는 사람을 말한다. 나는 그런 일을 하지 않는다. 나는 눈속임 재주를 쓴다. 내 공연을 보는 사람들은 이 사실을 항상 분명히 깨닫지는 못한다. 내 공연을 본 사람들이 하는 말을 자주 듣는데, 내가 젊은 여자의 몸을 정말 반으로 톱질하지 않는다는 것은 어떤 바보도 알 일이지만, 객석에서 아무나 불러내어 그 전화번호를 알아맞히는 것은 정말 기적이라는 식이다. 그 두 가지 기적이 모두 손재주라고 주장하면, 흔히들 믿을 수 없다는 반응을 보인다. 아마 내 조수를 분해하는 일은 불가능하지만 자기들 눈에 보이는 초감각적 지각$^{ESP(extrasensory\ perception)}$은 인정해줄 수도 있다고 보는 것 같다. 이 오해는 대중 매체 탓으로 돌릴 수 있다. 대중 매체는 순진한 독자들에게 호소력을 발휘하는 온갖 종류의 설득법을 선전하려고 열심이었다. 그런 수법이 자동차와 TV 수상기를 팔아주기 때문이다.

한때 나는 PBS TV 방송국을 열렬하게 지지했다. 그것이 나와 대중에게 유효한 교육적인 재료와 사실을 알려주었기 때문이다. 그러다가 1990년대 초반에 그들은 물질의 신 맘몬Mammon과 그 사도인 디팩 초프라Deepak Chopra와 웨인 다이어Wayne Dyer를 발견했다. 이 두 사람은 PBS의 기금 호소 연설단에 올라가서 돈을 끌어들이는 엉터리 치료법과 기분만 좋고 공허한 철학을 제공하기 시작했다. 한편 좋은 취향과 과학, 논리는 돈이 주도권을 잡고 있는 동안은 보류되었다. 최근에 PBS는 재정적인 음모도 선보였다. 그 음모는 문자 그대로 그들을 '영원히 부자'가 되게 해줄 시청 시스템을 제공한다. 이는 예전에 '독심술사' 크레스킨*이 시청자들에게 당첨될 복권 숫자를 결정하는 시스템을 알려주던 일만큼이나 터무니없다. 그 바보들은 크레스킨이 자기만의 시스템을 사용해서 고객들을 우롱할 수도 있다는 생각은 전혀 하지 않는 모양이었다.

이것이 종교와 무슨 상관이 있는가? 최근의 여론조사 결과에 따르면 종교인들이 일반인들에 비해 이른바 '영매靈媒'나 예언자를 덜 믿는 편이라지만, 내 경험으로는 사정이 매우 다르다. 하나를 믿으면 다른 종류도 믿게 마련이다. 확실히 실비아 브라운Sylvia Browne처럼 자신의 교회를 세우고 그 덕분에 면세 혜택까지 누린 어마어마하게 부유한 사기꾼은 종교적인 사람들을 끌어들여 그들의 기대치를 이용해서 농간을 부린다. '죽은 자에게 말 걸기Speaking-to-the-dead' 공연을 하는 존 에드워드John Edward는 종교 시나리오를 이용해서 바보 고객들에게 자기가 하늘과 소통하고 있다고 납득시킨다. 1848년에 폭

• 크레스킨(T. A. Kreskin) 1935~ . 1970년대에 미국에서 TV 쇼〈The Amazing World of Kreskin〉을 진행한 최면술사, 심령술사. UFO가 나타날 시점과 장소를 예언하기도 했지만, 본인 외에 실제로 보았다는 사람은 없었다.

스^{Fox} 자매가 심령주의^{spiritualism}를 출범시켜 재정적인 성공을 거둔 이후, 신과 수호천사와 영적인 조언자들에게 호소하는 일은 심령주의 운동의 중요한 부분이 되었다.

나는 소환사로서 두 가지는 매우 확실하게 안다. 사람들이 어떻게 바보 노릇을 하는지, 또 그들이 어떻게 스스로를 바보로 만드는지 하는 것이다. 이런 사유의 두 분야 중에서는 후자가 훨씬 중요하다. 나는 교육을 받는다고 해서 사람이 똑똑해지지는 않는다는 이야기를 자주 한다. 똑똑해지려면 상식과 경험이 있어야 한다. 사실 아이들에게는 속임수가 좀처럼 통하지 않는다는 사실을 소환사는 안다. 아주 이상한 이유인데, 아이들은 속임을 당할 만큼 교육을 받지 않았기 때문이다. 이렇게 설명해보자. 어떤 물건을 오른손에서 왼손으로 옮기는 척한다고 하자. 내가 그 재주를 아주 교묘하게 해치우더라도 아이들은 내가 유도하는 대로 그 물건이 현재 내 왼손에 있다고 결론지을 만큼 경험이 많지 않다. 이는 그들의 지성이 어른보다 더 뛰어나기 때문이 아니라 복잡한 생각이 부족한 탓이다. 소환사에게는 다행한 일이지만, 어른들은 충분히 교육을 받고 복잡해져 있기 때문에 철저하게 속을 수 있다. 물론 오락을 위해서지만!

종교와 과학이 양립할 수 있다는 흔히 듣는 주장은 하나의 망상일 뿐, 쉽게 무너질 수 있는 허약한 주장이다. 생각해보라. 종교는 그것이 내세우는 주장을 위한 증거나 근거, 검증 가능한 발언도 제공하지 않는다. 사실 나는 "신은 입증될 필요가 없다"는 잘난체하는 주장을 끊임없이 만나는데, 종교적인 사람들에게는 그걸로 모든 게 해결된다. 이에 반해 과학은 증거와 근거와 실험 가능한 발언들을 요구한다. 실재에 대한 이 두 가지 접근법은 전적으로 양립 불가능하고, 절대적으로 상반되며, 그중 하나의 연원은 오로지 희망적인 사고밖에 없다. 둘 중 어느 것을 선택할지, 결정권은 독자들에게 넘기겠다.

최근에 이중 관상동맥 우회 시술을 받았다. 나는 의학을 항상 매우 높이 존경해왔지만, 그런 경험을 하면 근본적인 문제에 대해 더 깊이 감탄하고 더 큰 관심을 갖게 된다. 그런 근본적인 것 두 가지를 들라면 식사 조절과 운동이다. 주치의는 혈관을 뚫는 것 외에 담낭도 떼어내는 게 좋겠다고 판단해서 그렇게 했다. 그것들을 내가 이베이$^{e-bay}$에 경매 품목으로 내놓으면 얼마나 야단스러운 반응이 일어날지 상상이 된다. 제임스 랜디의 담낭을 벽에 걸어두는 곳은 어디든 회의주의자와 극우 보수파•의 주목 대상이 될 것이다. 하지만 생각해보라. 어떤 사람이 내 가슴을 열고는 내 다리에서 여분의 혈관을 가져다가 협착된 동맥 두 개와 바꿔넣는다. 이 사실을 심장외과 의사와 이야기하던 중에, 그가 생각하는 '지적 설계' 개념의 이야기를 들었다. 인간의 다리에는 말 그대로 불필요한 혈관이 여분으로 있어서, 용도에 맞게 가져다 쓸 수 있다는 것이다. 반면에 인간의 심장은 어떻게 보더라도 여분이 없다. 심장의 어떤 부분이라도 기능이 불량해지면 그 소유자는 그냥 죽는다. 물론 적절한 의학적인 도움이 없다면 말이다. 심장은 인간 신체에서 가장 중요한 부분(다른 모든 기관에 피를 펌프질해서 내보내는 기관)이니, 사실은 **여분이 매우 많아야 하지 않겠는가**. 그런데도 실제로는 그렇지 않다. 그러니, 아니다. 의사가 나를 구해줄 수 있도록 신이 내 다리에 여분의 혈관을 넣어두었다고는 인정하지 않겠다.

• 극우 보수파(scalawag) 미국 남부의 공화당 지지 백인층. 무뢰한들이 많다.

나는 소환사이니 동료 인간들의 감각을 혼동시키는 일, 환상과 시늉을 다룬다. 하지만 그렇다고 해서 내가 청중을 존경하지 않는 다는 말은 아니다. 오히려 그 반대다. 내 친구 제이미 이안 스위스 Jamy Ian Swiss는 또 다른 유명한 소환사 칼 제르멩 Karl Germaine이 한 말을 인용하기를 좋아한다.

"소환은 절대적으로 정직한 유일한 직업이다. 소환사는 속이겠다고 약속하고 그렇게 한다."

우리는 속이지만, 당신들은 속았다고 생각하지 않고 즐거워하고 재미있어 한다.

은신처를 나온 무신론자

조 홀드먼(Joe Haldeman)
여러 상을 수상한 미국 작가다. 베트남 전쟁에서 부상을 당한 뒤, 그 전쟁 경험에서 얻은 영감으로 첫 번째 단편 「전쟁 기간(War Year)」을 썼다. 가장 유명한 작품은 『영원한 전쟁(The Forever War)』인데, 이 작품으로 휴고상과 네뷸러상을 받았다.

"스무 살 때 난 무신론자였다. 그리고 예순 살에는 불가지론자였다."

소설가 줄리언 반스Julian Barnes는 이렇게 말했다.

이는 이해해줄 만한 비교적 인간적이고 너그러운 발언이다. 또 그와 반대로 나는 어떤 종류의 까탈이인지 궁금해진다.

나는 자유주의적인 성향을 띤 1960년대에 스무 살이 되었고, 집을 떠나 대학교에 입학했을 때 종교를 떠났지만, 그때그때 어울리는 동료들에 따라 불가지론자나 이신론자理神論者 행세를 했다. 돌이켜보면 이신론이란 거짓 타협이었던 것 같다. 대부분이 최소한 토요일이나 일요일에는 교회에 나가는 것 같았던, 내가 어울리는 부류의 10대 여자아이들과 가까이 지내기 위해서였다.

불가지론에서 무신론으로 넘어가는 변화 과정은 공부와 생각과 감정을 통한 점진적인 변신 과정이었다. 믿음에서 불가지론으로 넘어갈 때와 같은 갑작스러운 전환점은 없었다(나는 기도를 하다가 바보 같은 짓이라는 확신이 들어 중간에 멈추었다. 듣는 사람은 아무도 없었다). 스물네 살 때 확연한 이정표가 두 번 있었던 것은 기억한다. 양심적 반대자의 지위를 위한 선택적인 예배를 신청했는데, 내가 무신론자였고 사제로부터 편지를 받지 않겠다고 했기 때문에 허가되지 않았다. 또 입대한 첫날, 하사가 식별표를 나눠주고 무슨 종교인지 물었을 때였다. 나는 '무신론자'라고 대답했고, 그는 '선호 없음No PREF'이라고 적었다. 내가 항의했더니, 그는 "군대에서는 그런 식으로 말하는 거야, 다음"이라고 말했다.

베트남에 있을 때는 아마추어 잡지(과학 공상물을 싣는 '팬진fanzine'인 《오드Odd》라는 잡지)에 '은신처에 들어간 무신론자'라는 칼럼을 가끔 썼다. 동료 병사들은 그 농담을 알아들었고 나를 못살게 굴지 않았지만, 그들 대부분은 관습적인 종교를 가지고 있거나 그것에 대해 별로 생각하지 않았다.

군인들은 틀림없이 그럴 거라고 생각한 대로 우리는 종교에 대한 이야기를 많이 했는데, 나의 무신앙unbelief에 대해 심각한 도전을 받았던 기억은 없다. 내 분대에 있던 다른 병사들 중 누구도 고등학교 이상의 교육을 받은 사람이 없었던 데 비해, 나는 6년간 대학에 다녔다. 하지만 그게 그리 중요한 문제는 아니었다고 생각한다. 전쟁터에 나가면 설사 신이 있다 한들 그가 인간의 안락이나 생존에는 아무 관심이 없다는 것을 끊임없이 상기하게 된다.

대학에 돌아와서 졸업하기 위해 수학을 전공했을 때 무신론에 따른 사회적인 압력은 전혀 없었고, 그것이 기본 상황으로 추정되었다. 과학에서도 마찬가지였고, 그보다는 덜했지만 공학에서도 그랬다. 오히려 형식적인 종교에 동의할 경우, 간편한 설명거리가 좀 필요했을 것이다.

그러나 이제는 사정이 달라진 것 같다. 요즘 과학자들은 유명하든 아니든, 자신들이 믿음과 과학적 합리주의를 어떻게 조화시킬 수 있는지 설명하는 책을 쓰려고 안달하는 것처럼 보인다. 별로 놀랄 일이 아닐지도 모른다. 과학자는 질문을 던지는 게 본성인데, 아마 이제는 역방향으로 질문을 던져야 하는 모양이다. 주위의 모든 사람이 무신론자라면, 그들과 방향을 달리해 흐름을 거슬러 헤엄치고 싶은 유혹을 분명 느낄 것이다. 게다가 무신론을 선호하는 책을 쓰는 비과학자가 얼마든지 있으니, 아마 동일한 사회적인 동력에 의거해서 주위의 합의에 저항하는 것이다.

나는 징집된 해에 대학원 입학 허가를 받았는데(1967년이었는데, 징집을 벗어나기에는 1년이 너무 빨랐거나 너무 늦은 나이였다), 천문학 박사 학위를 받은 다음 미국항공우주국NASA의 '우주인 과학자' 프로그램에 들어갈 계획이었다. 그 프로그램은 과학 박사들을 모집해서 제트기 조종술을 가르치는 것이었는데, 아마 시험 조종사를 데려다가 박사 학위를 받게 하는 것보다 쉽다고 여겨졌던 것 같다. 그 프로그램에 들어가려면 당연히 체력이 좋아야 했다. 그러나 제대해서 복학하고 나니, 베트남에서 입은 부상이 너무 심했기 때문에 운동선수 정도는 되어야 통과할 그 기준에 합격할 수가 없었다.

당시에는 그렇게 생각하지 않았지만, 천문학을 떠나 우주인이 되는 것 다음의 차선책이던 수학으로 돌아간 것은 막연하게나마 나의 무신론과 관련이 있었다.

대학원 마지막 학기쯤, 나는 나 자신이 아주 뛰어난 과학자가 아니라는 사실을 인정해야 했다. 내가 과학에 이끌린 것은 분석적이기보다는 미학적인 이유 때문이었다. 나는 망원경을 들여다보기를 매우 좋아했기 때문에 천문학에 이끌렸다. 천문학의 무한히 아름답고 때로는 무섭기까지 한 우주에 의해 경외감이 자극되었던 것이다.

어떤 사람들은 거기서 신의 손길을 느낄 수 있고, 실제로 느낀다. 그러나 나는 어렸을 때도 그런 것이 불필요하고 중요하지도 않은 신인동형설神人同形說임을 알았다. 우주는 존재하며, 우리는 그 속의 일부분이다. 그것이 어떻게 작동하는지 이해하려고 노력할 특권을 가진 일부다. 당연히 그것으로 충분하다.

하지만 '아니다, 충분하지 않다'고 말하는 것도 합법적이다. 그토록 형언할 길 없이 아름답고 신비스러운 광경을 발견하기 위해 관측천문학을 공부해야 할 필요는 없다. 개기 일식·오리온성운·토성·목성을 가까이 보는 것, 태양의 고통스러운 그림자가 드리워진 달 표면의 혼돈 같은 자국, 관측할 수 없는 플라이아데스 성단과 오메가 켄타우르스 성단, 우리의 이웃이지만 환상적으로 멀리 있는 은하계들, 지구 가까이 다가와서 본모습을 보여주는 별똥별의 찬란한 얼굴, 수십 억 개의 별이 이루는 태피스트리로 확대되는 은하수의 무수한 반짝임…….

이런 경이에 감정적으로 반응하지 않을 수 없지만, '신성공현'과 '성스러움'•은 신성한 단어이기도 하고 세속적인 단어이기도 하다. 신에 대한 믿음은 이렇게 강한 감정을 표현하기 위한 편리한 통로일 수 있지만, 사실은 어떤 믿음도 필요하지 않다. 그냥 보기만 하면 된다.

• 성스러움(Numinous/numinose) 누멘(numen)적인 것. 독일의 신학자 루돌프 오토(Rudolf Otto)가 신, 영혼, 신성을 뜻하는 라틴어 누멘(numen)을 가져다 만든 단어로, 세속 영역을 철저하게 초월하는 존재, 절대 타자를 가리킨다.

사람들은 믿음^belief과 신앙^faith을 혼동한다. 누가 어떤 신앙을 갖든 나는 그에 대해 말하지 않는다. 신앙은 그냥 있는 것이고, 논의 대상이 아니다. 신에 대한 신앙이나 레드삭스 팀에 대한, 또는 공화당에 대한 신앙을 가질 수 있고, 아무리 설득해도 그 신앙은 흔들리지 않을 수 있다. 하지만 믿음은 그와 다른 것이다.•

믿음은 신자 본인이 그 사실을 알든 모르든 믿음의 체계를 필요로 한다. 그 체계는 사물이 어떻게 작동하는지를 설명하기로 되어 있는 일련의 발언^statement과 조작자^operator로 이루어지며, 흔히 "이 부분이 어떻게 작동하는지 너는 절대로 알 수 없다"고 말하는 쓸모 있는 서술자^descriptor도 그중에 포함된다. 거의 모든 종교의 신앙체계에는 필수적인 조작자^necessary operator로, "네가 X를 행하면 신은 너를 벌할 것이다"라는 것이 있다. 설사 그 처벌이라는 것이 대부분은 네가 죽고 난 뒤로 미루어지더라도 말이다.

물론 그것은 환원적인 것이며, 미학적이고 지적인 아름다움을 가진 실제 우주를 무시한다. 그 우주는 사람들이 복잡한 신앙체계를 가지고 평생 그것을 섬길 만큼 강하게 믿으며, 그것을 조명하고 방어하기 위해 엄청난 창조와 파괴를 자행하기 때문에 비로소 존재하는 그런 우주다. 전체 수지를 따져보면 나는 그것이 없는 편이 더 낫겠다고 생각하지만, 그 위력을 부정하는 것 또한 어리석은 짓이다.

그렇기는 해도, 아무리 강력하고 복잡한 신앙체계도 우주를 묘사하고 어떻게 행동하고 무엇을 믿을지 그 추종자들에게 설명해주는

• 이 책의 다른 장에서 쓰는 믿음(belief)과 신앙(faith)의 의미와 이 장의 용법이 다른 것 같은데, 그 점에 유의하면서 읽어야 할 것 같다.

일련의 발언과 조작자들로 분해될 수 있다.

아무것도 믿지 않는 편이 훨씬 더 합리적이다.

신자들에게 이렇게 말하면, 그들은 다음과 같이 대답할 것이다.

"아니야, 당신은 뭔가를 믿고 있어. 당신은 신이 없다는 것을 믿으니까."

내게는 이 주장은 무의미하다. 나는 합리주의자이고 회의주의자다. 관찰 및 분석과 일치하는 발언은 모두 받아들이겠지만, 그것이 일관성을 갖는 한에서만이다. 이것은 믿음과 아무 관계도 없다. 그것은 믿음의 반대다.

나의 불신앙^{disbelief}은 종교가 주는 위안은 없지만 더 확고한 위안을 주며, 대부분의 종교들보다 더 큰 실재에 봉사한다고 생각한다. 그 실재란 토론의 넓은 우주다. 거기서는 신의 존재도 받아들인다.

하지만 받아들여지려면 그는 직접 모습을 보여야 한다.

생각 있는 사람들의 세계로 돌아온 것을 환영해주기를

켈리 오코너(Kelly O'Connor)
초자연적이고 초현상적인 주장에 공개적으로 반대하는 무신론자 그룹인 합리주의적 반응 분대(The Rational Response Squad)의 핵심 멤버다.

감정은 놀랄 만큼 설득력이 큰 이상한 존재다. 감정의 영향력 아래서는 아무리 이성적인 인간이라도 약해지고, 사실상 손쓸 수 없는 존재로 변한다. 물론 이것은 우리가 그런 존재가 되도록 진화했기 때문이며, 거기에는 충분한 여러 이유가 있다. 유전자 증식은 말 그대로 그런 진화 방식에 의거하며, 모자母子간의 애착이나 그 외 인간 체험의 본질이라 할 수 있는 다른 많은 현상들도 그렇다. 초자연적인 것에 대한 영속적인 믿음은 이렇게 감정이 이성을 무효화하는 성향에서 생긴 불운한 파생물인데, 이 주제는 지난 1000년 동안 이슈 중심으로 밀어붙이는 소수의 독재자들에 의해 부당하게 활용되어왔다.

내가 이 불운한 현상의 제물이 된 것은 고작 8년 전이었다. 나는 고등 교육은 가톨릭 학교에서 받았지만, 집안은 다행히 세속적인 분위기였다. 그러므로 내가 갑자기 그리스도교로 개종한 것은 지성과 이성이 그다지 뛰어나지 않은 성인의 시각에서 보더라도 엉뚱한 행동이었다. 공포, 우울감, 호기심, 불확실성, 무의미해 보이는 절망감이 쓸모 있음을 확인하고 싶은 욕구 등이 이유였을 것이고, 또 무슨 문제에 대해서든 대뇌 신피질新皮質● 을 확신시키는 능력이 있는 편도체扁桃體●● 덕분이기도 할 것이다. 나는 앞뒤 가리지 않고 뛰어들었다.

지식을 추구하는 데 끊임없이 열중하는 자들에게, '아는 것이 힘 Ipsa scientia potestas est'임을 믿는 자들에게 인터넷은 무한한 자원의 저장고였다(동시에 끝없는 좌절과 토론의 전쟁터이기도 했다). 인터넷이 사회 속으로 들어오자 우리는 고교 10학년 생물학 수업에서 배운 내용으로는 그 누구도 구속하지 못한다는 것을 깨닫지 않을 수 없었다. 그런 수업에서 가르친 진화론은 어중간한 진리와 스캔들과 부적합한 설명으로 범벅이 되어 이해하기가 쉽지 않았고, 미국 국민의 절대다수는 그것을 오해했다. 위키피디아가 등장한 뒤 '비판적 사고의 소유자'라고 자임하는 사람이라면 누구나 어떤 입장을 방어하려 들기 전에 자신이 어떤 분야에서 부족한지 미리 알아두어야 했다. 인터넷이 제공하는 정보가 부정확할 때도 많다는 부정적인 측면도 있지만, 그럼에도 불구하고 적어도 그런 것을 찾아보지도 않을 만큼 게으른 사람에게는 핑계의 여지도 없다.

종교 토론은 논쟁적인 성격을 갖고 있고, 또 자주 벌어지는 논쟁이기도 하므로 인터넷은 이 논쟁의 양편 모두에게 거의 싸움터나 마찬가지인 장소가 되었다. 나는 무심코 여러 다양한 포럼의 싸움

● 신피질(neocortex) 대뇌의 대부분을 차지하는 피질 부분. 기억, 언어, 인지, 이성적인 판단을 담당하는 영역.
●● 편도체(amygdala) 대뇌변연계에서 감정 조절을 담당하는 영역.

에 끼어들었다. 그런 포럼 중 어느 것에서도 종교나 종교의 부재를 주제로 다루지는 않았다. 최근 3년 동안 인터넷이 보급되지 않은 일본의 어느 지방에 가 있다 보니, 미국에 돌아오자마자 엄청난 양의 스트레스를 맛보는 동시에 갑작스럽게 계시를 얻기도 했다. 나는 초속 14.4킬로바이트인 모뎀을 이용해 뉴스 포털과 웹사이트에서 정보를 다운받는 데 5분이 걸리던 초기에 활동했던 터라, 인터넷의 '초고속도로'에서 활용할 수 있는 자원량이 급격히 증가했다는 사실을 전혀 알지 못했다. 사실 내가 온라인 커뮤니티에 가입하고 싶은 욕구가 조금이라도 생긴 것은 그로부터 3년이 지난 뒤의 일이었고, 그것도 순전히 사는 게 너무 지루했기 때문이었다.

내게는 이 신/예수/그리스도교 이야기 전체가 그저 감상주의의 소모품에 지나지 않는 게 아닌가 하는 의혹이 계속 떠나지 않았는데, 그런 의혹 때문에 죄책감이 특히 더 많이 들었다. 하지만 의혹을 진정시키고 내면의 의심을 침묵시키기 위한 착각에 찌든 단편적인 정보들은 언제나 있었고, 그런 것은 변증론이라는 이름으로도 알려져 있다. 상대편의 관점에 대해 알아보겠다는 생각은 한 번도 한 적이 없었다. 적어도 내가 진화와 지적 설계에 관한 온라인 토론에 개입하기 전까지는 그랬다. 그 전에 나는 어떤 주제에 관해 나보다 더 많이 아는 사람을 상대로 논쟁한 경험이 한 번도 없었다. 인터넷이라는 미개척지를 발견하고 나니 당황스러웠고, 진화에 관한 내 지식이 잘 봐줘도 불충분한 정도밖에 안 된다는 사실을 깨닫지 않을 수 없었다. 나는 기필코 이길 수 있을 것이라는 확신을 가지고, 그 이론 속에 있는 허점을 찾아내기 위해 사명감에 불타 공부하기 시작했다. 말할 필요도 없지만, 나는 그동안 믿어오던 것과 상충하는 엄청난 분량의 정보를 발견하고 충격을 받았다. 내 믿음이 오로지 무지에 의거한 논증$^{\text{argumentum ad ignorantiam}}$에 근거하며, 대답은 처음부터 내내 거기 있었다는 결론을 피할 수가 없었다.

그것은 번갯불처럼 갑작스러웠다. 죄책감, 좌절감, 분노, 욕망이 여러 해 동안 쌓이면서 짓눌려 있다가 폭발한 것처럼 내 혈관을 돌아다녔다. 그 어떤 것도 진짜는 아니었다. 그것은 마치 밀물의 파도처럼 나를 압도했고, 그런 다음 저류^{底流}로 나를 빨아들였다. 그것은 강렬했다. 적어도 한순간은 그랬다. 나의 전체 세계관이 발밑에서부터 뜯겨나가는 놀랄 만한 경험을 한 직후에 내가 느낀 것은 오로지 안도감, 내 의심이 적절했다는 안도감이었다. 내 두뇌가 계속 작동하고 있었다는 안도감, 이 모든 것을 받아들일 만큼 나의 사고가 열려 있다는 안도감, 일상적인 생각에 은밀히 간여하며 자신의 기대치에 부응하지 못하는 나를 지켜보면서 일종의 관음증적인 기쁨을 누리는 우주적인 하늘의 아빠$^{\text{sky-daddy}}$란 없다는 안도감이었다. 창조론을 방어하는 모든 논의는 이집트의 태양신 라^{Ra}가 매일 불의 전차를 몰고 하늘을 가로질러 간다는 믿음만큼 완고하고 정신 나간 소리다. '난 모른다'는 말로 신화를 대체하는 것으로는 존재를 설명할 수 없다. 물음은 다른 물음으로 대답되지 않는다. 우연 발생설^{abiogenesis}(자연 발생설)의 수수께끼는 더 큰 수수께끼를 불러오는 방법으로 설명될 수 없다. 이른바 우주의 미세 조정$^{\text{fine-tuning of the universe}}$이라는 가정을 지지하기 위해 '자료^{data}'(이렇게 부르기도 꺼려지지만)를 가공하는 것은 불확실성에 대한 우리의 두려움과 인간 중심적인 관점 때문이다. 성서가 잘 봐줘야 부정확하고, 심하게 말하면 기만적이라는 사실을 발견함으로써 나는 그리스도교 신앙의 기초 자체를 조사해보지 않을 수 없었다. 즉 예수라는 인간의 형태로 나타난 신이라는 이론 말이다. 만일 그리스도의 전설이 허위라면, 그들은 어떤 인간보다도 불쌍한 존재가 되리라는 말을 바울이 고린도전서 15장에서 한다. 이것은 그리스도교의 모든 것이 그 위에 놓이는 정초석이다. 예수가 없다면 구원도 없다. 죄의 사함도 없다. 야훼도 없다. 계명도 없다. 가차 없는 기준도 없다. 신도 없다.

 그다음 사흘 동안 나는 오로지 나의 가장 큰 두려움과 가장 큰 희망을 확인해준 연결 고리의 미로를 탐색했다. 그 희망이란 예수가 과거 신화들의 혼합물이며, 그가 설사 실존 인물이었다 하더라도 거의 중요하지 않은 존재였다는 것이다. 유대교에서 가장 높이 숭배되는 축일 주말에 예루살렘의 신전에서 환전상들을 몰아낸 혁명적인 메시아는 분명히 아니었다. 자비 없는 우주의 불확실성에 직면해야 했지만, 그날 내 어깨에서 내려진 짐의 무게에 비하면 그것에 대한 두려움은 아무것도 아니었다. 나는 더 이상 내가 경멸하는 사람들을 사랑하지 못한다고 해서 나 자신을 꾸짖을 필요가 없었다. 바울이 고린도후서 10장에서 그토록 유창하게 서술했듯이, 애당초 불가능한 일인데도 '우리의 모든 생각을 포로로 삼아야' 할 필요가 정말 없었다. 마지막으로 나를 종교로 밀어 보낸 동기였던 평화는 그것을 포기하고 나니 발견되었다. 창피스러움을 무릅쓰고 나는 논쟁으로 돌아왔고, 무신론자라는 것을 최초로 공개했다. 나는 그 게시판에서 참여했던 반대 논쟁에 대한 나의 응답, 근본적으로 내 인생의 궤적을 바꾸어놓은 응답을 후세만이 아니라 내가 거듭 태어난, 이번에는 인간으로 다시 태어난 날을 상기시키는 증거로 보존해두었다.

 이 글을 쓰려면 굴욕감을 무척 많이 참아야 한다. 난 잘못했을 때 그걸 인정하기를 정말 싫어하는 사람이니까. 심지어 이 논쟁 게시판

board을 아예 떠나버릴까 하는 생각도 했다. 하지만 나는 억지로라도 정직해지려고 애썼다. 진화를 더 잘 이해하고자 하는 욕구 때문에 책과 논문을 많이 읽었다. 돌연변이에 관해 내가 찾는 게 '정확하게' 무엇인지 끝내 알아내지는 못했지만, 머릿속에서 전등이 하나 켜지고, 창조론자가 전개하는 주장의 본모습이, 분명히 지푸라기라도 잡으려는 잘못된 논쟁임이 갑자기 드러나는 지점이 있었다. 그 덕분에 나는 성서의 설명이 잘못일 수도 있는 다른 영역도 조사하지 않을 수 없었다. 여러 흥미 있는 일이 발견되었다. 예수와 다른 이교도 신들의 기괴한 유사성은 말할 것도 없고, 특히 예수의 존재에 대한 역사적 증거가 전혀 없다는 사실이 그렇다. 다시 한 번 말하지만, 복음의 역사적 신빙성을 '입증'하려 했던 그리스도교의 변증론에 대해 잘 알고 있던 나는 이 새 정보에 비추어볼 때 그들의 주장이 전혀 터무니없는 것임을 발견했다. 물론 덕분에 저마다의 초자연적 존재가 그 모습을 드러낸 개별자들에 대해서 지금까지와는 다른 탐구에 다다를 수 있었다. 또한 바로 그 지점에서 나는 무신론자 대열에 합류해야만 했다. 신을 믿을 만한 그 어떠한 설득력 있는 증거도 없었기 때문이다.

[포럼의 멤버들은] 지금 이 글을 보고 틀림없이 배를 잡고 웃고 있겠지만, 나는 나 자신이 감정주의와 비합리성에 사로잡혔었다는 것을 마침내 깨달았다. 계속 그리스도인으로 살아가려면 내 두뇌를 완전히 폐쇄해야 할 것이다. 다른 모든 정보가 그 믿음belief에 반대일 때는 '신앙faith'의 효용도 제한적이다. 그리스도인이 자신과 심지어는 자녀들을 [세상으로부터] 고립시키고 싶은 강력한 욕구를 느끼는 이유는 그것이다. 그들은 문자 그대로 그들이 무엇을 찾아낼지 두려운 것이다. 어쨌든 그렇다. 나는 아이들에게 계속 홈스쿨링을 시킬 것

이다. 그러나 그것을 제외하면 예전의 나는 외계인들에게 납치당했고, 누군가가 나로 위장해서 내 자리에 앉아 있는 것이나 마찬가지다. 사유의 세계에 돌아온 걸 환영해 달라.

원래 나는 오랜 세월 동안 내게서 삶의 즐거움을 강탈했을 뿐만 아니라, 자기가 풀겠다고 나선 문제들을 실제로는 만들어낸 장본인인 그리스도교라는 믿음을 파괴하겠다는 분노로 충천해 있었다. 나는 나 자신이 오염된 존재이고, 박탈된 존재, 부적합한 존재, 죄인이라고 느껴왔다. 자신이 만든 물건에 얼룩을 묻히는 것처럼 나쁜 일은 없다. 다행히 고대의 허구와 이른바 그것에 대한 옹호라는 것들을 연구하면서 보낸 시간이 완전히 헛된 것은 아니었다. 내가 가진 지식은 종교를 공격하는 모든 논박의 기초로 제공되었다. 당신의 적이 어디 있고 언제 매복이 실시될지 안다면, 그것을 피하거나 역습을 할 수 있다. 패배하는 게 목적이 아니라면 그런 싸움에는 당연히 나설 필요가 없다.

  군사 용어가 귀에 거슬릴 수도 있겠지만, 상관없다. 여기에는 군인만이 아니라 협상자와 조정자들도 똑같이 개입된다. 작전 계획을 짤 때는 양쪽 모두가 있어야 한다는 점만 잊지 마라. 내가 그때 느꼈던 적의는 일종의 연민으로 바뀌었다. 내가 그랬던 것처럼 사람들이 종교의 독재에서 탈출할 수 있도록 도와주려는 것이다.

  많은 사람들이 나와 '이성적인 응답 부대'•를 호전적이라고 불렀다. 그들은 우리가 무신론에 해로운 존재라고 주장한다. 하지만 무

• 이성적인 응답 부대(The Rational Response Squad) 주로 유신론자들이 제기하는 비합리적인 주장에 맞서는 무신론자 활동가 단체.

신론이라는 운동이 있기나 하다면 좋겠다. 우리 성격을 이처럼 모호하게 취급하는 것은 그들이 말하는 이런 '운동'을 선전하는 데 거의 도움이 되지 않는다. 이 책임은 누구에게 지워야 하는가? 우리를 비방하는 자들은 우리를 움직이는 것이 곧 종교가 초래한 고통에 대한 인식이라는 사실을 깨닫지 못한다.

나를 비판하는 것이야 상관없지만, 상상에 대한 믿음은 망상이다. 그것은 합리적인 사고 과정이 와해되었음을 나타낸다. 죽은 어머니가 당신을 지켜보고 있을 뿐만 아니라 당신도 죽고 나면 그녀와 만나리라는 믿음은 착각이다. 어떤 옴니맥스^{omnimax}적인 창조자와 소통할 뿐만 아니라 실제로 영향을 줄 수 있다는 믿음은 거의 미친 소리나 마찬가지다. 진실에 사탕발림을 하지 않으려 한다는 이유만으로 나를 호전적이거나 고의로 해를 끼치는 사람으로 규정하지 마라. 그런 일은 나를 정직하게 만들어준다.

난 타인들의 환상을 깨부수는 데서 즐거움을 느끼는 사람은 아니다. 그저 사람들이 자신의 두 귀 사이에 있는 1.5킬로그램 정도의 희끄무레한 물질을 제대로 활용하는 세계에 살고 싶다는 것뿐이다. 합리성이 두루뭉수리한 상투어보다 더 귀중하게 평가되는 곳, 실재가 그 모든 아름다움과 끔찍함과 함께 받아들여지는 곳에서 살고 싶다. 그렇게 해야만 진보가 이루어질 수 있기 때문이다. 다음 세대가 주위 문화의 악랄한 영향력에 굴종하는 불운한 제물로서가 아니라, 비판적이고 회의적인 정신으로 삶을 시작하는 것을 보고 싶다. 나는 이성에 근거한 판단을 내리는 정부를 원한다. 누군가의 청동기 시대식 믿음체계 때문에 의학 치료가 금지되지 않는 곳에서, 더 이상 야훼를 전쟁의 신으로 불러내지 않는 곳에서 살고 싶다. 일부는 그것을 부정성으로 보지만, 그것은 증오가 아니라 희망에 뿌리를 둔다. 희망은 변할 수 있고, 심지어는 변하지 않을 수가 없다. 그것은 내 자식들과 그들의 자식들을 위한 더 밝은 미래에 대한 희망이다. 부족주의의 이런 변종이 각자의 동화(童話)에 충정을 바치느라 이미 생명을 잃은 사람들 외에 또 다른 수백만 명을 파멸시키지 않기를 바라는 희망이다. 우리가 모두 인간이라는 지식에 의해, 그와 함께 우리가 이 행성에서 함께 만들어낸 파괴로부터 어떤 고위 권력도 우리를 구해주지 않는다는 것을 아는 지식에 의해 인도되는 세계에서 살기를 바라는 희망이다.

행동하거나 침묵을 지키는 것 중에서 선택할 수 있는 것은 우리뿐이다. 바로 여기서, 바로 지금 변화를 끌어내거나 정체되거나 하는 중에서 선택하는 것이다. 친절함을 위장하면서 타인들이 무지 속에서 살아가도록 내버려두는 것은 부지불식간에 엘리트주의나 무관심을 허용하는 것이다. 저마다 엇나가고 다양한 차이를 보이는 무신론자들은 도그마가 없다는 사실을 찬양해야 할 것이고, 어떤 경로를 통해서든 모두들 곳곳에 존재하는 유령과 그들이 언제라도 내릴 심판의 굴레에서 해방되는 자유를 종착점으로 한다는 점을 강조해야 할 것이다.

내가 왜 무신론자인지에 대한 몇 가지 생각

타마스 파타키(Tamas Pataki)
오스트레일리아 멜버른 대학 철학과의 명예 선임연구원이다. 심리철학, 정신분석학, 도덕철학, 미학에 관한 논문을 발표했으며, 저서로는 『*Against Religion*(종교에 반대하여)』가 있다.

의도하지 않게 하는 일들이 있고, 의도적으로 하는 일들이 있다. 또 그냥 일어나는 일들이 있다. 우리는 이런 예측할 수 없는 사태 세 종류 모두에 대해 이유를 말하지만, 그것들은 제각기 종류가 다르다. 내가 오스트레일리아에서 자란 것은 어렸을 때 부모님이 그곳으로 데려가셨기 때문이다. 그러니 내가 여기 있는 이유는 있지만, 내가 이곳으로 온 이유는 없다. 부모님은 여기 오신 이유가 있었다. 그들은 이런저런 요인들을 살펴보고 고려해본 뒤에 결정하셨다. 믿음에 대해서도 마찬가지다. 비록 믿음에서는 능동성과 수동성의 관계가 좀 더 복잡하지만, 우리의 믿음은 태반이 수동적으로 얻어진다. 적어도 표면적으로는 그렇다. 인지적 믿음 perceptual belief 이 그 좋은 예다. 일반적으로 믿음을 가질 때 능동적인 요인은 전혀 개입되지 않는다. 비록 믿음이 형성되는 과정에 무의식적인 인지 활동이 많이 작용한다는 것을 알고는 있지만 말이다. 그러나 우리의 믿음 가운데 일부는 숙고하고 증거를 따져보고 계산한 뒤에 얻어진다. 그리고 프랜시스 베이컨Francis Bacon이 간단하게 말했듯이, 그것들이 참이기를 원하기 때문에 준수되는 다른 믿음도 있다. 그것들은 우리가 자신들에 대해, 또는 타인들의 잘못에 대해 갖고 있는 자기만족적인 환상과 착각이 그렇듯이, 강력한 소원의 압박에 짓눌려 만들어지는지도 모른다. 아니면 주위 문화나 하부 문화의 명제일 수도 있고, 인종주의적·종교적 믿음이 대부분 그렇듯이 무의식적인 소망을 충족하기 위해 빼앗아온 것일 수도 있다.

사람들은 대부분 종교적인 문화 속에서 태어나며, 감수성이 예민한 어린 시절에 수동적으로 각자의 종교적 믿음을 얻는다. 적어도 처음에는 그렇다. 그리고 두 번째 기회를 갖지 못하는 경우가 훨씬 더 많다. 대체로 보아 종교 문헌은 거의 모두 희망과 구원을 가르치며, 그것들을 거부하기보다는 믿는 편이 더 즐겁기 때문이다. 뿐만 아니라 대부분의 경우 사회적 규범에 순응하라는 공동체의 압력에 저항하기 힘들다. 인간은 진실을 사랑하지만, 그것을 찾기 위해 항상 폭넓게 탐구하려고 일부러 노력하거나, 보상도 불확실한데 많은 비용을 지불하지는 않는다.

그러니 거의 모든 무신론자는 카뮈가 말했듯이, 지성이 명료하게 있을 수 있는 그 장소에 닿기 위해서는 자신들의 종교적 유산을 내려놓아야 했고, 투쟁해야 할 때도 많았다. 내 경우에 그 일은 힘들었지만 꼭 영웅적이었다고는 할 수 없다. 나는 천성이 경험론의 취향을 가진 회의론자였던 것 같다. 어렸을 때도 내 앞에 등장하는 서로 어긋나는 종교의 교리 부스러기보다는 백과사전을 믿는 성향이 훨씬 강했다. 열두 살쯤이었을 때, 아버지는 내가 세상에서 신을 믿지 않는 유일한 사람이라고 말했다. 그 때문에 나는 무척 걱정이 되어, 불확실성과 절망감에 사로잡혔다. 지금 생각하면 아버지도 당시에 나와 같았던 것 같지만, 이런 황금 같은 거짓말이 결국은 우리 모두를 구해줄 것이라고 믿었던 것 같다. 나는 스스로를 성격 나쁜 아이로 여겼고, 좀처럼 떨쳐버릴 수 없었던 버림받았다는 기분이 이런 판단을 확인해주는 듯했기 때문에 지옥에 대해서도 무척 걱정을 했다. 공식적인 종교 교육이 시작되자 그런 고생은 부분적으로는 끝났고, 나는 구제되었다. 사춘기의 지침 역할을 하도록 계획된 성서 이야기나 신학적인 믿음, 도덕 교훈은 내가 보기에는 너무나 거창하게 터무니없고, 있을 수도 없고, 근거도 없으며 생뚱맞아서, 그것들을 담고 있던 구조물 전체를 무너뜨렸다.

나중에 대학생이 되어 철학을 공부하니, 어렸을 때 얻은 이 같은 결론이 대부분 확인되었다. 신 존재에 관한 다양한 형이상학과 실용주의 논의, 신정론神正論의 시도, 지적으로 종교의 기반을 무너뜨리는 다른 견해들은 모두 내게 빈약해 보였고, 흄과 칸트 이후 대부분의 철학자도 일반적으로 비슷하게 평가했다. 그러므로 일부 사상가들이 그 논의의 수정된 버전을 계속 끌어안고 있거나, 새 버전을 만들겠다고 버티는 건 좀 당혹스러운 일이다.

물론 이런 복잡한 논의를 여기서 검토할 수는 없다. 그저 신의 존재를 지지하는 설득력 있는 논의가 없다는 나의 확신을 이야기할 수 있을 뿐이다. 또 그것들을 부정할 타당한 근거는 있어 보이지만, 그런 것을 믿기 위한 기타 믿을 만한 근거도 발견하지 못했다. 또 **실재하는**existent 신이라는 개념을 거부하는 신학적 교리도 있다. 그들은 존재를 넘어 있는 실체entities 또는 존재의 근거인 실체, 또는 존재와 동일한 실체, 또는 언어게임의 의도적인 대상으로서의 실체라는 것을 설정한다. 그런 것들은 어쨌든 경험적이거나 형이상학

내가 왜 무신론자인지에 대한 몇 가지 생각 225

적인 불일치^{disconfirmation}를 넘어선 실체들이다. 내가 생각하기에는 엄청난 수의 종교인들이 별로 학구적이지도 않고, 좀 더 개인적인 성격의 신 개념을 갖고 있는 것 같다. 하지만 이런 매우 추상적인 개념들도 큰 비판을 면하지 못한다. 아니면 그런 개념들이 특히 더 그런지도 모르겠다. 중심 문제는 증거의 부재, 또는 확률의 부재가 아니다. 그런 점도 물론 충분히 나쁜 면이지만 말이다. 문제는 그것들이 일관성이나 인지 가능성을 결여한다는 점이다. 그런 개념이 정말로 납득이 가지 않는 것이다. 신학자들과 성직자들이 걸핏하면 신비^{mystery}와 신비주의^{mystical}에 호소하는 이유 중 일부는 이 때문이다. 나는 신비를 부정할 생각은 전혀 없지만, 그것이 왜 믿음^{belief}을 보장해주어야 하는지는 도저히 모르겠다. 신비에서 얻을 수 있는 것은 무지뿐이다.

어쨌든 절대다수의 종교인들 가운데 자기들이 **왜 믿는지** 그 **이유**^{reason}를 생각해보았기 때문에 믿는 사람은 극히 드문 것이 자명한 사실이다. 그러나 그들이 **왜** 믿는가 하는 데는 여러 다른 이유(또는 **원인**^{cause})가 있다. 많은 사람들은 종교적 믿음이 지금과 다음 번 생에 관한 위로가 될 만한 관점을 주기 때문에 믿음을 갖는다. 그들은 가렵지 않은 곳은 긁을 생각이 없다. 어떤 사람들은 그저 너무나 잘 속고, 잘 믿고, 무관심하고, 무지하고, 지적으로 게으르기 때문에 자기들이 물려받은 종교적 유산에 의문을 제기하지 않는다. **자기들**은 종교적 믿음을 입증할 수 없지만 다른 사람들(사제들과 신학자들)이 입증할 수 있을 것이라고 속 편하게 믿어버리는 사람들이 있다. 어떤 사회에서는 강력한 사회적 권력과 엄격한 규제가 있어서 종교적 순응과 집단에 소속되기를 강요하기도 한다. 앞에서 이미 암시했듯이, 종교는 이런 여러 사회에서 무엇보다도 그렇게 되었으면 하는 희망에 따른 구조와 실천을 제공하는데, 그런 구조물은 또 불가피한 무의식적인 욕망과 성향에 일종의 대리 만족을 시켜줄 수 있다. 물론 추론한, 그것도 양심적으로 추론한 사람들도 있다. 하지만 그들이 착오를 범한 것이 거의 틀림없다고 나는 생각한다. 또 일부 경우에는 무의식적인 성향과 무관하지 않게 착오를 저지른다.

심리사회적인 현상으로서 종교가 대체로 앞에서 언급된 비합리적인 방식으로 발생하고 유지되고 있다는 사실은, 그 어떤 신학적 추론이 갖는 타당성 따위보다도 세계 문화에 대해 더 중요하다. 설사 신의 존재를 지지하는 설득력 있는 논의가 있다손 치더라도, 그것들은 모두 절대다수의 인간이 믿음을 포용하는 주된 이유와는 전혀 상관없다. 그러므로 이 관점에서 중요한 것은 근거는 없지만 널리 퍼져 있는 종교적(유신론적이라는 뜻의) 믿음이라는 사실에 대해 해명하려는 시도다. 내 입장에서 볼 때 가장 근본적인 주제는 종교적 정신 상태의 정신역동psychodynamics에, 종교를 가지려는 무의식적인 동기에 관련되며, 내가 앞에 썼던 논문에서 탐구하려고 시도한 것이 바로 이 주제였다.[1] 확실히 그 차원이 종교라는 현상 전체를 설명해주지는 않지만, (다른 무엇보다도) 그것을 거부하는 사례의 중요한 부분이다.

물론 심리학이 종교의 주장을 모두 반박하지는 못하지만, 그런 주장의 근거를 흔드는 일은 여러 가지 할 수 있다. 예를 들면 종교적·신비적 체험에서 나온 주장의 허위를 밝힐 수 있고, 종교적 헌신이라는 현상에 대한 깐깐하게 자연주의적인 설명을 제공함으로써 그 형이상학적인 기초가 과잉이었음을 밝힐 수 있다. 기분 좋은 믿음(자애로운 신의 존재 따위)을 위한 논의나 증거가 빈약하거나 없을 때, 그 믿음을 유지하는 데 대한 무의식적이거나 다른 외적인 동기를 밝혀낸다면, 우리는 희망적인 해석과 자기기만에 빠지기 쉬운 자신들의 성향에 유념하면서 합리적인 태도로 그것을 거부해야 한다. (그렇다고 해서 비합리적인 동기나 때로는 신앙이라 불리는 지적인 속물성이 믿음을 계속 유지해주는 경우가 없다는 말은 아니다.) 게다가 똑같이 깐깐한 자연주의적인 설명은 일부 철학자와 신학자들이 그 종교에 유리하도록 미리 전개되어 있는 설득력 없고 충격적인 논의에 굴복한 이유를 설명해줄지도 모른다.

여기서 내가 구상하는 심리학적인 설명의 개요를 재빨리 그려보는 것도 괜찮겠다. 거기에는 중심이 둘 있다. 첫 번째 부분은 종교적 믿음, 관행, 제도가 지속적인 무의식적 욕망과 다른 성향들을 간접적으로 만족시킬(안정시킬) 수 있다고 주장한다. 이런 성향은 광범위한 정신분석학적 성격 유형학의 용어를 써서 유용하게 분류될 수 있다. 그 성향들은 어디서나 볼 수 있는 것들이지만, 그것들이 성격을 형성하는 정도와 규모는 지극히 다양하다. 종교적인 영역에 속하는 성향이 셋 있다. 몇몇 **강박** 성향(일반적으로 대상, 즉 중요한 타자들 등에 대한 성적이고 공격적인 충동을 통제할 필요에서 발생하는)은 일상의 종교 의식과 관행의 '마법적' 동작, 이를테면 규칙적으로 올리는 기도, 제례에 따른 음식 규제, 부적 달기, 성호 긋기에서 충족될 수 있다. 전위轉位 및 엄격하고 반복적이고 통제된 실천에 몰입함으로써 일종의 자기 통제가 이루어진다. 성격의 낮은(성적·세속적) 부분을 분리하거나 떨쳐버리려는 히스테리컬한 성향은 거의 모든 종교에 있는 마니교적인 이원 구조로 수용된다. 대체로 무의식적으로 존재하는 자신이 특별하고 강력하고 우월하다고 느낄 필요에 관한 나르시시즘적인 성향은 선택된 자 또는 선발된 자의 집단 소속감에 의해, 또는 전능한 존재와 친밀한 관계라는 확신에 의해 충족될 수도 있다.

간접적인 만족이나 평정pacification은 어떻게 달성되는가? 짧게 대답하면, 무의식적인 욕망과 성향이 대리적으로나 상징적으로 충족되면 가능하다.² 상관에게 주먹을 날리는 대신에 개를 걷어차는 것은 분노의 상징적인 전위다. 모든 욕구를 충족시키는 사람은 거의 없지만 몽상이나 소설, 영화를 통해 좀처럼 달성하기 힘든, 심지어는 달성할 수 없는 목적도 이룰 수 있다. 부모의 사랑을 받지 못한 사람이 많지만, 그들은 자기들을 무조건 사랑하는 천국의 아버지가 있다는 믿음에 감사한 마음으로 안주한다. 인류는 상징과 우화, 꿈, 환상에 사로잡힌 동물들이다. 가장 놀라운 것은 우리가 어린 시절에 맺은 관계의 세계를 상징적으로 재구성하고 포기할 수는 없지만, 이제 무의식 속으로 들어가버린 오랜 욕망을 충족시키기 위해 그토록 많은 노력을 기울이는 방식이다. 종교적인 기업은 이 보편적인 충동에서 달아나지 않는다. 사실 유신론적인 종교의 핵심은 이 같은 관계를 향한 충동과 유년 시절에 품었던 소망의 충족을 단호하고 체계적으로 초자연적이거나 영적인 차원으로 확장하는 것이다.

이 설명의 두 번째 부분은 종교 개념들이 아동의 정신적 경제 속으로 일찌감치 소개되는 방법으로, 그의 정신 체질 속에 들어가고 그것의 근본을 형성하며 종교가 간접적으로 충족시킬 수 있는 어떤 필요를 창출한다는 것이다. 그들의 호소력과 변형 능력은 아동의 긴박한 필요와 소망 가운데 일부를 간접적으로 충족시킬 수 있는 능력에서 나온다. 전능하고 무조건적으로 사랑을 주는 존재이며, 어떤 관계 비슷한 것을 맺거나 동일시할 수 있는 그런 존재와의 관계(사춘기 청소년들이 팝 가수나 스포츠 영웅들에게 느끼는 것과 비슷한)에 대한 종교적 가르침은 우리들, 특히 사랑받지 못한다거나 버림받았다고 느끼는 아이들에게는 삶을 지탱해주고 위안을 주는 것일 수 있다. 하지만 그런 환상은 필요와 소망을 충족시킬 뿐만 아니라 그것들을 왜곡하고, 또 다른 병적인 성향을 만들어낼 수도 있다. 가령 그것들은 자부심과 전능한 통제력의 자아도취적 경률을 이용하고 신의 표상(이상화된 부모 같은 존재 및 자의식의 표상과 함께)을 통합해서 병적으로 거창한 자아로 변신할 수도 있는 것이다. 이와 정반대의 극단에서는, 신자들은 이상적이고 이상화된 신적 표상의 기준에 미치지 못할 때 스스로 구제 불능한 죄인이 되었다고 확신해 무가치하다는 느낌과 죄책감을 만성적으로 가질 수 있다. 둘 다 종교 제도와 관행에 특히 잘 수용되고, 부분적으로 완화되도록 만들어진 조건들이다. 종교 개념은 초기의 객관적인 관계와 그런 식으로 합병되어 흔히 종교적 심성의 특징으로 나타나는 망상적인 구성과 미묘한 해리 상태를 창출할 수 있다.[3] 이런 발전은 믿음이 깊은 많은 사람들이 그들 삶의 다른 모든 면에서는 실제적인 태도를 취하면서도 종교적인 열정면에서는(별도의 칸막이에 있는 것처럼) 정말 거창하고 비합리적인 믿음과 태도를 갖는 놀라운 현상을 설명한다. 물론 종교인 자신들은 이런 식으로 보지 않는다.

　이런 식의 조건부적인 광신적 믿음을 정신병과 닮은 것으로 본다면, 무신론자에게도 뭔가 정신병적인 근원 비슷한 연원이 있지 않을까 하는 의문이 제기될 수 있다. 일부 경우에는 그들도 물론 그렇다. 이와 비슷하게 무신론자가 되는 동기 중에는 증오하는 부모 같은 대상의 이미지나 자아의 어떤 면모를 신의 표상에 투사(아이들에게 부모란 신 같은 존재다)하고, 그것에 수반되는 부모로부터 억압받는 기분을 신을 부정함으로써 줄일 수 있기 때문인 경우도 있다. 과거에, 종교적 믿음이 거의 의문의 여지없는 규범일 때, 무신론이 몹시 말썽 많고 흉악한 기행으로 여겨진 것은 확실하다. 에우리피데스는 "도시가 신들을 숭배해야 한다는 것을 부정하는 사람은 광인과 비슷하다"고 했다.

하지만 일반적으로 무신론과 유신론은 인식론적으로나 형이상학적으로는 물론, 동기면에서도 꼭 일치하지 않는다.[4] 한 가지 중요한 차이만 들어보자. 유신론을 갖는 동기는 대체로 우주 또는 그 너머의 것에 잘 아는 얼굴들이 있기를 바라는 대상 관련적인 노력에서 나온다. 그것은 동기들 및 그런 동기들의 병적인 상태에 대한 충분한 이해를 기초로 하는 기획이다. 대체로 유신론적 심리학의 반영물인 그것의 형이상학은 너무 과잉이 많다. 무신론은 형이상학적으로 검박하며 보수적이다. 그것은 형이상학적인 주장을 내놓지 않는다. 그런 주장을 받아들이기를 거부한다. 그러므로 한마디로 표현하면, 무신론은 무의식적인 성향과 환상에게 그 위에 구축할 기초를 많이 주지 않는다. 그것은 종교가 하는 것처럼, 병적인 심리를 만들기 위한 보조지지대의 체계적으로 조직된 재료를 제공하지 않는다. 그것은 그런 성향과 환상을 권장하지 않는다. 그것은 삶의 초년에 마음의 구성 성분에 포함되지 않는다.

지금까지 내게 큰 부담이 되어온 몇 가지 생각을 간략하게 서술했다. 특히 의식이 그 기초의 빈곤함을 간과하는데도 여전히 솟아날 수 있는 종교적 믿음에 대한 유혹을 몰아내도록 의도된 것들을 서술했다. 나는 심리학이 모든 신학적 주장을 반박할 수는 없다는 점을 강조했다. 신들이 있는가 하는 질문은 결국은 과학적이거나 형이상학적인 토대 위에서 결정될 수 있다. (계시와 종교적 체험에서 오는 토론은 초보적인 인식론과 심리학적인 고찰의 제물이 되기 쉽다. '언어게임 신앙주의'• 항목에 속하는 관련 논의들이나 그에 관련된 포스트모더니즘의 일부 주장들은 사실 전통적으로 그렇게 인식되어온 것과 달리 신에 관한 고찰이 결코 아니다.) 하지만 내가 시도한 것은 심리적 고찰이 어떻게 종교의 주장을 그냥 내버려두지 않는지를 보여주려는 것이었다.

특정한 직관을 포기하는 일은 매우 힘들 수 있다. 가령 의미 있는 우주 질서 속에서 자신의 위치를 직관적으로 느끼고, 초자연적인 것이라 여기지 않을 수 없는 존재의 보호를 받는 관계가 되었다는 친밀한 느낌을 상상해보라. 실제로 그런 직관이 신과 종교에 관한 철학적 논의를 밀고나갈 때가 종종 있는데, 그것을 포기할 능력이 없기 때문에 그런 논의가 해결되지 않은 채 그대로 남는다. 하지만 어떤 직관은 그저 깊은 무의식적인 필요에 의해 유지되고 증거를 통해 내용이 채워지지 않은 판단인 일종의 편견에 불과하며, 신앙으로부터의 자유와 철학적 논의는 그런 필요를 노출시키고, 그것들에 따뜻한 관심을 보임으로써 발전할 수 있다.

• 언어게임 신앙주의(language-game fideism) 무신론자 칼 닐슨(Carl Nielson)이 주장한 것으로, 비트겐슈타인 후기의 언어게임 이론을 차용해 신앙을 하나의 생활방식으로, 외부인들은 이해하지 못하는 용어와 규칙을 사용하는 언어게임의 일종으로 볼 수 있다는 입장. 신앙이 없으면 그 종교에 대한 이성적 논의에 참여할 수 없다는 결론으로 이어지기 때문에 신앙주의(fiedeism)라고 할 수 있다는 것. 신앙주의란 이성의 역할을 최소한으로 줄이고, 신학 신조를 진리 인식의 궁극적인 기준으로 삼는 입장.

주

1 Tamas Pataki, *Against Religion* (Melbourne: Scribe, 2007).
2 자세한 논의가 필요하면 Tamas Pataki, "Freudian Wishfulfilment and Subintentional Explanation", M. Levine, ed., *The Analytic Freud: Philosophy and Psychoanalysis* (London: Routlege, 2000) 참조.
3 내 책 『*Against Religion*』에서는 religious와 religiose를 구분했다. 후자는 기본적으로 무의식적인 성향에서 원칙적으로 동기를 얻으며, 종교적 스펙트럼의 근본주의적인 목표 쪽으로 이끌린다. 나는 병리학의 유추를 후자에 적용했다. 나의 주장은 일부 종교적인 신앙이 병적이라는 것이 아니라, 그것이 일부 병리 현상과 닮은 점이 있다는 것이다. 어쨌든 종교는 거의 모든 사회에 대해 규범적이다. 그리고 나는 종교로 나아가는 동기가 다양한 데 대해 다시 언급한다.
4 현대의 종교적 변증론자들 가운데 무신론과 유신론 사이에 인식론적인 동가성(同價性)이 있다고 보는 입장이 흔히 있다. 즉 둘 다 입증될 수도 반증될 수도 없고, 둘 다 신앙의 문제라는 것이다. 말하자면 입증될 수 없는 모든 명제(신은 존재하지 않는다)는 반증될 수 없는 명제(신은 존재한다)와 인식론적으로 같은 층위에 있다는 생각인 것 같다. 그러나 사실은 가장 합리적으로 실체적인 신 개념도 반박할 수 있다. 예를 들면 M. Martin and R. Monnier, eds., *The Impossibility of God* (Amherst: Prometheus Books, 2003)을 보라. 또 그것은 모든 일관성 있고 지지되지 않지만 반박도 되지 않는 존재의 주장("은하수 어딘가에 요괴가 있다")이 진지한 과학적 추측의 수준으로 끌어올려진 것은 구제 불능으로 정신 나간 관념이 낳은 결과다.

제3부
신 없는 우주론
— 초자연을 과학으로 바꾼 사람들

유령과 신들을 포기하다

수전 블랙모어 (Susan Blackmore)
영국의 심리학자이자 과학 저술가이다. 의식, 밈, 진화 이론, 의식과 명상 등에 관심을 가지고 연구하고 있으며, 일반 대중들에게 과학적 지식을 알리기 위해 활발한 활동을 하고 있다. 약 60여 편의 논문을 발표했으며, 국내에는 『문화를 창조하는 새로운 복제자 밈(The Meme Machine)』으로 알려져 있다. 지은 책으로는 『Beyond the Body(몸을 넘어서)』, 『Consciousness: An Introduction(의식의 개요)』, 『Conversations on Consciousness(의식에 관한 대화)』, 『Ten Zen Questions(선(禪)에 관한 열 가지 질문)』 등이 있다.

내가 왜 신을 믿지 않냐고? 신이 공허하고 검증될 수 없는 것이기 때문에, 그것을 뒷받침할 증거가 없기 때문에, 신은 위험한 밈*이기 때문에, 신자들이 서로의 신을 두고 싸우기 때문에? 그런 것 때문은 아니다. 이런 이유들을 다 써보았고, 또 더 많지만, 내가 믿지 않는 이유는 그보다 좀 더 복잡하다.

나는 내 일생의 25년 동안 초심리학자**로서 텔레파시, 선견지명, 유령, 조짐 등의 초상현상을 찾아다녔지만 끝내 찾지 못했다. 나의 탐험은 옥스퍼드 대학 학생이던 1970년에 지극히 특이한 유체이탈 체험을 하면서 시작되었다. 나는 두 시간이 넘도록 정신이 말짱

---

* 밈(meme) 문화 구성요소. 한 사람이나 집단에서 다른 지성으로 생각 또는 믿음이 전달될 때, 전달되는 모방 가능한 사회적 단위를 총칭하는 용어. 리처드 도킨스가 『이기적 유전자』에서 제기한 개념이다.
** 초심리학자(parapsychologist) 심령과학자. 초감각적, 초상(超常)현상을 연구하는 학자.

한 채 무슨 일이 일어나는지 아는 상태로, 내 몸 안에서 바깥을 내다보는 것이 아니라 몸 밖으로 나가서 세계를 마음대로 떠다녔다. 옥스퍼드 대학과 주변의 시골 위를 사실적으로 생생하게 날아가는 것으로 시작한 그 체험은 특이한 환상으로 변형되었고, 나중에는 고전적인 빛과 합일의 신비 체험이라고밖에는 말할 수 없는 것으로 끝이 났다. 나는 더 이상 분리된 자아가 아니었고, 우주는 하나였다.

이 체험은 깨어 있는 생활보다 더 실제 같았고, 초월적이며 말로 표현할 수가 없었다(신비 체험의 전통적인 특징). 그 효과가 워낙 강력했으므로, 나는 생리학이나 심리학에서 합당한 경력을 쌓지 않고 초심리학으로 관심을 돌렸다. 이 한 번의 극적인 체험으로 다음과 같은 결론들을 내린 것이다. ①이 체험은 내가 공부하던 과학으로는 설명될 수 없다. ②내 영혼인지 정신인지 영체靈體(astral body)인지가 내 신체를 떠났으며, 그것이 없는데도 신체 기능은 제 역할을 한다. ③사후의 삶이 가능하다. ④이 모든 것을 입증하고 유물론적인 과학을 뒤엎을 수 있는 것은 초심리학이다. 나는 ①은 참이지만 다른 것들은 거짓임을 깨닫는 데 수십 년이 걸렸다.

그동안 나는 텔레파시 실험을 수십 가지 설계하고 실행했는데, 각기 다른 방에 수용된 사람들로 하여금 일상적인 감각을 쓰지 않고 소통하게 하는 실험도 해보았다. 나는 쌍둥이와 어린아이들을 시험해보았고, 상상하는 기술을 훈련시켰으며, 각기 다른 의식 상태에 두어보았는데, 결과는 항상 우연적이었다. 나는 귀신 들린 집에서 자면서 폴터가이스트*를 조사해보았고, 마녀 훈련도 해보았으며, 타로카드를 읽는 방법도 배웠고, 영매靈媒도 시험했지만 초상

---

* 폴터가이스트(poltergeist) 장난을 잘 치고 소동을 벌이는 유령.

현상에 대한 어떤 납득할 만한 증거도 찾지 못했다. 그보다는 희망적인 사고와 잘못된 해석, 자기기만을 수없이 발견했고, 지독한 사기도 몇 가지 들춰냈다.

사람들은 그 모든 조사가 순전한 시간 낭비는 아니었는지 자주 물어본다.

"과학자로서 당신 생애의 그 많은 시간을 그토록 무의미하고 비생산적인 일에 소모했으니, 우울하지 않은가?"

그들은 이렇게 묻고, 나는 아니라고 대답한다. 내가 이루려 했던 것의 관점에서 보면 그것은 완전한 실패다. 하지만 다른 시각에서 볼 때 그런 세월은 내게 많은 것을 가르쳐주었다. 나는 점차 독창적인 실험에 흥미를 느꼈고, 무슨 일이 일어나며 왜 일어나는지가 궁금해졌다. 초상현상을 찾기보다는 특이한 경험을 연구했다. 유체이탈 체험(자신의 평생에 가끔 이런 체험을 하는 사람이 15퍼센트가량 된다)만이 아니라 임사체험(모든 시대와 문화에서 사례가 보고된다), 외계인에 의한 납치 체험(거의 대부분이 수면 마비 증상으로 보인다)과 누군가의 죽음을 자신이 예언했거나 누군가가 아플 때 그것을 알았다고 믿게 되는 확률의 단순한 오판도 연구했다.

내가 거듭 발견한 것은 사람들이 자신의 이상한 경험을 묘사하려고 정말 노력하지만, 혼령을 불러오고 신들을 개입시키며, 다른 차원, 미세신•, 차크라, 과학으로는 알지 못할 힘, 양자 효과(물리학에 대해서는 전혀 알지 못하면서) 등 온갖 잘못된 설명으로 비약한다는 사실이었다. 나 자신의 유체이탈 체험에서도 그랬다.

• 미세신(微細身, subtle body) 신체 각 기관의 본질인 영적 실체. 정묘체, 신비체, 내면체, 제2의 신체 등으로도 불린다.

그 뒤, 나는 당시에는 결코 알지 못했을 일들을 밝혀냈다. 어떻게 실험실에서 OBEs*를 유도해낼 수 있는지, 두뇌의 어떤 부분이 그것에 책임을 지는지 등이다. 나는 이제는 그때 내 영혼이 몸을 떠났다고 믿지 않는다. 더 나은 설명이 있기 때문이다. 또 그 깊고 생생한 개인적인 체험의 타당성을 부정할 필요도 없다. 그것은 실제로 일어났고, 실제로 내 인생을 바꾸었다. 그러나 그것은 초상현상이 아니었다.

이와 비슷하게 임사체험을 한 사람들을 만날 때 그들의 체험을 부정하거나, 종교적이거나 심령적인 그들의 해석에 대한 동의 사이에서 양자택일할 필요도 없다. 이탈한 유체가 통과하는 터널이 시각피질에서 어떻게 만들어지는지를 설명할 수 있고, 엔도르핀의 분출에 감정이 어떻게 의존하는지, 삶에 대한 검토가 측두엽에서 어떤 식으로 발생하는지도 설명할 수 있다. 나는 그런 경험이 천국을 흘낏 엿보는 것은 아니더라도 진짜처럼 보일 수 있다는 데 공감할 수 있고, 어떤 식으로 그들의 삶을 바꿀 수 있는지를 이해할 수 있다.

그렇다면 이 모든 것이 신과 무슨 상관이 있는가?

신과 초상현상은 둘 다 비합리적이고 증거가 없는 개념들에 결부되며, 우리가 알고 있는 우주의 모든 작동 방식에 위배된다. 둘 다 사람들에게 위안을 주며, 우주에 대해 갖는 자연스러운 사고방식 및 그들이 원하는 우주의 존재 방식에 쉽게 들어맞는다. 둘 다 깊은 신앙을 만들어내는 영감의 원천이며, 일단 인간의 마음속에 자리 잡고 난 뒤에는 매우 전염성이 강하고 근절하기 힘든, 고도로 발전

---

* OBEs(Out of Body Experiences) 유체이탈, 임사체험.

한 밈플렉스*를 번식시켰다.

초상현상을 공부해온 그 오랜 세월 동안 내가 배운 것은 초상현상이란 결코 존재하지 않는다는 것, 그런데도 사람들은 증거가 있다고 해도 마음을 바꾸는 일이 거의 없으며, 사람들이 신앙을 갖는 이유로 제시하는 것 중 압도적으로 많은 부분이 그들 자신의 체험이라는 것이다.

이 모든 것은 완벽하게 신에 대한 신앙에 해당된다. 신에 관한 거의 모든 주장은 전적으로 검증할 수 없지만, 기도의 힘이나 기적의 존재처럼 검증될 수 있는 것들도 시험을 통과하지 못한다. 그런데도 이 부정적인 상황조차 사람들을 거의 설득시키지 못한다. 그보다는 친구들이 겪은 일화, 믿음으로 병을 치유했다는 TV쇼, 최고의 과학적 증거보다도 훨씬 기적적인 효과를 발휘하는 것처럼 보이는 저예산의 소규모 연구 결과들이 더 설득력을 갖는 것 같다.

초상현상에서 그렇듯이, 사람들 자신의 경험은 강력한 확신을 만들어낸다. 내가 생각할 때 우리가 이 모든 것에서 배워야 할 교훈이 여기 있다. 사람들, 수많은 사람들에게는 영적인 갈망이라 부를 만한 것이 있다. 그들은 물질주의와 탐욕을 넘어선 어떤 것을 갈망하며, 자신들의 삶에 뭔가 더 높은 목표와 의미가 분명히 있음을 느끼고 싶어 한다. 또 다른 사람들, 수많은 사람들은 극적이고 설명되지 않는 체험을 겪는다. 환상이나 환각, 기도에 대한 응답이 오는 것 따위의 일부 체험은 초상적 체험에 근접하며, 다른 체험들은 종교적이거나 신비적이거나 영적인 체험이라 불릴 만한 것들이

---

* 밈플렉스(memeplex) 밈복합체. 문화적 구성요소 복합체. 인간은 수많은 밈(meme)들이 뒤섞여 있는 복합체라는 것.

다. 그런 것에는 황홀경, 빛 속으로 빨려 올라가기, 우주와 일체 되기, 자아 감각의 상실 등이 있다. 이런 체험은 모두 사람들에게 궁금증을 심어준다. 이게 무엇인가? 나는 누구인가? 나는 왜 여기 있는가? 내게 무슨 일이 일어났으며, 그것은 왜 이토록 진짜처럼 느껴지는가?

종교는 그것에 대답을 해준다. 수호천사가 있고, 예수를 보았으며, 천국에 갔고, 너의 영혼을 발견했다. 이런 대답들은 거짓이지만, 사람들은 그 이상의 더 나은 대답이 나오지 않는 한 그런 대답을 거부할 생각이 없다. 과학은 인간의 기원이나 우주의 본성 같은 더 큰 물음에는 대답을 주며, 예전에는 설명되지 않던 OBEs나 수면마비 같은 체험도 설명해준다. 하지만 수많은 체험들은 내가 겪은 것들이 그랬듯이 이보다 더 깊은 차원으로 내려가며, 그런 경우에 과학의 설명 능력은 (지금 단계에서는) 바닥을 드러낸다. 자발적인 신비 체험이든 마약으로 유도되었거나 명상을 통해서든, 자아가 없어지거나 무시간성, 우주와의 합일 등을 체험할 때 이를 어떻게 이해해야 할지 우리는 전혀 알지 못한다.

여기서 우리는 의식 자체의 신비를 만난다. 물리적인 두뇌는 어떻게 우리의 주관적인 삶에 책임을 질 수 있는가? 신경과학자들이 마침내 의식 문제에 열성적으로 달려들지만, 아직도 모든 연구마다 심신의 문제가 웅크리고 있다. 한편으로 우리 인간은 자신이 신체에 거주하는 정신이라고 느낀다. 또 한편으로 이것은 사실일 수 없고, 이원론은 성립하지 않는다. 마음이나 자아가 신체와 분리된 것처럼 보이더라도 이는 틀림없이 착각이다. 하지만 수십 억 개나 되는 신경세포의 활동이 어떻게 주관적인 체험을 창조하고 체험이 되고 그것을 발생시키는지를 도무지 알 길이 없기 때문에 그 착각이 지속되는 것이다. 이원론을 끌어들이지 않고는 의식의 문제도 설명할 수 없다.

기묘한 일이지만 가장 심오한 신비적·명상적 체험은 바로 이 착각을 초월한다고 주장한다. 신비가들은 "모든 것은 하나다"라고 주장한다. '이원성이 아님을 깨닫기'가 선禪 수행修行의 목표라고 한다. '자아 분리라는 착각을 떨치는 것'은 많은 명상가들이 도달한 지점이다. 이런 주장은 초상학의 주장과는 달리 과학과 충돌하지 않는다. 우주는 정말로 하나이고, 분리된 자아라는 것은 정말로 착각이니 말이다. 나는 (도저히 손쓸 길 없이 낙관적인 기대지만) 이원론을 극복할 길을 찾으려는 노력에서 과학과 체험이 한데 합쳐질 수 있기를 희망한다.

거의 40년 전에 있었던 체험을 계기로 나는 먼 길을 떠났다. 그 길에는 초상현상, 심령현상, 영혼, 내세, 초월 세계를 찾아나섰다가 그에 대한 믿음을 포기하는 과정이 포함되어 있다. 여기서 내가 배운 교훈은 심령적·신비적·종교적 체험은 절대로 없어지지 않으며, 의식에 대한 이해를 도와줄 수도 있다는 것이다. 그것들을 우리가 마침내 제대로 이해한다면 삶을 바꾸는 이런 체험을 조롱하거나, 그것을 유령이나 신의 존재 증거라고 우길 필요는 없어질 것이다.

신에 대해 생각하는 방법
―유신론, 무신론, 과학

마이클 셔머(Michael Shermer)
미국의 과학 저술가이자 과학사가다. 그는 회의주의자 학회의 집행부장이며, 과학 저널《스켑틱(*Skeptic*)》의 편집자다. 『다윈은 왜 중요한가: 진화와 지적설계론에 반대하는 사례(*Why Darwin Matters : Evolution and the Case Against Intelligent Design*)』, 『진화경제학(*The Mind of the Market*)』, 『왜 사람들은 이상한 것을 믿는가(*Why People Believe Weird Things: Pseudoscience, Superstition, And Other Confussions Of Our Time*)』 등이 국내에 번역되어 있다.

나는 어른이 된 뒤 평생을 신에 대해 생각하며 보냈다. 존재하지 않을 수도 있는 존재에 대해 30여 년 동안 생각해온 것이다. 이제는 신자가 아니지만, 여전히 내가 인정하고 싶은 이상으로 그에 대해 생각한다. 1970년대 후반에 신을 믿지 않게 된 뒤 직업 생활의 더 많은 부분을 과학, 연구, 저술에, 또 사생활의 더 많은 부분을 가족, 친구, 여행, 천직에 쏟는다면 신의 존재 또는 비존재라는 이슈 전체가 그냥 무너질 것이라고 생각했다. 그런데도 나의 개인적·직업적인 삶 모두에 줄줄이 관련된 이유들 때문에 신은 사라지지 않고 있다.

그 30여 년 동안 나는 거듭난 복음주의적인 그리스도인이었다가 신앙이 없는 과학자, 세속적 인문학자가 되었다. 나는 신과 종교에 대한 책(『*How We Believe* 우리가 믿는 방식』, 1999), 도덕과 종교에 관한 책(『*The Science of Good and Evil* 선악의 과학』, 2004), 진화와 종교에 대한 책(『왜 다윈이 중요한가 *Why Darwin Matters*』, 2006), 그 외에 과학과 종교를 다룬 수백 편의 논문과 수필, 논설, 평론을 썼다.

그러니 신에 대한 내 생각 가운데 지금껏 쓰지 않은 것은 별로 많지 않다. 따라서 여기서는 신에 대해 생각하는 방법에 대해 써보고자 한다. 그것을 메타 신^{MetaGod}이라 부르기로 하자.

호전적 불가지론자: 나의 개인적인 종교 여정

내 가족은 거듭난 신자가 아니었다. 나의 부모 네 분은 모두 전혀 종교적이지 않았다. 하지만 비종교적이지도 않았다. 그저 신과 종교에 대해 별로 생각하지 않으며 살았던 것 같다. 제2차 세계대전과 대공황 시대의 사람들이 다들 그랬듯이, 내 부모님의 희망은 그저 생계를 잇는 것이었다. 그들 중 누구도 대학을 나오지 않았고, 자녀들을 부양하기 위해 힘들게 일했다. 나의 생물학적인 부모는 내가 세 살 때 이혼했고, 둘 다 재혼했다. 어머니는 이미 세 아이가 있는 남자와 재혼했으므로, 그 아이들은 모두 의붓형제가 되었고(글렌, 게리, 캐런), 아버지는 재혼한 뒤 새어머니에게서 두 딸을 낳았으니, 이들은 나의 이복 자매가 되었다(숀과 티나). 내 가족은 미국식 혼합 가정의 정수^{精髓} 그 자체였다. 아이들은 모두 의무적으로 나가던 주일학교(캘리포니아의 라 크레센타에 있는 '불밝힌 창' 교회에서 받은 성서를 나는 지금도 갖고 있다)와 예배, 기도, 성서 강독 등을 간혹 빼먹곤 했지만, 두 가족 어디서도 흔히들 하는 신 이야기는 별로 하지 않았다. 지금까지 내가 아는 한 형제들 중 누구도 그다지 종교적이지 않고, 살아 계신 계부모 두 분도 그렇다. 아버지는 1986년에 심장발작으로 돌아가셨고, 어머니는 뇌종양으로 2000년에 돌아가셨다. 그들 중 누구도 종교를 받아들이지 않았다.

그러니 1971년 고등학교 1학년에 막 올라간 내가 예수를 구세주로 받아들이면서 '거듭났다'고 선언했을 때, 그들이 얼마나 놀랐을지 상상해보라.

"신이 세계를 너무나 사랑했으므로 독자를 주셨고, 그를 믿는 사람은 모두 사라지지 않고 영생을 얻을 것이다."

나의 가장 친한 친구 조지 오클리와 신심 깊은 그의 부모님 간청에 따라 나는 그다음 날 교회에서 요한복음 3장 16절의 이 말을 마치 복음이나 되는 듯이 반복해서 읽었다. 그 말은 물론 복음이며, 행동으로 그 말을 뒷받침하려 할 때 중요한 것은 오로지 그것뿐이다. 그리고 나는 그렇게 했다. 나는 극단으로 치달았다. 심각하게 종교적이었고, 예수가 고통을 겪다 비참하게 죽었다는 믿음을 전적으로 끌어안았다. 그저 인류를 위해서만이 아니라, 나 개인을 위해 그렇게 했다는 것이다. 바로 나를 위해서! 기분이 좋았다. 진짜처럼 느껴졌다. 그 뒤 7년 동안 나는 문자 그대로 그리스도인의 삶을 살았다. 나는 이 집 저 집 문을 두드렸고, 이 사람 저 사람을 만났으며, 신을 간증하고 그리스도교의 복음을 전했다. 나는 한 형제의 표현에 따르면 '성서 거짓말쟁이'였고, 다른 형제의 표현으로는 '예수 광신도'였다. 약간 종교적인 것은 별 문제가 아니지만, 오로지 그것에 대해서만 이야기하면 그런 열정을 공유하지 않는 친구나 가족들과 지내기가 불편해질 수도 있다.

한 가지 해결책은 생각이 같은 신자들하고만 어울림으로써 사교 범위를 좁히는 것이다. 나는 그렇게 했다. 고등학교에서도 그리스도인들과 어울렸고, 성서 연구 수업을 들었으며, 예배당에서 찬송하고 사교하는 모임에 참여했다. 그런 집은 '헛간$^{the\ Barn}$'이라고도 불렸는데, 문자 그대로 헛간처럼 보이는 집이었다. 그리고 신학을 공부하기 위해 페퍼다인 대학으로 진학했다. 그곳은 그리스도교 교회 재단에서 운영하는 대학으로, 매주 두 번 의무적으로 예배에 참여해야 했고, 구약성서·신약성서, 예수의 생애, C. S. 루이스^{Lewis}의 저술 등을 교재로 하는 교과 과정을 진행했다. 나중에 내가 신과 종교와 창조론에 대해 공개 토론을 할 때 이런 신학 훈련이 유용하게 쓰였지만, 그때는 그것을 믿었기 때문에 공부했으며, 신이 실제로 존재한다고 받아들였기 때문에 믿었다. 예수의 부활과 그 밖에 신앙에 포함된 모든 다른 교리도 그랬다.

그다음에 일어난 일은 진화론 교육이 종교적 믿음을 위협한다는 (왜 그럴까? 지식이 믿음에 반대되는 힘인가?) 자신들의 확신을 강화할 방법을 찾는 창조론자와 지적 설계론 지지자들 사이에서 궁금증의 대상이 되었다는 것이다. 캘리포니아 주립대학 풀러턴 캠퍼스 대학원에서 실험심리학 공부를 시작했을 때도 나는 여전히 그리스도인이었다. 비록 신앙의 기초는 곧 이야기할 다른 요인들의 무게에 짓눌려 이미 깨졌지만. 나는 호기심 때문에 학부의 진화생물학 수업을 수강했는데, 그 학기에 그 과목을 가르친 교수는 감당 못할 정도로 원기 넘치는 양서파충류학 연구자이자 대단한 이야기꾼인 바야드 브래트스트롬$^{Bayard\ Brattstrom}$이었다. 수업 시간은 화요일 밤 7시에서 10시까지였지만, 끝나는 곳은 풀러턴 시내의 301클럽이었다. 학생들은 그 나이트클럽에 모여 성인용 음료를 들이키면서 큰 주제에 대해 토론하곤 했다. 페퍼다인 대학에서 다양한 수업을 들으며 온갖 방향의 토론과 독서법을 이미 맛보았지만, 이 수업에는 무엇보다도 동료들의 믿음이 잡다하다는 큰 차이가 있었다. 당시에는 내가 온통 그리스도인 속에서 살지 않았으므로 불가지론자나 설사 무신론자가 된다 하더라도 사회적인 불이익이 생기지는 않았다. 301클럽에서의 토론은 새벽까지 이어졌지만, 실험실이나 교실에서 종교가 화제에 등장한 적은 거의 없었다. 우리는 과학을 하기 위해 그 수업을 들었고, 오로지 그 일만 했다. 종교는 그런 분위기와 전혀 관계가 없었다.

따라서 나의 그리스도교 신앙이 산산이 부서진 것은 진화론을 알았기 때문이 아니라, 어떤 심리적 손실이나 사회적 처벌을 겁내지 않고 어떤 신앙에든 도전해도 괜찮다는 사실 때문이었다. 또 다른 요인들도 있었다. 현실적인 학자 말린 돕킨 디리오스 Marlene Dobkin DiRios 에게 문화인류학 수업도 들었는데, 그녀는 나의 세계관과 시각이 얼마나 고립되었는지 깨닫게 도와주었다. 말린의 수업에서 비교종교학을 배웠으며, 저마다 자신은 옳고 다른 사람은 모두 틀렸다고 나처럼 확고부동하게 믿는 사람들이 이런 양립 불가능한 신앙을 지킨다는 것도 알았다. 또 다른 신앙을 가진 사람들이나 신앙이 없는 사람들을 보기만 하면 끝없이 전도하려 들었던 내가 얼마나 짜증나는 사람이었는지도 알았다. 그런 태도는 자신의 신앙이 유일하게 참된 종교이며, 다른 사람들도 지옥에 가지 않으려면 개종해야 한다고 믿는 데서 나오는 논리적인 결과다. 마침내 신정론에 대해, 또는 악의 문제에 대해(만일 신이 전지전능하고 만인에게 자애롭다면 왜 선한 사람들에게 나쁜 일이 일어나는가?) 생각하면 할수록 신은 무능하거나 악하다는 결론을 피할 수가 없었다. 아니면 그냥 신이 존재하지 않거나. 나는 마지막 결론을 택했고, 이 결론을 아무에게도 말하지는 않았다. 어떤 쪽이든 신경 쓸 사람은 사실 없었으니까. 다만 내 형제들은 내가 그들을 개종시키려고 덤비지 않으니까 아마 마음이 편해졌을 것이다.

이런 온갖 요소를 한데 합치면 어떤 결론이 날까? 무신론자 Atheist?

불가지론자^Agnostic? 비신론자^Nontheist? 무신앙자^Nonbeliever? 인문주의자? 세속적 인문주의자? 똑똑한 사람? 회의론자? 나는 그중에서 어느 것이 맞는지 알기 위해 모두 맛보았다.

유신론자, 무신론자, 불가지론자, 이런 이름에는 뭐가 들어 있는가?

단어의 용법에 관한 한 우리가 가진 최고의 참고서인 옥스퍼드 영어 사전^Oxford English Dictionary : OED에 따르면 **유신론**이란 '하나 또는 하나 이상의 신에 대한 믿음'이며, '우주의 창조자이자 최고 지배자인 하나의 신에 대한 믿음'이다. **무신론**은 '신의 존재에 대한 부정 또는 불신'이다. **불가지론**은 '알지 않고 알려지지 않고, 알 수 없다는^unknowing, unknown, unknowable' 태도다.

마지막 용어는 다윈의 친구이자 진화론에 대한 가장 열정적인 대중 해설자인 토머스 헉슬리^Thomas Henry Huxley가 1869년에 자신의 믿음을 묘사하기 위해 내린 정의다.

지적으로 어느 정도 성숙했을 때 나는 내가 무신론자인지, 유신론자인지, 범신론자인지 자문하기 시작했다……. 더 많이 배우고 성찰할수록 대답은 쉽게 오지 않았다. 신자들은 자신들이 일정한 영지^靈知를 획득했으며, 존재 문제를 대체로 성공적으로 풀었다고 매우 확신한다. 반면에 나는 그렇지 않다고 확신했으며, 그 문제는 풀 수 있는 게 아니라는 확신이 매우 강하게 들었다.

영국의 노벨상 수상자인 피터 메더워 경^Sir Peter Medawar은 과학을 '해결 가능한 것들의 기술^art of the soluble'이라 불렀다. 그렇다면 나는 종교는

신에 대해 생각하는 방법 249

'해결 불가능한 것들의 기술art of the insoluble'이라고 주장하겠다. 즉 신의 존재는 풀어야 할 하나의 문제로 우리의 과학적인 능력 범위를 넘어서 있으며, 따라서 과학의 이해 범위를 초월한다는 것이다.

물론 불가지론적으로 행동하는 사람은 없다. 세계 속에서 행동할 때 우리는 신이 있는 듯이 행동하거나 없는 듯이 행동한다. 그러니 기본적으로 우리는 지적으로는 아니더라도 적어도 행동으로는 선택을 해야 한다. 이 수준에서는 우주에 대한 발언과 자신의 개인적인 믿음에 대한 발언을 구별하는 것이 도움이 된다. 우주에 대한 발언으로서 불가지론은 아마 가장 합리적인 입장으로 보일 것이다. 과학과 이성의 기준에서 신은 알 수 없는 개념이기 때문이다(왜 그런지는 다음에서 보여줄 것이다). 그럼에도 믿음에 관해 내 개인적인 입장을 밝히라고 한다면, 나는 신이 없다고 짐작하며 또한 여기에 맞춰 내 삶을 살아간다고 하겠다. 그렇다면 나는 무신론자다. 하지만 나는 스스로를 회의론자로 부르는 편이 더 좋다. 왜냐고? 말이라고 하는 것은 중요한 문제이고, 이름표가 붙는 순간 그 무게가 달라지기 때문이다. '무신론자'라고 하면 사람들은 신이 없다고 믿는 사람(신이 없다는 건 입증할 수 없기에 기술적으로만 보자면 이 입장은 성립하지 않는다. 부정negative을 증명할 수는 없지 않은가.●)에서 그치지 않고 대개 공산주의, 사회주의, 극단적 자유주의를 연상하고 만다. 나는 경제적 보수주의자이고 또 자유주의자이므로 그런 식의 동일시에 전혀 들어맞지 않는다. 물론 무신론자라는 말을 좀 더 긍정적인 방

● 존재 부정의 증명 경험적인 차원에서 어떤 것이 있음을 증명할 수는 있지만, 없음을 증명할 방법은 없다. 논리적인 차원에서라면 그것이 있다고 가정함으로써 모순이 발생함을 보여주는 '귀류법'이 가능하다. 하지만 이것도 어디까지나 간접적인 방법에 지나지 않기 때문에, 입증책임은 존재(긍정)주장자에게 있음을 의미.

향에서 재규정하려고 시도할 수도 있다. 하지만 《스켑틱》이라는 잡지를 펴내고 있기도 하거니와 매달 《사이언티픽 아메리칸^{Scientific} ^{American}》에 '회의주의자^{Skeptic}'라는 칼럼을 쓰고 있기도 해서, 내 이름표로는 아무래도 회의주의가 더 낫겠다. 회의주의자란 충분한 증거가 제시되어 무효한 가설(어떤 지식의 주장은 그것이 참임이 입증될 때까지는 참이 아니라는 가설)을 기각할 수 있을 때까지는 어떠한 주장도 믿지 않는 사람이다. 난 신이 없는지는 모른다. 하지만 신은 믿지 않는다.

신을 믿지 않는 한 가지 이유는 지적인 것이다. 신의 존재 논증을 납득할 수가 없기 때문이다. 두 번째는 감정적인 이유다. 나는 모든 것에 대해 대답을 들어야만 마음이 편해지는 사람은 아니다. 기질적으로 고도의 모호성과 불확실성을 용납할 수 있다. 그러나 불확실성과 확률적인 세계관을 인정하지 못하는 사람이 많고, 그런 사람들은 지적으로 방어할 수 없는 그 어떤 질문에 대해서도 확정적인 대답을 해서 빈틈을 메워야 한다고 느낀다. 불확실성에 대한 이런 낮은 수준의 관용성은 혹시 진화론적으로 설명될 수 있는 일인지도 모른다. 우리가 진화해 나온 구석기 시대의 환경에서는 모든 것이 주체와 의도를 갖고 있다고 추정하는 편이 거의 항상 성과가 더 좋았다는 사실 때문이 아닐까 한다는 것이다. 즉 기본적으로 물리적 환경에 있는 다른 사람들과 동물, 심지어는 무생물까지도 주체(행동 능력)와 의도(당신에게 영향을 줄 수 있는 방식으로 행동하기)를 갖는다는 입장에서 행동하는 것이 자연 선택에서 더 유리하게 작용했으리라는 것이다. 거짓 긍정(진짜가 아닌데도 진짜라고 가정하는 것)은 우리를 더 신중하게 만들기 때문에 유전자 풀의 한계를 넘어서게 해주지는 못하지만, 거짓 부정(뭔가 존재할 때 그것이 진짜가 아니라고 추정하는 것)은 우리를 모험 성향이 매우 강한 유형으로 만들 수 있기 때문에 실제로 주체와 의도를 갖는 동물의 식사거리가 되게 할 수도 있다.

   신에 관한 질문을 다룰 때 우리가 만나는 문제는 "시간이 시작되기 전에는 무엇이 있었는가?"라든가, "빅뱅이 만일 모든 시공간과 물질의 시작이라면 빅뱅이 일어났을 때 그렇게 폭발한 물질은 모두 어디서 왔는가?"라는 식의 궁극적인 물음을 받으면 확실한 대답을 할 수 없다는 점이다. 과학이 그런 수수께끼에 물음표를 붙인다고 해서 내 마음이 어수선해지지는 않는다. 신학자들도 모두 똑같은 인식론의 장벽에 부딪치기 때문이다. 그들이 그냥 "신이 그렇게 했다"고 말할 때 우리는 그들을 한 걸음 더 떠밀어야 한다. 그렇게 한 걸음 더 밀어붙이면(신학자와 공개 토론회를 열었을 때처럼) 그들은 "자, 인과의 사슬은 어디선가 멈추어야 한다"는 식으로 말할 것이다. 그렇기는 하지. 하지만 왜 신에게서 멈추는가? 왜 그에게서도 한 걸음 더 나가지 않는가? 아니면 그들은 전통적으로 이렇게 제기할 수도 있다. '신은 창조될 필요가 없는 존재'라고. 그래? 그렇다면 우주는 왜 '창조될 필요가 없는 것'일 수 없는가? 이에 대한 응답은 '우주는 사물이나 사건'인 데 비해 '신은 주체나 존재'라는 것이다. 사물이나 사건은 무언가에 의해 창조되어야 하지만, 주체나 존재는 그렇지 않다는 것이다. 하지만 신이 우주의 일부라면, 그 역시 사물이 아닌가? 주체와 존재도 마찬가지로 창조되어야 하지 않는가? 최종적으로는 신이 시간과 공간과 물질 밖에 있으며, 창조될 필요가 없다는 주장으로 돌아온다. 만일 그렇다면, 우리 가운데 누구도 신이 있는지 없는지 알 수 없다. 정의에 따라 유한한 존재는 전적으로 세계 속에서만 움직이기 때문에, 우리가 알 수 있는 것은 자연적이고 유한한 존재와 사물뿐이다.

이 지점에 이르면 왕년에 내가 상대하던 신학자들은 그들 각자의 신앙에 관련된 신의 존재에 대한 보조 논증으로 방향을 돌린다. 그 신앙은 주로 처녀 출산이나 부활 같은 기적을 야기하며, 그리스도인들은 자신들의 신앙을 옹호하다가 죽어간 사도들 가운데 그런 기적이 참이 아니라고 믿은 사람은 절대로 없었을 것이라고 믿는다. 또 그 수백 년 뒤인 지금의 신도 수백만도 착각하고 있을 리가 없다. 그런데 모르몬교도 수백만 명은 모로니 천사가 자기들의 경전 『모르몬경 The Book of Mormon』을 구술시켜 고대 언어로 황금판에 기록했다고 믿는다. 그 황금판은 땅에 묻혔다가 나중에 뉴욕 주의 팔미라 근처에서 조지프 스미스에게 발굴되었고, 스미스는 마법의 돌을 담은 모자의 도움을 받아 그 내용을 영어로 번역했다. 사이언톨로지 신도 수백만 명은 까마득한 옛날에 제누^{Xenu}라는 은하계의 군벌이 다른 태양계에서 외계인들을 지구로 데려왔고, 그들을 세계 곳곳의 화산에 배치한 다음, 수소폭탄으로 증발시키고 그들의 영혼(사이언톨로지의 용어로 하면 테탄^{thetan}이라 불리는 것)을 기체로 흩어버렸다고 믿는다. 테탄은 현대인들에게 달라붙어 마약과 알코올의존증과 우울증, 그 밖에 다른 심리적·사회적 질병에 빠지게 만드는데, 그 증세를 고칠 수 있는 것은 사이언톨로지뿐이라고 믿는다. 어떤 명제의 진실성은 그것을 믿는 사람의 수와는 별개 문제인 게 분명하다.

이런 것들은 모두 아주 오래된 논쟁이며, 수백 년 동안 그들 세대의 가장 위대한 사상가들에 의해 펴져나갔다. 그런 내용은 내 책 『How We Believe』와 『왜 다윈이 중요한가』에서 깊이 있게 다루었다. 지금 여기서는 신 문제에 관한 내 입장을 잘 요약해주는 어떤 자동차 범퍼 스티커의 내용을 인용하는 것으로 족하다.

"공격적 불가지론자: 나도 모르고 당신도 모른다."

신은 무엇인가?

종교학자들의 연구는 신을 믿는 서구 산업 세계 주민의 절대다수가 모두 일종의 일신교를 지지한다는 사실을 밝혀준다. 그런 일신교에서 신은 전지전능하고, 완벽하게 선하다(완벽하게 자비롭다). 무로부터 우주와 만물을 창조해내고, 인간을 사랑하며 영생을 허용해줄 수 있는 것이 그 신이다. 그 자신은 창조된 것이 아니고 영원하며, 육체가 없는 정신 noncorporeal spirit 이다. 그 신의 동의어는 전능한 분, 최고 존재, 최고의 선함, 지고의 존재, 신성한 존재, 신, 신성, 아버지 하느님, 아버지이신 신, 신성한 아버지, 왕 중의 왕, 군주 중의 군주 lord of lords, 창조자, 모든 것의 제안자, 하늘과 땅의 제작자, 제1의 원동자 原動者, 세계의 빛, 우주의 지배자 등등이다.

당신은 이런 신이 존재한다고 믿는가? 당신은 이 신이 존재함을 부정하는가? 아니면 이런 신의 존재에 대한 논의가 없어도 되는가? 아니면, 이 신의 존재에 대한 판단을 유보하는가? 신의 존재를 주제로 로스앤젤레스 성서 연구소 Bible Institute of Los Angeles 의 탤벗신학교 Talbott School of Theology 교수인 신학자 더그 기베트 Doug Geivett 와 행한 전국적인 토론에서 우리 앞에 놓였던 세 가지 선택지가 이것이었다. 나의 대답은 이중적이다. 먼저, 증거를 제시해야 하는 책임은 신의 존재를 반증하려는 무신앙자가 아니라, 신의 존재를 입증하겠다는 신자들이 져야 한다. 부정사 negative 를 입증할 수는 없지만, 나는 이시스, 제우스, 아폴로, 브라마, 가네샤, 미트라, 알라, 야훼, 심지어는 날아다니는 스파게티 괴물(FSM) 등이 존재하지 않음을 증명할 수 없다고 얼마든지 주장할 수 있다. 하지만 이런 신의 부재를 증명할 수 없다고 해서 그것들이 믿음에 적합한 대상(숭배의 대상임은 물론이고)이 되지는 않는다. 절대로 그렇지 않다. 둘째, 심리학·인류학·역사·비교신화학·사회학 등의 연구에 의거해서 신과 종교는 인간과 사회가 구성해낸 것임이 입증되었다.

인간이 신을 창조한 것이지, 그 역이 아니라는 증거

대충 얼기설기 계산한 근사치로만 추산해도 인류는 1만 년이 넘는 지난 역사에서 1만 개의 상이한 종교와 신 1000명을 창조해냈다. (예를 들어 옥스퍼드 『World Christian Encyclopedia 세계 그리스도교 백과사전』에 따르면, 오늘날 전 세계에는 적어도 1만 개 이상의 지역 종교가 있다고 한다.) 야훼가 하나의 진정한 신이고, 아몬 라·아프로디테·아폴로·바알·브라마·가네샤·이시스·미트라·오시리스·시바·토르·비슈누·보탄·제우스 및 986개의 다른 신이 가짜 신일 확률은 어느 정도인가? 회의주의 계통의 글에서 자주 되풀이되는 말이지만, 모든 사람은 이런 두 번째 부류의 신들에 대해서는 무신론자다. 우리는 그저 무신론의 범주에 신 하나를 더 추가한 것일 뿐이다. 문화적인 무대에 이처럼 많은 신들이 나와 있으니, 십계의 첫 세 항목에서 보듯 야훼가 그토록 질투심이 많은 것도 이상한 일은 아니다.

"① 내 앞에서 다른 신을 갖지 마라. ② 우상을 만들지 마라. ③ 그들 앞에서 머리를 숙이거나 숭배하지 마라. 나는 너의 신이며, 질투하는 신이기 때문이다. 부모들의 불공평에 대해 아이들을 벌하며, 나를 거부하는 자들에게는 3세대, 4세대가 지나도록 처벌할 것이다……."

으윽! 생각해보라, 법정에 이런 글을 걸어두고 싶어 하는 그리스도인들이 미국 전역에 있다니.

나는 인간이 신을 만든 것이지 그 역이 아니라는 강력한 증거가 있다고 믿는다. 예를 들어 20세기의 미국에서 태어난 사람은 야훼가 전지전능한 우주의 창조자이며, 예수라는 육신으로 현현했다고 믿는 그리스도인이 될 가능성이 매우 크다. 20세기의 인도에서 태어난 사람은 브라만이 불변적이고 무한하고 투명한 모든 물질과 에너지와 시간과 공간의 창조자이며, 인도에서 가장 많이 숭배되는 신인 가네샤를 통해 육신으로 현현했다고 믿을 힌두교도가 될 가능성이 매우 크다. 화성인 인류학자가 있다면 이런 분석 수준에서는 지구의 모든 종교가 다르지 않다고 할 것이다.

아브라함에서 발원하는 대종교 세 가지 중에서 어느 하나가 옳다고 누가 말할 수 있겠는가? 그리스도인은 예수가 구세주이며 천국에서 영생을 누리려면 그를 받아들여야 한다고 믿는다. 하지만 유대인은 예수를 구세주로 받아들이지 않고, 모슬렘도 마찬가지다. 그리스도인은 성서가 신에게서 전해지는 무오류의 복음이라고 믿지만, 모슬렘은 코란이 신의 완벽한 말씀이라고 믿는다. 그리스도인은 그리스도가 마지막 예언자라고 믿는다. 모슬렘은 무함마드가 마지막 예언자라고 믿는다. 모르몬교도는 조지프 스미스가 마지막 예언자라고 믿는다. 이런 노선의 생각을 조금 더 밀고나가 보면, 사이언톨로지교도는 L. 론 허바드Ron Hubbard가 마지막 예언자라고 믿는다. 예언자는 너무 많은데, 선택할 시간은 별로 없다.

그런 종교들에 나오는 대홍수 신화는 비슷한 문화의 영향을 받았음을 보여준다. 성서에 나오는 노아의 홍수보다 수백 년 전인 기원전 1800년경, 길가메시 신화가 씌어졌다. 바빌론의 대지의 신인 에아^{Ea}는 우트나피시팀^{Utnapishtim}에게 다른 신들이 홍수를 일으켜 모든 생명을 없애려 한다고 경고하고, 입방체 모양의 방주를 만들라고 지시했다. 그 방주는 높이와 폭, 깊이가 각각 60미터가량이며 7층으로 이루어져 있고, 각 층은 아홉 개의 방으로 나뉘며, 각 생물종 한 쌍씩을 태운다.

처녀 수태 신화도 이와 비슷하게 다양한 시간대와 지역에서 출현한다. 남자 측의 도움 없이 수태했다고 알려진 사례에는 디오니소스, 페르세우스, 붓다, 아티스, 크리슈나, 호루스, 헤르메스, 로물루스, 그리고 나사렛 예수가 있다. 고대 그리스의 술의 신인 디오니소스와 예수의 닮은 점을 살펴보라. 둘 다 처녀인 어머니에게서 태어났고, 어머니는 인간이었지만 아버지는 하늘의 왕이었다. 둘 다 죽은 이들의 세계에서 돌아왔으며, 물을 포도주로 바꾸었고, 창조자의 살과 피를 먹고 마신다는 생각을 도입했다. 그리고 둘 다 인류의 해방자로 알려졌다.

부활 신화도 이에 못지않게 문화적인 구성요소를 갖고 있다. 오시리스는 이집트에서 삶과 죽음과 풍요의 신이며, 기록으로 전해지는 가장 오래된 신 가운데 하나다. 오시리스는 기원전 2400년경의 피라미드 문서에 최초로 등장하는데, 그 무렵이면 이미 그의 신도 집단이 제대로 형성되어 있었다. 이교^{異敎}가 억압되기 전까지 초기 그리스도교 시대만 해도 널리 숭배되던 오시리스는 구원자이자 내세에서는 죽은 자들에 대한 자비로운 심판일 뿐만 아니라 풍요성과도 결부되는 신인데, 그의 업무로는 나일 강의 범람(지리적으로도 적합한)과 작물의 성장이 가장 눈에 띈다. 이집트 왕들은 죽으면 오시리스와 뗄 수 없이 연결되며, 오시리스가 죽은 자들 사이에서 부활할 때 그들 역시 함께 부활한다고 알려졌다. 신왕국 시대가 되자 파라오만이 아니라 죽어야만 하는 인간들도 오시리스에 의해, 오시리스와 함께 부활할 수 있다고 믿었다. 이는 물론 올바른 종교 제의를 수행해야 가능한 일이다. 어디서 많이 들은 이야기 같은가? 메시아 설화라는 점에서 오시리스는 그리스도보다 2500년 앞선다.

예수가 십자가에 못 박힌 직후, 또 다른 메시아가 출현했다. 소아시아의 아폴로니오스Apollonius of Asia Minor는 추종자들에게 자신이 신의 아들이라고 주장했고, 닫힌 문을 통과해서 걸어갈 수 있으며, 병든 자를 고쳐주고, 악령을 내쫓고, 죽은 소녀를 되살려냈다고 말했다. 그는 마술을 부린 죄목으로 고발되어 로마의 법정에 세워졌고, 감옥에 갇혔지만 도망쳤다. 그의 추종자들은 그가 죽은 뒤에 자신들 앞에 나타났다가 승천했다고 주장했다. 1890년대까지만 해도 토착 아메리카인들의 '유령춤Ghost Dance'은 파이우트Paiute족 인디언인 워보카Wovoka라는 인물을 중심으로 이루어졌다. 그는 일식이 진행되는 동안 고열에 들뜬 환각을 겪으면서 신이 보낸 환상을 본다.

"오래전에 죽은 사람들이 살아 있을 때 하던 활동과 일을 계속하고 있으며, 모두 행복하고 영원히 젊은 모습을 보았다. 살기 좋은 땅이었고, 사냥감은 얼마든지 있었다."

워보카의 추종자들은 선조들을 부활시키고, 버펄로를 다시 오게 하고, 백인들을 인디언 영토에서 몰아내려면 여러 시간 동안, 때로는 여러 날 동안 계속되는 제례 춤을 추어야 한다고 믿었다. 이 유령춤은 억압당하던 인디언을 통합시켰지만 포학한 미국 정부 관리들의 경계심을 유발시켜, 결국은 운디드니에서의 학살로 이어진다.

이것이 내가 '탄압-구원'이라 부르는 신화인데, 죽음을 속이고 곤경을 극복하며, 얽어매는 사슬을 내던져버리는 것이다. 좋은 이야기란 그저 한 곳에만 묶여 있지는 않는 법이다.

나의 ET 책략: 셔머의 마지막 법칙과 신에 대한 과학적 조사

거의 모든 유신론자에게 신의 존재는 맹목적인 신앙이나 지리적 상황, 문화적 구축의 문제가 아니다. 신에 대한 그들의 신념은 다른 사람들이 지식에 대해 갖는 확신만큼이나 강하다. 무신론자들도 신의 존재는 인식할 수 있다는 믿음을 긍정하며, 신이 존재한다는 증거가 불충분하다고 주장함으로써 경험과학의 인식론적 경기장 안에서 신을 다룬다. 마치 신이 실재한다는 충분한 증거가 등장한다면 무신론자들도 적어도 원칙적으로는 그의 존재에 동의해야 하는 것처럼 말이다. 그들이 동의할까? 무신론자와 유신론자 모두가 동의할 수 있는 어떤 증거가 나타나야 이 문제를 최종적으로 끝낼 수 있을까? 난 그런 것은 없다고 본다. (내가 스스로를 불가지론자나 회의주의자라고 부르는 것을 선호하는 또 다른 이유이기도 하다.) 그 이유를 들어보자.

앞에서 보았듯이 대부분의 유신론자는 신이 우주와 그 속의 만물, 별, 행성, 생명을 창조했다고 믿는다. 지적 설계 이론가들도 이를 믿는다. 창조론이 법적으로 패배한 뒤, 최초의 수정 조항을 우회하기 위해 그들은 신을 지적 설계자라고 규정했다. 내가 묻고 싶은 것은 이것이다. 우리는 전지전능한 신 또는 지적 설계자$^{\text{Intelligent Designer(ID)}}$를 지극히 힘이 세고 정말로 영리한 외계 지성체$^{\text{Extra-Terrestrial Intelligence(ETI)}}$와 어떻게 구별할 수 있는가? 그런 존재를 찾으러 나간다면(유신론자와 무신론자가 모두 그렇게 하고 있다고 주장하듯이), 우리는 셔머의 마지막 법칙이라 부르는 문제를 만나게 된다. 즉, **충분**

히 진보한 모든 외계 지성은 신과 구별되지 않는다는 것이다.

내가 쓰는 책략(ET=ID=God)은 진화론과 지적 설계 창조론과 외계 지적 생명체 탐사Search for Extra-Terrestrial Intelligence(SETI) 프로그램을 통합해서 만든 것으로, 다음의 관찰과 추론으로 도출될 수 있다.

관찰1 생물학적 진화는 기술적 진화에 비하면 빙하가 움직이는 속도만큼이나 더디다: 그 이유는 생물학적 진화는 다원적인 것이고 번식성공differential reproductive success•이 여러 세대에 걸쳐 계속되어야만 일어나는데 비해, 기술적 진화는 라마르크적이고 한 세대 안에서도 보완될 수 있기 때문이다.

관찰2 우주는 매우 크고 태반이 비어 있는 공간이므로, 외계의 지성과 접촉할 확률은 아주 적다. 예를 들면 우리의 가장 원거리 우주선인 보이저 1호는 태양에 대한 상대 속도가 초속 1만 7246킬로, 또는 시속 6만 2085킬로미터다. 보이저 1호가 가장 가까운 성단인 4.3광년 거리에 있는 알파 켄타우르스 성단으로 간다면(실제로는 그렇지 않지만) 거기 닿기까지는 상상도 못할 세월인 7만 4912년이 걸릴 것이다.

추론1 우리보다 조금 더 발달한 외계 지성과 만날 확률은 거의 0에 가깝다. (외계인이 어떻게 생겼든 그들은 우리가 공상과학 영화와 TV에서 보는 것 같이 생소한 억양의 토막 영어를 쓰는 두 발 달린 영장류는 분명히 아닐 것이다. 이런 모습은 상상력과 의상 예산에 지워진 한계의 산물이다). 우리가 만날 어

• 번식성공(differential reproductive success) 한 개체에 나타난 변이 형질의 유전자가 집단에 널리 퍼지게 되는 현상. 새로 나타난 형질을 선택하는 번식이 성공했다는 의미.

떤 외계 지성이든 우리보다 뒤떨어졌거나(이 경우에는 그들을 만나려면 우리가 그들의 행성에 착륙해야 한다), 아니면 우리보다 앞선 존재들이다. 그런 외계 지성은 우리보다 얼마나 앞서 있을까.

관찰3 지난 세기에 과학과 기술이 세계를 변모시킨 정도는 그 전의 100세기 동안 변한 것보다 훨씬 더 크다. 수레에서 비행기까지는 1만 년이 걸렸지만, 동력 비행기에서 달 착륙까지는 고작 66년밖에 걸리지 않았다. 18개월마다 컴퓨터의 능력이 두 배로 커진다는 무어의 법칙 Moore's Law 은 약화되지 않고 계속 통용되지만, 지금은 그 주기가 1년으로 줄어들었다. 컴퓨터 과학자들은 제2차 세계대전 이후 2배속 주기가 32번 있었다고 계산하며, 빠르면 2030년에 특이점 the Singularity 에 도달할지도 모른다. 특이점이란 전체 컴퓨터 능력이 지금까지 우리가 상상했던 모든 것을 초월하는 수준에 도달해 거의 무한해 보일 것이며, 그럼으로써 상대적으로 말해 전지全知의 상태와 별로 다르지 않은 지점을 말한다. 그렇게 되면 세계는 지난 1000년 동안 변한 것보다 앞으로 10년 안에 더 많이 변할 것이다.

추론2 이런 추세를 수만 년, 수십만 년 또는 수백만 년으로 확장해보면 외계 지성이 얼마나 발달한 존재인지를 사실적으로 평가할 수 있을 것이다. DNA처럼 비교적 단순한 것을 생각해보자. 우리는 유전과학이 시작된 지 고작 50년이 지난 지금, 이미 유전자공학을 실행하고 있다. 우리보다 5만 년 앞선 외계 지성이 있다고 하면, 그는 전체 게놈, 세포, 다세포 생물, 복잡한 생태체계를 모두 구축할 수 있을 것이다. (이 글을 쓸 때 유전학자인 J. 크레이그 벤터 Craig Venter 가 최초의 인공 게놈을 만들었고, 지금은 종합 박테리아를 구축하는 작업을 하고 있다.) 어쨌든

신에 대해 생각하는 방법 **261**

생명의 디자인도 분자 조작의 차원에서는 단지 기술적인 문제일 뿐이다. 그다지 멀지 않은 우리의 후손들, 또는 우리가 만날지도 모르는 외계 지성에게는 생명을 창조해내는 능력도 그저 과학기술적인 솜씨에 불과한 일이 되어 있을 것이다.

추론3 오늘날 우리가 고작 지난 반세기 동안 발전한 과학과 기술로 유전자를 가공할 수 있고 포유류를 복제하고 줄기세포를 조작할 수 있다면, 앞으로 10만 년 동안 외계 지성이 그에 걸맞은 과학과 기술의 발전 능력을 가지고 어떤 일을 할 수 있을지 생각해보라. 우리보다 100만 년 앞선 외계 지성이라면 행성과 별은 얼마든지 창조할 수 있다. 무너지는 블랙홀에서 우주가 창조되어 나왔다면(일부 우주론자들은 이것이 가능하다고 생각한다), 충분히 발전한 외계 지성은 별 하나를 블랙홀로 붕괴시킴으로써 우주 전체를 창조해낼 수도 있다. 생명, 행성, 항성, 심지어 우주도 만들어낼 수 있는 외계 지성을 우리는 무어라 부르겠는가? 그런 공학을 실행하는 데 사용되는 기반 과학과 기술을 안다면 우리는 그것을 외계 지성이라 부를 것이다. 하지만 그 과학과 기술을 모르는 사람들은 그것을 신이라 부른다.

자연과 초자연

과학은 초자연이 아니라 자연 속에서 작동한다. 심지어 나는 초자연이나 비정상이라는 것은 없다고까지 주장한다. 그저 자연적인 것, 정상적인 것, 자연적인 원인으로는 아직 설명하지 못한 수수께끼들이 있을 뿐이다. '초자연적'이나 '비정상적'이라는 단어의 사용은 단지 자연적·정상적 원인을 찾아낼 때까지 언어적으로 자리를 표시해두는 수단일 뿐이다. 그런 것을 찾지 못해 흥미를 잃고 조사를 중단할 수도 있다. 이런 일은 과학에서는 늘상 일어나는 일이다. 한때는 초자연적이거나 비정상적이라고 여겨지던 수수께끼(천문학적이거나 기상학적인 사건들)가 이해되고 나면 과학에 포함된다.

그런 과정은 오늘까지도 계속되고 있다. 이를테면 우주학자들이 은하계의 구조와 움직임을 설명하는 데 필요한 '누락된 질량'이라는 것을 가리켜 '암흑 에너지 dark energy' 또는 '암흑 물질 dark matter'이라 부르는 것이 그런 예다. 암흑 에너지와 암흑 물질이란 에너지와 물질의 실제 기원이 발견될 때까지 붙여두는 임시 용어에 불과하다. 유신론자, 창조론자, 지적 설계 이론가들이 기적과 무로부터의 창조 행위에 호소하는 지점에서, 그들의 탐사는 끝난다. 반대로 과학자들에게는 그런 수수께끼와 문제를 확인하는 것이 시작에 불과하다. 과학은 신학이 떠난 곳에서 시작한다. 내가 제일 좋아하는 시드니 해리스˙가 재치 있게 묘사한 만화에서, 수학자 두 명이 칠판에 수학 공식을 줄줄이 쓰면서 중간에 기도문을 끼워넣는 것처럼, 유신론자나 창조론자가 "그리고 기적이 일어난다"고 말하면 나는 만화의 대사를 인용한다.

"나는 당신이 여기 제2단계에서 입장을 더 분명하게 밝혀야 한다고 생각해요."

위대한 일신교를 창조해낸 우리의 청동기 시대 선조들에게, 세계와 생명을 창조하는 능력은 신의 것이었다. 그러나 창조의 기술을

● 시드니 해리스(Sidney Harris) 1917~1986. 뉴욕 브루클린에서 태어난 언론인, 삽화가, 만화가. 과학 잡지나 공상과학 소설에서 복잡한 수학·물리학 수식 중간중간에 '여기서 기적이 일어나', '여기 좀 더 똑똑하게 설명해보시지' 등의 말풍선을 끼워넣거나 아인슈타인의 공식을 변조하거나 실험실에서 블랙홀을 만드는 식의 만화를 그림.

알고 나면 초자연은 자연이 된다. 따라서 나의 책략이 시작된다. 과학이 발견할 수 있는 유일한 신은 자연 존재일 것이고, 시공간에 존재하며, 자연법칙에 규제되는 실체다. 초자연적인 신은 자연 세계의 일부가 아니기 때문에 과학으로는 알려지지 않는다. 그러므로 과학은 이 신을 알지 못한다.

증명 끝 QED(quod erat demonstrandum).

양면적인 무신앙

태너 에디스(Taner Edis)
미국 트루먼 주립대학의 물리학 조교수다. 저서로는 『The Ghost in the Universe: God in Light of Modern Science(우주 속의 유령: 현대 과학의 빛으로 본 신)』, 『Science and Nonbelief(과학과 무신앙)』, 『An Illusion of Harmony: Science and Religion in Islam(조화라는 망상: 이슬람교에서의 과학과 종교)』 등이 있다.

나는 신자가 아니다. 자연을 넘어서는 초자연적인 실재나 영적인 실재가 있다고 생각하지 않는다. 또 세속적인 인간이기도 하다. 나는 조직적인 종교가 내 삶에 간섭하는 것을 좋아하지 않는다.

나의 무신앙nonbelief을 설명해야 한다면, 내가 매우 세속적인 환경에서 자랐다는 데서부터 시작해야 할 것이다. 나는 살아오면서 세속적인 만족을 추구했고, 지금은 또 다른 매우 세속적인 하부 문화의 일부인 대학교의 물리학과 교수가 되었다. 실존 위기(죽음을 만나고, 대단한 야심이 실패하고, 세속적인 성취가 공허하게 느껴지는 등의 일)가 한 개인 존재의 초월적인 깊이를 열어주는 것이라면, 내 경험은 아직 그런 업적을 달성하지 못했다. 내게 영적인 기질이 있는 것 같지는 않다.

더 이상 다른 말을 할 필요는 없다. 결국 정치에서의 종교적 보수주의 문제가 아니라면 나는 종교를 무시할 수 있다. 함께 어울린다고 해서 모두 같은 견해를 가져야 하는 것은 아니다. 내 방식의 세속적인 삶의 자세는 삶에 대한 수많은 다른 방향성 가운데 하나일 뿐이다.

그러나 무신앙자들이 가진 기묘한 특징이 있다. 그냥 내버려두는 방법을 모르는 것 같다. 우리 중의 일부는 평화를 방해하고, 초자연적인 주장이 잘못이라고 주장한다. 우리의 정체성은 이성적인 신념 형성에 대한 확신 및 초자연적인 것을 거부하는 이유와 결합되어 있다. 출생과 여건의 우연적인 요소를 지적하는 것으로는 충분하지 않다. 우리의 환경은 따지고 주장하기를 좋아하는 기질을 만들어낸다. 우리가 제시하는 이유들, 저마다의 삶이 세세하게 어떤 내용으로 채워져 있는지 여부와 상관없이 모든 사람에게 인정되어야 한다고 생각하는 이유는 우리에게 **중요하다**.

나는 이런 괴상하고 논쟁적인 사람에 속한다. 내가 생각해도 좀 놀랍기는 하지만, 과학과 종교에 대해 생각하고 글을 쓰는 데 많은 시간을 보낸다.[1] 기필코 이유를 제시해야 할 것 같은 기분도 분명히 있다. 나는 철학적이거나 윤리적인 관심에 집중되는 이유보다는 과학을 중심으로 하는 이유를 더 좋아한다.

가령, 전적으로 선한 신이 어떻게 그토록 많은 고통을 담은 세계를 관장할 수 있는가 하는 문제를 보자. 악의 문제는 불신앙 ^{disbelief}의 철학적인 이유로 가장 유명한 것이며, 지금까지도 계속 울려퍼지고 있다. 그렇지만 인간 세계를 실제로 관장하면서도 인간의 복지에 대해서는 상관하지 않는 초자연적인 주체가 있는지도 모른다. 적어도 복지 문제를 거의 모든 신학이 생각해온 것과 같은 방식으로는 생각하지 않는 주체 말이다. 악에 관한 토론은 흥미 있지만, 논의를 더 넓은 범위로 확장해야 한다.

여기서 이 문제를 해결하기 위해 전통 철학에 너무 많이 의존할 수는 없다고 생각한다. 가령 전능성이라는 것이 터무니없음을 보여주기 위해 신이라는 개념에 담겨 있는 모순을 드러내려는 무신론자들의 노력을 생각해보라.[2] 비판적인 눈으로 읽으면 이런 논의에 있는 허술한 구멍이 너무 쉽게 보인다. 그런 노력이 논점을 벗어났다고 말하고 싶지는 않다. 신학자들이 자기들이 받드는 신을 일관성 있는 존재로 그릴 마음이 없다면, 누군가는 그들을 정직하게 만들어야 한다. 하지만 관습적인 종교철학에는 어딘가 불모(不毛)의 분위기가 감돈다. 강조점을 바꿀 필요가 있다.

도덕에 입각한 종교 비판 역시 매력적이기는 하지만, 그리 멀리 나가지 못한다. 종교적 환경에서 살다보면 무신앙자들은 자신들이 괜찮은 인간이 아닐지도 모른다는 의혹에 시달린다. 사실 이런 것은 짜증스럽다. 나는 무신앙자들이 그런 종류의 난센스에 강력하게 대응했으면 좋겠다. 그러나 무신앙자들이 온갖 종류의 사회악과 폭력을 종교 탓으로 돌려 비난하는 것도 별로 교훈적이지는 않다. 그들의 비난에는 일말의 진실이 담겨 있으며, 종교가 온통 달콤하고 찬란한 빛만은 아니라는 점을 상기시키는 용도로 활용할 수는 있다. 하지만 현대의 자유주의적·도덕적 합의를 끌어다가 종교의 폭력을 비난하는 것은, 이런 합의가 세속적인 휴머니스트뿐만 아니라 자유주의적인 종교인들의 작품이기도 하다는 점을 잊어버린 처사다. 회의론자와 진정한 신자들을 더 광범위하게 비교하는 것도 도움이 안 된다. 토크마다스•와 스탈린의 점수를 어떻게 매길

• 토크마다스(Torquemadas) 15세기 에스파냐의 추기경, 엄격한 종교재판을 시행했던 도미니크파 수도사.

까? 죽인 사람의 수가 기준인가? 무신론자가 스탈린주의를 유사 종교의 일탈이라고 폄하한다면, 가톨릭 권위주의가 그리스도의 사랑을 배신한다고 주장하는 그리스도인에 대해서는 어떻게 평가할까? 모든 중요한 정치 전통은 그 손에 피가 묻어 있다. 내가 속한 계몽주의적 세속주의도 마찬가지다.

과학적 이유

의심할 만한 더 좋은 이유는 세계가 어떻게 작동하는지에 관해 인간의 근대적 지식이 만들어낸 최고의 산물인 과학이 제공한다. 무신앙자들은 물리학, 진화생물학, 인지신경학, 비판적 역사, 그 밖에 종교와 접하는 다른 과목들을 끌어다 논의를 전개할 수 있다.

누구나 다 그런 논의가 적절하다고 동의하는 것은 아니다. 과학은 자연의 사실에 관한 것이며, 종교는 의미와 도덕에 관한 이야기라고 생각하는 사람들이 많다. 또는, 복잡한 종교는 궁극적인 형이상학적 실재에 대한 주장일 텐데, 그런 주장은 과학을 통해 판단될 수 없는 것들이다. 도대체 무한한 존재에 관한 실험을 어찌할 수 있느냐 말이다.

나는 그 같은 반대는 과학과 종교 두 가지 모두를 잘못 나타내는 것이라고 생각한다. 과학은 흰 실험 가운을 입고 벌이는 활동에만 그치지 않는다. 가장 허깨비 같은 형이상학도 현실을 기준으로 점검받을 수 있다. 초자연에 대한 믿음은 육신을 떠난 혼령과 상호 작용할 수 있다는 생각이라든가, 우주는 신의 설계에 의한 것이며 창조는 단순한 물리학으로 환원될 수 없다는 생각 등을 포함할 수도 있다. 이런 것들은 조사를 통해 정보를 얻는 비판의 대상이다. 그런 일을 할 때 우리는, 특히 근대 과학이 등장한 뒤에는 관련성 있는 내용을 많이 알게 되었다. 우리는 인간들이 신인동형적神人同形的이 아닌 광대한 우주, 그것을 관장하는 신의 흔적도 찾아볼 수 없는 우주에 살고 있다는 것을 알아냈다. 사실 과학은 우리가 그때까지 알고 있던 많은 것을 잊어버려야 한다고 요구했다. 저 깊은 곳에서의 세계는 매일매일의 삶에서 우리에게 너무나 큰 도움이 되는 직관적 기대치에 따라 작동하지 않는다. 의식도 못하는 사이에 진행되는 과정을 거쳐 정교한 생물학적 적응이 이루어진다. 양자역학의 임의적 세계에서는 인과관계라는 개념조차 허물어진다. 그리고 널리 공유되는 인간의 직관과는 반대되는 것이지만, 우리 세계의 어떤 사항에 대해서 설명하는 데 초자연적인 주체는 필요 없는 것 같다.

그렇다고 해서 과학과 종교가 적이라는 말은 아니다. 과학제도와 종교제도의 관계의 역사는 전혀 복잡하지 않다. 오늘날도 과학공동체는 무신앙과 거리를 두고 있다.[3] 그렇기는 해도 근대 과학의 자연주의적인 경향 및 초자연적인 믿음과 과학 간의 지적 갈등은 매우 생생하다. 과학은 그냥 나무 정령이나 악한 눈과 맞서면서 발전해온 것이 아니다. 그것은 불멸의 영혼, 설계하고 창조하는 신, 의미의 투명한 출처에 대해서도 의심을 던진다. 현재의 광범위하게 과학적인 실재관에서 초자연적인 주체 따위는 모두 생뚱맞게 보인다.

이렇게 말하면 나는 과학주의자라는 비난을 자초하게 된다. 하지만 모든 주장을 판단하는 표준으로 저 위쪽 어딘가에서 내려주신 과학적인 방법 같은 것이 있다고 추정할 필요는 없다. 과학자들은 여러 방법을 사용하며, 그 방법들에 대해 논쟁하고 개정하면서 자신들이 조사하는 것들에 대해서 알아가는 능력을 개선시키기를 바란다. 내가 생각하기에는 광범위하게 자연주의적인 지식이 알려준 방법이 가장 효과적인 것 같다. 위자보드*를 들여다보는 것이 아니라 이중 은폐 연구**지만 말이다. 어쨌든 지식을 얻는 최고의 방법은 우리 세계의 자연에 의거하는 것이다. 방법에 관한 논쟁은 자연과 초자연에 관한 더 광범위한 논쟁의 일부다. 주위 세계를 조사하고 돌아다니기도 전에 미리 방법에 관해 철갑같이 완고한 결론을 내려두어야 할 필요는 없다.

이런 이야기는 모두 복잡하게 들리는데, 사실 어느 정도는 그렇다. 하지만 흔히 초자연적인 주장들이 과학적 이해 앞에서 굴복하는 방식은 아주 명백하다. 현재 물리학에 대한 가장 기본적인 이해인 양자역학의 근본적인 임의성을 생각해보라. 임의성이란 일정한 유형이 전혀 없는 상태이므로 양자적 사건 배후에 어떤 원인이나 목적이 있다고 추론할 수 없다. 종교 사상가들은 신이 이런 임의적 사건이 일어나도록 조처해두었을 가능성이 여전히 있다고 지적하는데,⁴ 그 말은 옳다. 예를 들면 동전을 던져서 누가 오늘 저녁 설거지를 할지를 결정하는 것처럼, 어떤 목적을 위해 우연성을 이용할 수 있는 것이다. 하지만 물리학 배후에 그런 목적이 있다 하더라도 물리학 자료에서 그 목적이 추론되지는 않는다. 신을 지지하는 논쟁은 물리학 영역에서 물러서야 한다. 그런데 생물학, 두뇌과학, 인류 역사, 사회과학에서도 대체로 같은 일이 벌어진다. 물리학 배후에 원인이나 궁극적인 목적이 없을 가능성은 점점 더 기본적인 출발점으로 자리 잡아가고 있다. 게다가 자연의 임의성은 생물학에

---

* 위자보드(ouija board) 점술판.
** 이중 은폐 연구(double blind studies) 실험의 참가자와 연구자 모두가 은폐되어 행해지는 연구.

서의 다윈 진화론에서든, 인지신경과학에서든 창조성과 지성을 설명하는 데 도움이 되기도 한다.[5] 인물과 목적은 단지 물리적 세계 안의 일로만 설명되는 추세다. 신은 점점 더 믿기 힘든 존재가 되어 간다.

그러니 과학을 중심으로 해서 신에 반대하는 고발을 제기하는 논쟁 가운데 결정적인 것은 없다. 과학적 자연주의는 우리 세계에 관한 매우 광범위하고 야심적인 이론이지만, 다른 어떤 이론과 마찬가지로 그것도 틀릴 수 있다. 양자역학이나 진화론처럼 현대 과학에서 너무나 중요한, 광범위한 틀 역할을 하는 이론들과 똑같이 자연주의는 어떤 절대적 증거의 혜택을 누리지 않는다. 그것이 우리에게 각인되는 방식은 평범한 일상의 사실과는 다르다. 더욱이 자연주의는 아직 진행 중인 과도기적인 작업이다. 인간 심리에 대한 설명 등의 여러 분야에서 자연주의자들은 완전히 다듬어진 결과물을 제시하는 것이 아니라, 더 많은 진보를 향한 발전과 밝은 전망을 가리켜 보인다. 그럼에도 불구하고 지적 생활의 여러 모퉁이에서 자연주의적인 접근법은 이제 그 분야에서 앞으로 나아가기 위한 올바른 방법으로 당연시되고 있다. 이 말이 참인 까닭이 초자연적 실재가 없기 때문이라고 대답하는 것은 그리 어렵지도 않다.

도덕성에서 동기를 얻다?

어쩌면 자연주의가 오늘날 지적으로 으뜸가는 선택인 이유를 너무 대단하게 생각하지 말아야 하는지도 모른다. 자연주의를 세속적 하부 문화의 무조건적인 배경으로 받아들일 수도 있다. 결국 자기들의 종교 문화에 흠뻑 젖어 있는 수많은 그리스도인들도 성서에 오류가 없다고 당연시하니 말이다. 무신앙자들도 아마 그와 비슷할 것이다.

사실 나는 과학적 사고를 가진 무신앙자들의 과학관에는 자연주의가 전제되어 있다는, 영적 가능성이나 그 밖의 다른 인식 방식에 대해 폐쇄적이라는 비난을 걸핏하면 듣는다. 아마도 신은 멀리서 접근할 대상이 아니며, 자연과학과 세속적 철학에 전형적인 초연한 분석 태도로 접근할 대상이 아닌지도 모른다. 신은 **사적인** 관계를 요구한다. 초자연적인 것은 기도와 헌신이라는 종교적 삶을 통해 드러난다. 그런 상황에서 신은 일상의 사실들처럼 아주 구체적으로 실재하는 것이다. 더욱이 초자연적 실재는 우리가 성자聖子의 자기희생에 감탄하고, 위대한 예술을 바라보고, 우주가 우리 같은 의식적인 존재를 왜 만들어내야 하는지의 신비를 직면하는 순간에 반짝이는 힌트를 날린다.

그런 관점에서는 과학적 논쟁 자체가 부차적인 것으로 여겨질 것이다. 다들 존재의 최고 목표로서 신 중심 개념의 대안으로 내세워진 도덕적 열정이 무신앙을 밀고나가는 추진력이라고 여길 것이다. 무신앙을 지지하는 동기는 실재하지만 좁은 범위에 국한되는 과학의 성공이 아니라 불편한 진실을 초연하게 인식하는 주체로서의 자의식에서 오는 만족감이다.[6]

여기에 약간의 진실이 있다. 무신앙은 과학적·철학적 논쟁보다는 도덕적 확신에서 동기를 얻는 경우가 많다. 내게도 그런 면이 얼마쯤 있다. 어렸을 때 나는 종교 이야기들이 동화와 비슷하다고 생각했다. 하지만 내가 본 그 유사성이 종교 전체에 해당되었을 리는 없다. 내가 자라난 하부 문화는 조직적인 종교를 반동 정치학의 연원으로 볼 때 외에는 그것에 대한 관심이 거의 없는 분위기였으니까. 유령과 신이 내게는 한 번도 그럴듯해 보이지 않았다면, 이는 내가 세속적 도덕관을 받아들인 탓이 크다. 초자연적인 것에 관련된 논의에 이처럼 많이 관여해온 지금도 그런 도덕적 확신은 여전히 남아 있다. 누군가가 이슬람을 받아들이거나 예수를 영접하라고 요청한다면 나는 거부할 것이다. 그 이유는 그들의 주장이 전체적으로 믿기 힘들기 때문만이 아니라, 나의 세속적 자의식에 위배되기 때문이기도 하다.

하지만 그런 점은 별로 걱정되지 않는다. 영적 실재를 정확하게 인식하려면 도덕적인 고결함과 정통 신앙이 필요하다고 주장하는 종교 전통은 많다. 그런 전통의 세속적 등가물이 있을 수도 있다. 결국 유령이나 신이 없다면 초연한 이성을 지지하는 도덕적 세계관이 그런 사실을 발견할 가능성이 더 많아진다. 반드시 그렇게 되는 것은 아니지만, 각자의 도덕적인 태도 때문에 우리는 특정한 가능성들에 폐쇄적일 수도 있다. 우리가 가진 최고의 지식을 사용해서 초자연적인 실재가 하나라도 존재하는지 파악하기 위해 개방적이 되도록 노력할 수는 있다. 우리는 어떤 방법과 태도가 가장 효과적인지 먼저 알고 시작하는 것이 아니다. 오직 자신이 있는 자리에서만 시작할 수 있고, 주위를 이리저리 탐문해보고 다른 시각이 있다는 것을 깨달으면서도 우리가 알게 된 것들을 진지하게 받아들인다. 방법과 세계관은 개정할 수 있다. 이 맥락에서 초자연적 실재에 반대하는 논의가 독자적으로 확립될 수 있다. 그런 논의는 그것을 지탱하던 도덕적 발판 가운데 일부가 와해된 뒤에도 그대로 버틸 수 있다. 나는 세월이 지나면서 내가 물려받은 계몽주의적 세속주의에 대해 양면적인 태도를 갖게 되었고, 종교적 삶의 방식이 가진 복잡성과 적절한 매력을 더 잘 알게 되기를 바란다. 동시에 과학 전반에 대한 포괄적인 고찰과 초자연적인 것에 대한 회의주의는 더 깊어졌다. 이는 대부분 논쟁 덕분인데, 그것 외에 과거의 다른 확신들은 중요하지 않다.

종교의 과학

나는 과학을 중심으로 하는 논의들이 특히 중요하다고 생각한다. 왜냐하면 탐구를 하다 보면 그 스스로 초자연적인 것에 대한 믿음을 지지할 수도 있기 때문이다. 근대 초기에는 새로운 과학이 신이 자연을 창조했음을 분명하게 밝혀주리라고 생각한 과학자들이 많았다. 우리는 세계에서 섬세한 마법이나 신에 의한 설계를 발견했을 수도 있었다. 하지만 그와 반대로 초자연적인 주체는 자연과학만이 아니라 세계에 대해 뭔가를 배우겠다는 중요한 과제 전체에 어울리지 않았다. 신학자들은 확연한 신의 현전現前(presence)은 인간의 자유에 대한 간섭이라고(그래서 신이 우리 앞에 모습을 드러내지 않는 것이라고) 주장할지도 모르지만, 그런 핑계는 어째서 자연이 신이 존재한다는 증거를 주지 않는지에 관심을 집중시킬 뿐이다.

더욱이 한때 물리적 자연 너머에 있다고 생각되던 것들(인간의 역사와 경험 등)이 이제는 예외적인 현상처럼 보이지 않는다. 과학적 충동은 종교적 체험까지 포함하는 인간을 자연 속에서 연구하려는 것이다. 초연한 이성이 그 과제를 담당할 적임자 명단에 자동적으로 오르는 것은 아니다. 직관과 비판에 필요한 거리가 얼마쯤 있어야 한다. 어쨌든 돌을 던지거나 나무를 타는 데 포함되어 있는 우리의 직관적 물리학은 일상적 현상을 넘어선 곳에서는 간단하게 실패해버린다. 직관적 생물학은 우리를 창조론 쪽으로 끌어간다. 직관적 심리학에 대해서도 자동적으로 긍정하면 안 된다. 특히 경험과 직관에 관련된 두뇌 메커니즘은 바로 우리가 조사해야 하는 대상이니 더욱 그렇다.

다른 말로 하면, 과학적 자연주의자들은 정교한 종교심리학을 필요로 한다. 이는 다윈 전의 무신앙자들이 진화론 같은 이론을 필요로 했던 것과 똑같다. 아직은 완벽하고 강력한 종교 과학이 없다. 자연주의가 아직도 제대로 건설되어 있지 않은 몇몇 분야 가운데 하나가 여기다. 그렇기는 해도 최근에는 진화와 종교의 인지과학 분야에 대한 기대되는 연구가 몇 건 있다.[7] 이 연구는 초자연적인 것에 관한 논의에 점점 더 많은 영향을 미칠 것이다. 사실 종교에 관한 현재의 연구는 더 큰 프로젝트, 일종의 더 높은 실재로 대하기보다는 문화와 자연 속에서의 의미를 이해하려는 기획의 일부이다.

그런 연구는 초자연적인 실재에 반대하는 사례에 힘을 실어준다. 하지만 무신앙의 문제에서 그것이 갖는 의미는 더 애매모호하다. 초자연적인 것에 대한 믿음이 정상적인 인간의 인지에 얼마나 깊이 뿌리내리고 있는지 알고 나니까, 교육을 더 받고 세속적으로 더 안정되면 초자연적인 믿음이 사라질 것이라는 기대를 하기가 더욱 힘들어진다. 우리가 알고 있는 조직적인 종교는 물론 변할 것이다. 하지만 초자연적 실재에 대한 믿음이나 신 개념을 중심으로 하는 삶의 방식은 사라질 것 같지 않다.

그것만이 아니다. 나는 과학과 도덕성에 관한 세속 철학을 공부하다보니 도덕적 다원주의로 기울어진 경우이다. 복잡한 사회에서는 안정적이고 자기 증식적인 생활방식이 여러 가지 있으리라고 예상해야 한다. 이런 여러 생활방식은 각기 다른 도덕관을 지지할 것이다. 그것들은 저마다 다른 만족감을 증진시킬 것이고, 이런 삶의 방식을 경험한 사람들은 돌이켜 생각한 다음에는 대부분 그것들을 승인한다. 우리가 택할 수 있는 생활방식이 모두 이런 도덕적 생태 환경에서 살아남을 수 있는 것은 아니지만,[8] 특정한 관심 및 합의 내용과 전혀 관계없이 보편적인 도덕성을 달성할 수는 없다.

만일 우리가 삶에서 흥미를 느끼는 것이 오로지 유령과 신에 대한 호기심을 만족시키는 것뿐이라면, 초자연적 주체가 존재할 가능성은 지극히 낮아 보일 것이다. 하지만 실제로는 전혀 그렇지 않다. 비종교적인 삶의 방식은 우리의 다른 관심사를 호기심과 나란히 두며, 그렇게 함으로써 무신앙을 유지할 수 있다. 하지만 종교적인 삶의 방식은 초자연적인 것에 이끌리는 인간의 본성을 긍정함으로써 많은 사람을 만족시킨다.

그러므로 무신앙은 아마 상당한 정도로 기질과 여건에 달린 문제라는 게 사실일 것이다. 나의 세속적 정체성은 특정한 사실을 더 명료하게 보는 데 도움이 된다. 초연한 추론으로 종교적 주장을 상대해야 한다고 생각하는 태도도 그렇다. 하지만 이 명료성에는 대가가 있다. 복잡한 종교사상가들이 세속적인 만족을 넘어 더 높은 삶의 의미 쪽으로 대화의 방향을 이끄는 것도 우연한 일이 아니다. 나와 같은 무신앙자들은 그런 의미를 부정해야 한다. 많은 사람들에게 더 높은 의미(공동체적 정체성 및 명료한 도덕적 목적과 함께)란 진정으로 중요한 것이다. 이런 맥락에서는 초자연적인 것에 대한 호기심의 만족 따위는 거의 중요하지 않다.

결국 나는 여전히 애매모호한 입장이다. 초자연적인 것에 대한 믿음이 잘못이라는 점에 대해서는 확신한다. 하지만 '무엇이 참일 것 같은가'와 '무엇을 **믿어야** 하는가'는 다른 물음이다. 믿음의 문제가 누구에게서나 참인 하나의 대답만 갖는다고는 생각하지 않는다. 종교적 삶의 방식을 누리는 사람들이 좀 더 나와 비슷해져야 한다고 요구할 수는 없다.

주

1 Taner Edis, *The Ghost in the Universe: God in Light of Modern Science* (Amherst, NY: Prometheus Books, 2002); Taner Edis, *Science and Nonbelief* (Westport, CN: Greenwood Press, 2006).
2 Michael Martin and Ricki Monnier, *The Impossibility of God* (Amherst, NY: Prometheus Books, 2003).
3 Edis, *Science and Nonbelief*.
4 David J. Bartholomew, *God, Chance and Purpose: Can God Have It Both Ways?* (Cambridge: Cambridge Unoversity Press, 2008).
5 Taner Edis, "Chance and Necessity—And Intelligent Design?", Matt Young and Taner Edis, eds., *Why Intelligent Design Fails: A Scientific Critique of the New Creationism* (New Brunswick, NJ: Rutgers University Press, 2004).
6 Charles Taylor, *A Secular Age* (Cambridge, MA: Belknap Press of Harvard University Press, 2007).
7 Taner Edis, "Religion: Accident or Design?", Jeseph Bulbulia et al, eds., *The Evolution of Religion: Studies, Theories and Critiques* (Santa Margarita, CA: Collins Foundation Press, 2008).
8 Owen Flanagan, *The Problem of the Soul: Two Visions of Mind and How to Reconcile Them* (New York: Basic Books, 2002).

불신앙의 도래

J. J. C. 스마트(J.J.C.Smart)
반세기 이상을 형이상학, 과학철학, 심리철학, 종교철학, 철학적 윤리학, 정치철학 분야에 기여한 저명한 철학자다. 오스트레일리아 모나쉬 대학의 철학과 석좌교수다.

내 경우에는 불신앙^{disbelief}이 은밀하게 다가왔다. 부모님과 의견을 달리하거나 그들을 언짢게 만들기는 꺼려졌다. (나중에 보면 그들은 별로 언짢아하지 않은 것 같았지만.) 또 내가 자라온 그리스도교라는 종교에 감정적으로 끌리기도 했다. 그러면서도 버트런드 러셀 같은 사람의 회의주의적 주장을 지적으로 즐겼다. 나는 러셀처럼 그리스도교 교리가 과학적으로 터무니없는 것이라고 보았다. 또 『The Ethics of Belief $^{믿음의 윤리}$』를 읽고 저자인 윌리엄 K. 클리포드$^{William\ Clifford}$가 증거 없이 믿는 태도의 잘못을 논한 입장을 좋아했는데, 지금 이런 입장을 훌륭하게 대중화한 사람이 생물학자인 리처드 도킨스다. 데이비드 흄$^{David\ Hume}$은 이 문제에 관해 확실하게 정곡을 찔렀다. 기적이 나타났다는 보고가 있거나 그런 주장이 제기되면, 그것을 인간의 고지식함이나 악행의 결과로 보는 게 가장 합당한 태도일 것이다.[1] 대부분의 종교는 이 시험을 통과하지 못한다. 확실하게 살아낭을 수 있는 것은 엄격한 공리주의, 또는 우리의 놀라운 우주와 그 아름다운 법칙에 경외감을 나타내는 데서 멈추는 범신론 정도뿐이다. (이 말은 칸트가 "머리 위에 있는 별이 총총한 창공과 내 마음속에 있는 도덕 법칙"에 대해 감격했을 때보다 지금 더욱더 사실이다.) 그리스도교는 매우 역사적인 종교이며, F. H. 브래들리^{F. H. Bradley}의 『Presuppositions of Critical History^{비판적 역사의 전제들}』 같은 저서는 핵심을 제대로 찌른다. 마가복음을 다룬 존경스럽지만 회의주의적인 저서에서 신학자 D. E. 나인햄^{D. E. Nineham}이 보이는 태도도 마찬가지다. 어쨌든 그리스도교에 대해 내가 걱정했던 것은 그 인간 중심성 및 우리 은하계와 다른 은하계에 지적 생명체가 있을 가능성 때문이었다.

진리의 최고 시금석인 전체 과학의 빛에 비추어 그리스도교의 개연성 문제를 따져볼 때, 기적 이야기(부활 이야기도 마찬가지)는 쉽게 무시할 수 있다. 정의상 기적이란 과학적 개연성에 상반된다. 처음²에 나는 과학적 개연성이라는 것을 휴리스틱•으로만 생각해서, 명제는 올바르게 분석되어야 하되 독자적으로 성립될 수 있는 분석이어야 한다고 주장했다. 그러다가 나중에는 과학과 철학 사이에 엄격하게 선을 긋고 싶은 마음이 사라졌으므로, 과학적 개연성은 더 직접적인 형이상학적 함의를 담은 것이라고 생각했다.

자신들에게 불편하게 느껴지는 것은 믿지 않는다는 방법론을 실제로 지키는 사람들이 있다는 건 사실이다. 사람은 좋았지만 교육을 잘못 받은 것 같은 어떤 부인이 기억난다. 내가 다윈 이론을 전제하며 이야기하자 그녀는 그 이론은 감정적으로 자기 취향이 아니라면서 거부했다. 다윈 이론을 의심한 적이야 한 번도 없었겠지만, 나

• 휴리스틱(heuristic) 스스로 발견하게 하는 학습법.

도 어렸을 때는 이 부인과 좀 비슷하지 않았을까 걱정이 된다. 더 자란 뒤에 비해 나의 신학이 비판적 역사학과 과학적 개연성의 영향을 충분히 받지 않았을 때 말이다. 우리는 과학적인 방법을 사용해야 한다. 믿음으로는 문제를 해결할 수 없다.

주

1 David Hume, *An Inquiry Concerning Human Understanding*, section X, part 2를 보라.
2 J. J. C. Smart, "Plausible Reasoning in Philosophy", *Mind* 66 (1957), pp. 75~77.

신 없는 우주론

빅터 J. 스텐저(Victor J. Stenger)
하와이 대학의 물리학·천문학 석좌교수이며, 콜로라도 대학에서는 철학과의 외래교수다. 여러 저서 가운데 『Has Science Found God?(과학이 신을 찾아냈는가?)』와 『물리학의 세계에 신의 공간은 없다(God: The Failed Hypothesis)』가 특히 유명하다.

최근 들어 그리스도교 변증론자들은 과학과 종교 사이에는 아무 갈등도 없으며, 사실은 근대 과학이 성서의 가르침을 극적으로 확인해주었다는 주장으로 뻔뻔스럽게도 대중을 오도했다. 가령 디네시 드수자 Dinesh D'Souza 는 2007년에 펴낸 책 『What's So Great About Christianity? 그리스도교는 어떤 점에서 그토록 위대한가?』에서 이렇게 말한다.

근대 과학자들은 창세기에 대한 경이적인 확인 과정에서 우주가 에너지와 빛의 원초적인 폭발로 창조되었음을 발견했다. 우주는 시공간 속에서 출발했을 뿐만 아니라, 우주의 기원은 또한 공간과 시간의 시작이기도 했다. 시작이 있는 모든 것에는 원인이 있다는 것을 받아들인다면 물질적 우주에는 비물질적이거나 영적인 원인이 있다.[1]

모든 문화에는 창조 신화가 있으며, 이런 이야기가 성서의 독점물은 아니다. 게다가 창세기에 나오는 이야기는 근대 우주론과 전혀 닮지 않았다. 거기서는 태양, 달, 별 전에 지구가 만들어졌다. 그러나 사실은 최초의 별이 생성된 지 80억 년 뒤에 지구가 생성되었다. 단단히 고정되고 움직이지 않는 지구를 중심에 두는 성서는 빅뱅이 설명하는 확장하는 우주를 예견했다는 공을 절대로 차지할 수 없다.

그러나 드수자의 주된 주장은 시공간을 포함하는 우주가 무한히 작은 크기와 무한히 높은 밀도의 단일체로 시작되었다는 사실을 빅뱅이 보여주었다는 것이다. 30년 동안 그리스도교 변증론자인 윌리엄 레인 크레그 $^{William\ Lane\ Craig}$ 는 시작하는 모든 것에는 원인이 있으며, 우주에 시작이 있으니 거기에도 외적 원인이 있어야 한다고 주장했다.² 크레그는 제1원인, 또는 아리스토텔레스와 아퀴나스가 신이라 부른 최초의 원동자^{原動子} 를 그 원인과 동일시한다.

크레그는 1970년대에 스티븐 호킹$^{Stephen\ Hawking}$ 과 로저 펜로즈$^{Roger\ Penrose}$ 가 제시한 우주가 하나의 특이점으로 시작되었다는 수학적 증거를 바탕으로 자신의 결론을 세운다.³ 호킹과 펜로즈의 결론은 아인슈타인의 일반 상대성이론에서 도출된다. 그런데 드수자, 크레그, 그 외 다른 유신론자들이 무시하는 것은 20년도 더 전에 호킹과 펜로즈가 자신들의 주장을 철회했고, 양자역학을 고려할 때 어떤 특이점^{singularity} 도 발생하지 않는다는 데 동의했다는 사실이다. 드수자는 호킹이 1988년에 쓴 베스트셀러 『시간의 역사$^{A\ Brief\ History\ of\ Time}$』의 53쪽을 언급한다. 여기서 호킹은 이렇게 말한 것으로 되어 있다.

"빅뱅 특이점$^{Big\ Bang\ singularity}$ 이 분명히 있었을 것이다."⁴

나는 호킹이 쓴 책의 다른 어디서도 이 발언을 찾지 못했다. 사실 그 몇 페이지 앞에서 호킹은 그와 정반대의 이야기를 한다.

그러므로 결국 우리(호킹과 펜로즈)의 작업이 일반적으로 받아들여졌고, 요즘은 거의 모든 사람이 우주는 빅뱅 특이점으로 시작되었다고 가정하고 있다. 내 생각이 바뀌고 난 지금, 나는 우주의 시작에 사실은 그런 특이점이 없었다고 다른 물리학자들을 설득하려고 애쓰고 있으니 좀 아이러니하다. 나중에 보겠지만, 일단 양자 효과가 고려되고 나면 그런 것은 사라질 수 있다.[5]

내가 2003년에 하와이에서 윌리엄 레인 크레그와 논쟁했을 때, 나는 펜로즈와 호킹이 자신들의 제안을 철회했음을 꼼꼼하게 설명했다. 그런데도 몇 달 뒤 콜로라도 대학 캠퍼스에서 그의 이야기를 들었을 때, 그는 여전히 창조자를 지지하는 증거를 제공하기 위해 그 특이점 논의를 사용하고 있었다. 이 글에 대해 그의 웹사이트는 우주가 무한한 고밀도 상태로 시작되었다고 또다시 말하는 그의 1991년 논문을 수정하지 않았다.[6]

빅뱅이 시작될 때 특이점 같은 것은 전혀 없었다. 시공간은 물론 우주도 창조자의 행위나 바깥의 힘에 의해 그 시점에서 시작되었다고 주장할 근거는 없다. 사실 근대의 우주론은 시공간 속에서의 시작도 끝도 없는 무한한 우주를 가리켜 보인다. 빅뱅은 우리가 집이라 부르는 하부 우주로 연결되는, 저 큰 우주 속에서 벌어지는 하나의 일화다.

하지만 그 우주에 시작이 있다고 해서 반드시 원인도 있다는 뜻은 아니다. 드수자는 나를 가리켜 이렇게 말한다.

"물리학자 빅터 스텐저는 우주가 '원인이 없을' 수도 있고, '무로부터 출현'했을 수도 있다고 말한다."

그는 코웃음을 친다.

"심지어 가장 철저한 회의주의 철학자인 데이비드 흄도 이런 입장은 터무니없다고 보았다……. 흄은 1754년에 이렇게 썼다. '나는 어떤 것도 원인 없이 생성될 수 있다는 주장처럼 터무니없는 명제는 한 번도 단언한 적이 없다.'"[7]

흄은 1754년에 양자물리학을 몰랐으니 책임을 면할 수 있다. 하지만 현대 사람인 드수자와 크레그는 그럴 수 없다. 양자물리학이 발견된 지 한 세기도 더 지났으니 말이다. 시작되는 모든 것에는 반드시 원인이 있어야 한다는 그들의 주장은 틀렸다. 양자역학의 관례적인 해석에 따르면, 어떤 것도 빛을 발산하는 원자 천이*나 방사선을 만들어내는 원자 붕괴의 '원인이 아니라고' 한다. 이런 현상은 저절로 일어나며, 우리가 판단할 수 있는 것은 그 확률뿐이다.

1983년에 호킹과 제임스 하틀$^{James\ Hartle}$은 우리 우주의 자연적 기원을 말해줄 모델을 만들어냈는데, 그 모델은 지금도 물리학과 우주론에서 알려져 있는 모든 내용에 충분히 부합한다.[8] 이것은 평판 높은 과학 잡지에 평판 높은 과학자가 발표한 자연에 관한 수많은 시나리오 가운데 하나일 뿐이다.[9] 데이비드 애트카츠$^{David\ Atkatz}$의 리뷰에 따르면,[10] 하틀-호킹 모델의 한 가지 변형에서 우주는 우리의 과거 속으로 무한히 확장되어 있는 그 전 우주에서의 양자터널효과$^{quantum\ tunneling\ process}$(양자터널작용)에 의해 출현했다고 한다. 그 터널은 완전한 혼돈 지역을 통과한다. 나는 이 모델에 관해 매우 자세한 수학적 내용까지 밝혀냈고, 철학적 학술 논문과 단행본의 형식으로 발표했다.[11]

---

* 원자 천이(原子遷移, atomic transition) 원자 내부에서 전자가 적절한 에너지와 함께 광자를 흡수해 원래 궤도에서 도약한 뒤 다른 궤도로 올라가는 현상. 또는 하나의 양자 상태에서 다른 양자 상태로 이동하는 현상. 양자도약(quantum leap)이라 불리기도 한다.

지금까지 발표되어 있는 우주의 자연적 기원을 위한 시나리오는 모두 현재의 지식과 일관된다. 그러나 특별하다고 입증된 것은 하나도 없다. 그러므로 우리 우주가 존재하는 방식이 바로 이것이라고 말할 수는 없지만, 완전히 구상된 작업 시나리오가 여러 개 갖추어져 있다는 사실은 우주를 만들어내는 데 초자연적인 원인이 필요하다는 어떤 주장이라도 반박할 수 있다.

하틀과 호킹이 만든 것 같은 우주론적 모델이나 좀 더 일반적인 견해에 따르면, 우주의 최초 순간은 최대한의 엔트로피를 지닌 블랙홀이었을 것으로 짐작된다. 즉 그것은 완전한 혼돈이자 어떤 일관된 정보도 거의 없는 상황이었다. 다시 말해 최초의 우주에는 그 전 상태로부터 전해진 정보가 전혀 없었다는 것이다. 창조자가 있다 한들 우주에는 그에 대한 기억이 전혀 남아 있지 않다.

자, 우주의 최초 엔트로피는 최대한이었지만, 그 최대한조차도 매우 작았다. 당시의 우주가 매우 작았기 때문이다. 우주의 부피가 증가하면서 최대 엔트로피가 증가한다. 그리하여 열역학 제2법칙을 어기지 않으면서도 질서가 형성될 여지가 생긴다.

빅뱅이 일어나기 위해 어떤 특별한 정보가 투입될 필요는 없었고, 그것이 137억 년 전에 출현했을 때 어떤 물리학 법칙도 위반하지 않았다. 우주의 평균 에너지 밀도를 최근에 측정한 결과에 따르면, 그것은 빅뱅이 시작될 때의 전체 에너지가 0일 때 우주가 가져야 하는 것과 똑같은 값이었다고 한다. 즉 우주를 만드는 데 그 어떤 외부 에너지도 필요하지 않았다는 것이다. 플러스 운동에너지는 똑같은 크기의 중력이 갖는 마이너스 위치에너지에 의해 상쇄되어 우주의 전체 에너지는 0이다.

알빈 플란팅가 Alvin Plantinga 같은 신학자들은 이런 종류의 치밀한 균형을 중요하게 활용하려고 시도했다. 그것이 신에 의해 '조정'되었기 때문에 인간이 존재할 수 있다는 주장이다. 초기 우주에서 에너지 불균형이 약간이라도, 10의 60제곱분의 1이라도 생겼다면 우주는 너무 짧은 시간 안에 붕괴해서 생명체가 형성되지 못했거나, 별들이 제대로 형성되기도 전에 너무 빨리 팽창해버렸을 것이다.[12]

다음에 또 다른 보기가 있는데, 이것은 매우 아이러니하다. 신학자들은 물리학을 모르다 보니 그들 자신뿐만 아니라 다른 사람들까지 오도한다. 사실 플러스 에너지와 마이너스 에너지 사이의 균형은 매우 정확하다. 우주는 창조된 것이 아니라 에너지가 0인 상태에서 무(無)로부터 자연스럽게 생성되었기 때문이다. 이 보기는 신이 존재한다는 주장에 도움이 되기는커녕 그가 존재하지 않는다는 새 이유를 하나 더 제공할 뿐이다.

물리학의 상수들이 워낙 미세하게 조정된 것이어서, 그런 조정이 없었다면 우리가 알고 있는 생명은 존재하지 않았을 것이라는 주장을 좀 더 살펴보자. 이 주장은 흔히 '인류 원리'●라 불린다.[13] 이 원리의 약한 버전 weak anthropic principle(약한 인류원리)의 내용은 중요하지 않다. 당연히 우리는 자연의 상수들이 우리에게 맞춰진 우주에 살고 있다. 그렇지 않았더라면 우리는 여기 있지 못할 테니까.

인류 원리의 더 강한 버전 strong anthropic principle(강한 인류원리)에 따르면, 상수들이 어떤 식으로든 선택되어 우리를 만들어냈다. 유신론자들은 신이 그렇게 했다고 말한다. 과학자들은 여러 다른 상수가 가진 여러 개의 우주가 있다는 대안 multiverse(다중우주론)을 제안했다. 그러므로

● 인류 원리(The anthropic principle) 또는 인본 원리. 현대 물리학계에서 유행하는, 인간이라는 존재가 인간과 자연을 설명한다는 생각. 즉, 인간의 탄생을 위해 우주 안의 물리 상수들이 적절하게 기획되고 미세하게 조정되었다는 생각.

우리는 인류 원리의 약한 버전에 따라 우리에게 적절하게 맞춰진 우주에 살고 있다는 것이다.

많은 유신론자들이 우주가 여러 개 있다는 생각을 비웃었다. 다른 우주는 우리가 관찰할 수 없는 것이므로 그런 생각은 과학적이지 않다는 것이다. 그들은 또 여러 개의 우주 가설은 '필요 이상으로 실체를 부풀림'으로써 오컴의 면도날 원칙을 위반한다고도 주장한다. 그러나 과학은 직접 관찰할 수 없는 것을 다루는 일도 많고, 다중우주론은 모든 기존 자료와 일치하는 현대 우주 이론에 의해 제안된 것이다.

게다가 오컴의 면도날은 대상이 아니라 가설을 다룬다. 분자 모델은 우리가 다루어야 하는 대상의 숫자를 수십 조의 수십 조 배나 늘렸다. 그런데도 그 전의 다른 모델들에 비하면 그것은 절약 능력이 훨씬 뛰어나다. 이와 비슷하게 단일 우주로 우리 자신을 국한시키려면 가설을 추가로 도입해야 하기 때문에, 단일 우주 모델이 오히려 오컴의 면도날 원칙을 어기게 된다.

하지만 단일 우주에서도 미세 조정에 대한 주장은 성립되지 않는다. 그것은 우리가 알지 못하는 생명체에 대해 아무것도 말하지 않는다. 서로 다른 상수와 물리학 법칙이 있다면 삶의 형태가 어떻게 달라질지 평가할 방법은 우리에게 없다.

뿐만 아니라 우리 우주는 결코 인간의 삶을 위해 미세하게 조정된 것으로는 보이지 않는다. 우리는 무척 작은 이 행성에서만 존재할 수 있다. 지구에서 보이는 우주에는 수조 개의 은하계가 있는데, 다들 별을 수천 억 개씩 가지고 있다. 그 별들 간의 거리는 인간의 기준으로는 너무나 멀기 때문에, 우리는 이 육신을 지닌 채 태양계

밖에 나타날 가능성은 절대로 없을 것이다. 더 나아가 우리의 시야 너머에는 더 많은(최소한 10의 50제곱만큼의) 우주가 있다. 가장 성능 좋은 망원경으로 보이는 우주는 대략 40억 광년 거리에 있지만, 전체에서 보면 사하라 사막의 모래 한 알갱이에 불과하다. 그런데도 우리는 모든 인간의 생각을 들어주고 제일 좋아하는 축구팀을 승리로 이끌어주고, 특별히 선택된 사람들이 비행기 사고를 견디고 살아남도록 보장해주면서도, 동시에 그 모든 입자가 가는 길을 따라가는 최고의 존재가 존재한다고 생각하라는 것이다.

뿐만 아니라 완벽하고 전능한 신이 왜 인류를 위해 우주를 조정해주려고 핸들을 돌려야 할까? 그는 신이니까 애당초 일을 제대로 처리했어야 했다. 우리가 외계든 어디든 다른 장소에서도 살 수 있게 만들었어야 했다.

마지막으로, 유신론자가 무신론자에게 던지는 가장 흔한 질문을 던져보자. 그들이 자신만만하게 신의 문제에 대한 최종 결정타라고 생각하는 질문이다.

"왜 무가 아니라 존재인가?"

이것은 원초적인 존재의 질문primodial existential question이라 불린다. 저명한 철학자 아돌프 그륀바움Adolf Grünbaum은 이 물음이 잘못 구성되었음을 보여주었다. 그것이 사물의 자연 상태를 '무'로 상정하기 때문에 '뭔가'가 존재하려면 어떤 원인이 있어야 한다고 가정하게 된다는 것이다.[14]

그의 주장은 어떤 것something이 무nothing보다는 더 자연스러운 상태라는 물리학 논쟁으로 보완될 수 있다. 자연에서 물질계의 시스템은 저절로 더 단순하고 대칭적인 상태에서 더 복잡하고 비대칭적인 상태로 바뀌는 경향이 있다. 가령 외부 에너지(열)가 없을 때 수증기는 응결해서 액체인 물이 되며, 그다음에는 응결되어 얼음으로 변한다. 무는 '어떤 것'보다 더 단순하므로 우리는 무가 저절로 어떤 것으로 바뀔 것이라고 기대한다. 노벨 물리학상 수상자인 프랑크 윌첵$^{Frank\ Wilczek}$이 왜 무가 아니라 뭔가가 있는지에 대해 질문을 받았을 때 한 대답처럼, "무는 불안정하다$^{Nothing\ is\ unstable}$."[15]

우주가 무로부터 생성되었다면 물리학 법칙은 바로 그것들이 그렇게 되어야 하는 상태임을 보여줄 수도 있다.[16] 별, 행성, 산, 당신과 나는 그저 응결된 무다.

주

1 Dinesh D'Souza, *What's So Great About Christianity?* (Washington, DC: Regnery Publishing, Inc., 2007), p. 116.
2 William Lane Craig, *The Kalām Cosmological Argument*, Library of Philosophy and Religion (London: Macmillan, 1979).
3 Stephen W. Hawking and Roger Penrose, "The Singularities of Gravitational Collapse and Cosmology", *Proceedings of the Royal Society of London*, series A, 314 (1970), pp. 529~548.
4 D'Souza, *What's So Great About Christianity?*, pp. 121~122.
5 Stephen Hawking, *A Brief History of Time From the Big Bang to Black Holes* (New York: Bantam Books, 1988), p. 50.
6 William Lane Craig, "The Existence of God and the Beginning of the Universe", *Truth: A Journal of Modern Thought* 3 (1991), pp. 85~96; www.leaderu.com/truth/3truth11.html, 2008년 7월 31일 자 포스트.
7 D'Souza, *What's So Great About Christianity?*, p. 125; Victor J. Stenger, "Has Science Found God?", *Free Inquiry* 19/1 (Winter 1998/1999), pp. 56~58; J. Y. T. Greid, ed., *The Letters of David Hume* (Oxford: Clarendon Press, 1932), p. 187.
8 James B. Hartle and Stephen W. Hawking, "Wave Function of the Universe", *Physical Review* D28 (1983), pp. 2960~2975.
9 Alexander Vilenkin, "Boundary Conditions and Quantum Cosmology", *Physical Review* D33 (1986), pp. 3560~3569.
10 David Atkaz, "Quantum Cosmology for Pedestrians", *American Journal of Physics* 62 (1994), pp. 619~627.
11 Victor J. Stenger, *The Comprehensible Cosmos: Where Do the Laws of Physics Come From?* (Amherst, NY: Prometheus Books, 2007), pp. 312~319. "A Scenario for an Natural Origin of Our Universe", *Philo* 9.2 (2006), pp. 93~102; www.colorado.edu/philosophy/vstenger/Godless/Origin.pdf (2008년 8월 8일).
12 Alvin. Platinga, "The Dawkins Confusion: Naturalism ad absurdum", *Books and Culture* 13/2 (March/April 2007), pp. 21; www.christianitytoday.com/bc/2007/002/1.21.html (2008년 8월 8일).
13 John D. Barrow and Frank J. Tipler, *The Anthropic Cosmological Principle* (Oxford: Oxford University Press, 1986).
14 Adolf Grunbaum, "The Poverty of Theistic Cosmology", *British Journal for the Philosophy of Science* 55 (2004), pp. 561~614, axh541.
15 Frank Wilczek, "The Cosmic Asymmetry between Matter and Antimatter", *Scientific American* 243/6 (1980), pp. 82~90.
16 Stenger, *The Comprehensible Comos*.

신이 보낸 신호가 아니라 진화적 소음

아테나 안드레아디스(Athena Andreadis)
미국 매사추세츠 대학 메디컬 스쿨의 세포생물학 조교수다. 저서로 『*To Seek Out New Life: The Biology of Star Trek*』(새로운 생명을 찾기 위하여: 스타트랙의 생물학)』이 있다.

내가 자란 곳은 1960년대의 그리스였다. 당시에는 정교분리가 없었다. 비잔틴 스타일의 그리스 정교正教는 정부 정책에서 남녀 관계에 이르기까지 현상을 굳건하게 떠받치고 있었다. 진보적인 아버지의 외동딸이며, 성취 욕구가 지나칠 정도로 강하고 과학자가 될 것이며 남자만큼 뛰어나다는 평가를 받기로 결심한 소녀인 내게, 죄책감을 느끼지 않고 열광적인 연애쟁이이던 내게, 그런 신조는 비참함과 좌절감을 부르는 처방전처럼 보였다.

그리하여 10대 초반에 나는 평등성을 주장하는 반항심과 호기심이 일어 탈무드에서 도교에 이르는, 그리고 그 사이에 있는 온갖 종교 경전을 훑어보았다. 문화사적으로 본다면 그런 경전은 독서거리로 아주 흥미가 있었다. 가끔은 문학작품으로도 좋았다. 하지만 그런 보조 장치의 어떤 것에도 종교가 인간이 아닌 곳에서 유래했다는 흔적은 전혀 없었다. 모든 경전은 명백하게 '남자man'의 작품이었는데, 여기서 내가 '남자'라고 말한 것은 의도적이다. 그 어떤 경전도 감정이나 지성을 감동시키지 않았다. 위커^{Wicca}의 전체론과 선불교의 장난스러움은 좋았지만 몇 가지 종교의 관행은 당혹스럽게 느껴졌고, 또 매혹적인 것도 있었다. 그러나 대부분의 규제는 혐오스러웠다. 가장 재미없는 것이 징벌하기 좋아하는 성향과 지독한 여성혐오증을 가진 일신교 세 종류, 즉 그리스도교, 이슬람교, 유대교였다.

나는 신학을 탐구하는 것과 동시에 과학자가 되기 위해 분주하게 노력했다. 생화학과 천문학 모두에 똑같이 이끌린 나는 두 과목을 다 전공했고, 그 사이에 있는 과목도 얼마쯤 공부했다. 이 지식이 내 앞에 펼쳐 보인 우주는 복잡성과 경이로움으로 가득했다. DNA의 이중나선에 암호화되어 있는 여러 층의 지시어에서 나선은하의 중심에 웅크리고 있는 블랙홀에 이르기까지, C(매혹^{Charm}) 쿼크에서 영장류의 계보, 지각판에서 중력파에 이르기까지 모든 것이 그랬다. 모든 것이 더 많은 대답을 얻어 보라고 내게 손짓을 하거나 의미를 주었다. 나의 모든 것에 도전하고 영양분을 제공한 이 아름다움에 비하면 종교의 교조는 사소하고 편협하고 지루하고, 물리적·사회적 실재 모두와 너무나 뻔하게 어긋나 보였다.

그런데도 내 주위를 돌아보면 이 행성에 사는 절대다수의 사람들은 이런 청동기 시대의 발언을 여전히 추종한다는 것이 훤히 보였다. 복음의 진리나 모순이나 빌어먹을 기능 장애 같은 발언들 말이다. 무기력한 기분이라든가 생각이 비슷한 사람들의 공동체에 속하고 싶은 마음은 이해할 수 있다. 하지만 나는 계속 궁금해졌다. 이런 이상한 현상이 어떻게 시작되었을까? 이 어두운 숲에서 헤매는 동안 나는 줄리안 제인스$^{Julian\ Jaynes}$의 양원적 마음 이론을 만났다.

언어 중추(브로카 구역과 베르니케 구역)가 정상적으로는 '언어적' 반구인 좌반구에 있다는 것은 다들 알고 있다. 반면 우반구는 패턴과 게슈탈트(형태)를 인식하는 것을 장기로 한다. 우반구에서 언어 중추에 상응하는 구역들은 잠들어 있다. 신경생물학에서 문학에 걸쳐 증거를 수집한 제인스는 최근까지는 이런 구역들이 활성화되어 있었으며, 두 반구를 연결하는 신경 묶음인 뇌량腦梁, corpus callosum이 허약했다는 주장을 내놓았다. 그 결과 인간은 두뇌 오른쪽에서 내보내는 내용을 외부 주체, 즉 신 등의 존재가 내리는 지시로 인지했다는 것이다.

제인스의 책을 읽었을 때 나의 양쪽 반구 모두가 고도의 경계 상태에 들어갔다. 이 이론이 지극히 논쟁적이라는 사실은 달리 설명을 들을 필요도 없이 알 수 있었다. 하지만 그것은 옛날 영웅과 예언자들에게서 보는 미친 듯한 분노는 물론, 정신분열증 환자들이 듣는 환청이나 간질 환자들이 보는 천상의 환상 등 많은 점을 설명해 준다. 그것은 모든 종교의 초기 버전들이 F로 시작하는 네 단어에 사로잡혀 있었다는 사실과도 들어맞는다. 즉 먹기feed, 싸우기fight, 사통하기fornicate, 달아나기flee로, 이는 피질의 인식 중추를 비껴가는 충동들이다. 그것 외에도 그들의 교리는 고상한 철학이라기보다는 공간적·시간적 맥락에 묶여 있는 생활을 위한 지시들이었다.

제인스의 예견 가운데 많은 부분이 그 뒤 비회피적non-evasive 두뇌 영상 기술의 발전에 의해 확인되었다. 이 양원적 두뇌 배열은 고독과 죽음에 대한 인간의 공포 및 실제로는 아무것도 없는 데서도 패턴을 보는 능력과 합쳐져서, 신 등의 존재로 나아가는 진화적 도약대가 되었다. 아마 늦게 잡아도 5000년 전쯤 뇌량이 더 강해졌거나 환경적인 스트레스가 커져서 두뇌의 두 반구가 통합되었고, 그럼으로써 완전한 의식을 출범시켰는지도 모른다. 그 무렵이면 그 전에 정신이 구축해둔 산물은 이미 너무 깊이 각인되고 특별 취급을 많이 받기 때문에 사라질 수가 없었다. 그 대신에 신 등의 의식은 언어라는 갈수록 더 예리해지는 도구에 의해 갈고 다듬어져 도덕적 명령으로 변화되었다. 이제 침묵하는 내면에서 들리던 음성은 신과 소통한다고 주장하는 사제와 왕들의 전유물이 되었다.

우리가 이 침묵에 눈을 뜨는 순간, 뮤즈와 불타는 덤불이 우리에게 직접 말을 걸지 않는 순간, 모든 행동이 '저 바깥'에서 우리에게 발언되는 게 아니라 의식의 내면적인 토론 문제로 변하는 순간은 분명 우리 존재에서 가장 무서운 순간이었을 것이다. 하지만 인류 발전에는 우리의 새로운 두뇌 배치가 도움이 되었다. 그것은 우리에게 참된 자기 인식이라는 축복과 저주를 주었고, 그것이 감정과 사고의 융합으로 이어져 여러 유형의 적응 지능_adaptive intelligence_을 고취시켰다. 그중에서 가장 명백한 것은 합리적인 추론이지만, 마음의 이론(다른 마음들이 어떻게 작동하는지에 대한 이해)을 형성하고 선택을 내리는 데 필수적인 공감도 그에 못지않게 발전했다.

하지만 이제는 사회적 계층 질서에 깊이 새겨진 공식화된 신들은 어른이 되려는 우리의 걸음을 열렬하게 막았다. 구식 종교가 각 개인의 분할된 두뇌의 한 가지 속성이었다고 한다면, 양원제 두뇌 스타일의 종교는 미세 조정되고 복잡한 분할-통치 기술을 뛰어나게 발휘했다. 신체와 정신의 대비, 신앙 대 이성, 인간 대 자연, 우리 대 그들 등등. 여기서 '그들'은 여성이든 이교도든, 옆 골짜기나 이웃 동네에 사는 부족이든 다 마찬가지다.

우리의 가장 원시적인 생물학적 충동을 이용하는 이런 책략은 우리를 놀랍고 불안해하고 꺼림칙하고 화가 난 상태로 유지시킨다.

사람들에게서 최악의 상태를 끌어내고, 열광적인 숭배 집단^{cult}이나 군중을 만들어내는 정신 상태가 그런 것이다. 종교와 도덕의 융합, 자유의지와 원죄(또는 과거의 악업) 주위에서 맴도는 공허한 논의들은 불확실성의 불을 지펴, 삶의 복잡한 요구에 시달린 사람들이 억지로라도 종교라는 이미 만들어진 피난 텐트 속에 피신하도록 설계되어 있다. 책임을 포기하고 그저 지시만 따르고 싶은 유혹은 매우 크다. 부모 같은 존재가 모든 사람을 지켜보고 있다고 믿고 싶은 유혹 역시 크다. 거의 모든 사람에게는 구약성서의 야훼까지도 자기 머릿속에 혼자 있는 것, 그리고 인간 진화의 특정한 상황이 지시하는 돌이킬 수 없는 제약보다는 낫다고 여겨진다.

어떤 종교를 계속 유지하기로 결정했을 때, 우리는 자신이 갖고 있는 직관적인 정보와 감각을 통해 들어온 투입 자료, 개별적이고 집단적인 경험으로 축적된 지식에 역행하라고 지시하는 문화적 상대자와 생물학적 정신분열증을 주고받았다. 그 대가로 우리는 인간이 원천적으로 오염된 존재이며, 외부 권위자의 지시를 따라야 한다는 말을 듣는다. 또 우리의 독립적인 판단을 포기한다면 의식의 빛줄기가 되어 우주를 탐험하기보다는 그 보상으로 앞의 네 가지 F를 충족시켜줄 것이라는 약속도 함께 따라온다. 그 보상이란 처녀들, 하프 음악, 강물처럼 흐르는 꿀술이다. 만일 우리가 따르는 신이 '진짜' 신이라면 그렇다는 것이다. '진짜' 신이 아니라면 우리는 가장 열성적인 고문자들도 꺼릴 만한 그런 벌을 받게 된다.

인류의 유년기에 생물학적 구성체로 등장한 신들은 많은 부분에서 여전히 우리의 운명을 결정하고, 그런 점에서 우리 행성과 그 위에 사는 다른 존재들의 운명까지도 결정한다. 아주 약간의 평온한 삶이 허락되고, 기본적인 사항(식량과 주거)이 확보되면 인간은 원천적인 경이감, 주위 세계에 대한 충족되지 않는 호기심을 일으킨다. 이런 충동들이 두뇌 속의 화학 작용의 결과라고 해서 그것들의 가치나 영향이 줄어들지 않는다. 그것들은 예술, 과학, 공학 등으로 변신한다. 간단하게 말하면, 그것이 곧 탐구다. 그런데도 바로 그런 속성들이 신들에게 가장 해로운 것으로 여겨져왔다. '믿으라, 따지지 말라'는 것이 모든 종교의 공통된 주문이다.

우리에게도 파괴적인 성격이 있다는 것은 아주 분명한 사실이다. 타자에 대한 거부감, 지배 욕구, 안일한 이분법에 기대려는 경향 같은 것들이다. 이런 특질들은 한때는 우리에게 유리하게 작용했다. 즉 우리의 지위와 생존이 각 씨족의 지위 및 생존과 단단히 얽혀 있을 때는 그러했다. 하지만 그것들이 적응하는 데 불리하게 작용하자 인간은 영웅적으로 노력해서 자신들의 최고 업적에 어울리는 존재로 진화하려고 했다. 우리는 세속적인 휴머니즘, 합리적인 토론, 설명 가능한 민주주의를 개발했다. 내면에서 분열된 존재로 시작한 우리는 자신에 대한 이해와 우주 속에서의 자신의 위치에 대한 이해를 통합하기 위해 분투했다. 하지만 이제는 또 다른 분리에 직면했다. 우리 중의 일부는 자신들의 정신적 외관이 우리가 가진 기술에 어울리기를 바라는데, 다른 사람들은 신에 대한 믿음 때문에 지적·감정적 논리가 왜곡되는 일을 감수하면서도 양원적으로 남아 있기(이번에는 선택에 의해)를 바라기 때문이다.

제인스의 이론이 완벽한 것은 아닐 수도 있다. 그럼에도 내가 알고 있는 신경생물학적 지식을 고려할 때 그 핵심 원리는 참이라고 확신한다. 즉, 신인동형적인 신들에 대한 지각이 인간 두뇌의 신경화학적인 작용에서 나온 것이라는 주장은 참이다. 이것은 설사 동일한 신을 믿는 경우라 할지라도, 또 인간의 지각과 경험은 공통적인데도 그것이 어떤 버전의 신인지, 또 어떤 옳고 그름의 개념을 신이 제시하는지는 신자들마다 다르다는 사실과도 부합한다.

그 편차는 각 두뇌가 고유한 방식으로 배치되어 있으며, 그것을 다듬어낸 경험적인 줄과 망치 역시 제각기 고유하다는 사실을 반영한다. 그런 사실 자체에는 문제가 없다. 다만 그것들이 신자에게 책임을 면제해주면 문제가 생긴다. 신의 지시라는 이름으로 나오는 이런 것 가운데 많은 수는 비인간적인 행동을 허락하거나 권장한다. 신이 선전하는 그런 심리 구조, 특히 독점적인 진리를 의기양양하게 외치는 부분은 거의 모든 경우에 사람들에게 엄청난 고통을 초래했다. 거의 모든 종교는 인간이 다른 생물과 별개의 존재라고 믿지만, 그로 인해 우리 행성은 엄청난 파괴를 당했다.

이 모든 점을 감안할 때, 나는 그런 모순적인 실체가 인격적이고 신인동형적인 신으로서 존재한다고 믿는 것은 근거가 없으며 자기 파괴적인 일이라고 본다. 하지만 신에 대한 믿음, 특히 세 가지 일신교가 옹호하는 포악한 불한당에 대한 믿음은 여성으로서, 과학자로서, 세계 시민으로서, 인류의 출현에 막대하게 기여했으며 한때는 눈부시게 찬란했던 고대 문명의 후손으로서, 간단하게 말하면 충실하게 성실해지고 충실하게 인식하며 충만되고 어른스러운 존재가 되려고 애쓰는 인간으로서 내가 추구하는 것들을 부정하는 처사일 것이다.

모든 동료 인간처럼 나도 죽음과 고통과 외로움과 실패를 두려워한다. 우리 모두가 유한한 존재임을 아는 것은, 우리를 사랑하는 사람들 외에 그 누구도 우리의 운명에 관심을 가져주지 않는 존재임을 아는 것은 고통스럽다. 우리 개개인이 가진 고유한 지식이 우리와 함께 죽어갈 것이며, 우리에 대한 기억도 그리 오래 남지 않으리라는 것을 깨달으면 무서워진다. 우리가 남기는 유일한 흔적은 인류의 불꽃을 점화하기 위한 행동, 별에 닿으려고 끊임없이 노력하는 높이 솟은 바벨탑의 벽돌에 남은 금박의 흔적뿐이다. 내가 기꺼이 찬양할 만한 신이 하나라도 존재한다면, 그는 신의 권위에 도전하면서 인간을 도와 불을 가져다준 릴리스, 프로메테우스, 루시퍼, 로키, 갈까마귀/코요테, 원숭이 왕 같은 트릭스터^{trickster}들일 것이다.

크고 통합된 인간 두뇌는 우리를 신에게서, 그리고 그들이 강요하는 굴욕적인 영원한 유년 시대의 족쇄에서 풀어놓았다. 고치 속은 아늑할지 몰라도 그 속에 있는 존재는 결국 질식한다. 애벌레는 나비가 되려면 고치를 깨고 나와야 한다. 지식과 그것을 추구하는 것은 인간의 위엄성을 벗겨내지도 않고 우주의 영광을 지워버리지도 않는다. 오히려 그것들은 이런 속성을 증폭시킨다. 우리 인간은 추구하는 자, 고치는 자, 꿈을 실현할 수 있지만 동시에 악몽도 실현시킬 수 있는 꿈꾸는 자다. 종교는 한때는 적응력이 있었을지 모르지만, 지금은 인간이 살아남고 번영을 누릴 기회를 위협한다. 반란 천사 가운데 하나가 우리에게 '다른 꿈을, 더 나은 꿈을 꾸라'고 권유한 것은 이를 가장 잘 표현한 말이라고 생각한다.

난 왜 무신앙인 nonbeliever 인가? 궁금하군…

J. L. 쉘렌버그(J. L. Schellenberg)
캐나다의 마운트세인트빈센트 대학 철학 교수이며, 종교철학에 관한 책을 여러 권 냈다. 대표작으로 『Divine Hiddenness and Human Reason(신의 숨어 있음과 인간의 이성)』이 있다.

플라톤은 철학이 궁금증에서 시작된다고 말했다. 그가 말해주지 않은 것은 그것이 문제의 끝일 때도 많다는 사실이다. 세계가 정말 굉장히 복잡하다는 점점 더 확장되는 느낌에 내 삶을 끼워 맞추려고 애쓰는 동안, 그렇게 끝난 것 중의 하나는 종교적 믿음이었다. 그 발견의 수준이 흔히 더 높아지면서 계속 이어지는 동안 그런 믿음은 더욱 과거지사로 여겨졌다.

이 세상은 항상 나에게 경이감을 불러일으켰다. 하지만 소년 시절, 또 10대를 지나 성인기 초년에 막 들어서자 경이에 대한 감수성이 신에 대한 믿음을 통해 걸러지는 것을 느꼈다. 날카로운 겨울바람 속에서 나는 신의 위엄과 영광을 들었고, 폭풍우가 지난 뒤 초원의 풀 위로 파도를 그리며 퍼져가는 햇빛 속에서도 그것을 보았다. 나는 요람에 누워 있을 때부터 그리스도를 믿었고, 신 중독자라 할 아버지가 예수에 대해 쓴 자작곡을 불러주는 분위기 속에서 자라 종교적 경험을 그리스도교적으로 체계화하는 경향이 있었다. 나는 사건들을 다음과 같은 식으로 요약하는 책에서 발견한, 경이감을 유도하는 드라마틱한 병치拉置 기법에 감동받았다.

"나사렛의 미천한 목수는 우주의 막강한 건축가이기도 했다."

하지만 내가 자의반 타의반으로 마니토바의 초원에서 고립된 채 살아가던 생활을 벗어나면서, 절대로 도시에서 살지도 않고 대학의 문에 들어서지도 않겠다고 했던 어린 시절의 서약을 깨고 도시로 나가자 모든 것이 바뀌었다. 내가 곧 발견한 것은 그리스도교 사상이 세계를 작은 보따리 속에 가두어두려 했다는 사실이었다. 세계는 그런 식으로 가둘 수 있는 게 아닌데 말이다. 그리스도교라는 주형鑄型 속에 조심스럽게 갇혔던 그 세계는 계속 터져나가 자유를 추구했다. 또 신이나 그리스도가 없어도 경이감은 여전히 남는다는 사실도 알게 되었다.

성서 비판 및 중동의 고대 역사를 공부하면서는 신약성서가 확실히 인간의 작품임을 알게 되었다. 개인적 해방의 빛나는 기록이 몇 군데 있기는 했지만 그 저자들의 온갖 편견과 설교 의도가 곳곳에 얽은 자국을 남겼고, 그런 자국 속에서 예수의 음성은 다양하게 굴절되었다. 역사적으로 말하자면 그 목소리는 수많은 종지부cadences를 가졌을 수도 있다. 온화하고 순하고 점잖은 예수가 실제로는 묵시록적인 예언자였을 수도 있다. 온화한 음성의 전통적인 랍비가 예전에는 무식한(물론 카리스마는 있었지만) 농부였을 수도 있다. 게다가 신중한 학술 연구에 따르면 내가 핵심적인 그리스도교 교리라고 여겼던 것이 성서에는 명료한 형태로 존재하지 않으며, 성장하는 그리스도교 체제가 그 스스로를 규정하고자 노력하고(매우 효율적이었지만 사랑은 별로 없는 방식으로) 반대자들을 억압하려 한 복잡하고 타협적인 과정을 통해 우리에게 전해진 것임이 밝혀졌다.

그런데도 신은 그렇게 결함이 많은 그리스도교라는 수단을 통해 활동할 수 있는가? 경전이 중개해주는 신의 경험이 역사에 의해 그 신성한 기원에 대한 의문이 제기된 이념들을 어떻게든 인증할 수 있는가? 내가 그때 발견했던 다른 온갖 일이 없었더라면 그런 논의가 내게서도 한번 더 기회를 얻었을 수도 있었다. 종교와 종교적 경험은 인류 역사 전체에서, 또 전 세계에서 출현하는데, 그중 많은 수는 그리스도교와 거의 공존할 수 없는 형태를 띠기도 한다. 또 흔히 종교적인 재가를 받는 소름 끼치는 행위들이 있지만, 그런 모든 것들에서도 윤리 의식이 살아 있는 삶의 사례가 감지될 수 있었다. 더욱이 힌두교의 지혜, 불교의 지혜, 도교의 지혜는 최소한 실제적인 수준에서 흥미로운 새 사상을 소개해주는데, 이런 지혜가 내가 아는 그리스도교의 가르침과 항상 잘 어울리지는 않았다. 예를 들면 자연의 순리를 따른다는 노자의 생각은 영지주의적이면서 때로는 불도저처럼 밀어붙이는 주류 그리스도교식 접근법과는 현저하게 다른 길을 가고 있다.

내가 그리스도교 공동체 안에 그대로 갇혀 있으면서 종교적 친척이나 지인들, 과거의 나 자신에게 계속 충실했다면 이 모든 것에 눈을 감았을지도 모른다. 세계가 드러내려고 애쓰는 그 자체의 이런 새로운 면모를 결코 탐색하지 않았을지도 모른다. 하지만 나는 그렇게 하지 않았다. 도서관에 줄지어 꽂혀 내게 손짓하는 책들을 살펴보며, 상상과 현실의 거리에서 온 지구상의 정직하고 진지한 영혼들의 얼굴을 보면서 그리스도교 믿음에서 점점 더 멀리 떠나갔다. 그리고 발생하는 모든 일에 관한 지적 성실성에 대한, 그리고 진리를 담고자 하는 모든 것에 대한 새로운 충성심을 발견했다. 그 진리가 그리스도교의 것이든 비그리스도교적인 것이든, 종교적인 것이든 비종교적인 것이든 상관없다. 아이러니하게도 이 분야에서 나를 도와준 것은 그리스도교식으로 양육되는 과정에서 체득한 겸손함과 정직성과 올바름에 대한 헌신이었다. 갑자기 방향이 바뀐 이 길을 걸어가는 것은 쉬운 일이 아니었다. 깔끔한 세계관이 갈가리 찢기고 감정이 시끄럽게 부딪치는 것은 괴로운 경험이다. 하지만 그 누구도 경이감 속에서 살겠다는 서약과, 진정한 통찰과 이해를 위한 집중이 아무런 대가를 치르지 않고도 이루어진다고는 말하지 않았다.

어지러운 세계의 모습이 더 분명히 보이고, 또 내가 보는 사물관에 단정한 질서를 복원시켜줄 수도 있었을 신학적인 쿠키틀^{cookie-cutters}을 옆으로 치워버리니, 악의 문제가 처음으로 제대로 보였다. 진지하게 개입하면 그 자체로 일종의 신성한 상태를 유도할 수도 있는 세계의 당혹스러운 복잡성 가운데는 끔찍한 고통도 한몫한다. 이 문제는 공개적으로 상대할 필요가 있다. 이런 식으로 상대하면 그것을 사랑이 넘치는 인격적인 신이라는 이념과 섞어버리기는 힘들다. 또 그럼으로써 내가 가졌던 훨씬 더 근본적인 종교적 신념(신에 대한 믿음) 또한 직접 도전을 받게 되었다. 그리스도교 믿음을 잃어가던 격동의 시절에, 태양을 바라보면서 "그래, 어쨌든 난 아직은 신을 믿으니까!"라고 혼잣말을 했던 것을 기억한다. 하지만 그런 상태는 오래가지 못했다.

　신에 대한 믿음을 위협하는 것은 악의 문제만이 아니었다. 또 다른 문제가 곧 감지되었다. 즉 '무신론을 위한 숨어 있음 논의^{hiddenness}

argument for atheism'가 그것이다. 이는 물론 요즘 말하는 방식이다. 그 당시에는 그저 사랑이 넘치는 신이 있다면 왜 나처럼 한때는 열렬하고 충실한 신도였지만 진정한 탐구의 맥락에 들어가서 진리와 이해가 그 자체로 가치를 평가받으면 자신들의 믿음이 강화되지 않고 해체된다고 느끼는 사람들이 생기는 걸까 하고 의문을 품을 뿐이었다. 갑자기 이 흥미로운 가능성, 그러니까 그것 자체가 무신앙 nonbelief이 옳은 길이라는 증거가 될 수도 있는 특정 종류의 무신앙이 있을 수 있는 것처럼 보였다. 신은 왜 자신을 보고 싶어 하고, 다시 찬양할 준비가 되어 있는 사람들에게 자신의 존재를 숨길까? 정말 사랑이 넘치는 인격적인 신이라면, 그런 애매모호함을 미리 없앨 충분한 이유가 있지 않을까? 어쨌든 사랑한다면 관계를 공개적으로 드러내기도 해야 하지 않는가. 사랑하는 부모나 형제나 친구라면, 달리 방법이 있는데도 그렇게 할 기회가 완전히 사라지게 내버려두겠는가? 그런 관계는 파트너가 실재한다는 믿음이 없으면 시작될 수도 없지 않은가.

지금 돌아보면 그건 마치 통찰력의 수문이 열리는 것 같은 경험이었다. 세계 자체가 내 눈 앞에 더 많이 드러나기를 원한다면, 내가 과거에 겪은 경이적인 경험들의 핵심을 이루던 종교적 신념들을 폐기해야 한다는 사실이 보이기 시작한 것이다. 이해 방식에서 일어나는 놀라운 변화를 열린 마음으로 받아들이자, 인격적 신에 대한 믿음은 더 멀어졌다. 그 뒤에 이어진 시절 동안 새로이 발견한 철학자라는 소명에 따라 평생을 살아가고자 했을 때, 무신론이나 종교적 신념에 반대하는 또 다른 논의들이 등장했다.

하지만 경이감에, 예상치 못한 것들에게, 세계의 매혹적인 낯선 모습에 완전히 항복한 뒤, 내가 찾아낸 무신론을 지지하는 모든 논의가 불건전한 것으로 밝혀진다 하더라도 나는 여전히 무신앙자 nonbeliever 일 것이다. 나는 무신론자는 아닐지도 모르고, 종교적 믿음에 관한 광범위한 회의주의의 일부로서 불가지론자인 것은 분명하다. 하지만 넓은 의미에서의 회의주의는 최근 들어 더 커졌다. 세계의 진화적 구조 및 인간 종족이 그 구조에서 현재 놓여 있는 매우 초기 단계에 대해 새로 알게 된 내용들 덕분에 계속 커지고 있다. 내가 새로 받아들인 회의주의인 진화론적 회의주의는 오늘날 내가 어떤 종교에서든 신자가 되지 않는 이유로 제시할 수 있는 가장 심오한 설명이다. 그리고 아직도 헤쳐가는 중인 또 다른 비비 꼬인 이상한 과정을 통해 진화론적·종교적 회의주의의 깊은 밑바닥 속에서 종교를 위한 새로운 생명의 씨앗이 발견될 수 있을 것 같다.

　이런 새로운 사고방식으로 들어가는 가장 좋은 입구는 우리 행성이 결국은 태양에 흡수되겠지만 앞으로 10억 년 동안은 거주 가능한 곳이라는, 논쟁의 여지없는 과학적 발견을 통해서다. 내가 보기에 인간의 과학, 철학, 종교는 그 수치에 담긴 엄청난 함의를 아직도무지 받아들이지 못하고 있다. 그 1000분의 1만 해도 100만 년이니, 우리의 진화하는 두뇌가 받아들이기는 매우 힘든 기간이다. 그럼에도 우리는 다음의 물음과 화해해야 한다. 그것은 지구에서 인간이나 인간을 넘어선 종분화 種分化 의 결과로 나타난 어떤 종이, 또는 방랑하던 인류가 화성이나 다른 어딘가에서 새로운 진화 과정을 착수시킨 결과 나타난 존재가, 또는 유전자 조작이나 인위적인 지적 발달의 결과로 나타난 존재가, 또는 영장류든 영장류 외의 어떤 전구체 前構體 로부터든 지구에서 다시 진화해 나온 지적 존재가, 그토록 많은 시간이 주어질 때 어떤 새로운 사고방식을 발생시킬까 하는 물음이다.

이제 이를 종교에 적용해보자. 앞으로 나타날 수도 있는 것들과 그에 비해 얼마 되지 않는, 지금까지 행성이 겪어온 세월 동안에 출현한 종교간의 차이는 더없이 크다. 지금까지 우리를 그토록 지배하고 행성을 변모시켜온 조야한 테크놀로지에 홀려, 우리는 인간이라는 종이 궁극적 통찰에 얼마나 대비되지 않은 상태인지를 쉽게 잊어버린다. 온갖 위장 뒤에는 여전히 원시적인 감정과 상당한 폭력성이 그대로 남아 있다. 그런 측면에서 우리는 5만 년 전에 종교를 처음 발명한 인간들과 그다지 다르지 않다. 그들의 폭력성은 여전히 우리 유전자에 각인되어 있을 것이다. 종교적 이념이, 오늘날 우리가 존경의 염을 담아 '전통적'이니 '존엄한'이니 하는 용어로 부르는 궁극적인 실재와 가치에 관한 관념들이 나타나기 시작한 것은 이렇게 별로 마음에 맞지도 않는 환경에서, 진화적 시계로 본다면 1나노초 전에 불과한 때였다. 아마 그것들이 사라진다 해도 놀라거나 애석해하지 말아야 할 것이다. 또 같은 기준에서 미성숙한 요인들을 우리 시스템에서 씻어내버릴 수 있다면, 그렇게 해서 진화적 변화를 거쳐나갈 수 있다면, 앞으로 올 10만 년이나 100만 년이라는 시간에 어떤 새로운 종교적 통찰이 출현할지 궁금해해야 마땅하다.

이런 회의주의적 혼합물에다 새로움에 대한 개방성을 조금만 더 보태고, 상상적 비전과 개념적 명료성에 대한 철학자의 관심을 적용한다면, 우리는 까마득하게 긴 시간 속에서 합리적인 종교가 진화해 나올 뿐만 아니라 우리 생전에 그렇게 될지도 모른다는 것을 알 수 있다. 그대로 내버려두기만 한다면 말이다. 종교를 공시적(하나의 시점에서)이기보다는 통시적으로(시간의 경과와 함께) 생각하는 진화론적 사고 구조에서는 합리적인 종교가 지나간 시간보다는 앞으로 올 시간에 매우 다른 모습일 것이라는 생각에 열려 있어야 한다. 지금까지 우리가 알아왔던 종교적 삶의 수많은 면모, 종교적 신앙 같은 것들이 뭔가 신중하게 흙을 북돋워주고 물을 준다면 더 성숙하고 합리적으로, 더 호소력 있는 것으로 꽃필 중간 단계라고 할 어떤 미성숙한 과욕 사례를 나타내는 것이라고 기꺼이 생각해야 한다.

가장 최근의 작업에서 나는 그렇게 흙을 북돋워주고 물을 주기 시작했다. 거기서 어떤 것이 자라날지 누가 알겠는가? 그러나 한 가지는 명백해 보인다. 우리 시대에 어울리는 종교 형태가 있다면 그것은 회의주의적인 종교, 즉 믿음이 없는 종교일 거라는 생각이다. 우리와 같은 존재에서, 진화 초기의 흙덩이가 여전히 달라붙어 있는 우리에게서 플라톤의 궁금증은 최소한 그 정도는 요구한다.

내가 믿는 것

그레이엄 오피(Graham Oppy)
오스트레일리아 모나쉬 대학의 철학 교수다. 최근에 발표한 책으로는 유신론과 무신론에 대한 포괄적 연구인 『*Arguing About Gods*(신에 대한 주장)』이 있다.

1. 물리적으로 보존된 부피(모멘텀, 에너지, 전하^{電荷} 등등)의 이전^{transfer of physically conserved quantities}과 인과율은 분리될 수 없다. 한 가지가 있으면 다른 하나도 함께 따라온다. 게다가 이것은 실제하는 우주 한 곳에만 해당되는 지엽적인 사실이 아니다. 물리적으로 보존된 부피의 이전과 인과율이 분리되는 가능 세계는 없다. 당연히, 물리적으로 보존된 분량의 이전 없는 인과관계가 있다고 일관성 있게 상상하거나 인식하는 것이 어느 면에서는 타당하다. 하지만 이런 일관된 인식과 일관된 상상은 그 대상만큼 실제적이거나 진정한 가능성을 갖지 못한다.

2. 인과적으로 연결된 대상과 사건들은 전적으로 물리적으로 구성되어 있다. 이번에도 역시 이것은 실제하는 우주에만 해당되는 지엽적인 사실이 아니다. 인과관계로 맺어진 대상과 사건들 가

운데 오로지 물리적으로만 구성되지 않은 부분이 있는 가능 세계는 없다는 말이다. 물론 앞에서와 마찬가지로, 인과적으로 관련된 대상과 사건들 가운데 전적으로 물리적으로 구성되지 않은 것들이 있다고 일관되게 인식하거나 상상할 수 있다는 말도 일면 타당하다. 하지만 이런 일관된 인식과 상상은 그 대상만큼 실제적이거나 진정한 가능성을 갖지 않는다.

3. 인과관계가 있는 곳에는 시공간적인 관계, 또는 시공간 관계와 매우 비슷한 어떤 것이 존재한다. 그것은 인과관계의 네트워크와 일치하는 외적 관계의 포괄적인 네트워크다. 인과관계 속에 들어오는 모든 대상이나 사건은 이런 외적 관계와 동연同延의 네트워크 coextensive network 속에서 고유한 위치를 가지고 있다. 예를 들면 이 네트워크가 시공간적인 곳에서는 모든 대상이나 사건이 각자 고유한 시공간적 위치를 갖고 있다. 하지만 이것 역시 실제하는 우주에만 해당되는 지엽적인 사실이 아니다. 인과관계로 맺어진 대상이나 사건들 가운데 외적 관계들의 적절한 동연적 네트워크 속에서 고유한 위치를 차지하지 않는 것들이 있는 가능 세계란 없다.

4. 우리 우주는 전적으로 물리적인 구성을 갖고 있다. 우리 우주는 물리적 대상과 물리적 사건들(앞으로는 언급하지 않고 생략하겠지만, 물리적 상태나 물리적 속성 등도)의 분포로 구성된다. 사실 우리 우주가 시공간적 관계의 네트워크 전체에 물리적 대상과 사건들이 분포되는(시공간적 중첩) 방식으로 형성되었다는 것은 최소한 합리적으로 타당한 정답에 거의 가깝다. 뿐만 아니라 이번에도 이

것은 실제하는 우주에 관한 지엽적인 사실이 아니다. 외적 관계의 네트워크에 분포되어 있는 물리적 대상과 물리적 사건들 외의 다른 것이 그 세계의 우주를 구성할 수 있는 가능 세계는 없다.

5. 가능 세계를 그와 결부된 물리적 우주와 동일시해야 하는가 하는 것은 전적으로 우리가 추상적인 대상을 보는 관점에 달려 있다. 가령 숫자가 물리적 우주 안의 대상과 사건에 인과적으로 관련되지 않는 필연적으로 존재하는 실체라고 생각한다면 두 부분, 즉 물리적 영역과 추상적 대상의 영역이라는 두 부분의 총합으로 이루어진 가능 세계를 허용하고 싶어질 것이다. 그와 반대로 우리가 철저한 유명론자라면 가능 세계란 물리적 우주 외에 없다고 주장할 것이다. 여기서 전개되는 전체 조망의 목적을 위해서라면 이런 선택지 가운데 어느 것을 선택하든 차이는 없다.

6. 앞에서 제시된 1에서 4까지의 견해를 감안할 때, 전지전능하고 완벽하게 선한 존재가 우리 우주를 관리하고 있다면 그 존재는 우리 우주에 속하며 그 속에서 특별한 위치를 차지한다는 것은 명백하다. 우리 우주가 아인슈타인이 세운 일반 상대성이론의 장 공식 field equation 을 최소한 엇비슷하게라도 따른다고 가정한다면, 우리 우주가 빛고깔 구조 light-cone structure 를 가졌다는 것이 적어도 참이라는 가정이 성립하며, 진공에서 빛이 나아가는 속도보다 더 빨리 나아갈 수 있는 신호는 그 속에 없다고 가정하게 된다. 하지만 진공 속 빛의 속도보다 더 빨리 갈 수 있는 신호가 없다면, 우리 우주에는 그 어떤 전지전능한 존재도 없다는 것을 아주 확신할 수 있다. 뿐만 아니라 같은 이유에서 우리는 '관장하

기^{running}'라는 단어를 어떤 의미로 이해하든 우주를 관장하는 존재는 없다고 확신할 수 있다.

7. 우리 우주가 완전히 물리적인 구성을 갖고 있다는 사실이 그것이 결정론적인지 아닌지의 문제를 판정해주지는 않는다. 우리 우주가 양자역학적 우주라는 말이 적어도 진실에 근접한다고 가정한다면, 우리 세계가 결정론적이 아니라고 가정할 조건부적 $^{prima\ facie}$ 이유를 약간 갖게 된다. 그것이 객관적으로 우연한 모습을 보인다고 가정할 조건부적인 이유가 얼마쯤 생기는 것이다. 그러나 적어도 우리가 양자 중력 이론을 완전히 만족할 만한 수준으로 개발할 때까지는 우주가 결정론적인지 아닌지를 판단하는 것은 적절치 않다.

8. 모든 가능 우주가 전적으로 물리적인 구성을 갖고 있다는 주장은 우리 세계에 관한 진실이 우리 세계에 대한 물리적 진실로 **환원된다**는 의미가 **하나** 있음을 뜻한다. 우리 세계의 물리적 복제판인 어떤 세계도 우리 세계의 정확한 복제판이라는 것이다. 하지만 우리 세계에 관한 진실이 우리 세계에 관한 물리적 진실로 환원된다는 말이 **이런 의미**에서 참이라고 해서, 우리 세계에 대한 물리적 진실로 환원되지 않는 **다른 의미에서의** 진실이 있을 가능성을 배제하지는 않는다. 우리 세계에 대한 일체의 물리적 복제판만이 우리 세계의 정밀한 복제판이라고 할 때, 세계에 대한 모든 진실이 물리학 언어로 유한하게 번역된다는 결론이 거기서 따라나오지는 않는다. 세계에 대한 모든 진실이 우리의 현행 물리적 언어로 한정적으로 번역된다는 뜻은 더더욱 아니다. 우리

세계의 어떤 물리적 복제든 우리 세계의 정밀한 복제라고만 할 때, 우리처럼 자신들이 가진 최고의 물리학 언어로 자기들 세계에 관한 모든 진실을 번역할 능력을 가진 생물이 있는 가능 세계들이 있다는 결론이 따라나오지는 않는다. 따라서 우리 세계의 물리적 복제인 모든 세계는 우리 세계의 정밀한 복제라는 주장은 이론 측면에서든 실제 수행되는 측면에서든 다른 과목, 즉 화학, 생물학, 심리학, 경제학 등이 가진 자율성과도 일관된다.

9. 모든 가능 우주가 순전히 물리적으로 구성되어 있다는 것은, 곧 좀비가 살고 있는 우리 세계의 복제 세계는 있을 수 없다는 뜻이다. 즉 의식이 없다는 것만 빼면 실제 인간과 똑같이 생긴 생물이 사는 복제 세계는 없다는 것이다. 분명히 말하지만 모든 가능 우주가 전적으로 물리적으로 구성되어 있다고 전제한다면, 의식을 포함한 **모든** 정신 상태가 완전히 물리적으로 구성되지 않을 수 없다. 그러나 모든 정신 상태가 전적으로 물리적으로 구성된다는 말은 정신적 상태가 다양한 물리적 구성으로 이루어질 수 있다는 주장과 어긋나지 않는다. 즉 우리 각자의 의식 상태가 순전히 물리적으로 구성된다는 주장은 동물과 안드로이드와 외계인도 얼마든지 비슷한 의식 상태를 가질 수 있다는 주장과 어긋나지 않는다.

10. 현재 최고 수준의 심리과학(신경학, 인지심리학, 인공지능, 언어학, 사회심리학 등)에서 모든 의식 상태를 포함하는 모든 정신적 상태가 전적으로 물리적인 구성을 갖는다는 주장과 상충하는 것은 전혀 없다. 더욱이 현재 최고의 심리과학에서 모든 **행동**

주체^agents가 전적으로 물리적으로 구성된다는 주장과 상충하는 요소는 전혀 없다. 분명히 말하지만 모든 가능 우주가 전적으로 물리적인 구성을 갖는다는 주장은 인간의 주체성^human agency이나 자유에 관한 그 어떤 과학적인 주장이나 상식적인 주장도 결코 방해하지 않는다. 물론 그렇다고 해서 인간의 주체성이나 자유, 의식 등에 관해 알아야 할 모든 것을 우리가 이미 다 알고 있다는 말은 아니다. 그와 반대로 수많은 관련 과학들이 여전히 유아 단계에 있다는 점에 대해서는 전적인 합의가 이루어졌다. 하지만 현재 상황에서는 우리가 인간의 주체성, 인간의 자유, 인간의 의식 등에 대해 알고 있는 것들에서 우주가 순전히 물리적으로 구성되어 있다는 것을 부정할 이유는 전혀 나오지 않는다.

11. 4와 5가 전제될 때, 하나의 우주는 그것이 존재할 이유를 가질 수 없다는 주장이 나온다. 그러나 우주가 그런 이유를 가질 수 없다는 것이 반드시 우리가 몸 담고 있는 국지적인 시공간을 발생시키는 원래의 특이점이 있을 이유가 없다는(최소한 최고 수준의 일반적 상대주의 모델에 따르면) 결과를 가져오지는 않는다. 나는 '우주'라는 단어를 인과관계에 있는 **모든** 실체의 총합을 가리키는 의미로 써왔다. 따라서 여기서 사용되는 '우주'라는 단어의 용법은 현대 우주론의 표준 용법이 아니다. (현대 우주론에서 받아들여지는 용법과 달리, 내가 써온 '우주'의 약정적인^stipulative 용법으로는 공통의 인과적 기원을 갖는 우주가 여럿 있을 수 없다.)

12. 내가 볼 때 우주에는 그 자체의 존재 이유, 또는 존재할 이유가

없다는 결론이 도출된다는 것은 단점이 아니다. 어떤 일관된 이론에서든 설명은 결국 냉혹한 사실, 즉 설명이 없는 사실만으로 끝난다. 뿐만 아니라 모든 사실이 필연적이 아니어도 되는 일관된 이론에서는 언제나 우발적인contingent 사실에 대한 설명은 냉혹하게 우발적인 사실, 즉 아무 설명이 없는 우발적인 사실로 종결된다. 우주의 현재 또는 미래의 존재가 궁극적으로 냉혹한 우발적 사실이라는 가정에 결점이라고는 없다.

13. 4와 11, 12를 전제하면 마음과 목적이 우주의 기초적 요소가 아니라는 것이 명백해진다. 또 우주는 지적 설계의 산물이 아니며, 우주가 존재한다고 해서 그 기저에 있는 어떤 이유나 목적이 더 유리한 입장에 서지 않는다는 것은 분명하다. 마음이 우주의 기초적 요소라는 주장을 부정하면, 양자역학이 '파동 다발wave packet의 붕괴'에서 의식에게 결정적인 역할을 맡기는 참인 이론이라는 주장도 거부된다. 내가 볼 때 이것은 무시해도 좋은 대가인 것 같다. 양자역학에 대한 더 나은 해석이 있기 때문이기도 하고, 어찌되었든 양자역학은 언젠가는 양자 중력 이론 때문에 빛이 바랠 테니까. 우주가 지적 설계의 산물임을 부정하면, 지적으로 설계된 것처럼 보이는 우주의 다른 면모들을 다른 방식으로 설명해야 하는 사태가 초래된다. 지적으로 설계된 것 같은 모습을 가진 생물학적 사례들이 진화론에서 다루어지기는 하지만, 이 설명이 우주론적 상수를 조정하는 정도까지 확장되지는 않는다. 조정이라는 것을 어떻게 설명해야 옳을지 아직은 말할 수 없지만, 모든 가능 우주가 전적으로 물리적으로 구성되어 있다는 주장에 부합하는 유망한 접근법은 여러 가지 있

다. 물론 목적이라는 것이 우주의 기저에 있는 요소가 아니라고 해서 생물학에서의 '기능' 등에 관한 논의까지 반박해야 한다는 말은 아니다. 참고로, 각 학과의 자율성에 관한 8번의 관찰 결과를 살펴보라.

14. 우주가 존재함으로써 충족되는 목적이나 기저의 이유가 없다고 가정한다면, 우주의 존재에는 기저에 깔린 그 어떤 의미도 없다는 결론이 나온다. 물론 우주의 존재에 어떤 기저의 의미가 없다고 해서 결코 사람들이 영위하는 개인적인 삶이 무의미하다거나, 우리가 집단적으로 영위하는 생애 전체가 무의미하다고 주장할 수는 없다. 수많은 사람들이 의미 있는 활동과 의미 있는 인간관계로 충만한 의미 있는 삶을 영위한다는 것은 자명한 진실이다. 이는 우주가 존재함으로써 충족되는 기저의 이유나 목적은 없다고 믿는 나와 같은 사람들이나, 이 문제에 관해 내 의견에 동의하지 않는 사람들에게서나 똑같이 참이다.

15. 모든 우주가 순전히 물리적으로 구성되어 있다는 주장이 도덕적 가치나 미적 가치 등등의 가치가 존재한다는 사실을 부정하는 이유는 되지 않는다. 8에서 채택된 노선을 따르면, 우리 세계의 물리적 복제판인 모든 세계는 우리 세계의 완전한 복제판이라는 주장이 실천의 문제로든 이론의 문제로든 우리에게 친숙한 도덕적·미학적 논의의 자율성과 어긋나지 않는다는 것을 부정할 이유가 없다. 물론 도덕적·미학적 가치의 본성에 대해, 또 전적으로 물리적인 구성을 갖는 세계에서 이런 가치가 있을 만한 적절한 위치가 어디인지에 대해서는 철학자들 사이에서

의견이 상당히 갈라진다. 하지만 그런 의견 차이가 전적으로 물리적인 구성을 갖는 우주에는 도덕적·미학적 가치가 없다고 생각할 심각한 이유는 아니다.

16. 비슷한 이유로 모든 가능 우주는 전적으로 물리적으로만 구성된다는 주장이 도덕적·정치적 규범, 도덕적·정치적 의무, 도덕적·정치적 권리 등이 있다는 것을 부정할 이유는 아니다. 역시 8에서 채택된 노선을 따를 때, 우리 세계의 물리적 복제판인 모든 세계가 우리 세계의 정확한 복제판이라는 주장이 규범적 논의의 광범위한 이론적·실천적 자율성과 어긋나지 않는다는 것을 부정할 이유도 없다. 물론 도덕적·정치적(그리고 언어적·이성적) 규범의 본성에 대해, 그리고 이런 규범이 전적으로 물리적 구성을 가진 세계에서 있어야 할 적절한 위치가 어디인지에 관해서는 철학자들 사이에서 상당한 의견 차가 있다. 하지만 이런 의견 차는 도덕적·정치적(그리고 언어적·이성적) 규범이 전적으로 물리적인 구성을 가진 세계에 들어설 수 없다고 생각할 심각한 이유는 아니다.

17. 또한 모든 가능 우주가 전적으로 물리적으로 구성된다는 가정이 곧 어떻게 사는 게 최선일까 하는 물음에는 대답이 없다고 추정해야 할 이유는 아니다. 또 자신의 삶의 과정에서 내려야 하는 중요한 판단과 결정을 위한 준거 틀로 합리적으로 채택할 수 있는 포괄적인 전망 시스템이 없다고 부정할 이유도 안 된다. 뿐만 아니라 모든 가능 우주가 전적으로 물리적으로 구성된다는 가정은 다른 시대의 다른 사람들이 어떻게 사는 게 최선인

가라는 물음에 답했던 방식에서 배울 것이 하나도 없다고 추정할 이유도 아니다. 전적으로 물리적으로만 구성된 우주에서도 전통은 정보와 교육의 원천이 될 수 있다.

18. 어떤 사람들은 초자연적 실체의 존재나 초자연적인 사건이 발생한다는 증거 또는 전통적인 증언, 문서, 혹은 이런 것들이 모두 합쳐진 것을 찾겠다고 주장한다. 모든 가능 세계가 전적으로 물리적으로만 구성되어 있다고 가정한다면, 우리는 이 증거라는 것에 대해 다른 종류의 이야기를 해야 한다. 초자연적 실체와 초자연적인 사건에 관한 이야기, 믿음, 어림짐작 들은 확실히 많은 사람들에게 강한 호소력을 지니지만, 그것들에 부응하는 초자연적 실재가 있다고 가정하지 않고도 이런 이야기와 믿음과 어림짐작을 해명할 수 있다는 것은 매우 분명해 보인다. 물론 초자연적 실체, 초자연적인 사건, 초자연적인 힘에 관한 주장들의 실제이기는 하지만 상충하는 체계를 가득 채워줄 세부 내용은 많다. 하지만 그런 세부 내용을 무수히 많은(모두 다는 아니더라도) 사례에서 활용 할 수 있다는 데 의심을 품는 사람은 우리 중에 없다. 우리 대다수는 보통 그저 초자연적인 것에 관한 다른 사람들의 믿음이 곧 미신이라고 주장하는 게 사실이다.

19. 인간의 분별력이라는 것이 오류를 범할 가능성이 매우 높다는 것은 충분히 인정되어 있다. 우리 모두는 진실로 이어지지 않는 유형의 추론이나 판단에 잘 휩쓸린다. 게다가 사변적 사유의 역사, 특히 철학의 역사는 인간이 완전히 허위적인 토대 위

에서도 정교하고 체계적인 이론을 구축할 수 있다는 것을 분명히 보여준다. 인간이 가진 분별력의 오류 가능성에 관한 성찰에서 얻어낼 수 있는 교훈은 많지만, 내가 여기서 지적하고 싶은 첫 번째 요점은 모든 가능 우주가 전적으로 물리적으로 구성된다는 가정이 낳을 결과를 설명할 때, 이 주장을 부정하는 사람들의 분별력에 대해서는 한마디도 하지 않겠다는 점을 분명히 하고 싶다는 것이다. 내가 하고 싶은 말은 모든 가능 우주가 전적으로 물리적인 구성을 갖는다는 주장이 **참이라는** 것이지, 이 주장의 반박이나 부정이 **비합리적이라는** 말은 아니다. 물론 더 나아가서 모든 가능 우주가 전적으로 물리적인 구성을 갖고 있음이 **확실하다**고 주장하지도 않는다. 또 모든 가능 우주가 전적으로 물리적으로 구성되어 있음을 내가 **안다**고 주장하는 것도 아닐 것이다. (비록 모든 가능 우주가 전적으로 물리적으로 구성되어 있다는 내 믿음이 참이며 증명되었다고는 확실하게 주장하지만.)

20. 인간이 가진 분별력의 오류 가능성에 관한 심각한 성찰의 결과로 받아들여질 수도 있을 두 번째 논점으로 마무리하겠다. 여기서 내가 발전시켜온 생각들이 의존하고 있는 가정들에 논쟁의 여지가 매우 많다는 것은 명백한 사실이며, 일부 경우에는 나 자신도 다른 때와 장소에서는 부정했던 가정에 의존한다는 것도 분명하다. 따라서 내가 주장하는 견해 대신에 다른 논리를 제시하겠다는 허세는 부리지 않겠다. 내가 제시한 것은 거의 무한히, 한결같이 정련시키고 발전할 수 있을 것으로 보이는, 그리고 내 생각으로는 초자연적 실체를 믿는 사람들이 제

시한 그 어떤 세계관과도 경쟁할 수 있는 견해의 엉성한 윤곽에 불과하다.

내면의 신

마이클 로즈(Michael R. Rose)
캘리포니아 대학교 어바인 캠퍼스의 생태학과 진화생물학 교수다. 펴낸 책으로 『The Long Tomorrow: How Advances in Evolutionary Biology Can Help Us Postpone Aging(긴 내일: 진화생물학 발달은 어떻게 노화를 연기하는 데 도움이 될 수 있는가)』이 있다.

제이 펠란(Jay Phelan)
UCLA 대학의 진화생물학자다. 『비열한 유전자(Mean Genes: From Sex to Money to Food: Taming Our Primal Instincts)』의 공동 저자이며, 『생명과학: 활용할 수 있는 지식(What is Life? A Guide to Biology)』을 펴냈다.

신이라는 문제

―신에 대한 믿음은 인간의 보편적 특성이다

신은 어디에나 있다. 모든 문화와 모든 역사 시대에서 인간 존재의 중심 특징은 하나 또는 여러 신의 존재였다. 인간이 존재하는 곳 어디에서든 일부 사람들은 종교적 경험을 겪으며, 양심의 가책을 느끼고 도덕적 가치 때문에 고생한다. 어떤 형태든 영적인 생활을 갖지 않은 문화는 없다. 이 사실은 하나의 과학적 현상으로 심각하게 받아들여져야 한다. 왜 그토록 많은 사람들이 하나 이상의 확인 가능한 실체, 때로는 사악하지만 대개는 우호적인 존재들이 거주하는 영적 영역과의 접촉을 진짜로 경험하는가? 이것이 우리 연구의 목표물이며, 어떤 의미에서는 그리스도교의 신을 불신하는 근거이기도 하다.

영성에 대해서는 아무것도 모른다고 주장하는 사람들이 있다.

이와 비슷하게 한 번도 사랑해보지 못한 사람들도 있는데, 모든 문화마다 그런 경험을 하는 사람들이 조금씩 있다. 또 자녀를 갖고 섹스를 하고 음악을 듣는 데 거의 흥미를 느끼지 못하는 사람도 있다. 모든 시대의 모든 사람이 종교적인 경험을 하는 것은 아니다. 그렇기는 해도 영적인 경험과 생각은 모든 인간 사회에 공통되며, 이런 경험은 인간 사회의 일부(아마 거의 모든) 성원들의 삶에서 두드러지는 부분이다.

우리의 출발점은 자유의지의 진화
― 인간은 무한히 유연한 처신을 발전시켰다

인간의 보편성은 문화만으로는 설명되지 않는다. 다른 동물종이나 갓 태어난 아기에게서 보이는 행동 특징들도 마찬가지다. 그보다는 음식이나 섹스에 대한 인간의 관심처럼, 또 결혼이나 재산 같은 인간들의 제도처럼, 어디서나 볼 수 있는 그런 인간 행동은 우리의 진화하는 생물학적 신체가 가진 근본적인 특성에 분명히 뿌리가 있다고 봐야 한다. 이런 이유에서 우리는 인간 문화에서 신(들)에 대한 경험의 진화적 분석을 개발했다. 그러나 구역을 지키는 문제나 결혼과는 달리 동물종에게는 인간처럼 누구나 종교적 경험을 한다는 선례가 없다. 침팬지나 고릴라가 신에 대해 암시적으로라도 알지 못한다고 가정하는 것은 아니다. 하지만 다른 동물종에게서 통상적으로 그런 경험이 일어난다는 증거는 없다.

따라서 우리는 만일 인간의 종교적 경험에 어떤 진화론적 기초가 있다면, 그것은 동물종과 공유하는 공통된 기초는 아니라는 가정에서 출발한다. 이것은 영장류의 진화 속에 종교적 경험의 발전으로 이어지는 뭔가 특별한 것이 있다는 필연적인 귀결로 이어진다. 그 어떤 것이 다른 종에게서는 절대로 찾아볼 수 없는 것은 아닐지라도 우리의 진화에 매우 고유한 것임은 분명하다.

인류가 공공연히 따랐던 선택의 기준은 상대방을 성적으로 정복하기에 적합한 치마의 길이나 자동차 종류에 대한 선천적인 지식 따위는 **아니었다**. 또 우리의 행동이 단순하게 고정된 행동 유형에 의해 전적으로 통제 가능하거나, 아니면 완전히 임의적인 것도 아니다. 그보다는 우리의 학습 능력이 대단히 확장되다 보니 그런 유전적 엄격성이 잠식된 것이다. 그렇다면 우리는 인간이 처한 무척 다양하고 수도 없이 많은 사회적·생태적 환경에 각기 어떻게 적절하게 반응하는가? 우리는 적절한 행동의 폭넓은 레퍼토리를 즉흥적으로 고안해내는 일반적인 계산 능력을 진화시켜온 것으로 보인다.

 호모사피엔스가 보여주는 도구 사용의 정교한 가공법은 정말 뛰어난 수준으로, 이제 우리는 온통 인공물에 둘러싸여 있는 것이나 마찬가지다. 이런 광적인 도구 사용과 짝을 이루는 것이 진화상으로 매우 특별한 수준에 올라선 행동의 유연성이다. 이 행성의 다른 어떤 유기체도 우리가 새로운 행동을 개발하는 경악스러울 정도로 뛰어난 잠재력은 따라오지 못한다. 한마디로 말해 우리는 자유의지를 개발했다.

그래서 신들도 진화했다
―다원적 규제 장치는 우리를 자유의지로부터 보호한다

다윈식 진화는 우리에게 놀랄 만한 유연성을 가져다주었다. 하지만 장기적인 진화적 적응력이라는 관점에서 볼 때 극단적인 유연성에는 위험이 따른다. 자유의지라는 이 진화적 재능(우리는 진화의 산물이지 그것을 감독하는 존재가 아니므로)에는 거의 주목되지 않은 책임 한 가지가 따라온다. 선택이 잘못되면 재생산이라는 다윈식의 임무를 도저히 달성하지 못할 수도 있다. 새로운 행동을 만들어낼 수 있는 이 놀라운 재능을 가진 우리가 비뚤어지지 않도록 그 무엇이 막을 수 있을까?

비뚤어지는 사람이 많다는 것이 한 가지 대답일지도 모른다. 어떤 사람은 절대로 자식을 낳지 않기로 한다. 이 사실은 인간이 그 성가신 다윈적 유산에서 해방되었다는 증거로 보일 수도 있다. 종교적 서원의 이유로 평생 금욕하는 경우에 대해서는 아마 아예 논란의 여지도 없을 것이다.

이 책략에서는 별로 기대할 것이 없다. 다른 종의 수많은 멤버들 역시 재생산을 하지 않거나 성체가 될 때까지 살아남지 않는다. 그러나 생존이나 재생산의 우연한 실패가 자연 선택에 의거한 진화가 일어나지 않는다는 증거는 아니다. 사실 더 깊이 발전된 진화론에서는 개별적인 실패 사례가 없을 수 없다는 것이 예견된다. 실패가 전혀 일어나지 않는다면 개입주의자인 신에 의존하는 이론이 다윈 이론보다 생명을 더 잘 설명해주었을 것이다.

우리 인간이나 다른 동물종이나 다윈적 진화의 산물이라는 점에서는 별 차이가 없다면, 놀랄 만큼 유연한 우리의 행동은 어떻게 통제되고 있을까? 이 물음에는 기본적인 해답이 세 가지 있다.

첫째, 우리가 인지하는 자유의지란 그저 인지 차원에 그치며, 유전적으로는 여전히 다윈적인 적응력을 키우는 결과를 추구하고 성취하도록 보장해주는 특정한 행동 유형을 따르는 방향이 이미 결정되어 있는지도 모른다. 이데올로기적인 혐오감은 별개 문제지만, 인간 행동에는 말 그대로 다른 동물종들에게서도 발견될 정도로 전형적이거나 예측 가능한 특징은 보이지 않는다. 따라서 우리는 이 대답은 기각한다.

둘째, 인간은 자신의 행동이 적응력에 미치는 영향을 계산하며, 많지는 않지만 그것이 선택의 기준이라고 주장하는 생물학자들이 있었다. 이 견해에 있는 문제는 인간은 다윈적 계산에 대해 확실히 의식적으로 숙고하지는 않는다(여기서 이 '확실히 obviously'라는 단어는 결정적으로 중요하다)는 점이다. 여자 A가 데이트 날짜를 잡거나 심지어 약혼자를 결정할 때조차도 남자 B가 아니라 남자 C를 선택하는 것이 자신의 적응력에 어떤 영향을 줄지를 의식적으로 생각하여 결정하는 것은 아니다.

세 번째, 자신의 행동이 다윈식의 적응력에서 어떤 결과를 낳을지에 대해 인간들이 전략적인 결정을 아마 실제로 내리겠지만, 그 일은 무의식적으로 이루어진다. 우리는 그 전략적인 다윈적 계산법이 일차적으로 수행되는 곳은 두뇌의 전두엽이며, 그 계산 결과가 무의식적으로 우리를 인도한다고 본다. 우리는 그런 계산이 이루어지고 있음을 의식적으로는 깨닫지 못할 수도 있다. 대신에 나는 우리의 결정이 옳고 그름에 대한 내적인 이해의 인도를 받는다고 믿는다. 다윈적인 진화론이 만든 신경생물학자들의 신이 우리 행동을 제어한다.

우리 내면에 숨겨진 신들
― 무의식적인 다원적 조절기가 종교적이고 도덕적인 경험을 발생시킨다

우리는 시각이 신경세포를 자극하는 광자光子(photon)로부터 발생하는 자극을 처리하는 수단으로 진화한 것이라는 말과 동일한 의미로, 신이 우리 두뇌 기능의 하나로 진화해왔다고 주장한다. 즉 신은 두뇌 속에 있다는 말이다. 두뇌의 진화한 그 기능들이 우리를 자극하여 다원적 목표를 향해 움직이게 만든다. 이 '신神 기능'은 사소하지도 않고 기능 장애도 생기지 않는다. 오히려 그것은 자연 선택에 의해 형성된 하나의 기관인 인간 두뇌의 기능을 효과적으로 발휘하는 데 필수적이다. 우리는 이 점을 염두에 두면서 우리 이론의 관점에서 종교적 경험의 진화생물학을 해부한다.

우리 가설에서 인간 두뇌는 진화에 의해 유지되어 온 양원 구조를 가지고 있고, 양원적으로 작동한다. 그렇다면 우리가 주관적으로 체험하는 '자아'란 누구, 또는 무엇인가? 우리는 우리의 주관적 자아를 구성하는 두뇌의 작동은 두뇌 기능을 통합하는 두 가지 주요 조합 중의 하나에만 해당된다고 주장한다. 따라서 경험 많은 우리의 자아는 우리 행동을 즉각적, 전략적으로 조정하는 통제부가 된다. 은유를 써본다면 우리의 의식적인 마음은 배의 브리지에 서 있는 도선사導船士와도 같다. 하지만 도선사는 조종간을 쥐지 않는다. 도선사는 선장의 지시를 받는다. 우리는 사실 자기 삶의 의미를 선택할 자유가 없다.

이런 일은 어떻게 일어나는가? 우리의 주관적 자아는 한결같은 감정, 방향성 있는 지각, 장기적인 집착이라는 수단에 의해 지시되고 억제되고 형성된다고 주장한다. 다른 말로 하면 우리의 자아는 신체를 직접 작동시키는 존재지만, 삶의 응집력과 방향성의 연원

은 아니다. 그렇다면 우리 두뇌 속에 또 다른 '인격'이 있다는 뜻인가? 꼭 그렇지는 않다. 하지만 우리 두뇌 속에 다른 마음이 하나 있는데, 그 마음은 우리가 순간순간 자기 자신이라고 경험하는 마음과는 매우 다르다.

이 다른 마음이 어느 정도의 통일성을 갖고 있는지에 대해서는 일치된 견해가 없다. 사람마다 다를 수도 있다. 그러나 일시적으로 '변화된 상태'에 있는 것이 아닌, 정신적으로 정상적인 개인들의 경우 우리가 짐작하기로는 이 다른 마음은 어느 정도 일관성이 있다고 할 수 있다. 어떤 면에서는 그것이 우리의 의식적 자아보다 더 한결같고 더 끈기 있고 집중력이 더 클지도 모른다. 결국 이 다른 마음이 우리의 의식적 자아의 보증인이고 주임 통제자이며, 자유의지가 있는데도 우리가 다원적인 목표에 끌려가도록 만든다는 것이 이론적인 기본 입장이다.

이 다원적 신의 기능을 완벽하게 분석했다고 주장하는 것은 아니다. 그보다는 그것이 존재한다고 주장하려는 것이 우리의 주된 목표다. 그다음 단계로는 그 신이 실제로는 자연 선택이 오랫동안 선호해온 진화적 장비의 유용한 부품 역할을 해준다는 견해를 지지하는 경험적 증거를 제시하려 한다.

신이 없는 자는 지상에서 걸어다녀야 한다

—어떤 생물학적 기관도 잘못 작동하는 것이 있게 마련이다. 어떤 사람에게는 두뇌 기능의 구성요소로서의 신이 빠져 있는 게 분명하고, 또 실제로도 빠져 있다

신이 우리의 신경시스템 바깥에는 존재하지 않는 엄격하게 내인성

內因性의 개념이라면, 신을 갖고 있지 않은 사람들도 분명히 있다. 즉 그들의 행동을 집중시켜주는 전략적인 다원적 초점을 갖고 있지 않은 사람들이 있다는 말이다. 우리의 분석에 따르면 그런 개인에게는 전략적인 삶의 조직이 틀림없이 비어 있을 것이다. 그렇다 하더라도 실행 가능한 지성과 모든 직접적·생물학적 충동과 반응에는 별 탈이 없을 수도 있다. 즉 신의 기능이 없거나 파괴되었을 때도 그들의 의식적인 자아는 제대로 작동할 수 있다는 말이다.

생물학적 기능이란 모두 폐기될 수 있는 것이므로 그런 기능 장애는 가끔씩 일어나지 않을 수 없다. 모든 생명체가 신과 동일한 경험을 나눌 수 있는 것은 진정으로 초자연적인 세계에서뿐이다.

사회적 통제력이나 양심이 선천적으로 결여된 사람들이 있다는 것은 의학적 심리학에서는 잘 알려진 사실이다. 이런 사람들은 '도덕적 정신이상자', '사이코패스psychopaths', '소시오패스sociopaths', '반사회적 성격 장애' 등 다양한 진단 범주에 해당된다. 미국의 범죄학에서 이런 사람들은 반복적인 범죄를 저지르므로 상대적으로 체포하거나 기소하기 쉬운 인물로 부각된다. 그들은 전체 인구 비율로 보면 2퍼센트에 불과한데도 대형 범죄의 50퍼센트가량을 저지른다. 여성 가운데 이런 사람들은 유죄 선고를 받은 매춘부나 규제 약물 범죄자의 대다수를 차지한다. 특히 눈에 띄는 하부 그룹 하나를 검토해보자. 자신들의 삶을 관리하는 능력이 전혀 없는 사람들을 예로 들어보자. 명백하게 그런 특징으로 규정되는 하부 그룹을 편의상 '소시오패스'라고 부르기로 한다.

소시오패스의 등록상표는 진정한 죄책감이나 회한을 경험하지 못하는 장애자라는 점이다. 사실 그런 사람들은 실존주의적인 작품 속에 등장하는 주인공의 모델 그 자체다. 뿌리가 없고, 통제되지 않으며, 적어도 중장기적으로는 자율적이다. 단기적으로는 자기 편의에 따라 어떤 행동이든 위장할 수 있다. 즉 소시오패스는 일상 언어로 양심conscience이라 불리는 것을 갖고 있지 않다. 그들은 자기들의 신에게 깊이 관련되어 있지 않다.

두뇌 피질의 앞부분(전두엽) 및 그 아래 있는 초점성 세포focal tissue가 고장 나면 행동관리면에서의 대규모 붕괴로 이어진다. 이런 대규모 붕괴는 주로 두 가지 형태를 띤다. TV 중독증(카우치포테이토 증후군couch-potato syndrome)과 유사 사이코패스다. TV 중독증은 두뇌에 손상을 입은 환자에게서 전반적인 능력은 그대로 유지되지만(겉보기에는 치매 증상이나 실어증이나 감각 또는 운동 장애도 없다) 행동을 시작할 능력이 거의 모두 또는 완전히 사라질 때 일어난다. 이런 부류의 전형적인 특징은 앉아서 먹으면서 TV를 보는 것이다. TV의 리모컨을 빼앗으면 이미 켜져 있는 채널을 끝도 없이 본다는 점도 흥미롭다. 이 증후군은 자동차의 안전벨트와 에어백이 등장하기 전에는 더 흔한 현상이었다. 교통사고 피해자들이 자동차 앞유리창에 부딪쳐 두개골 앞부분이 부서지거나 강한 충격을 받았을 때 그런 증상이 생길 수 있기 때문이다.

이와 반대로 유사 사이코패스는 즉각 행동에 옮기며, 특히 자기과시를 하거나 만족감을 금방 느낄 것처럼 보이는 사람들이다. 그들에게서 뚜렷하게 상실된 것은 금지 능력이다. 피니어스 게이지Phineas Gage의 사례는 이런 증후군의 고전적인 형태다. 게이지는 원래 믿음직한 철도건설 노동자였는데, 철봉이 전두엽에 박히는 사고를 당한 뒤에 성격이 변했다. 사고가 있은 뒤 그는 본질적인 인지·운동·감각 기능은 모두 회복했지만, 책임감이 없어지고 자기 절제를 하지 못했으며, 신뢰할 수 없는 사람이 되었다.

우리는 양심이 전두엽의 정상적인 작동에 의해 내면에 자리 잡는다고 믿는다. 소시오패스는 우리 식으로 말하면 신이 없는 사람이다. 그들은 각자의 내인적 신과의 모든 관련을 잃은 사람이 할 만한 역겨운 행동을 한다.

흥미롭게도 선천적인 소시오패스는 전두엽이 충분히 발달하지 못한 상태임이 밝혀졌는데, 이는 아마 선천적 장애인 것 같다. 그러나 어떤 두뇌 구역 전체를 다 잃어야 그 구역에 관련된 기능이 사라지는 것은 아니다. 소시오패스라 하더라도 전두엽이 없는 사람은 거의 없다. 그러나 그들의 전두엽 구역의 대사 활동 수준이 낮은 것은 사실인데, 이는 전두엽 기능에 모종의 결함이 있음을 시사한다.

따라서 신이 없는 자는 존재하며, 그들의 기능 장애는 아마 전두엽 기능의 결함에 기인할 것이다. 거꾸로 절대다수의 사람들에게서 신神 기능이란 우리 두뇌가 정상적으로 작동하는 방식의 일부분인 모양이다.

신은 눈에 확연히 보여야 한다

─신들은 인간 두뇌 기능의 근본이기 때문에, 우리는 몇 가지 조건 아래서 그들을 직접 경험해야 하며, 실제로 경험한다

사람들이 신의 손길을 경험하는 일은 흔히 있다. 즉 충격이나 굶주림이나 고열로 매우 심한 신체적 스트레스를 받는 사람들이 그런 일을 겪는다. 사실 진정한 종교 경험의 최선의 증거는 변화된 의식 상태에 있는 사람들이 제공한다.

현대 정신의학에서 정신증 psychosis으로 일컬어지는 증상을 겪는 사람들은 환각과 일상의 현실을 구별할 능력이 없다. 정신의학의

구식 이론은 개인 일반을 묘사 대상으로 삼지만, 정신분열증 환자들이 발작하는 틈틈이 정신이 명료해지는 때가 있다는 사실이 알려지면서 정신증적psychotic이라는 형용사는 이제 정신질환자 **전체**보다는 대부분 그들의 의식 상태를 가리키는 것으로 쓰인다. 정신증 환자들은 세계와 '뒤죽박죽이 되는' 경험을 한다. 예외가 없지는 않지만 편집증은 정신병의 공통적인 특징이다. 과대망상도 발생하지만 정신분열증과 조울증 모두에서 편집증보다는 덜 흔하다. 부적절하고 극단적이기도 한 섹스, 폭력, 배설물에 대한 관심도 흔한 현상이다. 정신증적인 상태는 대부분 정상인들의 일상적인 관심사와 전적으로 무관하지 않고 거꾸로 그런 관심사가 크게 뒤틀린 상태를 반영하는 편이다.

정신병의 두드러진 특징 가운데 종교적 환각과 망상이 있다. 자신이 특별히 선택받았다는 망상과 종교적 환각은 정신병을 다루는 영화와 소설에서 자주 쓰는 소재이며, 정신병자들의 사례 보고서에서도 아주 흔하다.

이와 비슷하게 마약으로 변형된 의식 상태에서도 '신을 보고', '신의 음성을 듣는다'는 사례 보고가 흔히 있다.

그런 경험이 왜 정상적인 인지 한계를 뛰어넘을 때 그토록 흔하게 발생할까? 우리는 그것을 정상 상태에서는 두뇌 속에서 신을 직접 경험하지 못하게 방해하고 있던 장벽이 무너진 상태가 그런 경험에 반영되는 것이라고 해석한다. 다른 말로 하면 광란 상태delirium(섬망증)나 중독 상태에서 겪는 비대해진 종교적 경험은 기능은 떨어지지만 더 공개적이 된 우리의 내인적 통제자의 출현이라는 것이다. 그 통제자가 모든 진정한 종교적 경험의 실제 연원이다.

종교는 자유의지와 신 사이를 중재한다

—종교는 우리가 경험한 부조리한 신을 합리적인 의심과 화해시킨다

종교적 경험의 주관적 성격이나 의미에 대해 전혀 알지 못하더라도, 여전히 인간이 눈에 보이지 않는 실체를 탐구하는 데 엄청난 시간을 소모한다는 사실은 다들 알 것이다. 이런 관심 때문에 종교적 건물들이 세워진다. 사람들은 보이지 않는 존재 앞에서, 또는 일상생활에서 존재하지 않을 것 같은 인물이나 생물의 조각상 앞에 무릎을 꿇고 절을 한다. 인간 생활을 관리하기 위해 중요한 어떤 일이 진행되고 있다. 그런 행동이 자율적인 여러 문화에 걸쳐 공통적으로 일어나는 것을 보면 이 '일', 이 '종교적 경험'은 진화적으로 무척 중요한 것임에 틀림없다.

우리 이론이 누구나 관례적으로 정의된 의미에서의 종교적 경험을 해야 한다고 요구하지는 않는다. 아이를 갖기 싫어하는 사람도 있지만 그렇다고 해서 종족 번식이 인간 생활의 근본적인 부분이라는 생각이 부당해지는 것은 아니다.

이를 우리는 이렇게 해석한다. 관례적인 종교 경험은 우리의 전두엽에 위치한 신 기능과 두뇌피질의 의식적인 영역 사이에서 이루어지는 문화 의존적인 상호 관계를 둘러싸고 발전한다는 것이다. 말하자면 종교는 우리의 의식과 우리의 신적이고 무의식적인 통제자 사이의 중재자. 우리의 가설이 옳다면, 또 일차적으로 신 기능이 전두엽에 배당되어 있다면, 이 기능을 조정하고 개량하거나 고조시키는 관례(즉 종교적 관례)가 필히 존재한다.

종교가 반드시 선하다거나 우리의 다원적 적응력에 항상 도움이 된다고 주장하고 싶지는 않다. 오히려 종교는 우리가 종교적 행동을 하는 동안 '긁게 되는' '가려움'(즉 그 과정에서 필요하다고 느껴지는 요소들)에서 발생한다고 말하려는 것이다. 이는 성적 충동이 실제의 종족 번식과는 거의 무관하지만 섹스에 관련되는 광범위한 행동적·문화적 관행을 만들어내는 것과 마찬가지다.

실제의 신들과 조화롭게 살기
ㅡ신들은 기능적이지도, 물질적으로 강력하지도 않다. 우리는 그들이 우리 속에 들어 있으며, 우리의 삶을 규정하는 데 기여한다는 사실을 받아들여야 한다

여기서 간략하게 서술한 논의가 특정한 조직적·종교적 관행이 일종의 사기임을 폭로해야 한다는 견해를 끌어낸다고 추정될 수도 있다. 하지만 우리 생각은 그렇지 않다. 오히려 우리는 종교적 경험은 성욕만큼이나 타당하거나 유용하다고 본다. 그것 역시 인간의 중요한 기능에 관련되며, 그것을 자극한다. 그런 기능은 진화적으로 적절한 인간 행위의 기저에 놓여 있는 행동 토대의 일부분이다. 때로는 종교도 성욕처럼 극단적이거나 기능 불량이 되기도 한다. 역시 성욕처럼 종교적 관례에도 일부 변주된 형태가 있지만, 그 모든 경우가 비난이나 찬양의 대상이 되어 마땅한 것은 아니다.

 종교적 경험의 기원은 신이 아니다. 오히려 그것은 인간적인 삶의 방식이 발전한 부분인데, 그것을 폐지하거나 무시하려면 위험을 무릅써야 한다. 신들은 실재하며 중요하다. 하지만 그것들은 초자연적이지도 않고 전능하지도 않으며, 신의 기원은 단연코 물질적이다. 이런 신들은 우리의 간[iii]이나 마찬가지로 숭배나 경외의 대상이 될 자격이 없다. 간이야말로 오히려 매우 인상적인 기관이지만 말이다.

# 사실이라기에는 너무 좋고, 설명하기에는 너무 불분명한
―신에 대한 믿음의 인지적 결함들

토머스 클라크(Thomas W. Clark)
미국 자연주의센터의 소장이며, 『*Encountering Naturalism: A Worldview and Its Uses*(자연주의와 만나기: 세계관과 그 활용)』을 펴냈다.

나와 같은 철학적·과학적 자연주의자에게서는 초자연적인 존재 일반이 논외로 밀려나기 때문에 전통적인 그리스도교의 신도 함께 밀려난다. 무엇이 궁극적으로 실재하는지를 알려주는 안내자로 과학을 지지한다면, 그리고 공개적인 철학적 심문을 통해 당신의 가정을 비판한다면, 실재實在가 자연과 초자연이라는 상이한 두 범주로 나뉜다고 믿을 타당한 이유는 없다. 대신에 과학이 보여주는 세계는 우리가 자연 세계라 부르는 단일한 세계다. 따라서 신에 대한 불신앙은 존재하는 것은 오직 자연뿐이라는 합리적으로 방어 가능한rationally defensible 주장, 즉 자연주의라 알려진 세계관의 기초에서 나오는 자연스러운 결론이다.

자연주의의 인식론적 노력

자연주의자들을 이끌어가는 힘은 실재의 깊이를 파헤치고 싶은 불손한 욕구다. 객관적으로 무엇이 존재하는지 알고 싶고, 사물이 근본적으로 어떻게 작동하는지 이해하고 싶고, 현상을 극단적으로 투명하게 설명하고 싶다는 욕구가 그 추진력이다. 이 기획에서 우리가 일차적으로 서약하는 것은 인식에 관한 것, 세계에 관한 신뢰할 만한 믿음을 우리에게 가져다주리라고 정당하게 믿을 수 있는 철학-과학적 방식에 대한 관심이다. 그런 방식은 철학적 비판에 대해 열린 태도와, 모든 비판자와 실제 과학 수행자들에 의해 점검된 설명적 적합성에 관한 과학적 기준을 합친 것이므로, 나는 이것을 철학-과학적 인식론이라 부른다. 자연주의는 실재를 탐구할 때 과학과 철학이 하나로 이어지고 상호 침투하며 협동적이라고 주장한다. 어떤 것이 다른 것의 기초가 되는 그런 관계가 아니다. 세계를 이해하는 데 있어서 자연주의자들은 주로 기만당하지 않고 논리적이거나 방법적이거나 가정적인 오류를 범하지 않으려 한다. 철학과 현실의 경험에 의해 가설적으로, 또 방법론적으로도 정직성을 유지하는 과학은 현상을 예견하고 통제하는 인간 능력이 확대됨에 따라 세계가 움직이는 방식을 판단하고, 그에 대해 점점 더 믿을 수 있는 설명을 내놓았다. 자연주의자의 실용적인 지식 테스트란 그런 것이다. 우리는 제대로 예견할 수 있기 때문에 기만당하지 않는다.[1]

신뢰할 수 있는 지식에 대한 탐구 정신이 자연주의자들의 추진력이므로, 최종적으로 무엇이 존재하는지를 말해주는 특정한 그림, 즉 특정한 존재론을 옹호하는 일은 우리 관심사가 아니다. 어떤 현상에 관한, 가령 의식에 관한 최상의 명료한 설명이 일종의 정신적-신체적 이원론으로 귀결된다면, 그 또한 어쩔 수 없는 일이다. 천체 물리학적 탐구를 해나가면서 우리가 어떤 초존재super-beings의 종족이 관찰할 수 있는 우주를 창조했다는 것을 알게 되더라도 별 수 없다. 우리는 존재론적으로 비교조주의자다. 그 존재론을 구체적으로 설명해주는 이론이 그 상황에서 최고 수준의 것인 한 자잘한 존재론적 부스러기들이야 어디에 떨어지든 상관하지 않는다. 그저 계속 진행되는 탐구로 인한 긴장감 속에서 그런 이론들이 자주 바뀔 때, 존재하는 것에 관한 우리의 견해가 **잘못으로 판명될** 권리를 앞다투어 확보하려 할 뿐이다.

과학적 설명의 통일성

세계의 탐구에서 어쩌면 존재론적 이원론이 표면화될지도 모른다고 하지만(지금까지는 기필코 그렇게 될 것이라는 암시는 없었다), 탐구 자체는 그 뿌리를 이루는 자연과 초자연 간의 형이상학적 이분법의 가능성에 저항하는 방향으로 작용한다. 철학-과학적 인지의 궤도 속으로 끌려 들어온 것은 모두 멀든 가깝든 그 시야 속에 들어오는 다른 모든 것과 상관된 것으로 보이기 때문이다. 과학적 이론의 목표는 결국 현상의 다양한 층위와 영역들 사이에 성립되는 인과적·시간적·구조적 관계를 보여주려는 데 있다. 예를 들면 원자와 화학의 관계, 화학과 생물학의 관계, 최종적으로는 생물학과 심리학, 행동과 경제의 관계 같은 것들이다. 동물 왕국의 다양성, 인간의 생각과 문화의 복잡성, 의식 그 자체의 다양성은 모두 원칙적으로, 그리고 실제에서는 점점 더 많이 생물학, 지질학, 별에 관한 연구, 우주의 진화를 거쳐 거슬러 올라가 빅뱅으로 귀결된다. 세계에 대한 경험적 이해는 본질적으로 통합하는 기능을 가진 것이므로, 사전에 어떤 형이상학적인 연결고리 없이, 예를 들면 신에 대한 믿음 같은 것 없이 거기에 참여한 사람들은 흔히 자연주의로 이끌린다. 즉 그 영역과 층위와 부분들과 특징들이 아무리 제각기 이질적일지라도 실재는 단일하고 상호 연관된 전체로 형성되어 있다고 본다. 이 전체, 이 실재를 우리는 자연이라 부른다. 그런 자연주의가 일부 반자연주의자들이 주장하듯이[2] 자연주의자들이 과학에 뒤집어씌운 철학적 편견이 아니라, 믿을 만한 믿음의 기초로서 과학에 따라오는 인지적 몰입cognitive commitment임에 주목하라. 자연의 아래위를 포괄하는 통합성은 투명하고 신뢰할 수 있고 설명을 통한 예견 창출을 추구하는 철학-과학적 기획에 의해 만들어진다.

초자연 이론의 빈약한 설명 능력

이 기획의 관점에서 볼 때 초자연의 존재는 말 그대로 그것이 있어야 할 동기도 없고, 설명적으로 논의할 가치도 없는 잉여다. 결국 초자연이란 경험적으로 충분한 근거가 있는 이론에서는 설 자리를 찾지 못한 것들이다. 그런 자리를 찾았다면 초자연이 아니다. 그것은 즉시 다른 자연현상, 이론 속에서 설 자리를 갖는 실체와 작용들과의 관찰적·이론적 연결에 의해 자연화된다. 그러므로 안정적인 경험적 지식을 얻으려다 보면 초자연적인 설명의 개연성과 필요성이 훼손된다. 사실 철학-과학적 자연주의자들(까다롭고 따지기 좋아하는 사람들)이 합의에 도달한 단 하나의 가장 현저한(아마 유일할지도 모른다!) 논점은 초자연이란 존재하지 않는다는 주제일 것이다.[3] 만일 자연주의자들이 주장하듯이 뭔가가 존재한다고 믿을 가장 확실한 근거가 곧 현상을 가장 훌륭하게 예견해주는 최고의 이론에서 그것이 어떤 역할을 한다는 사실이라면, 우리는 초자연을 믿을 이유가 없다. 초자연적인 것은 결코 그런 일을 해주지 못하니까. 물론 자연주의자들은 초자연의 존재를 반증할 수 있다고 주장하지 않는다. 하지만 반증의 결여가 곧 그것이 존재한다는 증거는 아니다. 만일 그것이 증거가 된다면, 논리적으로 인식될 수 있지만 존재 증거는 거의 대지 못하는 실체들이 모두 존재론 속에 포함되어야 하며, 덕분에 존재론은 엄청나게 확장될 테니, 정말 말썽 많은 우주가 아닌가.

초자연의 가장 대표적 보기인 전통적인 아브라함의 신은 공공연한 **설명되지 않는 설명자**unexplained explainer이며, 그렇기 때문에 투명한 설명에 대한 요구를 추진력으로 삼는 존재론에서는 그런 신이 없을 수밖에 없다. 신이 우주의 창조를 설명하기 위해서든 아니면 생명의 설계를 설명하기 위해 도입되었든, 두 경우 모두에서 초자연주의자는 신이 활동하는 방식이나 신의 본성에 대한 설명을 제공하지 못한다. 하지만 훌륭한 설명은 단지 설명상의 공백을 메우려는 목적에서 어떤 실체나 작용을 설정하지는 않는 법이다. 여기서 그런 실체란 창조적이고 설계하는 지성이다. 적절한 설명이 되려면 정보가 상당히 추가로 공급되어야 한다. 좋은 유신론적인 설명은 신에 대한 구체적이고 특정한 내용을 소개하는 것이어야 한다. 그의 동기가 무엇인지, 특징이 무엇인지, 힘과 작동 양식이 무엇인지를 알려주어야 그가 왜, 어떻게, 다른 종이 아니라 그 특정한 종을 창조했는지를 조명할 수 있다. 또 그것에 앞서는, 또 그 주위에 있는 여건과의 관계도 보여주어야 할 것이다. 그의 역사적 기원, 존재론적(정신적, 물질적, 아니면 또 다른 어떤 것?) 지위 같은 것들, 그리고 너무 자세히 따지고 싶지는 않지만 그의 현재 위치 같은 것 말이다. 더 나아가서 적절한 유신론적 설명은 창조자-설계자라는 설정된 역할을 넘어서는 신의 존재에 대한 **독자적이고 간주관적인 증거**independent intersubjective evidence를 제공해야 할 것이다. 어떤 공정한 관찰자든 확인할 수 있는 증거가 없다면 그가 존재한다고 추정할 믿을 만한 기반도 없다.

자연주의자들에 따르면 설명의 투명성을 보장하기 위한 이런 기본 기준은 건전한 존재론적 지위를 가진 모든 실체에 적용되어야 하는데, 유신론자들은 그것을 충족시키지 못한다.[4] 그렇다면 창조론자와 지적 설계의 옹호자들이 뭐라고 주장하든 인간과 우주의 기원에 대한 과학적 설명에서 신이 아무 역할도 하지 못한다고 해서 놀랄 것도 없다. 명료한 설명이 부족한 해명•들은 신이 제공하는 **완결성**은 있지만 거짓인 설명spurious explanatory completeness을 감당하지 못한다. 그런 완결성은 공공연하게 이해를 희생시키고 얻는 것이다. 사실은 제일 중요한 게 이해인데 말이다! 아니다. 자연주의자들은 일부 경우에는(사실은 존재의 기원 자체를 포함하는 많은 경우에) 상황이 어찌 돌아가는지 이해하지 못한다는 것을 기꺼이 인정한다. 어설프게 뭔가를 안다고 주장하면서 초자연을 불러들이는 것보다는 자연주의적으로 알지 못함을 솔직하게 인정하는 게 훨씬 낫다. 신에 대한 믿음, 인식의 막다른 골목은 투명한 설명에 대한 자연주의자들의 욕구에 의해 추방된다. 그런 투명성을 보여주는 것이 과학이다.

• 즉 창조론, 지적 설계 이론.

객관성의 요구

하지만 신을 옹호하는 사람들은 종종 과학에 대한 자연주의자들의 노력이 아무리 철학적으로 세련되었다 하더라도 너무 편협하다고 주장한다. 인식론적 지평선을 확장해서 과학적 인식 양식만이 아니라 비과학적 인식 양식도 사용한다면, 우리는 자연이 전부가 아니라는 걸 알게 되리라는 것이다.[5] 이런 관점에서 신의 존재에 관한 논쟁은 인식적 규범에 관한 논쟁, 우리의 믿음을 확신하는 표준에 관한 논쟁으로 귀결된다. 반자연주의자들은 자연주의자보다 인식론적으로 더 자유분방하며, 개인적인 직관과 계시, 민속 심리학, 종교 전통, 문서적 권위(예를 들면 성서, 코란 등) 같은 것들로 인증된 믿음에 객관성의 보증서를 더 쉽게 내주곤 한다. 게다가 알빈 플란팅가Alvin Platinga 같은 반자연주의적인 철학자들은 자연주의에 반대하는(그러므로 신의 존재를 지지하는) 순수하게 이성적인 증거에 더 무게를 실어주는 반면, 신에 대한 관찰 증거의 필요성은 평가 절하한다.[6]

그러나 양편 모두 세계가 주관에게 보이는 모습과 대립시키는 방법을 통해 그 객관적인 존재 방식에 대한 주장을 전개한다. 어느 쪽도 자신이 체계적으로 기만당했다거나 실재를 잘못 묘사했다고 인정하지 않을 것이다. 그러므로 자연주의자와 반자연주의자 모두 우리의 인지 양식이 편견이나 희망적인 사고, 그 밖의 동기들로 인한 오염에 물들지 않도록 사실적 주장을 최대한 차단해야 한다는 데 동의해야 한다. 그렇지 않다면 우리는 세계의 참된 본성을 파악하지 못하고 우리의 인간적인 희망과 범주를 세계에 투사할 위험을 지게 된다. 이것을 차단insulation의 요구라 부르자. 실재를 객관적으로 나타낸다고 주장하는 세계관은 어느 것이든 이 요구를 충족시켜야 하며, 그렇기 때문에 자연주의와 온갖 종류의 반자연주의(유신론, 초자연주의, 초과학주의, 뉴에이지 세계관 등)에도 그럴 의무가 똑같이 적용된다. 객관성을 내세우는 모든 주장이 피할 수 없이 직면하는 요구는 사물이 실제로 어떤 것인가 하는 것을, 그것이 어떤 것이었으면 하고 우리가 원하는 바로부터 최대한 차단해야 한다는 것이다.

신을 투사하다

그렇다면 신의 존재에 관한 물음은 다음과 같은 것이다. 이런 차단 요구를 가장 존중하며, 그럼으로써 사실적인 주장에 더 믿을 만하게 객관성을 부여하는 인식의 규범을 기초로 할 때 유신론보다 자연주의를, 아니면 거꾸로 자연주의보다 유신론을 더 선호할 이유가 있는가? 유신론자와 자연주의자들의 규범 가운데 어떤 것이 세계관을 구축할 때 실제로 우리의 인간적인 희망과 두려움을 투사하지 않게 막아주는 최고의 방어벽이 되어줄 수 있을까?

이 질문은 제기하는 것 자체가 거의 대답이나 마찬가지다. 철학과 협력할 때 과학의 **존재 이유**는 세계를 이해하는 데 있어 최대한 초연한 제3자의, **간주관적**이고 그럼으로써 객관적인 시각을 달성하려는 데 있기 때문이다. 원칙적으로, 또 거의 대부분의 경우에는 실천적으로도 정직한 과학자라면 누구나(결국은 누구나 그렇고, 또 가끔은 방법과 자료에 관한 상당한 논쟁을 겪은 뒤에는), 원래 어떤 차이가 있었든 잘 조사된 탐구 영역에서 다른 과학자들과 대체로 같은 결론에 도달한다. 왜 그런가? 지난 350년간의 실험 방법과 설명 적합성의 기준은 엄밀하게 그것들이 편견을 줄여주는 능력에 따라, 사람들의 주관적인 희망과 기대치를 걸러내는 능력에 따라 선별된 것들이기 때문이다. 과학의 실용적인 적용은 말할 것도 없고 예견과 설명면에서도 그것이 거둔 성공을 보면 우리가 원하는 게 무엇이든 사실 문제에 관해서는 합의에 도달하지 않을 수 없다. 과학은 사람들에게 철학자 토머스 네이글Thomas Nagel이 말한 '관점 없는 전망the view from nowhere'7을 주기 위해, 동기에 얽매이는 인간적인 관점에서 최대한 멀리 떨어져서 추상화한다. 이 견해가 우리 마음에 들지 않을 때(신, 천국, 영혼, 불멸성 등의 증거 없음)가 많다는 것은 곧 과학이 우리의 소망을 세계로 투사하는 것이 아니라는 사실을 암시한다.

  반면, 전통적인 유신론은 우리의 가장 소중한 꿈(영원한 생명, 사랑하는 사람들과의 재결합, 은혜로운 지성의 지도를 받는 합목적적인 우주)이 이루어질지도 모른다는 전망을 보호하는 일을 전담하려는 것 같다. 사람들의 희망에 기인하는 왜곡된 효과를 제약할 방법을 있는 그대로의 객관적인 세계 묘사에서 찾기는커녕, 종교는 오히려 그것에 영합한다. 우리를 위해 발휘되는 신과 그의 힘이란 결함투성이이고, 연약하며 너무나 죽기 쉬운 생물인 우리가 가장 원하는 바로 그런 것들이다. 유신론적 종교는 실존적 재확신을 안겨주는 것으로 생계를 잇는다. 아무리 정교하게 다듬어졌고 현대의 과학과 철학에 대해 잘 이해하고 있을지라도 현대 신학은 본질적으로는 사람들이 **바라는** 결론, 즉 신이 존재한다는 결론을 대변하는 매우 현대적인 변신론이다. 이와 마찬가지로 신에 대한 믿음의 표준적인 정당화는 모두 결말이 열려 있는 과학, 수정 가능한 경험론의 정반대편에 있다. 그것들은 모두 탐구의 양식이 아니라 확인의 양식이다. 신은 열렬한 옹호 속에서 우리가 품는 가장 깊은 희망을 세계에 투사한 것이다.

자연으로 충분하다

객관성에 관심이 있는 사람이라면 상대적으로 엄격한 자연주의의 인식적 요구와 더 느슨한 유신론의 요구 사이에서 명백하게 선택을 해야 한다. 대체로 있는 그대로의 세계관을 원한다면, 너무나 인간적인 우리 심리학이 빚어내는 왜곡 효과에서 최대한 차단된 상황 설명을 원한다면 과학을 고수할 것이다. 과학이 오류를 범할 가능성이 없다는 것이 아니라, 그것은 실재를 묘사할 때 희망적인 사고의 영향을 충분히 인정하고 그것을 줄이려고 노력하기 때문이다. 객관성에 헌신할 때의 그런 신중한 태도는 설명을 투명하게 유지하는 데 기여한다. 그런 설명에 제대로 참여할 수 있는 것은 증거가 충분한 실체와 절차뿐이기 때문이다. 이와 대조적으로 유신론과 신학은 스스로는 아무리 객관적이라고 주장해도 그런 주장에 포함되는 명백하게 가장 기본적인 인식적 요구도 충족시키지 못한다. 세계를 탐구할 때 우리의 희망은 버려야 한다는 요구 말이다. 그것을 버리지 못했다는 것이 유신론적 설명의 불분명함과 거짓된 완결성에 반영되어 있다. 거기에는 설명되지 않은 설명자라든가 세계가 그런 것이 되어야 한다는 소중한 이미지를 보호하는 기능을 가진 수상한 증거가 담겨 있다. 수수께끼인 신은 신비스러운 방식으로 움직여 은혜롭고 신성한 질서를 가진 우주라는 우리의 꿈을 살아 있게 한다.

전통적인 유신론에 대한 자연주의자들의 즉흥적인 도전은 신이 그저 사실이기에는 너무 근사하고 설명하기에는 너무 불분명하다는 것일 수도 있다. 객관성에 대한 요구가 무엇을 포함하며 투명한 설명을 하려면 무엇이 필요한지 우리도 알고 있으니, 이 도전은 좋은 성과를 얻고 있다. 무엇이 진짜인지 알고 싶은 자연주의자들은 어떤 측면에서는 실재가 우리 마음에 들지 않을 수도 있다는 것을 인정한다. 따라서 우리는 자신들의 희망을 자연에 투사하지 않도록 경계한다. 명료한 설명이 부족한 상황에서는 세계에 대한 믿을 만하고 간주관적인 자료를 추구한다. 또 그 자료를 최대한 투명하게 설명하기 위해 그럴듯한 이야기, 즉 이론을 구축한다. 우리가 아는 한, 그런 이야기 속에 인류의 가장 소중한 희망인 신의 역할은 없다. 하지만 신과 초자연의 부재는 오로지 자연의 **존재**를 집중 조명해준다. 자연주의자들에게 자연은 존재하는 전부이고, 그렇기 때문에 그것으로 충분하다.

주

1 콰인(W. V. Quine)이 말하듯이, "자연화된 인식론은 규범적인 것을 내던지지 [포기하지] 않으며, 진행되는 절차에 대한 무차별적인 묘사로 만족한다. 내게 규범적 인식론은 공학의 한 분과다. 그것은 진리 추구의 테크놀로지, 또는 더 신중한 인식론적인 용어로 하자면 예견이다." Quine, "Reply to White", L. Hahn and P. Schilpp, eds., *The Philosophy of W. V. Quine* (La Salle, IL: Open Court, 1986), pp. 664~665.

2 Craig Hunter, *Science's Blind Spot: The Unseen Religion of Scientifix Naturalism* (Grand Rapids: Brazos Press, 2007); www.naturalism.org/science.htm#truescience, 2008년 8월 4일 자 포스트.

3 자연주의자들과 반자연주의자들에게서 보이는 자연주의에 관한 다양한 견해는 M. De Caro and D. Macarthur, eds., *Naturalism in Question* (Cambridge, MA: Harvard University Press, 2004)에 충실하게 수집되어 있다.

4 그런 기준의 부분적인 목록이 필요하면, www.naturalism.org/science.htm#explanation, 2008년 8월 4일 자 포스트 참조.

5 John F. Haught, *Is Nature Enough?* (Cambridge: Cambridge University Press, 2006). 이에 대한 서평은 www.naturalism.org/haught.htm, 2008년 8월 4일 자 포스트 참조.

6 "evolutionary argument against naturalism", J. Beilby, ed., *Naturalism Defeated? Essays on Plantinga's Evolutionary Argument Against Naturalism* (New York: Cornell University Press, 2002), www.naturalism.org/plantinga.htm, 2008년 8월 4일 자 포스트.

7 Thomas Nagel, *The View From Nowhere* (Oxford: Oxford University Press, 1986).

제4부
믿음과 억견을 넘어서
―종교의 폭력성을 거부하는 사람들

아이들을 협박하는 종교

에마 톰(Emma Tom)
오스트레일리아의 여러 신문과 잡지에 기고하는 기자이자 작가로,《오스트레일리안(The Australian)》지의 칼럼니스트로도 활동했다. 여섯 권의 책을 냈으며, 록밴드의 일원으로 공연을 하기도 했다. 뉴사우스웨일스 대학에서 박사 과정을 밟는 중이다.

내가 아주 어렸을 때, 열성이 지나친 한 초등학교 성경 교사가 우리 반 아이들에게 신을 믿지 않으면 나병에 걸린다고 말했다. 처음에는 이것이 근사한 뉴스였다. 나병이라니, 뭔가 맛있는 얼음사탕처럼 들렸다. 그러나 불행하게도 '너희는 지옥에서(또 여기 지상에서도 잠깐 동안은) 썩을 거야 선생'은 지극히 헌신적인 교육주의자였다. 그녀는 눈이 동그래진 아이들에게 나병이 무엇인지를 확실하게 가르쳤다. 그것은 사탄 때문에 생기는 끔찍한 질병이며, 그 병에 걸리면 관절인형처럼 팔다리가 쉽게 부러진다고 말이다.

그녀의 교실에 있는 신은 사랑의 신이 아니라 육신을 부패시키는 신이었다.

이 글의 일부는 2007년 6월과 12월에 오스레일리아 최대 일간지《오스트레일리안(The Australian)》에 처음 실렸다.

그러니 좌파 이교도 부부의 신앙심 없는 딸인 나는 느리고 불쾌한 죽음을 피하지 못할 게 뻔했다. 나는 매일 손과 발을 이리저리 움직여 어떤 증상이 나타나는지 살펴보았다. 그렇게 한 해 내내 상처 받은 마음으로, 내가 분명히 나환자 격리 구역 가까이 가 있을 거라고 믿었다.

그 뒤 나이가 들어 무신론이 마치 담뱃갑에 쓰인 글귀처럼 건강상의 위험 경고를 달고 다닐 필요가 없는 것임을 깨닫자, 나는 그 '썩을 거야' 선생의 종교적 탄압을 돌이켜보고 분노를 느꼈다.

감히 병과 유괴 이야기로 어린아이들에게 겁을 주다니. 광신자 같으니라구! (그 여선생이 좋아하는 다른 경고는 신은 학교를 빼먹는 아이들을 잡아오도록 총 든 남자들을 차에 태워 보낸다는 이야기였다.) 나는 그에 대한 반발로 근본주의적 무신론을 받아들였다. 철저한 불신앙의 광범위한 교회가 진정한 관용과 계몽을 대표한다고 확신한 것이다.

그러나 가끔은 이것이 또 다른 자기기만적인 착각은 아닌지 의심스러울 때도 있다.

가령 천국을 믿는 아이에게 죽고 나면, 날개가 돋아나서 찬란하게 빛나는 수염 난 보호자와 함께 승천해 복실복실한 흰 구름 같은 희열 상태로 들어가는 것은 아니라고 말해주는 게 상처가 덜할까 아니면 시커먼 땅속에 묻혀 눈은 구더기들이 파먹을 것이며, 동그랗게 귀엽던 코에서는 벌레들이 기어나와, 결국은 냄새 나는 해골밖에 남는 게 없을 거라고 말해주어야 할까.

주일학교 선생은 그녀의 성서적 신앙을 받아들이지 않으면 우리가 쇠약해져서 죽을 거라고 말했다. 그러나 무신론자들은 죽음과 쇠약은 우리가 신자들의 대열에 동참하든 하지 않든 상관없이 바로 곁에 있다고 말한다. 신도들의 전도 활동을 보면 우리는 당연히 경악할 수밖에 없다. 상상해보라. 무신론자들이 찰스 다윈의 『종의 기원 The Origin of the Species』을 한 권씩 들고 집집마다 문을 두드려서는 집주인들에게 마음을 평안하게 해주는 성서를 버리고 우주적 무관심의 세계와 영원한 무의 교단에 들어오라고 전도한다면 어떨까?

정말 재미있을 것도 같은데…….

다행히 이오시프 스탈린이나 마오쩌둥이 아닌 일반 무신론자들은 대부분 자기식대로 살고, 또 타인들도 그냥 그대로 살게 내버려두는 쪽을 훨씬 좋아한다. 우리는 당장 눈앞에 닥친 무無의 상황이 떠안기는 실존적 위기를 감당하는 것만으로도 너무 바빠서, 새로 모집한 신도들의 명단을 채우려고 시간을 소모하기가 힘들다. 또 대중의 오해와는 반대로, 우리도 신앙faith의 위기를 겪는다.

'세상에!', 나는 가끔 이런 생각을 한다.

"지나친 열성 신도들이 알고 보니 모두 〈세서미 스트리트〉의 빅 버드들이고, 그들의 상상 속 친구들이 모두 실재하는 걸로 밝혀지면 어떻게 될까. 만일 무신론자가 방에 들어올 때마다 스너플루파거스 씨•가 야단스럽게 법석을 떨면 어떻게 될까?"

내가 걱정한 것은 열광 상태를 그린 통속적이고 저속한 그림 때문이었다. 기도하는 사람들 머리 위에서 신과 천사들이 맴돌고, 다른 모든 사람은 이해할 수 없는 지상의 악에 잡아먹히는 그런 그림 말이다.

• 스너플루파거스 씨 미국의 어린이용 TV 인형극, 〈세서미 스트리트〉에 나오는 캐릭터인 머펫(팔과 손가락으로 조종하는 인형) 중의 하나. 털이 북슬북슬하고 어금니가 없는 매머드 비슷한 모양. 아이들의 상상의 친구들을 대표하는 캐릭터다.

이런 시나리오를 들고 오는 사람은 누구나 대중 심리학에 대해 아는 게 많은 사람임이 분명하다. 이 정도로 규모가 큰 사회적 배척의 이미지는 원초적인, (아니면 최소한 사춘기적인) 깊은 불안감에 불을 지르기 때문이다. 한패에 속해야 마음이 놓이는 패거리, 학교에서 인기 높은 킹카·퀸카들, 이들은 모두 신이라는 진공청소기에 빨려 들어가면서 환한 웃음과 함께 동료 열광자들의 치마 속을 훔쳐본다.

반면 패거리에 끼지 못한 우리들에게는 부서진 차, 지긋지긋한 괴롭힘이 있을 뿐이고, 학교에서 따돌림당하는 아이들끼리 어울린다. 처음에는 하키 연습이 끝난 뒤 변기에 머리를 처박혔다. 그런 뒤로는 학교의 댄스파티에서 아무도 우리에게 춤을 신청하지 않았다. 그리고 지금은 이런 신세다.

부당한 대우가 이 정도였다.

다행스럽게도 이런 10대들이 생각하는 지옥 같은 상황도 무신론자와 불가지론자들이 자신들이 현세에서 한 행동을 영계의 방청인에게 설명하고 나서 당할 어른판 지옥관 앞에서는 아무것도 아닐 것이다. 내 생각으로는 눈알을 창조할 만큼 똑똑하고, 방귀를 생각해낼 만큼 웃기고, 동성애를 고안할 만큼 비비 꼬인 위대한 신이라면, 팔을 크게 벌리고 비신도들까지도 품어 안아줄 것 같은데. (또는 신이 외계인이라면 더듬이를 활짝 펼쳐줄지도 모른다.)

10단계 종교의 프레임 밖에서 훌륭하게 살아가려고 애쓰는 것이 얼마나 힘들고 얼마나 많은 헌신을 해야 하는 일인지를 신이(그리고 여기서 나는 공손하게 관례를 준수하여 신을 남성 1인칭 대명사로 부르겠다.) 인정하지 못할 거라니, 도저히 믿을 수가 없어진다. 결국 우리 불신자들은 할 것과 하지 말아야 할 소중한 바보짓들을 열거하고, 대답하기 힘든 문제를 단정적으로 설명해주는 규범집의 혜택을 받지 못한다.

아니다. 우리 이교도들은 윤리적인 곤경에 처할 때마다 자리에 앉아 마음을 진정시키고, 머리와 양심을 쥐어짜고, 집단의 지혜를 모아 올바른 판단을 내리려고 애쓴다. 우리 행동이 이상(理想)에 못 미친다면 무거운 마음을 편안하게 해줄 쉬운 길은 없다. 고해 상자에 앉아 고해 수집가처럼 우리의 죄를 듣고 해결책을 제시해주는 신부도 없다. 그저 계속 살아가는 데 충분할 만큼 자신들을 용서하려고 골머리를 앓을 뿐이다.

신이 존재한다면, 그리고 정말 모든 일을 뜻대로 하는 존재라면, 우리가 하는 것은 틀림없이 그가 칭찬할 만한 자발적인 행동이다.

종교는 마약일 것이다. 이렇게 말하면 중력 가속도가 출구를 통제하는 지구라는 클럽에서 벌어지는 그루초 막스 식의 슬랩스틱 코미디가 될 위험도 있겠지만 말이다. 권력자에게 진실을 말하고 그가 하는 일들이 형언할 길 없는 악행이라고 단언할 용기를 갖기보다는 경전에 기록된 불관용, 증오, 폭력을 포용하지 않는 사람들을 솎아내는 것이 하나의 시험인지도 모른다.

종교적 불한당들이 자기 무리들에게 언제라도 열광할 준비를 하라고 요구할 때 쓰는 말투는 비키니에 어울릴 몸매를 내세우는 화려한 잡지들이 쓰는 바로 그런 말투다. 하지만 나는 그런 사람들은 내 초등학교 시절 '썩을 거야 선생' 같은 예수 장사꾼들이라고 생각한다. 그들은 신과는 다른 방식으로 행동했으며, 그것에 준해 심판받을 것이다. 트럼펫이 울리고 심판의 날이 밝아오면 환희로 가득 찬 하늘은 사실 넓은 마음씨를 가진 동성애자와, 자비로운 낙태 지지자들과, 고양이들을 특히 친절하게 돌봐준 시내의 위카 마녀들•로 가득할 거라고 생각한다.

좋은 소식은 회의론자들이 옳다는 판결이 나온다 하더라도 우리는 믿음이 우리와 다르다는 이유만으로 당신들을 곤죽이 되도록 두들겨 팬다거나 당신들의 살을 불타는 똥 무더기로 바꿔놓지는 않을 거라는 사실이다. 우리는 대부분 당신 손을 붙잡아주고, 찡그린 눈썹을 쓸어주고, 함께 공허를 바라볼 때 뭔가 위안이 될 만한 이야기를 해주려고 생각하는 매우 합리적인 사람들이다.

• 위카 마녀들(Wiccan) 고대의 자연 종교에서 유래해 현대 미국의 주로 고학력 여성들 사이에서 상당한 신도를 얻은 신흥 종교. 약초 연구 등 자연과 자연 현상에 대해 영적인 생각을 공유하는 사람들의 집단. 중세의 마녀사냥에 의해 왜곡되었던 여성 치유사의 오해와 박해를 피하기 위해 생긴 단어라고 알려졌다.

학교에 온 헤즈볼라

마리암 나마지(Maryam Namazie)
이란에서는 현재 평등권-여성 차별 저항 조직(Equal Rights Now-Organization Against Women's Discrimination), 영국에서는 모슬렘 배교자 위원회(Council of Ex-Muslims)의 대변인이다. 여권 운동, 망명처를 구할 권리, 동성애자들의 권리를 위한 활동과, 이슬람 근본주의 특히 이란의 이슬람 공화국에 대한 저항 운동으로 특히 유명하다.

내가 정확하게 언제 모슬렘이 되기를 중단했는지는 기억나지 않는다. 돌이켜보건대 그것은 점진적인 과정이었고, 개인적인 경험이 낳은 직접적인 결과였던 것 같다. 비록 결국은 내가 무신론자가 되었을 것이라고 생각하는 편을 좋아했지만(그렇게 바랐지만) 말이다.

상당히 열린 마음을 가진 가정에서 자랐으므로 이란에서 혁명이 실패하고 이슬람 운동이 권력을 쥐기까지는 종교와의 중요한 만남을 실제로 겪은 적이 없었다. 그때 나는 열두 살이었다.

출생과 함께 주어진 종교에 대해 평생 전혀 의문을 품지 않고 살아가는 사람도 있을 것이다. 그것이 그들의 삶에 별로 간섭하지 않을 때는 더욱 그럴지도 모른다. 프랑스나 영국에 살고 있다면 그리스도교를 능동적으로 포기하거나 무신론자임을 밝힐 필요가 전혀 없을지도 모른다. 하지만 국가가 헤즈볼라* 당원들을 학교에 보내 남자아이들과 함께 놀지 못하게 하고, 수영을 못하게 막고, 머리에

베일을 쓰고 다니라고 강요하고, 남자와 여자를 구별해서 불평등한 존재로 규정하고, 남녀 아이들이 각각 다른 책을 읽게 만들고, 여자이기 때문에 특정한 과목은 공부하지 못하게 막는다면, 그럴 때는 그 종교에 대해 의문을 품고 불신하고 그 모든 것과 싸우지 않을 수 없다.

물론 이렇게 말한다고 해서 그리스도교가(또는 다른 어떤 종교도) 근본적으로 이슬람교와 다르다는 뜻은 아니다. 오로지 그리스도교의 사회적 지위가 변했기 때문에(적어도 오늘날에는) 좀 더 온건해 보일 뿐이다.

계몽주의의 견제를 받은 적이 있는 종교는 현재 한 나라의 정권을 쥐고 종교재판을 주도하는 종교와는 매우 다르다. 이란에서의 '부적절한' 베일 쓰기, 아프가니스탄에서 이슬람 여성들의 지위 하락에 관한 정보를 인터넷에서 내려받고 배포했다는 이유로 사형 선고를 받은 기자 파르베즈 캄바쿠슈(Perwiz Kambakhsh) 사건, 덴마크 신문에 무함마드의 캐리커처를 싣는 일, 수단에서의 테디베어 이름 사건** 같은 일들이 생사가 걸린 문제(흔히 서구 정부의 묵인과 함께)가 되는 것은 이 때문이다. 정치적 이슬람교는 무차별적으로 사람을 죽이고 불구로 만드는데도 서구에서는 그 잔혹 행위와 테러가 '공격당한 모슬렘의 감성'이 분출된 사례로 합리화된다. 하지만 사실 가해자는 이슬람 국가들과 정치적 이슬람 운동들이다.

내가 말하려는 것은 우리는 모두 살면서 적어도 몇 번씩은 공격

• 헤즈볼라(Hezbollah) 레바논에 기반을 둔 이슬람교 시아파의 과격 무장조직이자 정당.
•• 수단의 수도 하르툼에서 자원봉사자인 한 영국인 교사가 어느 학생의 테디베어에 무함마드라는 이름을 붙여도 좋다고 허락했다가 종교모독죄로 체포되어 15일 동안 수감된 사건.

을 당한다는 것이다. 종교적인 사람들도 물론 공격당할 때가 많다. 하지만 종교적인 이유에서든 아니든, 대부분의 사람은 그런 공격에 보복하겠다고 살해 위협이나 자살 폭탄 공격 같은 방법에 호소하지는 않는다. 정말로 '모슬렘의 감성을 공격한' 것이 문제라면, 우리는 모두 두려움 속에서 살게 될 것이다. 그렇게 분노를 일으키는 위법 사항이라는 것이 손을 잡는다거나 사람들 앞에서 베일을 쓰지 않거나 춤추는 일 따위의 온갖 사소한 일도 포함하기 때문이다. 만일 그렇다면 정치적 이슬람이 노리는 첫 제물은 모슬렘, 또는 그런 이름표가 붙은 사람들은 아닐 것이다.

이슬람식의 폭력과 테러리즘은 정치적 이슬람 운동이 전술과 기둥으로 사용하는 것이며, 억압된 사람들이나 '소수민족'의 감성과는 아무 상관이 없다. 상관이 있다고 주장한다면, 이는 곧 사람들(흔히 이란이나 중동 같은 지역에서 정치적 이슬람에 저항하는 최전선에 있는 사람들)이 자유의사에 따라 중세주의와 야만주의를 선택한다는 의미다. 그러나 내가 보기에 정치적 이슬람이 강요하는 위협과 공포감을 '모슬렘 감수성'이라는 표현과 동일시하는 태도는 그런 감수성을 위로부터 강제하려는 노력의 일환인 것 같다. 그런 것이 정말로 사람들의 감수성과 믿음에 속한다면 이슬람 국가가 그렇게 무차별적인 폭력에 호소할 필요가 없을 테니 말이다. 특히 정치적 이슬람교도가 흔히 정권과 교육 시스템과 사법 시스템, 군대 등을 장악하고 있는 중동과 북아프리카에서는 더욱 그렇다. 그들은 여성들을 돌로 때려 죽이거나, 베일을 제대로 쓰지 않았다고 수백만 명을 체포하거나, 배교자나 이단의 신도들을 죽일 필요가 없을 것이다.

여기서 모슬렘의 감성이라는 것이 누구의 감성인가 하는 문제가 제기된다. 이란 이슬람 공화국의 감성인가, 아니면 '베일을 제대로 쓰지 않은' 여성의 감성인가?

예고도 없이 학교에 와서 이슬람의 문화적 혁명을 사명으로 부과하고, 당시 이란 내의 다른 모든 학교와 도서관 등에서도 그랬듯이 남녀 학생들을 격리하고, 교과서를 추방하고, 교사들을 내쫓으려고 했던 헤즈볼라는 국민 다수 위에 군림하는 국가가 지시한 이른바 '모슬렘 감성'이라는 체계적인 강제의 일부였다. 또 그들이 대변하는 척해왔던 국민이 이런 강제 규정에 저항하는 시늉이라도 하면, 확실하게 저항을 진압해줄 비슷한 부류들(국가의 전면적인 지원을 받는 헤즈볼라 깡패들 집단)은 더 많았다.

마르크스주의 사상가인 고 만수르 헤크마트^{Mansoor Hekmat}가 말했듯이, 이 현상의 "뿌리는 이데올로기 시스템으로서의 이슬람교의 부흥에 있지 않다. 이것은 이데올로기적 이슬람교가 아니라 특정한 정치적 공식에 기초하는 정치적 이슬람교다. 정치적 이슬람의 권력이 등장하면서 사회에서 종교적 외형을 부활시키려는 압력이 확실히 강화되었다. 그러나 이것은 정치적 압력이다. 사람들은 때로는 이런 압력에 굴복한다. 이 이슬람 '르네상스'라는 것은 폭력과 공포의 지원을 받으며, 그런 폭력과 공포는 알제리와 이란에서 제각각의 형태로 나타난다."[1]

정치적 이슬람의 강제가 아래로부터가 아니라 위로부터의 정치적 압력의 결과라는 것은 중요한 요점이다. 그렇지 않고, 어떤 억압적이고 반동적인 정치 운동이 억압된 민중이나 이른바 '소수민족'과 동일시되는 경우에는 그것에 저항하기가 더 힘들어진다. 그런 분위기에서 서구가 정치적 이슬람을 비난하고 나서면, 모욕적인 태도라거나 이슬람 혐오자 취급을 받게 마련이다(물론 이슬람 통치 아래 있는 국가에서는 그런 감성이나 섬세한 감정에 탐닉할 여유는 없다). 따져봐야 하는 것은 화낼 권리라는 문제가 우리가 화내는 것이 옳은가 하는 물음으로 넘어간다는 점이다. 정치적 이슬람을 변호하는 사람들은 감수성에 대한 공격을 받은 사람들의 소수파적 지위를 반드시 고려해야 하며, 타인에게 화를 낼 권리가 인간에게 있는지 없는지는 모르지만 그런 행동은 무책임하고 불필요하게 상처를 주는 일이라고 주장한다. 인종주의적이라고도 할 수 있다는 것이다.

그러나 사실 이것은 '모슬렘 소수파'를 보호하고 인종주의와 싸우는 일과는 전혀 관계가 없다. 영원히 소수파로 여겨지는 사람들에게 시민권과 보편적 인권을 주라고 요구하는 것, 또 문화 상대주의를 종식시키고 소수파 위주의 정책을 시행하라고 요구하는 것은 자유로운 표현의 제약보다는 인종주의와의 싸움 쪽에 더 가까울 것이다. 사실 모슬렘으로 규정되는(우리 모두를 그렇게 규정하는 특징은 무수히 많지만) 모든 사람을 우리 시대의 가장 반동적인 운동 가운데 하나에 속하는 사람들과 동일시한다면, 오히려 그것이 인종주의다. 물론 그렇다고 해서 인종주의가 존재한다는 사실을 부정하는 것은 아니다. 모슬렘을 반대하는 인종주의 역시 존재한다. 그렇지만 인종주의가 존재하는 것은 계급 시스템에 인종주의가 유리하게 작용하기 때문이지, 비판적 사고와 표현의 자유 때문은 아니다. 아무리 공격적으로 표현되는 것이라 하더라도 말이다. 표현의 자유를 반대하는 주장은 정치적 이슬람 운동이 국가 권력을 가진 전 세계적인 운동이라는 사실도 편리하게 무시한다.

'모욕당한 모슬렘 감성'이라는 것은 실제로는 국가 권력과 그 변호자들의 후원을 받아 사회 전반에서 표현의 자유를 부정하고 제약하며 비판을 사전에 금지하려는 강력한 정치적 운동이 사용하는 선전 구호다. 특정한 표현과 발언이 한도를 넘어섰다고 규제하는 것은 사회의 억압을 위한 도구다. 발언과 표현이 이슬람의 감성을 모욕한다는 주장은 실제로는 그것을 통제하려는 시도다. 표현과 발언의 자유라는 개념이 막강한 권력자와 상대할 때, 또 흔히 종교를 상대할 때 약자들에게 얼마나 힘이 되는지, 더 일반적으로는 국가 권력과 학대에 맞서는 시민들을 어떻게 법적으로 보호하는지를 생각하면 이런 상황은 어처구니가 없다. 여성의 가치를 남성의 절반으로 보고, 동성애자를 변태로 취급하며, 혼외정사를 사형받을 만한 범죄로 여기는 등의 정치적 이슬람 운동의 행태를 생각하면 특히 그렇다. 그런데도 그것을 비판하면 이슬람 감성에 대한 모욕이라고 아우성이다!

모욕이든 아니든, 이슬람과 정치적 이슬람은 모든 형태의 비판과 조롱에 열려 있어야 한다. 지금과 같은 시대에는 특히 그렇다. 이 운동은 움직일 때마다 잔혹 행위를 저지른다. 이 운동은 사람들을 크레인과 가로등에 매달고, 돌로 쳐서(21세기에!) 죽인다. 그것을 지시하는 법에는 돌의 크기까지 자세히 정해져 있다. 이 운동은 학교 문 앞에서 여학생들을 냉혹하게 살해한다. 그것은 비판받고 조롱당해야 한다. 저항하는 주민이 가진 반대 수단이라는 것이 비판과 조롱뿐일 때가 많기 때문이다. 역사에서 이런 방법으로 반동이 억지되고 시민이 보호되어왔다. 그리고 다시 한 번 그렇게 되어야 한다.

주

1 *The Rise and Fall of Political Islam* (2001); http://hekmat.public-archive.net/en/2070en.html.

종교를 축출하다…

피터 아데고크(Peter Adegoke)
나이지리아 철학도 전국 연합의 회장을 지냈으며, 나이지리아 생명윤리학회의 회장이다.

나는 온갖 종류의 초자연적 존재와 신에 대한 극단적인 신앙으로 흠뻑 젖은 환경에서 자랐다. 내가 태어난 곳은 에사-오케인데, 그곳은 나이지리아의 남서부 이제샤 주에 속하는 언덕배기 마을이다. 그곳은 지구상에서 가장 종교적인 나라의 기도 본부라고 일컬어진다. 실제로 비공식적인 통계에 따르면, 내 나라에는 다른 어떤 나라보다도 가톨릭교도가 많다고 한다.

    나는 어렸을 때 과학을 접하는 혜택을 받지 못했다. 선진국에서 자란 동년배들이라면 그런 것을 당연시했을 테지만 말이다. 진화론의 기초를 이해하는 데만도 수십 년이 걸렸으며, 아직도 진화론자들이 설명하는 인간의 기원에 관한 자세한 내용은 잘 모른다. 이는 내 잘못이 아니다. 내가 태어난 종교적 여건에서는 신을 참조하지 않고는 어떤 설명도 허용되지 않기 때문이다.

    열한 살 때 나는 성서를 너무나 잘 이해해서, 연단에 올라가 설교를 하기도 했다. 하지만 과학 도표들에 대해서는 기본 내용도 낯설었다. 나는 이런 온갖 장애물과 함께 고등학교에 입학했는데, 공부를 워낙 잘 했으므로 고학년이 되자 과학을 배워도 좋다는 허가를 받았다. 하지만 교사들이 과학을 하도 어렵게 가르치는 바람에 화학에서 낙제하고, 물리학에서만 합격했다. 이것 역시 내 잘못만은 아니었다. 우리나라의 교육 구조가 워낙 좋지 않아, 현재의 발전 속도로는 과학에서 노벨상 수상자를 배출하기까지 아마 2000년은 걸릴 것이다. 지나치게 일반화하는 위험은 있겠지만, 나는 우리나라의 상황이 아프리카의 흑인 거주 국가 모두에 해당된다고 생각한다. 과학에서 좋은 성적을 받은 동년배들도 시험에 통과하려면 '도움'을 받아야 했으니까. 우리 중에서 과학을 아는 사람은 극히 드물었고, 안다고 주장하는 사람들도 기껏해야 기계적으로 암기해서 억지로 주입한 것에 불과했다.

    생애 후반에 회의론자가 된 사람들이 대부분 그렇듯이, 호기심의 불꽃이라 부르는 것이 내 마음속에서 치솟았다. 나는 질문하기를 좋아하며, 어렸을 때도 걸핏하면 깊은 생각에 빠지곤 했다. 내가 일곱 살이었을 때 연필을 집어들고 첫 번째 '문학'(토속 민담)을 쓰던 일을 기억한다. 자라면서 어느 날 밤 신에 대해 자문하던 일도 기억난다. 살아 있는 모든 것이 죽어야 한다면, 그리고 신이 살아 있는 존재라면, 신도 죽을 수 있는가? 나는 더 계속했다. 내세가 있다면, 즉 우리가 죽은 뒤에 가는 장소라는 것이 있다면, 천국 이후의 세계도 있어야 하지 않는가? 부모님에게는 감히 이런 논리를 제기할 수 없었다. 그랬다가는 엄마에게 야단맞을 것이 뻔하고, 아빠는 내 머리를 쥐어박을 테니 말이다.

    자라는 동안 나는 호기심 때문에 신앙을 여러 번 바꾸었다. 처음에는 삶에 대한 모든 질문에 궁극적인 대답을 해줄 논박 불가능한 진리를 발견하고 싶었기 때문이었다. 나는 모든 진리의 일차적 출처로 여겼던 이데올로기인 그리스도교에서부터 탐구를 시작해야 했다.

그때 나의 젊은 머릿속에서는 회의론적인 생각이 수없이 돌아다녔다. 내 젊은 마음을 이처럼 불편하게 찔러대는 것 때문에 나이지리아의 내전에 관한 내용을 담은 소설을 하나 읽었던 기억이 난다. 이헤니츄크유 두루오하 Iheanyichukwu Duruoha 가 쓴 『Eaters of Dust 흙을 먹는 사람들』에서, 주인공은 친구인 쌩쥬드와 논쟁을 벌인다. 대화를 나누는 시점은 나이지리아 동부에 있던 주州가 오두메구 오주크 장군의 인도 아래 '비아프라 공화국'으로 분리 독립을 선언함으로써, 비아프라 공화국과 나이지리아 연방 사이에 벌어진 나이지리아 내전이 끝날 무렵이다. 내 관심을 사로잡은 그 논쟁을 옮겨본다.

"신은 하늘과 땅의 아버지야. 그는 시간과 공간의 지배를 받지 않아. 그냥 회개하면 너를 영원한 은총으로 받아들이신다고."

"노력해볼게."

두루오하가 대답했다.

"그런데 이거 말해줄 수 있어?"

"그……래."

쌩쥬드가 말했다.

"신이 비아프라와 함께한다고 알고 있어. 그는 비아프라 편이라고."

"그래."

"그렇다면 그는 왜 자신의 자식들이 패배하게 내버려두지?"

쌩쥬드는 금방 대답하지 않았다. 그는 신의 얼굴에서 대답을 찾아내려는 듯 하늘을 올려다보았다. 그러고는 두루오하에게 얼굴을 돌리며 말했다.

"신이 일하는 방식은 신비스러워. 비아프라와 나이지리아에서 무슨 일이 일어났든, 모두 순수하게 그의 계획에 따른 거야."¹

나는 열아홉 살에 그리스도교에 관한 진리를 알고 싶다는 희망을 품고 오순절침례교회 성서대학에 입학했다. 그 전에는 절대적 진리를 찾아 그리스도교의 여러 종파를 섭렵했다. 사도 신앙 교회에서 내는 《희망의 빛 Light of Hope》 잡지를 세 바구니 가득 차도록 읽었는데, 오순절 교회에 속하는 이 종파가 내 관심을 끈 것은 그들의 대규모 오케스트라 때문이었다. 하지만 그들이 내세우는 신에 의한 치유라는 교리 때문에 지독하게 겁에 질리기도 했다. 의술 사용을 꺼리는 신이 치유해준다는 교리에 따라 한 여성이 아이를 낳다가 합병증으로 죽었을 때는 특히 마음이 상했다. 의사에게 가는 것이 죄였기 때문에 그녀는 병원에 가지 못했다. 그런 일을 겪으면 신의 치유력을 의심하게 된다. 바보 같은 성직자들은 왜 신이 자신의 자녀들을 애당초 그처럼 복잡한 상황에 처하게 내버려두는지 자문할 생각도 없었다. 나는 영국 성공회 같은 주류 교회에도 가보았고, 여호와의 증인에 관한 책도 읽었으며, 절대적인 진리를 찾아 여덟 곳 이상의 교회를 방문해보았다. 그리고 나중에는 CAC 신학교 CAC Theological Seminary 에 입학하기로 결정했다.

원형 그리스도교*라는 것이 절대로 있을 수 없다는 것을 알게 된

● 원형 그리스도교(original Christianity) 그리스도교 안에서 예수의 십자가 처형 사건과 초대 그리스도교 공동체의 순교 신앙을 중심으로 하는 그리스도교 형태를 가리키는 명칭.

것은 신학교에 다니면서 교회 역사를 혼자 공부할 때였다. 그 종교는 절대로 조직된 운동으로 시작되지 않았다. 그것은 오랜 세월을 거치면서 발전해왔고, 동양의 문화와 다양한 방식으로 맺은 절충적인 결합으로부터 여러 색채를 끌어왔다. 교회의 교리 중에는 플라톤 철학이나 신플라톤주의라 불리는 것에서 차용된 것이 많다. 로마 황제 콘스탄티누스 역시 세계에서 가장 큰 종교의 교리를 형성하는 데 기여했다. 크리스마스, 부활절, 삼위일체, 그 밖에 다른 혼란스러운 가르침들은 공회에서 유래했는데, 그중에서 가장 유명한 것이 니케아 공회다. 니케아 공회는 콘스탄티누스의 주창으로, 그 시대의 교회를 괴롭히던 몇 가지 논쟁을 조정하기 위해 소집되었다.

나는 신학교에서 적나라한 위선을 목격했다. 신학생들이 시험 볼 때 커닝하는 것을 보고 충격을 받았고, 어떤 목사는 사전에 작성한 답안을 갖고 있다가 발각되기도 했다. 시험일이 되기 전에 학생들에게 시험 문제를 먼저 보게 해주어 학교 자체가 부패한 관행을 부추기는 것을 생각하면, 그 기관이 반대하는 것은 간음죄뿐인 것 같았다. 예를 들면, 신약성서 그리스어 과목에서 좋은 성적을 받았으면서도 그리스어 문법의 동사 변화조차 제대로 설명하지 못하는 사람이 많았다.

나는 이 모든 상황에 너무나 실망해서, 발언은 거룩하게 하지만 실제 인품은 그렇지 못한 사람들이 기도문을 읊는 예배에 더 이상 나가지 않았다. 그런 사람들이 처신하는 것을 보고 혼란스러워했고, 또 감탄했다. 나중에 가톨릭 신학교에서는 도덕성이 해이해지는 상황도 겪었다. 그 학교의 어떤 강사가 자기 집에서 옷을 거의 입지 않은 예쁜 여자랑 동침한 것을 보았던 것이다. 이런 일들을 통해 종교가 인간을 더 나은 사람으로 만들어주지 않는다는 것을 알게 되었다. 이 모든 경험이 나로 하여금 종교의 기초에 대해 의문을 갖게 하고, 종교라는 의상 뒤에 위선이 숨어 있음을 깨닫게 만들었다.

악과 빈곤의 문제 역시 완전히 선하고 전능하다는 신의 존재에 의문을 품게 만들었다. 자신의 자녀들이 제물로 바쳐지는데도 아프리카에서 가난을 몰아내지 못하고, 사고, 특히 최근에 일어나는 항공 사고를 피하게 해주지 못하는 신의 무능력은 그를 악을 사랑하고 피를 빠는 광인으로 상상하게 만든다. 지상의 책임감 있는 아버지라면 절대로 자녀들이 곤경에 처해 울도록 그냥 내버려두거나, 자신의 힘이 닿는 한 그런 악을 물리치지 않겠다고 말하지 않는다. 피할 수 있는 악을 일어나도록 허용하는 것은 단순한 무관심의 소치일 것이다. 에피쿠로스가 말했듯이, "신은 악을 기꺼이 막을 마음은 있지만 그렇게 할 능력이 없는가? 그렇다면 그는 무능한 것이다. 능력은 있는데 그렇게 하고 싶지 않다면? 그렇다면 그는 사악하다. 그가 유능하고 의지도 있다면, 그렇다면 악은 왜 생기는가?"[2]

그리스도인이 구세주 예수의 은총이라는 문제에 왜 그토록 끈질기게 집착하는지 당혹스럽다. 그리스도교 신학은 최초의 인간 아담이 죄를 범했고, 이 세계에 죽음을 가져왔다고 주장한다. 죄의 대가는 죽음이고, 제2의 아담인 예수가 와서 죄를 없애고 죽음을 없애버린다고 한다. 그런데 그가 죽은 지 2000년이 지났는데도 인류는 왜 여전히 죽고, 예수의 은총으로 구원되었다고 주장하는 추종자들까지도 왜 대부분은 끔찍한 상황에서 죽어야 할까? 그리스도인은 예수 그리스도의 이른바 구원 작업이라는 것이 행해진 뒤에도 세계에 죽음이 여전히 계속된다는 사실을 만족스럽게 설명하지 못했다.

  이 모든 바보 같은 생각과 왜곡된 주장이 내가 종교에 안녕을 고하게 만들었다.

주

1 Iheanyichukwe Duruoha, *Eaters of Dust* (Lagos: Longman Nigeria, 2000), p. 117.
2 Steven M. Cahn, *Philisophical Explanations: Freedom, God and Goodness* (Buffalo, NY: Prometheus Books, 1989), p. 53.

믿음과 억견(臆見)을 넘어서

데미언 브로데릭(Damien Broderick)
오스트레일리아 출신으로, 현재 텍사스에 거주하며 과학소설과 대중 과학서를 쓰는 작가이자 편집자다. 멜버른 대학교 문화와 커뮤니케이션 스쿨의 선임 연구원으로 있다. 소설과 논픽션 분야에서 수많은 책을 펴냈다.

나는 신을 믿는가? 아니, 믿지 않는다. 여기까지 보면 나는 신자보다는 무신앙자로 규정된다.

더 구체적으로 물어보자, 나는 아브라함 전통이 내세우는 신을 믿는가? (아니면 이런 질문 방식이 벌써 혼란스러운가. 유대교 전통은 단일한 신을 고집하고, 그 파생물인 그리스도교는 그게 무슨 의미든 하나의 신 속에 신성한 존재가 셋 있는데 그것들이 동일하다고 주장하며, 모슬렘 버전은 다시 하나의 통합된 신으로 돌아가지만 최후의 예언자는 예수가 아니라 다른 사람이다.) 이 가운데 어떤 아브라함식 의미에서든 신의 문제가 나오면 나는 더 상대할 준비가 되어 있다. 나는 이런 신이라고 주장된 것들을 불신한다. 사실 그런 초자연적인 존재의 존재는 어떤 확실한 증거로도 지원되지 않을 뿐만 아니라, 논리적으로도 성립 불가능하고 자기 부정적이라고 생각하는 편이다.

반면, 철학적 형식 논리를 공부했지만 논리와 추론에 관한 나의 이해도는 대부분의 사람들에 비해 별로 낫지 않다. 이런 신들이 믿을 만하지 못하다는 나의 확신에 대한 절대적인 보증이 있는가? 내가 틀렸는지도 모른다.

이 책에 글을 기고한 많은 필자들은 자신들이 선택한 다양한 신들을 지지하고 반대하는 논의를 풀어낼 것이다. 나는 그런 모든 논의에 있는 취약점에 대해 일종의 메타 논의를 하고자 한다. 그런 논의에서는 신에 관한 다양한 믿음^{belief}에 대한 비판과 같은 정도로 불신앙^{disbelief}과 무신앙^{nonbelief}에 대해서도 비판할지 모르지만, 그래도 고려해볼 만한 가치가 있다고 생각한다. 이는 **명백히** 참인 것은 물론, 우리가 참이라고 알고 있는 것에 대한 일체의 전적인 확신에 대해 좀 검손해지라고 요구하는 것일 수도 있다.

아마 정확한 버전은 아니겠지만 어떤 유명한 일화에 따르면, 오스트리아의 철학자 루트비히 비트겐슈타인은 동료에게 이렇게 물었다고 한다.

"사람들은 왜 태양이 지구 둘레를 돈다고 믿었을까요?"

동료는 생각에 잠겼다.

"글쎄요, 그렇게 도는 것처럼 보였기 때문이겠지요."

그러자 비트겐슈타인이 놀리는 듯한 어조로 말했다.

"아아, 지구가 태양 주위를 돌았더라면 그들 눈에는 어떻게 보였을까요?"

이 말을 들으면 놀랍기도 하고 우습기도 하다. 물론 지구는 실제로 태양 주위를 돌며, 신자들이 그렇지 않다고 고집하는 동안에도 항상 그래왔다. 하지만 비트겐슈타인의 불쌍한 동료를 비웃는 동안에도 이것이 좀 오해하게 만드는 질문이 아닌지 잠시 생각해볼 가치가 있다.

사람들은 다들 이 점에 대해 한 번도 충분히 생각해보지 않고 그냥 혼란스러워하는 게 아닌가 싶다. 그래, 태양이 지구 주위를 돌아가는 것처럼 보이지, 하지만 그것은 지구가 태양 주위를 돈다는 코페르니쿠스적 사실과는 절대적으로 무관하다.

까마득한 장래의 언젠가에는 조석潮汐의 힘 때문에 지구의 자전 속도가 늦어져서 한쪽 반구가 영구히 태양을 향할 것이다. 적어도 태양이 팽창해서 지구를 삼키거나 우리 선조들의 행성을 태워 없애기 전에 그렇게 될 것이다. 이미 달의 지구 쪽 면에서 보면 지구는 항상 같은 장소에 매달려 있다. 거의 죽어버린 태양의 끔찍한 얼굴을 바라보는 우리의 후손들(그때까지도 인간이 존재한다면 말이지만, 또 그들이 과학을 모조리 잊어버렸을 경우의 이야기인데)은 움직이지 않는 태양이 지구 주위를 돌거나 지구가 태양 주위를 돌아간다고 생각할 이유를 찾지 못할 것이다.

지구가 자체의 축을 중심으로 하루에 한 번씩, 적도를 기준으로 시속 1670킬로미터의 속도로 자전한다는 견해가 오래전에 과학에서 확립되지 않았더라면, 지구가 태양 주위를 돌고 있다고 가정할 때 (물론 실제로 그렇지만) 낮의 하늘이 어떤 모습일지 평가할 방법이 없었을 것이다.

이 작은 이야기에 들어 있는 교훈은 우리가 실제로 안다고 생각하는 것이 실제로 알고 있는 것보다 더 많다는 사실이다. 아니면, 어찌되었든 가끔 우리가 질문을 구성하는 방식이 우리가 실제로 **아는** 것을 사실은 그렇다고 듣기만 한 것, 한순간도 그에 대해 충분히 생각해본 적이 없는데도 그것을 참이라고 **믿는** 것과 뒤섞어버린다는 것이다.

우리 불쌍한 인간들이 언제라도 속임수에 잘 넘어간다는 것을 보여줄 증거는 충분하다. 나는 인간이 감정적이고 인지적인 혼란에 쉽게 얽히는 방식을 보여주는 가장 으뜸가는 보기가 종교라고 생각한다. 하지만 물론 나 자신의 불신앙은 생각과 감정의 그런 병적인 증상 탓일 수도 있다. 많은 사람들은 흡연이 폐암을 유발한다는 경고를 불신한다. 오류를 범하기 쉬운 나의 취약성에 대해 건전한 의혹을 갖고 있으니, 아마 나는 신중하게 행동해야 할 것이고, 적극적인 불신에서 한 걸음 물러나 긍정적인 믿음이 얼마쯤 결여된 정도에 머물러야 할 것이다.

***

나는 백인이 월등하게 다수인 20세기 중반 오스트레일리아의 경건한 가톨릭 가정에서 자랐다. 내가 사는 곳에서 가톨릭은 인구의 4분의 1을 점했지만 신도들은 주로 노동 계급(내 가족과 마찬가지로)이어서, 교육 수준이 낮고 출세할 가망이 별로 없는 집단이었다. 베이비부머 baby boomer 세대의 초반기에 해당하는 내 세대는 그런 제약을 깨뜨리기 시작했지만, 교구 교회라든가 수녀들이 운영하고 신부들이 가르치는 그곳의 미션 스쿨들은 처절할 정도로 심장 없는 세계의 심장 역할을 여전히 하고 있었다. 경험의 세계가 결국은 눈물의 골짜기이며, 죽음에서 더 멀리 떨어진 곳에서 더 영광스럽게 존재하기 위해 예비하는 시험과 영적 성장의 장소라는 것을 뼛속까지 잘 알고 있었으니, 박탈과 도덕적 엄격함을 요구하는 삶도 최소한 받아들일 만한 것으로, 천국의 보상과 운명에 나름대로 한 다리 걸치는 방식으로 헌신적으로 포용해야 하는 것이었다.

나의 유년 시절과 사춘기 시절은 은총 및 세계에서의 신적인 목표에 대한 인식 욕구로 가득했다. 종교적 지식 외의 모든 과목에서 성적이 신통치 않았지만 그 과목에서 만큼은 노력하지 않아도 최고점을 얻었으며, 학기가 끝날 때마다 유일하게 학술과 관련해서 받은 상품인 무겁고 경건한 책들을 집에 가져가곤 했다. 우울하게도 어머니는 비가 오든 눈이 오든 어두운 새벽에 나를 깨워, 길고 무거운 복사服事의 수단soutane을 입혀 밖으로 내보냈다. 그렇게 해서 나는 아무 의미도 없는 라틴어 미사 구절을 암송하는 법을 배웠고, 사제들이 맛도 없는 둥근 빵 조각으로 위장한 신의 육신을 회당으로 운반해와서 변신의 기적을 행하는 동안 무릎 꿇을 특권을 얻었다.

성당의 네이브*에서 이것저것 일을 배웠으며, 십자가 고행의 14단계를 행할 때는 한 단계가 끝날 때마다 몇 분씩 쉬면서 구세주의 끔찍한 고통에 나도 기여했다는 나 자신의 죄책감에 채찍질을 했다. 신성한 축복의 열광을 나도 맛보았던가? 믿음의 환희의 밀물을? 이따금씩 나름대로 무미건조한 방식으로는 그랬다고 확신한다. 어찌되었든 나는 다른 모든 삶의 목표보다 신앙이 우선한 데 대해 충분히 감동했으므로, 열다섯 살 때 집에서 1000킬로미터 떨어진 신학교에 들어가서 신부가 되려고 했다.

5년 뒤, 수도원을 나와 대학교에 들어간 나는 주위에서 다들 지금껏 들은 얘기 중 가장 터무니없는 동기라고(아니면 사악한 평계라고) 여긴 이유로 교회를 떠났다. 그것은 다음과 같다.

나는 그때까지 우연에 의해 나를 양육해온 신앙의 주장과 교리가 타당한지, 그 지역 교구 당국의 발언 외에 어디에서 근거를 얻을 수 있는지 **알 수** 없었다. 설상가상으로 신앙의 **실천**(매주 미사를 거행하

• 네이브(nave) 교회의 중앙 회랑.

고, 흔히 고해성사로 죄책감을 유도하며, 믿음을 직업으로 하는 데서 느끼는 가족적 연대감 같은 것들)이 주는 심리적 압력 때문에 이런 교리의 진리나 기타 다른 것들에 대해 거의 평가할 수 없게 된다는 사실이 확연해졌다.

그리고 실제로는 그런 것들에 대해 조금 거리를 두고 생각해보니 그런 것 중의 일부는 매우, 정말로 너무나 이상했다. 아마 건실한 가톨릭교도들이 안심하고 비웃는, 다른 종교나 분파들이 수용하는 정신 나간 개념처럼 괴상할 것이다. 하지만 만일 개신교 전통의 성서학자들이나 그리스도교 신앙을 갖지 않은 사람들이 옳다면 어쩔 것인가? 만일 아기 그리스도가 마리아의 자궁에서 나왔을 때(일종의 텔레포트 같은 방법에 의해) 마리아가 처녀가 아니었다면, 처녀라는 말이 그저 당시의 아람어 단어를 올바르게 번역한 실제 의미 그대로 '아이 없는 젊은 여자'라는 뜻에 불과하다면? 근본주의자들은 우주의 나이가 고작 6000살에 불과하다고 주장하고, 경전의 무오류성을 자기들 주장의 근거로 지목하지만, 나 같은 부류의 교육받은 가톨릭교도들에게 그것은 그저 단순무지한 착오, 고대의 은유를 융통성 없는 과학적 명제와 혼동한 소치일 뿐이다. 그런데도 그들은 격정적으로 자신들의 착오에 집착하며, 개인적인 신앙의 힘과 타당성에 호소한다. 그와 마찬가지로 우연에 의한 나의 중도파 가톨릭 교리에 대한 믿음도 세뇌*indoctrination*(이 단어가 우연히 쓰인 것은 결코 아니다)에서 비롯된 것은 아니었을까?

그리하여 나는 복합적이고 심리적으로 정교한 '선조들의 신앙'에서 오는 위협과 호소 밖으로 한 걸음 내딛었다. 또 어떤 면에서는 나 자신도 놀란 일인데, 달이 가고 해가 갈수록 완전히 자명하고 참되고 보람차고 고양된 것으로 보이던 삶의 목표 자체와 핵심이 아무리 잘 봐줘도 내가 즐겨 읽던 공상과학 소설처럼 터무니없고 그보다 재미도 없는 동화 모음에 불과하며, 최악의 경우에는 적극적인 악의를 품고 있으며 조작적이고 잔인하고 사악한 것임을 알게 되었다.

성직의 요구에 따라 금욕하고 홀로 살다가 외로워진 남자들이 자기들에게 맡겨진 아이들을 상대로 끔찍한 아동 성애(수상쩍은 소문은 계속 있었지만, 나는 그 실상에 대해서는 한참 뒤에야 알게 되었다)를 끝없이 거듭하는 지경으로 퇴행하는 현상이 놀랄 일이었을까? 그것은 가톨릭 성직자들이 보이는 특이한 광기에 병리학적으로 정확하게 들어맞는다. 다른 신앙에서는 무질서가 이보다 더 심하다. 근본주의 모슬렘과 힌두교도는 여성에게 사악한 짓을 했지만, 그들의 경전이 그런 행동을 허용한다. 일부는 야만적인 문화 전통에서 도입된 것이기도 했다. 하지만 그것들이 모두 신에 의해 허가되었다고 주장하며, 십자가와 반월도, 그 외에도 여러 의심의 여지없는 신앙의 상징을 두르고 있다. 스무 살이 되어 뒤늦게야 깨달은 사실이지만, 여기에는 검증 가능한 공적인 증거가 없었다. 증언만도 아니었다. 권위자들의 천둥 같은 위협의 목소리도, 어머니 교회가 속삭여주는 부드럽고 달콤한 유혹적인 목소리도(아니면 당신 어머니의 비통하게 배신당한 음성도) 없었다.

***

유일신이나 여러 신을 믿는 사람들이 자신들의 눈에는 전적으로 건전하고 그럴듯하게 보이는 종교적 관념(지팡이가 뱀으로 변하고, 예언자가 명령하면 바다가 갈라지며, 지구의 자전이 하루 동안 멈추고, 처녀가 아이를 낳고, 죽은 자들 사이에서 마법처럼 되살아나고, 물이 포도주로 변하고, 빵이 신으로 변하며, 인간이 새로 변하거나 새가 인간으로 변하는 일, 천사들이 보여주는 금 접시, 코끼리 머리를 가진 신, 말하는 동물들, 악령이 정신병자에게 씌우는 일, 이런 것들이 모두 전적으로 타당한 일이라는 것)의 진실성을 의심하는 불신자disbeliever들을 얼마나 자주 공격하는지 매우 놀랍다. 어떤 신자에게 이런 이야기를 했더니, 그는 내가 자기들을 욕한다고 꾸짖었다. 하지만 욕의 정의는 '비통하고 지나친 발언이나 글' 또는 '아이러니하거나 풍자적인 비판'이다. 신자들이 제기하는 주장을 열거하는 것이 가혹한 모욕으로 여겨진다면, 이는 곧 그들의 주장에 있는 어떤 흥미로운 점을 드러내주는 것이다. '풍자'가 되려면 터무니없이 과장된 요소가 있어야 한다는 점에 주목하라. 웃어 마땅한 난센스를 심오한 진리로 여겨 엄숙한 태도로 준수하는 것이 신앙faith을 가진 사람의 태도라면, 그들이 선호하는 난센스를 교회 밖의 사람들이 지적하더라도 조롱당한다고 화를 내거나 불평을 해서는(불신자들이 사이언톨로지의 제누Xenu에 대해 비웃자 사이언톨로지 신도들이 바로 이렇게 행동했다. 제누란 은하계 밖에 있는 독재자로, 테탄족을 7500만 년 전에 지구로 유배보냈다는 존재다) 안 된다.

의심할 길 없는 진리를 단언하는 경전을 자기들의 계시가 참인 근거라고 내세우는 것(수많은 유대교와 그리스도인, 모슬렘들이 이런 행동을 한다)은 믿음의 기반이 되기에는 부족하다. 사실 그런 행동은 우스꽝스럽고 도착적이기도 하다. 하지만 그런 말을 하면 무신앙자들nonbelievers은 심각한 곤경에 처하기 쉽다. 실제로는 과학을 통해 우리가 활용할 수 있는 지식도 그와 동일하게 자기 정당화하는 지식이다. 우리는 그것들을 교과서에서 읽거나 TV에서 본다. 하지만 종교적 주장과 과학적 주장의 결정적인 차이는, 과학적 주장은 적절한 테크닉을 배우고자 하는 어떤 사람에게서든 검증될 수 있다는 데 있다.

경전상의 교리를 기준으로 한다면 경험적인 것이든 이론적인 것이든 그 같은 과학적 주장은 흔히 놀랄 만큼 수명이 짧다. 하지만 세계 각국의 과학 수련자들은 세계가 작동하는 방식에 대한 공통의 이해를 갖고 있다. 비록 그 세부 내용들은 아직 제대로 파악되지 않았지만 말이다. 나는 스무 살 때 내게 주입된 가톨릭 신앙을 의심했다. 그것이 보편성이라는 호칭을 선호하며 주기적으로 업그레이드 되고, 나 자신이 종교적인 체험을 했음에도 그렇게 되었다. 확실히 말하지만 그것은 믿음의 시스템이지, 교정 가능한 지식^{knowledge}의 체계는 아니다. 그것은 견고해진 억견^{opinion}, 우리 세계의 표면을 뒤덮고 있는 태곳적의 억측^{guesswork}이다.

질식할 것 같은 포옹에서 풀려난다는 것은 곧 확실성을 잃고 위안을 잃고, 주기적으로 감정적인 정화를 할 기회를 잃는다는 것을 의미한다. 우주의 궁극적인 인자함을 확신하는 데서 오는 일종의 보험 같은 것도 잃는다. 40년도 더 전에 믿음에서 발길을 돌린 그 한 걸음이 옳았던가? 절대적으로 확신할 수는 없지만, 나는 그랬다고 믿는다.

나의 비종교적 생활
―미신에서 합리주의로 가는 여정

피터 태첼(Peter Tatchell)
오스트레일리아 출신의 영국 인권운동가로, 짐바브웨의 대통령 로버트 무가베를 고문 및 기타 인권 탄압이라는 죄목으로 체포하기 위해 1999년과 2001년에 두 차례 시민운동을 시도해 국제적인 명성을 얻었다. 주간지 《뉴스테이츠먼(*New Statesman*)》 독자가 선정한 2006년 '우리 시대의 영웅들' 명단 6위에 올랐다.

신이 악을 미리 막을 마음은 있는데 그렇게 할 능력이 없다면,

그는 전능하지 않다.

그가 능력은 있는데 할 마음이 없다면,

그는 사악하다.

그가 능력도 있고 마음도 있다면,

그렇다면 악은 어디서 오는가?

그가 능력도 없고 마음도 없다면,

우리는 그를 왜 신이라 부르는가?

―에피쿠로스(그리스 철학자)

피터 태첼의 인권 운동 캠페인에 대해 더 많이 알고 싶고 기부금을 내고 싶다면 www.petertachell.net에 들어가 보라.

성경, 탈무드, 코란이 동성애자에게 갖는 의미는 『나의 투쟁Mein Kampf』이 유대인에게 갖는 의미와 같다. 그것들은 이성애자 우월주의와 동성애자 혐오증에 입각해서 동성애자를 처형하자고 선전한다.

이것은 충격적이고 강력한 발언이지만, 사실이다.

이런 종교 문헌들은 여러 세기 동안 레즈비언과 게이와 양성애자와 성전환자LGBT들에 대한 이성애자들의 테러를 도발하고 정당화해왔다. 그중에는 '남색자들'을 돌로 치고, 불에 태우고, 목을 베거나 매다는 종교재판과 마녀사냥도 있었다.

이처럼 종교적으로 유발된 반동성애자 탄압은 지금도 이란과 사우디아라비아 같은 신권정치 국가에서 계속되고 있다. 그런 나라에서 성직자와 이슬람 법정은 동성애자들에게 채찍질을 가하고 처형하는 법률을 강요한다.

심지어 세계 성공회 공동체에서도 이른바 그리스도교 지도자, 나이지리아의 피터 아키놀라Peter Akinola 대주교 같은 사람은 성전환자들을 감옥에 가두고 동성애자의 교회와 동성애자 권익 그룹을 금지하라고 요구한다.

타인에 대한 사랑과 연민이라는 동기로 인권운동가가 된 내가 성전환자들의 처벌 또는 다른 사람들의 처벌로 이어지는 종교 신념을 포용한다면, 이는 스스로의 휴머니스트적 가치를 배신하는 일일 것이다.

종교조직은 동성애자들을 축출하고 제물로 삼았을 뿐만 아니라 역사의 다양한 시기에 노예제, 식민주의, 고문, 사형제, 여성 인권의 부정 등을 정당화하고 공모해왔다.

세월이 흐르면서 그 최악의 월권 행위가 일부 누그러지기는 했지만 지금도 종교는 몽매주의•, 편견, 미신, 탄압을 행하는 가장 큰 원천이다. 그것은 수천 년 동안 수십 억 명이 비참한 삶을 살게 했고, 지금도 세계 곳곳에서 그런 일을 계속하고 있다.

종교가 종식된다고 해서 세계의 모든 해악이 치유되는 것은 아니지만, 그렇게 된다면 정도는 다르더라도 그 독선에 계속 사로잡혀 있는 이 행성의 주민들 중 3분의 2 이상이 더 큰 자유와 정의를 누릴 것이다.

내가 항상 비종교적인 관점을 가졌던 것은 아니었다. 오히려 나는 1950년대와 1960년대에 오스트레일리아 멜버른의 엄격하고 경건한 복음주의 그리스도교 가정에서 자랐다. 어머니와 (내 어린 시절 거의 내내 함께 살았던) 계부는 건강하고 처신이 올바른 노동계급의 부모였고, 모든 것에 대해 매우 보수적인 견해를 가지고 있었다. 그들은 성경과 그 안의 글자 하나하나를 신이 실제로 하신 말씀으로 받아들였다. 그들의 그리스도교는 대체로 사회적인 의식 없이 개인의 구원에 관심을 집중하는 그리스도교였다. 우리 교회에 따르면 최악의 죄는 욕하고 술 마시고 담배 피우고 춤추고, 혼외정사를 하고, 공산주의를 따르고, 진화론을 믿고, 기도하지 않고, 일요일마다 교회에 가지 않는 것이었다. 인종주의와 오스트레일리아의 원주민인 애버리지니들의 권익 박탈에 관심이 있었는지는 별로 기억나지 않는다. 아니면 세계의 기아 문제나 당시의 핵무기 경쟁에 대한 입장도 기억나지 않는다.

부모님의 상당히 편협한 그리스도교적 관점에서 보면, 다른 종교가 내세우는 신은 모두 가짜다. 그들이 볼 때는 가톨릭교도 참된 그리스도교는 아니었다. 우리 집에서는 힌두교나 이슬람, 유대교 같

• 몽매주의(obscurantism) 반계몽주의. 일부러 의도를 모호하게 흐리는 논법.

은 다른 신앙에 대해서는 관심도, 공감도, 이해도 없었다. 종교를 달리하는 사람들을 증오하지는 않았지만 그럼에도 매우 배타적이고 파벌적인 그리스도교였고, 거의 근본주의나 마찬가지였다.

내가 태어나서 속한 신앙은 신의 분노와 보복, 불신자와 신의 율법을 어긴 자들이 지옥에서 겪는 영원한 고통과 겁벌劫罰에 대한 무시무시한 경고로 넘쳐흘렀다. 그것은 신약이라기보다는 구약에 가까웠고, 사랑과 용서보다는 불과 유황이 더 많았다.

의외도 아니겠지만 나중에 나는 이런 교조주의에 반항했다. 하지만 어렸을 때는 그 차이를 몰랐다. 다른 비교 대상이 없었기 때문이다. 내가 속한 대가족도 같은 입장이었다. 그러니 나는 당연히 신을 받아들였다.

다섯 살 때 할머니가 돌아가셨다. 어머니는 그 몇 주일 뒤에 내가 놀이공원의 회전관람차를 타자고 했던 것을 기억하신다. 나는 하늘 높이 올라가서 할머니를 찾아가고 싶었던 것이다.

내가 가졌던 사랑스럽고 단순한 신앙은 학교에서 실시하는 종교교육RE으로 더 강화되었다. 그런 수업에서는 그 지역의 신부나 그리스도교 교사들이 성경에서 인용한 이야기들로 감수성 예민한 우리의 마음을 채우곤 했다.

하지만 열세 살이 되어 중학교에 들어가자 스스로 생각하기 시작했다. 아부하는 기색이 다분한 한 종교 과목 교사가 어느날 신앙 교육을 했는데, 거기서 그는 우리가 불을 켤 때 그에 대해 생각하면서 켜는 것은 아니라고, 그저 방이 밝혀질 것이라는 믿음을 가지고 불을 켠다고 주장했다. 신의 힘에 대한 믿음도 전원을 켤 때 전기에 대한 믿음이 전제되는 것과 똑같다고 주장했다. 내가 볼 때 그건 한심한 비유였다. 스위치를 켜서 불을 밝히는 것은 믿음의 문제가 아니다. 그것은 경험적 증거로 입증될 수 있다. 그와 반대로 신의 존재는 경험적 증거로 검증되거나 증명될 수 없다. 이 일이 종교를 내가 회의적으로 생각하는 계기가 되었다. 종교와 과학의 대조가 10대에 들어선 내 마음의 표면에 떠오르기 시작한 것이다.

하지만 이처럼 갓 태어난 회의주의는 그리 강하지 않았으므로, 나는 열여섯 살 때 여섯 살짜리 아이들의 주일학교 교사가 되었다. 미술에 재능이 있었던 나는 도화지에다 성경 이야기를 다룬 매우 알록달록한 색지 도표를 만들었다. 아이들은 무척 좋아했다. 따라서 내 반은 인기가 있었고, 출석율이 높았다.

나의 믿음에 생긴 심각한 첫 번째 균열은 그 전해인 1967년에 나타나기 시작했다. 그해에 탈옥범인 로널드 라이언이 자신이 저지르지 않은 게 거의 확실한 살인죄로 교수형을 당했다. 나는 열다섯 살 때 피살자의 몸에 박힌 총알 궤적을 검토한 결과, 라이언이 그 치명적인 저격을 하기는 사실상 불가능하다는 것을 알아냈다. 이런 상반되는 증거가 있었는데도 그는 결국 처형당했다. 이 사건은 경찰과 법원과 정부에 대한 신뢰를 깨뜨렸다.

또 나 자신의 신앙에 대해서도 다시 생각했다. 바울 성인에 따르면(로마서 13장 1~2절), 모든 정부와 당국은 신에 의해 임명된다고 한다. 그들에게 반대하는 것은 신에게 반대하는 것이다. 다른 말로 하면 경찰관, 판사, 정부 장관, 아마 죄가 없을 로널드 라이언을 교수대로 보낸 집행자도 신이 임명했다는 것이다. 나는 나 자신에게 물었다. 왜 신은 이처럼 정의롭지 않아 보이는 일을 명령하는가? 신이 정말 이런 명령을 내렸는데도 존경받을 자격이 있는가? 독재 정부들이 행하는 다른 불법 행위는 또 어떤가? 신은 정말 나치 정권을 임명했는가? 스탈린의 소련은? 남아프리카의 아파르트헤이트 정부는? 더 가까이서 예를 들어보자면,• 고의든 무관심이든 오스트레일리아의 원주민 애버리지니 10분의 1을 죽게 만든 19세기 영국 식민지 당국자들도 신이 임명했는가?

로널드 라이언의 처형을 계기로 나는 비판적 사고를 하며 반항의 길을 걷기 시작했다. 예전에는 당연한 것으로 받아들이던 많은 일에 의문을 품기 시작했다. 예를 들면 오스트레일리아의 원주민인 애버리지니가 사회 주변부로 밀려나는 사태라든가, 미국과 오스트레일리아 군대의 베트남 침공 같은 일들이 그러했다. 이런 불의에 대다수 그리스도교 지도자들이 보이는 무관심과 때로는 그것에 순응하는 태도를 보면서, 나는 교회와 조직된 종교에 거리를 두었다.

나는 나름대로의 자유주의적 신학을 개발하기 시작했는데, 그런 용어가 있다는 것은 훨씬 뒤에 알았다. 1960년대에 TV의 저녁 뉴스는 미국의 침례교 목사인 마르틴 루터 킹이 이끄는 흑인 민권 투쟁에 관한 보도로 도배되곤 했다. 그의 신앙은 그저 경건한 말로만 그치지 않았다. 그는 그리스도교적 가치를 행동으로 옮겼다. 나는 그리스도교는 바로 이런 것이어야 했다고 결론지었다. 그리하여 열네 살 때는 부모님이 다니던 오순절 교회를 떠나 그 지역 침례교회에 나가기 시작했다. 그러나 애석하게도 거기도 내가 기대했던 그런 곳은 아니었다. 같은 침례교도인 마르틴 루터 킹 목사의 사회적 양심에 비하면 반의 반만큼도 급진적이지 않았다. 엄청난 실망을 했다.

하지만 그에 굴하지 않고 나만의 혁명적인 그리스도교 복음을 다듬어나가기 시작했다. 그것은 '산상수훈'과 '선한 사마리아인'의 우

• 필자는 오스트레일리아 출신이므로.

화에 담긴 생각을 기초로 하는 '해방자 예수 그리스도'의 복음이었다. 그것은 그리스도교에서 유발된 애버리지니의 권리 지지 및 아파르트헤이트, 징집 문제, 베트남 전쟁 반대를 위한 행동주의로 이어졌다. 나는 급진적인 학생 그리스도교 운동의 멤버들과 연결되었다.

당시 나는 미국 가톨릭 평화운동의 직접행동파이던 다니엘^{Daniel} 신부와 필립 베리건^{Philip Berrigan} 신부의 대단한 찬미자였다. 스스로도 뭔가를 하기로 결정한 나는 열여덟 살 때인 1970년에 평화를 위한 그리스도인 모임을 시작했다. 그것은 여러 종파를 포괄하는 반전 그룹으로, 다른 캠페인들 외에도 멜버른 도심에서 거창한 촛불 행진을 열고, 오스트레일리아와 미국 군대를 베트남에서 철수시키라고 요구했다.

그 전해인 열일곱 살 때는 내가 동성애자임을 깨달았다. 복음주의 교회의 극렬한 동성애 혐오증 속에서 자랐음에도 나는 남자와의 섹스에서 수치심 같은 것은 전혀 없이 감정적·성적인 충만감을 느꼈다. 그것은 정말 황홀한 경험이었다. 오랫동안 싹터오던 합리적인 실용주의가 발동한 것이다. 나 자신과 파트너의 행복감을 느낄 수 있었는데, 그것은 오랫동안 내게 주입되어온 반동성애적 종교 교리를 압도했다. 동성애 섹스는 완전히 자연스럽고 자발적이고 만족스러운 느낌이었다. 놀랍게도 의심이나 죄책감은 한순간도 느껴지지 않았다. 게이인 편이 좋다는 것은 성행위를 통해 느껴지는 오르가슴과 성적·감정적인 충만감으로 입증되었다. 그토록 놀랍고 서로에게 충만감을 주는 것이 어찌 잘못일 수 있을까? 남자와 처음 섹스를 한 그 순간부터 나는 동성애가 교회와 국가가 주장하듯이 범죄나 죄악이 아니라는 것을 이해했다. 나는 즉시 나의 성적 정체성을 받아들였고, 레즈비언과 게이들의 처벌을 종식시키기 위해 온 힘을 쏟기로 결심했다.

그 뒤 3년 동안 나는 신앙^{faith}과 성적 정체성을 화해시키는 데 성공했다. 사랑이 있는 동성애 관계에서 내가 맛보는 훌륭함과 환희가 성경의 가르침에는 명백히 역행하는데도 말이다. 여기서 나는 궁금해지기 시작했다. 동성간의 사랑에 대해 성경이 틀렸다면, 또 어떤 것들에 대해서도 틀렸을까?

그리하여 신앙과의 지적인 씨름이 시작되었다. 18세기 프랑스-독일의 철학자인 돌바흐 남작$^{Baron\ D'Holbach}$의 말을 따라, 나는 다음과 같이 추론했다.

신이 자신의 의지와 설계에 따라 세계와 물리학, 화학 등의 자연법칙을 만들었다면, 그는 왜 자신이 고안한 자연법에 역행하는 기적이라는 것을 행하여 그 자신의 자연법칙에 끼어들고 그것을 수정하려 드는 걸까?

신이 사랑이며 무한히 선하다면, 왜 광신도들은 신의 분노를 이야기하고 그를 두려워하는가? 신은 왜 죄인을 지옥에 보내는가? 지옥은 무한히 잔인하고 야만적인 고문과 고통이 있는 장소가 아닌가?

신이 완벽하고 지혜롭고 무오류의 존재이며 우주의 주인이라면, 그의 피조물들 중에 왜 끔찍한 기형이나 유전적 장애를 갖고 태어나는 사람들 같은 '불완전함'이 있는 것일까? 또 지구상의 창공에는 왜 참혹한 쓰나미나 지진이나 토네이도 같은 결함과 참상이 있는가?

신이 우리를 지켜보고 보호한다면, 왜 진실한 신자들도 죽음의 공포 및 온갖 종류의 공포를 느끼며, 왜 비극적인 사고를 겪고 전쟁이나 자연재해로 죽는 걸까?

신이 자신의 형상을 따라 인간을 만들었다면 왜 도둑이나 살인자나 고문자나 강간범이 생기는가?

의로운 자가 천국에 가게 되어 있다면 그들은 자신이 죽을지 아닐지를 왜 걱정하며, 신의 추종자들은 그들이 죽을 때 왜 애도하는가?

신이 모든 것을 안다면 왜 신자들은 자신이 원하는 게 무엇인지 그에게 알려주어야 하며, 왜 기도로 그를 귀찮게 만드는가?

신이 정의롭다면 왜 그는 선하고 신성한 사람들이 고통받게 내버려두는가?

신이 공정하다면 나쁜 짓을 저지르는 기질을 가진 사람들을 왜 처벌하는가? 그들은 그저 특정한 유전적 성질을 가지고 나쁜 부모가 있는 와해된 가족에서 태어나는 바람에 그렇게 된 것인데?

신이 자연을 만들었다면 왜 그토록 가혹하고 잔인하게 만들었을까? 그것은 약하고 다치기 쉬운 생물이 고통받고 죽는 적자생존 법칙에 기초하는 잔인한 세상이며, 에볼라라든가 후천성 면역결핍증 같은 무시무시한 자연 질병으로 선하고 존경스러운 사람들이 죽고, 신자들조차 거기서 면제되지 못하는 세상이 아닌가?

신이 전능하다면 그의 법칙을 깨뜨리고, 그의 의지에 저항하고, 그를 화나게 만드는 일이 어찌 가능한가?

신이 그토록 위대하다면 굳이 숭배되고 우상화될 필요가 어디 있는가? 신이 신성 모독과 배교를 반대하는 법률로 보호받을 필요가 무엇인가?

이것들은 내가 마음속으로 수없이 되풀이해서 씨름한 질문들 가운데 일부다.

그러다가 나 자신의 동성애 정체성을 인식한 순간부터 현대의 동성애 혐오증의 주된 출처 가운데 하나가 종교라는 사실 역시 명백해졌다. 나는 파트너에 대한 사랑과 우리의 상호 헌신과 행복감이 공격당한다고 느꼈다. 우리는 신의 이름으로 비방받고 욕설을 들었다. 이처럼 가혹하고 잔인한 그리스도교의 동성애 혐오증은 내 신앙에 큰 타격을 가했다.

자유주의자들이 경전을 재해석해서 동성애자를 포함시키려고 용감하게 시도했지만, 탈무드나 코란과 마찬가지로 성경도 동성애 행위를 비난한다. 특정한 단어와 역사적 맥락과 사회적 도덕관*의 정확한 의미를 토론할 수는 있겠지만, 성경 필자들의 의도가 결혼 외의 모든 섹스를 배척하려는 데 있었다는 것은 아주 분명한 사실이다. 실제로 레위기 20장 13절에서는 단지 동성애가 혐오스럽다고 비난할 뿐만 아니라, 남자와 섹스하는 남자를 사형시켜야 한다고 공공연히 우기기까지 한다.

이런 신학적 권고에 따라 여러 시대에 걸친 그리스도교 지도자들은 대부분 이성애자 우월주의 교리를 설교했으며, 19세기 무렵까지는 동성애자들의 처형을 지지했고, 최근 몇십 년간 게이 평등주의를 반대하고 성전환자에 대한 법적인 차별을 지지하는 운동을 벌였다.

동성애자라는 성정체성으로 인해 증폭된 종교적 의혹은 전 세계에서 벌어지는 부정의와 탄압(인종주의, 독재, 빈곤, 전쟁)에 대해 교회가 보이는 무관심 및 프랑코^{Francisco Franco}의 에스파냐와 구엔 반 티우^{Nguyen Van Thieu(阮文紹)}의 남베트남 같은 독재체제를 지원한 데 대한 분노가 점점 커지면서 더욱 복잡해졌다.

• 사회적 도덕관(mores) 모레스. 집단 생활에서 구성원의 행동과 태도를 규정하는 준거.

내가 스무 살이 될 무렵, 마침내 이성이 미신과 독단에 승리했다. 내게는 더 이상 신이 필요치 않았다. 나는 지적이고 확신이 있었으며 충분히 성숙했으므로,. 종교와 우주에 대한 종교의 신학적 설명이라는 안전장치 없이도 살아갈 수 있었다. 과학이 세계와 그 속에서의 우리 위치에 대한 더 정확한 설명을 제시해주었다. 내게는 이슈들을 검토하고 나의 윤리적 규범을 고안해주는 데 이성적인 사고가 더 좋은 방법이었다. 거의 대부분 비합리적이고, 흔히 모순적이며 때로는 잔인한 구약과 신약 성경의 도덕성보다 존 스튜어트 밀John Stuart Mill의 도덕적 추론이 더 이치에 맞았다.

그리하여 나는 종교를 포기하고 이성과 과학과 사랑과 자비에 근거한 윤리를 끌어안았다. 내게는 무엇이 옳고 그른지 말해줄 신이 필요 없다. 인간에게는 스스로 그것을 알아낼 능력이 충분히 있다. 우리는 유엔 인권선언 같은 위대한 세속적·해방적 자료에서 이미 그렇게 해냈다.

그러나 내가 무신론자라고 해서 종교나 신자들을 미워하는 것은 아니다. 내 정신세계에 증오란 없다. 나는 신에 대한 숭배를 합리적으로 비판하지만, 처형과 차별을 견뎌낸 종교적 신자들을 옹호하기도 한다. 그들의 미신은 비합리적이라고 생각되지만, 그들 역시 인권을 갖고 있다. 영국의 교회들이 그 명분을 채택하기 오래전인 1983년에 나는 처음으로 의회에 나가서, 신자를 포함하는 모든 사람을 보호할 포괄적인 반차별법안 제정을 주장했다.• 인권 활동을 하는 동안 종교적 난민을 지원하는 일은 흔히 있었다.

• 필자는 1981년 선거와 1983년의 보궐선거에서 영국 노동당의 하원의원 후보가 되었으나, 선거에서는 패했다.

애석하게도 종교의 자유를 옹호하는 나의 활동이 호응을 얻지 못하는 경우가 많았다. 바로 지금도, 종교적 근본주의의 부흥은 세계적으로 인권에 대한 가장 큰 위협 가운데 하나다. 성직에 있는 광신자들은 문자 그대로, 그리고 무비판적으로 자기들의 경전에 대한 수백 년 묵은 궤변과 무지에 집착한다. 그런 경전은 합리적인 논의나 휴머니스트적인 윤리, 과학적 지식이 전반적으로 없던 야만의 시대에 살고 있던 사람들이 쓴 것인데도 말이다. 선배들이 그랬듯이 오늘날의 미신적인 종교 교조주의자들도 '신의 뜻'에 대한 자신들의 특정한 해석을 다른 모든 사람에게 강요하고 싶어 한다. 자신들의 분파적 종교를 지상의 법률로 강요할 길을 찾는 것이다.

이런 근본주의는 인권의 적이다. 또 살만 루시디 Salman Rushdie의 책 『악마의 시 The Satanic Verses』에 대한 위협과 폭력, 그리고 덴마크에서 출판된 무함마드의 만화에 대한 공격에서 보듯이, 특히 자유 발언과 표현의 자유에 대한 공격이기도 하다.

나는 이슬람의 근본주의 일파에 대해 차분하고 합리적으로 비판했지만, 결국은 살해 협박 편지를 받았다. 말이 난 김에 덧붙이자면, 경찰은 그에 관해 조사하지 않았다. 그들은 그런 협박자들에게 결코 정의를 시행하지 않는다. "모슬렘 공동체와의 민감한 관계를 망치고 싶지 않다"는 것이 그들이 댄 이유였다.

경찰의 이런 편파적인 태도는 1994년에도 경험한 바 있었다. 당시에 이슬람 근본주의 광신자 집단인 히즈브 우트 타리르*가 런던의 웸블리 경기장에서 대규모 시위를 벌였는데, 이때 그들은 동성

● 히즈브 우트 타리르(Hizb ut-Tahrir) 군부와 결탁해서 이슬람 세계 제국 건설을 목표로 하는 이슬람교 극단주의자들의 조직.

애자나 혼외정사를 벌인 여성들을 살해하라고 공개적으로 촉구했다. 성적 소수자 권익 보호 그룹 '격분하라!(OutRage!)'의 회원인 우리 여섯 명은 용감하게 그들의 범죄적인 도발에 항의했다. 합법적이고 평화적이고 조용한 항의였고, 어떤 소동도 일으키지 않았다. 그들 6000명과 우리 여섯 명이 대립한 것이다. 우리는 체포되었지만, 그 이슬람교도들은 우리를 따라와 경찰 바로 코앞에서 우리를 죽이겠다고 위협했는데도 체포되지 않았다.

경찰이 나를 죽이겠다고 위협한 이슬람 광신도들을 수사하고 체포할 마음이 없는 듯 보이니, 부끄러운 말이지만 내가 감히 표현하지 못하는 이슬람과 무함마드에 관한 특정한 비판이나 저항 활동이 있다. 왜 못하냐고? 테오 반 고흐* 처럼 살해당하거나, 아얀 히르시 알리** 처럼 24시간 보디가드의 보호를 받으며 살고 싶지는 않으니까. 신앙의 극단주의자들은 나와 같은 수많은 사람들을 위협해, 자신들의 극단주의에 대한 비판을 완화하거나 제약하는 데 성공해왔다.

성직자들의 위협과 검열과 반대로 종교 사상 및 모든 사상은 비판과 검토에 열려 있어야 한다. 사람들은 그리스도교, 유대교, 이슬람교, 힌두교, 그 외 다른 신앙을 자유롭게 비판할 수 있어야 한다. 특히 그런 종교의 폭력적이고 억압적인 부류에 대해서는 더욱 그렇다.

---

* 테오 반 고흐(Theo van Goch) 1957~2004. 네덜란드의 영화감독, 제작자, 칼럼니스트, 작가, 배우. 이슬람 세계에서의 여성들의 처우에 대해 비판하는 영화를 제작했다가 모슬렘 극단주의자에게 살해당함.
** 아얀 히르시 알리(Ayaan Hirsi Ali) 1969~ . 소말리아 출신의 네덜란드 여성 운동가, 작가, 정치가. 테오 반 고흐가 제작한 영화 〈굴복(Submission)〉의 대본을 썼다가 살해 위협을 받음.

민주 사회의 발전과 과학적 지식의 출현 및 그 외 모든 사회적 진보는 생각의 자유로운 교환과 정통성에 대해 의문을 제기하고 공격을 가할 권리에 의존해왔다.

모든 사상은 누군가의 기분을 상하게 할 수 있다. 갈릴레오 갈릴레이나 찰스 다윈 같은 사람의 사상처럼 실제로 인간 역사에서 중요한 역할을 한 사상 가운데 많은 수가 당대에 극단적인 종교적 분노를 초래했고, 권력을 쥔 성직자들을 격분시켰다. 하지만 교회가 원하는 대로 그들의 사상이 영원히 질식당했더라면 우리는 지금까지도 깊은 무지의 시대에 살고 있을 것이다.

사상에 대한 자유롭고 공개적인 토론이란 동의하지 않고 비판하거나 조롱할 권리도 포함하는 것이다. 그것은 종교와 국가 권력에 도전하는 비주류의 견해를 표현하고 지지할 권리에 관련된다.

21세기에 들어와서 정말로 가증스럽고 절대적으로 놀라운 것은 근본주의적 종교에서 힌트를 얻은 독재자와 군중에 의해 수억 인구가 체포되고 고문당하고 처형될 위기에 처해 있다는 사실이다. 그들이 무슨 죄를 범했는가? 금지되고 받아들여질 수 없는 사상을 표현했다는 죄다. 이는 마치 암흑 시대의 재판과도 같다. 계몽주의 이후 3세기도 더 지난 지금, 아직도 사상과 언어를 이유로 사람들을 죽이고 싶어 하는 신앙의 광신자들이 있다니!

어디에서나 종교가 정치적인 힘을 갖고 있다는 것은 경험으로 증명된다. 그것은 민주주의와 시민의 자유를 억압한다. 우리는 이런 성직의 독재를 종교재판 시대와 청교도 시대의 유럽에서 보았다. 이른바 이단자, 마녀, 남색가들은 고문당하고 불태워졌다.

오늘날 이런 전제주의는 이슬람 국가들에서 특히 첨예하게 나타난다. 수억의 모슬렘이 이슬람 율법인 '샤리아' 아래서 시달리고 있다. 그 법에 따르면, 그들은 태곳적에 제정되어 인권을 제한하는 종교적 포고령에 복종해야 한다. 그 포고령에 의하면 종교적 범죄 및 간통, 혼외정사, 동성애 같은 도덕적 범죄에는 사형을 내려야 한다.

방글라데시의 페미니스트 작가인 타슬리마 나스린Taslima Nasrin은 모슬렘 국가에서의 여성들의 열등한 법적 지위에 대해 문제를 제기한 뒤 살해 위협을 받아 망명을 떠나야 했다. 이웃 나라인 파키스탄에서 그리스도인은 모슬렘들에게 박해당한다. 한편 이란은 시아파 이슬람교를 국교로 하는 신권정치체제이므로 수니파 모슬렘들이 제물이 된다. 그 나라의 공식적인 정통 종교에 동의하지 않는 모슬렘은 희생되고 만다. 이것이 바로 세속주의, 즉 종교와 국가의 분리가 왜 그토록 중요한 원리이자 자유인지를 말해주는 이유 가운데 하나다. 그것은 불신자들의 권리만이 아니라 소수 신앙과 종교적 반대자들의 권리도 보호해주기 때문이다.

이슬람 극단주의자들만 그런 것은 아니다. 다른 종교에도 그들의 복제판들이 있다. 나이지리아, 자메이카, 우간다 같은 나라에 있는 그리스도교 근본주의자 교회에서는 그런 일이 흔하다. 걸핏하면 동성애를 혐오하는 사람들의 증오심을 자극해서 성전환자들을 감옥에 가두고 구타하고 살해하는 일이 자주 일어난다. 이스라엘에서 유대교 광신도들은 팔레스타인 주민에 대한 탄압을 선도했고, 계속되는 그들의 불법적인 서안西岸 정착은 평화를 공고히 정착시키려는 노력을 방해한다.

물론 진정으로 영웅적인 종교 지도자도 있다. 예를 들면 데스몬드 투투Desmond Tutu 대주교 같은 사람은 탐욕스럽고 부패하고 정의롭지 못하고 잔인한 자들에게 언제라도 도전할 태세가 되어 있다. 나는 그들에게 경의를 표한다. 하지만 그들은 예외적인 존재다. 굶주

림과 전쟁과 가난과 인종주의에 반대하는 캠페인에 참여하는 풀뿌리 신자들도 많다. 나는 그들의 자비심과 행동주의를 귀중하게 생각한다. 그들은 칭찬받을 만하다. 하지만 전체적으로 본다면 조직된 종교와 성직의 기득권자들이 세계 거의 모든 곳에서 불관용 및 인권 탄압과 동의어로 여겨진다. 그렇다면 신과 사제들의 교조를 포기하고 종교를 떠난 뒤에 내가 지키는 윤리는 무엇인가? 나는 '너 자신이 대접받고 싶은 대로 타인들을 대접하라'는 좌우명에 따라 살려고 노력한다. 이것은 종교적인 철학이 아니다. 그것은 평범한 상식이며, 인간의 건전함을 드러내는 것이다. '선한 사마리아인'의 우화도 마찬가지다. 사람들이 고통받을 때 그 옆을 지나가면서 아무 일도 하지 않는 것은 잘못이라고 말하기 위해 반드시 종교가 있어야 하는 것은 아니다.

내가 하는 인권 운동의 핵심 동기는 사랑이다. 나는 사람들을 사랑하고 정의를 사랑한다. 나는 평화를 사랑하고 삶을 사랑한다. 나는 사람들이 고통받는 모습을 보고 싶지 않다. 그리고 혼자서 생각해본다. 내 가족이나 친구들이 고통받는 것을 원하지 않는데, 다른 사람의 가족이나 친구들의 고통은 왜 그냥 내버려두어야 하는가?

우리가 더 넓은 인간 가족에 대한 사랑과 고통을 조금도 관용하지 않는 자세를 갖는다면, 독재와 기아 같은 세상의 큰 부정의는 대부분 금방 해결될 것이다.

어쨌든 그게 내가 보는 방식이다. 다른 세상, 더 나은 세상을 만들 수 있다. 그런 세상을 이루는 데 종교는 필요 없다. 우리에게 필요한 것은 사랑과, 그 사랑을 인간의 자유와 해방을 위한 정치적 행동으로 바꾸려는 사람들의 자발적인 의지뿐이다.

처음으로 돌아간다면 우리는 무지와 공포가 신을 창조해냈음을 알게 될 것이다. 그 환상, 열광, 기만이 신들의 외관을 꾸미거나 변형시켰다. 그들을 숭배하는 것은 허약하기 때문이다. 속기 쉬운 성질 때문에 그들이 보존된다. 관습, 존경심, 독재는 그것들을 지원한다.

— 돌바흐 남작(프랑스-독일계 철학자), 『*The System of Nature* 자연의 체계』(1770년)

종교적 신념에 대해 비판적으로 생각하도록 도와주기

마이클 툴리(Michael Tooley)
미국 북동부 볼더에 있는 콜로라도 대학 철학과 교수다. 다양한 학술적인 업적뿐만 아니라, 다섯 권으로 이루어진 선집 『Analytical Metaphysics(분석적 형이상학)』를 편집했으며, 『Abortion and Infanticide(낙태와 영아살해)』를 썼다. 또한 와일리-블랙웰 출판사의 '철학사의 위대한 논쟁(Great Debates in Philosophy)' 시리즈 중에서 『Knowledge of God(신의 지식)』을 알빈 플란팅가와 함께 공동으로 집필했다.

사람들은 거의 대부분 부모님의 종교적 믿음을 크게 바꾸는 일 없이 그대로 받아들이며, 그런 믿음에 대해 결코 비판적으로 생각하지 않는다. 이는 매우 불행한 상황이다. 평범한 사람들이 각자의 종교적 믿음에서 한 걸음 물러나, 그런 믿음이 진실인지 곰곰 생각하도록 하려면 무슨 수가 없을까?

지난 몇 년간 이루어진 매우 환영할 만한 발전 가운데 하나는 종교적 신앙과 태도를 진지하게 검토하고 비판한 책들이 여러 권 출판되었다는 사실이다. 여기서 내가 주목하는 특히 것은 빅터 J. 스텐저의 『Has Science Found God?과학은 신을 발견했는가?』와 『물리학의 세계에 신의 공간은 없다 God: The Failed Hypothesis』, 리처드 도킨스의 『만들어진 신』, 크리스토퍼 히친스의 『신은 위대하지 않다』, 샘 해리스의 『종교의 종말 The End of Faith』과 『어느 그리스도교 국가에게 보내는 편지 Letter to a Christian Nation』다.

이 책들은 중심 이슈 두 가지에 초점을 맞추었다. 먼저 종교적 믿음, 특히 신의 존재에 대한 믿음의 합리성 문제다. 두 번째는 특정한 종교적 믿음이나 태도가 도덕적 비판에 열려 있는가 하는 점이다. 예를 들면, 스텐저와 도킨스는 일차적으로 신에 대한 믿음이 정당화될 수 없다는 주장에 관심이 있다. 특히 도킨스는 어떤 측면에서는 종교에 도덕적으로 심각한 문제가 있다고 주장한다. 이런 관심은 크리스토퍼 히친스의 책에서도 중심 이슈로 떠오른다. 히친스는 "종교가 모든 것을 중독시킨다"는 견해를 길게 논의한다. 샘 해리스는 첫 번째 책인 『종교의 종말』에서 신앙이라 생각에 초점을 맞춘다. 그는 이것이 지극히 위험한 생각이며, 없어져야 하는 것이라고 주장한다. 그런 다음 두 번째이자 훨씬 더 짧은 책에서는 '가장 헌신적인 형태의 그리스도교가 지닌 지적·도덕적 허세를 박멸하는' 데 착수한다.

종교적 믿음을 비판하는 이 책들과 최근에 나온 다른 책들은 모두 불신앙^{disbelief}이라는 주제를 발전시키는 데서 대단한 활약을 했다. 하지만 그와 동시에 나는 좀 다른 초점을 가진 책이 있으면 평범한 그리스도인들이 현재 자신의 믿음을 인정받을 수 있는지 아닌지 생각해보는 데 더 많은 도움이 될 것이라는 제안을 하고 싶다.

신에 대한 믿음의 거부 대 그리스도교에 대한 거부

나는 그리스도교와 신의 존재에 대한 믿음을 둘 다 거부하는 매우 강력한 이유가 있다고 믿는다. 하지만 내가 유신론과 그리스도교 각각을 대하는 태도는 무척 다르다. 유신론의 경우, 악의 개념에서 출발해 확률이나 증거에 의거해서 제대로 논의를 구축한다면 전지전능하고 도덕적으로 완벽한 신이 존재할 가능성은 지극히 희박하다는 결론이 나온다고 생각한다. 알빈 플란팅가와 토론한 내용을 담은 내 저서 『Knowledge of God 신의 지식』에서 구축하려고 시도한 것이 그런 논의였다. 하지만 그 모든 희박한 확률에도 불구하고 신이 실제로 존재한다는 사실이 밝혀진다면 좋겠다는 생각도 있다. 그런 신이 존재한다고 해서 이것이 모든 가능 세계 가운데 최선의 세계라고 주장할 수 있는 건 아니지만, 매우 좋은 세계라는 보장은 될 테니 말이다.

신이 존재하는 것이 좋은 일이라고 생각하지 않는 무신론자들도 있다. 하지만 나는 그런 무신론자들이 도덕적으로 완벽하며 전지전능한 신과 다양한 종교의 신들, 특히 유대교, 그리스도교, 이슬람의 신들을 구별하지 못한다고 본다. 그런 종교의 추종자들이 어떤 주장을 하든, 그들이 주장하는 도덕적 완벽성이 믿을 만한지 아닌지를 따지는 경우 그런 신들은 경쟁에 참가할 자격조차 없지 않은가.

신이 존재할 가능성이 거의 없다고 생각하는 것과 똑같이, 나는 그리스도교에 관해 생각할 때도 그리스도교가 진실일 가능성을 거의 없애버리는(정말로, 극도로 가망이 없게 만드는) 고려 사항들이 다양하게 있다고 생각한다. 그러나 유신론의 경우와는 반대로 나는 이것을 매우 긍정적으로 받아들인다. 그리스도교가 진실하다고 해서 이 세상이 모든 가능한 세상 가운데 최악의 것이 되지는 않겠지만, 세상이 도덕적으로 끔찍한 것이라는 의미는 분명히 이해될 것이기 때문이다.

간단하게 말해, 유신론과 그리스도교에는 모두 지적 결함이 있다. 그들은 관련된 증거와 논의를 초연하게 고려하는 것이 초연한 고려가 정당화되지 않을 것이라고 믿는 잘못을 범한다. 게다가 그리스도교에는 그 외에도 훨씬 더 심각한 죄목이 있다. 매우 부도덕한 종교관을 받아들인다는 것이다.

그러므로 나는 오로지 그리스도교에만 집중하는 책들이 반드시 나와야 한다고 생각하는데, 그 이유는 세 가지다. 먼저 유신론과 그리스도교를 한데 묶어버리지 말고, 그리스도교는 유신론 일반과는 달리 도덕적으로 불쾌한 면을 갖는다는 점을 강조해야 하기 때문이다. 둘째로는 위의 사실과 관련해, 유신론이나 종교 일반이 아니라 그리스도교에만 집중하는 논의가 일반 사람들에게 자신들의 종교 신념에 매우 심각한 문제가 있다는 결론을 내릴 근거를 훨씬 더 많이 제공하기 때문이다. 마지막으로 유신론의 영역을 넘어서는 그리스도교는 여러 개의 특정한 믿음에 관련되는데, 그런 것을 반박하는 매우 강력한 증거들이 있기 때문이다. 이런 이유에서 오로지 그리스도교에만 집중해서 논의한다면, 각자의 종교적 믿음에 의문을 제기할 훨씬 더 강력한 이유를 얻을 수 있다.

특히 그리스도교에 집중하는 책이 몇 권 있다. 예를 들면 과거에 복음주의자이던 댄 바커^{Dan Barker}가 1992년에 출판한 『*Losing Faith in Faith*^{신앙에 대한 신앙을 잃다}』는 매우 강력한 인정할 만한 핵심 그리스도교 교리에 대한 몇 가지 논의를 싣고 있는데, 그것은 바커 본인이 여러 해 동안 복음주의 목사였던 만큼 더 효과가 크다. 마이클 마틴^{Michael Martin}이 1991년에 쓴 『*The Case Against Christianity*^{그리스도교에 대한 고발}』 역시 정말 훌륭한 책이다. 그리스도교의 중심 교리들에 대해 지적한 책으로, 날카롭고 매우 학구적인 논의가 실려 있다. 이 외에도 이런저런 책들이 있기는 하지만, 나는 그리스도교의 심장부, 즉 예수라는 남자에 초점을 맞추는 책이 여전히 필요하다고 생각한다.

예수와 그리스도교

우리는 그리스도교에 반대하는 매우 강력한 고발을 확실히 전개할 수 있다. 먼저 그리스도교적 믿음의 중심인 신의 존재에 대한 믿음이나, 신의 삼위일체적인 성격, 원죄, 예수의 부활, 신체적 죽음의 인간적인 재생, 신이 내려준 계시로서의 성경, 예수의 재림 등에 대한 믿음을 비판적으로 검토할 수 있다. 둘째, 그리스도교의 중심 믿음 가운데 어떤 것들, 원죄 교리라든가 신이 인간의 잘못을 용서할 수 있으려면 죄 없는 사람의 희생이 필요하다는 교리, 모든 인간의 영원한 운명을 결정할 최후의 심판이 있으리라는 생각, 많은 인간이 영원한 고통을 겪을 것이라는 믿음 등은 도덕적으로 받아들일 수 없는 가치 판단을 포함한다고 주장할 수 있다. 셋째, 건전한 지적 세계관이나 정신과 양립할 수 없는 그리스도교의 면모에 초점을 맞출 수도 있다. 가령 신앙을 가질 필요에 대한 강조라든가, 그럼으로써 소크라테스가 주장했듯이 자신의 가장 기본적인 믿음을 가장 면밀하게 비판적으로 검토해야 한다는 생각을 거부하는 것이라든가, 특정한 믿음이 구원을 위해 중요하고 필요하기도 하다는 생각 같은 것들이 그러하다. 마지막으로 우리는 그리스도교의 역사를 검토하고, 종교재판이라든가 마녀사냥, 개신교와 가톨릭의 전쟁들, 그리스도교가 유대인을 대한 방식 등이 인간 일반의 결함을 대변하는 것인지, 아니면 그와 반대로 그런 악이 특히 그리스도교 믿음에 확고하게 근거하는 것들인지를 물어보아야 한다.

신중하고도 전면적으로 제기된 이런 그리스도교 고발은 내가 생각하기에는 매우 위력이 강하다. 그럼에도 불구하고 각자가 그런 논의 노선에만 국한되어 예수를 자세히 관찰하지 않는 것은 잘못이라고 생각한다. 애초에 예수가 비판적 검토의 대상이 되지 않는다면 자유주의적인 성향을 가진 그리스도인이 앞에서 언급한 문제 있는 견해와 교조들을 대부분 내버림으로써 많은 비판들 가운데 여러 가지를 모면할 길을 열어준다. 그런 자유주의적인 그리스도교 형태는 그것 자체로는 상대적으로 해롭지 않을 수도 있다. 하지만 그런 것이 신앙이라는 개념 및 예수가 매우 훌륭하고 특별한 인물이라는 견해를 수용하면서 계속 존속한다면, 실제로는 결코 해롭지 않다고 말할 수 없는 그리스도교의 정통 형태가 번영을 누릴 수도 있다.

두 번째로, 그리스도교에 관해 문제되는 모든 것이 후대 그리스도교 교회의 작품이 아니라 거의 예외 없이(원죄 교리 같은 것만 제외하고) 예수 본인에게서 유래한 것일 수 있다는 점을 깨달아야 한다.

예수: 간략한 검토

앞에서 나온 마지막 주장은 아마 많은 사람들에게 신빙성이 없게 느껴질 것이다. 반종교적인 태도를 가지면서도 예수에 대해서는 매우 호의적으로 생각하는 사람들이 있으니 말이다. 그중 가장 놀라운 경우는 리처드 도킨스다. 그는 예전에 「예수를 지지하는 무신론자 Atheists for Jesus」라는 평론을 쓴 적이 있고, 『만들어진 신』에서는 '다른 쪽 뺨을 대주라'는 예수의 말(마태복음 5장 39절에서 41절)을 호의적으로 언급하면서, 이렇게 가르칠 때 예수는 "간디와 마르틴 루터 킹을 2000년 앞서 예고했다"고 말한다.(p. 250) 계속해서 도킨스는 "가족적 가치들은 어딘가 속임수처럼 보이지만, 예수의 윤리적 가르침은 (적어도 윤리적 재앙 구역이라 할 만한 구약에 비해) 감탄할 만하다"(p. 251)고 말한다.

나는 이 모든 것이 심히 오도되었다고 본다. 마태복음 5장 39절에서 예수가 "악한 자를 대적하지 말라"고 권한 문제를 두고 말하자면, 제2차 세계대전 때 윈스턴 처칠이 이 금지령을 더 진지하게 받아들였더라면 좋지 않았을까 생각하는 사람은 분명히 거의 없을 것이다. 거대한 악에 대해서는 저항, 그것도 가장 한결같고 격렬한 저항이 필요하다. 예수의 윤리적 가르침과 구약성경의 가르침을 비교하는 데서 핵심적인 문제는 도킨스가 여기서 범위를 너무 좁게 한정한다는 점이다. 구약은 한 덩어리로 된 책이 아니며, 도킨스가 '구약이라는 윤리적 재앙 구역'이라고 말할 때 염두에 두었던 부분들 외에 아모스와 호세아 같은 히브리의 대예언자들 이야기도 있다. 예수의 윤리적 가르침과 가치가 그들에 비해 어느 정도인지를 물어보아야 하는데, 그 대답은 예수는 그들보다 그리 낫지 않다는 것이다.

예수를 비판적으로 꼼꼼하게 보자면 무엇을 봐야 하는가? 내가 아는 최고의 논의는 월터 카우프만^{Walter Kaufmann}이 쓴 두 권의 책, 『The Faith of a Heretic^{이단의 신앙}』(1961, 8장)과 『네 차원으로 이루어진 종교^{Religions in Four Dimensions}』(1976, 4장)다. 카우프만의 논의는 지적인 측면에서 매우 자극적이고, 최고 수준의 것이다. 하지만 그랬으면 싶은 만큼 포괄적이거나 체계적이지 않으므로, 예수에 집중하는 카우프만의 예리한 시각과 함께 그리스도교 믿음에 관한 마이클 마틴의 검토에서 볼 수 있는 정도의 철학적 깊이를 지니고 예수의 견해를 다루는 책이 정말 필요하다.

평범한 그리스도인이 자신의 종교적 믿음을 돌이켜볼 수 있게 해주는 데 그런 책이 매우 유익할 것이라고 생각하는 이유는 무엇인가? 그 대답은, 한편으로는 사람들이 대부분 예수에 관해 생생하고 정확한 생각을 갖고 있지 않기 때문이며, 또 한편으로는 사람들이 그런 것을 이해하면 도저히 믿기 힘들거나, 아니면 도덕적인 문제가 매우 많은 수많은 일들과 마주칠 가능성이 크기 때문이다.

이 세 가지 요점 가운데 첫 번째 것을 먼저 보자. 1965년 가을에 나는 카우프만이 맡고 있던 종교철학 수업의 조교였는데, 과제물 가운데 한 가지를 해내려면 마태복음을 읽어야 했다. 그리고 다 읽고 난 뒤 얼마 지나지 않아 그 지방의 극장에서 파솔리니^{Pasolini}의 영화 〈마태복음〉이 상영되었다. 마태복음을 매우 자세히 읽고 난 뒤였으니 파솔리니의 영화가 원문에 매우 충실하다는 것을 알 수 있었다. 하지만 극장을 걸어 나오면서 다른 사람들이 이야기하는 것을 들으니, 다들 파솔리니가 그린 예수의 모습이 상당히 가혹하고 불공정하다고 여기는 게 분명했다.

그래서 나는 많은 그리스도인이 이상적인 예수상의 모습을 그려놓고 있다고 생각했고, 그런 사람들에게 정확한 설명을 곁들여 생생한 모습을 보여준다면 그리스도교에 대한 심각한 의심이 솟아나리라고 생각했다.

복음서를 보면 어떤 예수상이 떠오르는가? 이 글에서는 예수라는 인물의 문제 많은 면모 중 일부라고 여겨지는 것과, 마태복음이나 마가복음에서 그의 가르침과 믿음 가운데 문제 있는 속성들을 지지하는 구절을 인용해서 간략하게 개괄해보려 한다.

그렇다면 무엇보다도 먼저 예수는 거짓된 믿음을 여러 가지 받아들였다. 그중 하나는 그가 악령에 들린다는 현상을 믿었다는 것이다. "그리고 그는 열두 명을 지명해 함께 지내면서 전도를 하고 악령을 축출할 권위를 갖게 했다."(「마가복음」 3장 14~15절. 또한 마가복음 1장 32절과 예수가 악령을 쫓아내 그것들을 돼지에게 들어가도록 하는 마가복음 5장 1절에서 20절까지의 그 유명한 구절을 보라.)

또 다른 매우 중요한 거짓 믿음 하나는, 예수가 최후의 심판을 하기 위해 지상으로 돌아올 것이며, 지금 자신의 말을 듣고 있는 사람들 가운데 일부가 죽기 전에 그 일이 이루어지리라는 믿음이었다.

하지만 그런 날에, 그런 시련이 있은 뒤에 태양이 어두워지고 달이 빛을 감추며 별이 하늘에서 떨어지고 하늘의 힘들이 흔들릴 것이다. 그런 때에 인자가 구름 속에서 막대한 권능과 영광을 거느리고 오는 모습을 보게 될 것이다. 그럴 때 그는 천사들을 먼저 내보내어, 사방에서, 지구 끝에서 하늘 끝까지 선별된 자들을 불러모을 것이다. 무화과를 보고 교훈을 배우라. 그 가지가 연해지고 잎사귀가 돋으면 우리는 곧 여름이 가까워진다는 것을 알게 된다. 그러니 이런 일이 일어나는 것을 볼 때 너는 그가 가까이, 바로 문 앞에 왔다는 것을 알 것이다. 너희에게 말한다. 정말로 이 세대가 가기 전에 이 모든 일이 일어날 것이다.

「마가복음」 13장 24~30절

(이와 비슷한 구절이 「마태복음」 24장 29~34절에도 나온다.)

이것을 다음 구절과 비교해보라.

이 방탕하고 죄 많은 세대에서 나와 내가 한 말을 부끄러이 여기는 자라면, 아버지의 영광 속에서 신의 천사들과 함께 올 때 인자 역시 그를 부끄러이 여길 것이다. 그들에게 그가 말한다. "진정으로 나는 말한다. 여기 있는 사람들 중에 그들이 죽기 전에 신의 왕국이 권능과 함께 오는 것을 보게 될 사람이 몇 명 있다." 「마가복음」 8장 38~9장 1절

그들이 한 마을에서 너희를 박해하면 다음 마을로 달아나라. 진심으로 너희들에게 말한다. 너희가 이스라엘의 모든 마을을 다 지나가기 전에 인자가 올 것이라고. 「마태복음」 10장 23절

인자는 아버지의 영광 속에서 천사들과 함께 올 것이며, 모든 인간에게 각자가 행한 일에 대해 보상할 것이다. 진심으로 말한다, 여기 서 있는 사람 중에 일부는 죽기 전에 인자가 왕국을 건설하러 오는 것을 보게 될 것이다. 「마태복음」 16장 27~28절

둘째, 예수는 오늘날이면 널리 거부되고 결코 인간의 행복으로 이어지지 않을 도덕 원칙들을 여러 개 받아들였다. 가령, 그는 혼외정사가 사람을 '오염시킨다'고 주장했다.

그리고 그는 말했다. "인간에게서 나오는 것이 바로 인간을 오염시킨다. 내면에서, 인간의 심장에서 악한 생각과 간통과 절도와 살인과 섹스와 남의 것을 탐내는 마음과 사악함과 기만과 질투와 중상과 오만함과 어리석음이 나오기 때문이다. 이 모든 악행은 내면에서 나오며, 그것이 인간을 오염시킨다." 「마가복음」 7장 20~23절

이에 덧붙여, 성욕에 관한 예수의 견해는 심히 청교도적인 것으로 보인다.

태어날 때부터 고자인 사람들이 있고 후천적으로 고자가 된 사람들이 있으며, 천국을 위해 스스로 거세한 사람들이 있다. 이를 받아들일 수 있는 사람은 받아들이게 하라. 「마태복음」 19장 12절

"너희는 간음을 범하지 말라"는 말을 들었다. 하지만 여자를 보고 욕심을 품는 사람은 이미 마음으로 간음을 범했다고 나는 말한다. 너의 오른쪽 눈이 죄를 범하게 한다면 그것을 파내어 내던지라. 신체 전체가 지옥에 떨어지는 것보다는 신체 기관 하나를 잃는 편이 낫다.　　　　　　　　　　　　　「마태복음」5장 27~30절

예수는 또 간통 때문에 그렇게 된 경우를 제외하면, 이혼은 도덕적으로 잘못이라는 입장이었다.

또 그는 그들에게 말한다. "아내와 이혼하고 다른 여자와 결혼하는 자는 그녀에 대해 간음을 범한 것이다. 여자가 남편과 이혼하고 다른 남자와 결혼한다면 그녀 역시 간음을 범한 것이다."
　　　　　　　　　　　　　「마가복음」10장 11~12절

"아내와 이혼하는 자는 그녀에게 이혼 확인서를 주도록 하라"는 말도 있다. 하지만 너희에게 말한다. 정숙하지 못한 이유 외에 아내와 이혼하는 자는 그녀를 간음을 범한 여자로 만든다. 이혼한 여자와 결혼하는 사람은 모두 간음을 범한 것이 된다.　「마태복음」5장 31~32절

그런 도덕적 견해가 인간의 행복에 어떤 기여를 했을지는 안 봐도 뻔하다.

이제 내가 생각하는 가장 중요한 주제로 돌아가보자. 그것은 '예수의 성격'이라는 주제다. 나는 예수가 도덕적으로 감탄할 만한 인물이 아니었다고 주장하려 한다.

먼저, 예수는 그것이 옳은 삶의 방식이기 때문에 이웃을 사랑하

라고 권장하기보다는 끊임없이 구원을 얻고 지옥의 고통을 피하고자 하는 욕망에 의지한다. 월터 카우프만이 명백하게 보여주었듯이, 그의 메시지는 보상의 약속과 처벌의 위협으로 가득하며, 유명한 '산상수훈'도 그런 예에 속한다. 다음에 나오는 예에 확연하게 드러나 있듯이, 예수는 사람들이 이기적인 동기에서 행동하는 것이 잘못일 수도 있다는 생각은 하지 않는 것 같다.

> 그러자 베드로가 대답했다. "주여, 저희는 모든 것을 버려두고 당신을 따라왔습니다. 그러면 우리는 무엇을 얻을까요?" 예수는 그들에게 말했다. "너희에게 말한다. 정말로 새로운 세계에서, 인자가 영광스러운 보좌에 앉을 때 나를 따랐던 너희 역시 열두 개의 보좌에 앉을 것이며, 이스라엘의 열두 지파를 심판할 것이다. 내 이름을 위해 형제나 누이나 아버지나 어머니나 자식이나 고향을 떠났던 사람들은 모두 일백배로 보상받고 영생을 얻을 것이다."
> 「마태복음」 19장 27~29절

> 사람들이 나로 인해 너희를 중상하고 박해하며 온갖 악한 말을 할 때 너희는 축복 있으라. 기뻐하고 환호하라. 천국에서 큰 보상을 받을 것이니. 예언자들을 처형한 자들이 너희 앞에 끌려나올 것이다.
> 「마태복음」 5장 11~12절

> 예언자이기 때문에 예언자를 받아들이는 사람은 예언자의 보상을 받을 것이며, 의로운 자이기 때문에 의로운 자를 받아들이는 사람은 의로운 자의 보상을 받을지니라. 미천한 사람들에게 그들이 사도이기 때문에 한 잔의 냉수라도 주는 사람은, 진심으로 말한다. 보상을

받지 못하는 일이 없을 것이다. 「마태복음」 10장 41~42절

둘째, 예수는 자신의 가르침에 동의하지 않는 사람들에게는 거의 관용을 베풀지 않았다. 예를 들어 다음과 같은 구절을 보라.

한 사람이라도 너희를 받아들이지 않거나 너희의 말을 듣지 않는다면 신발의 먼지를 떨고 그 집이나 마을을 떠나라. 진심으로 말한다. 심판의 날이 오면 그런 집과 마을은 차라리 소돔과 고모라를 부러워할 것이다.

「마태복음」 10장 14~15절
(「마태복음」 11장 20~24절과 비교해보라.
소돔뿐만 아니라 이와 비슷한 티레와 시돈과의 비교도 나온다.)

어떤 장소가 너희를 받아주지 않고 너희 말을 듣지 않는다면, 그곳을 떠날 때 그들을 반대한다는 증거로 발의 먼지를 떨어버려라.

「마가복음」 6장 11절

셋째, 예수는 산상수훈에서 원수를 사랑하라는 유명한 명령을 내렸지만(즉 "이런 말을 들었다. 너희 이웃을 사랑하고 적을 미워하라. 하지만 나는 말한다. 적을 사랑하고 너희를 박해하는 자를 위해 기도하라……", 「마태복음」 5장 43~44절), 정작 본인은 용서하는 사람으로 보이지 않는다. 다음과 같은 구절을 보라.

인자人子는 그에 대해 쓰인 글과 같이 행동하지만, 인자를 배신한 자에게 저주 있으라! 차라리 태어나지 않았기를 바랄 것이다.

「마태복음」 14장 21절

이 방탕하고 죄 많은 세대에서 나와 내 말을 부끄러워하는 자들이라면, 아버지의 영광과 신성한 천사들과 함께 돌아올 때 인자 역시 그들을 부끄러워할 것이다. 「마가복음」 8장 38절

넷째, 예수는 **도덕적으로 야만스러운** 생각을 여러 가지 받아들였다. 예를 들면 그는 마지막 심판에서 인간이 영원히 두 무리로 나뉜다고 믿었다.

> 그러니 시대가 끝날 때 그렇게 될 것이다. 천사들이 등장해 악한 자와 의로운 자들을 갈라놓고, 전자를 불의 용광로에 던질 것이며, 그곳에서 사람들은 울고 이를 갈 것이다. 「마태복음」 13장 49~50절

> 그리고 그때 그들은 인자가 구름 속에서 큰 권능과 영광과 함께 오는 것을 볼 것이다. 그때 그는 천사들을 보내어, 선택된 자들을 온 사방에서, 지구의 끝에서 하늘의 끝까지 불러모을 것이다.
> 「마가복음」 13장 26~27절

인자가 영광 속에서 천사들을 거느리고 올 때, 그는 영광의 보좌에 앉아 있을 것이다. 그의 앞에 모든 나라가 모여들고, 목자가 양과 염소를 갈라놓듯이 그가 그 나라들을 나눠놓을 것이다. 양을 오른쪽에, 염소를 왼쪽에 둔다. 그런 다음 왕은 오른쪽에 있는 자들에게 말할 것이다. "오라, 내 아버지의 축복받은 자들이여. 너희들을 위해 세계의 기초로부터 마련된 왕국을 물려받으라. 내가 배고팠을 때 너

희는 내게 음식을 주었고, 목이 말랐을 때 마실 것을 주었다. 낯선 곳에 갔을 때 너희는 나를 맞아주었고, 헐벗었을 때 옷을 주었고, 병이 들었을 때 나를 돌봐주었다. 감옥에 갇혔을 때 너희가 나를 찾아왔다."

그러자 의로운 자들이 이렇게 대답할 것이다. "주여, 저희가 언제 그대가 배고팠을 때 음식을 드렸고, 목말랐을 때 마실 것을 드렸나이까? 주께서 낯선 사람이었을 때 언제 저희가 주를 맞아들였으며, 헐벗었을 때 옷을 드렸나이까? 주가 병들고 감옥에 있을 때 언제 저희가 돌보고 찾아갔나이까?"

그러면 왕은 대답할 것이다. "내가 말한다, 정말 너희가 동포 중의 누구에겐가 행한 일이 곧 내게 행한 일이다."

그런 다음 그는 왼쪽에 있는 자들에게 말한다. "내게서 물러가라, 저주받은 자들이여. 악마와 그의 천사들을 위해 마련된 영원한 불 속으로. 내가 배고팠을 때 너희는 내게 먹을 것을 주지 않았고, 목이 말랐을 때 물을 주지 않았으며, 낯선 곳에 갔을 때 나를 맞아주지 않았고, 헐벗었을 때 옷을 주지 않았다. 병들고 감옥에 갇혔을 때 너희는 나를 찾아오지 않았다."

그들이 대답할 것이다. "주여, 저희들이 언제 그대가 배고프고 목마르고, 낯선 곳에 가고, 헐벗고 병들고 감옥에 갇힌 것을 보았나이까? 그리고 그대를 돌보지 않았다고 하시나이까?"

그러면 그는 대답할 것이다. "내가 말한다, 정말로 너희가 동포 가운데 누구에겐가 그런 일을 행하지 않은 것이 곧 내게 행한 것이나 마찬가지다." 그리고 그들은 영원한 벌을 받도록 물러나지만, 의로운 자들은 영생으로 들어간다. 「마태복음」25장 31~46절

최후의 심판이라는 생각은 확실히 반박될 가능성이 지극히 크다. 설사 사람들이 심판받는다는 생각은 좋다고 여긴다 하더라도 왜 최후의 심판이어야 하는가? 왜 한번 만에 두 그룹으로만 나뉘어야 하고, 수정의 여지가 전혀 없는 걸까? 진정으로 사랑이 많은 신이라면 분명히 탕아가 돌아와서 다시 개심해 그 앞에 다시 오도록 항상 문을 열어둘 텐데.

다섯째, 예수는 **속죄하는 희생**atoning sacrifice이라는 생각도 받아들였는데, 다음의 구절이 그 내용을 설명한다.

> 인자는 섬김을 받기 위해서가 아니라 섬기려고 왔으며, 많은 사람들의 죗값으로 자신의 생명을 주기 위해서 왔기 때문이다.
> 「마가복음」 10장 45절

> 또 그가 그들에게 말했다. "이것은 많은 사람을 위하여 흘리는 나의 피 곧 언약의 피다."
> 「마가복음」 14장 24절

> 너희 모두 그걸 마시라. 이것은 죄 사함을 얻게 하려고 많은 사람을 위하여 흘리는 나의 피 곧 언약의 피다.
> 「마태복음」 26장 27~28절

> ……인자로서 주는 섬김을 받기 위해서가 아니라 섬기기 위해서 왔으며, 많은 사람들의 죗값으로 자기 생명을 주기 위해 왔다.
> 「마태복음」 20장 28절

죄 없는 사람을 제물로 바쳐 분노한 신을 달랜다는 생각은 원시 종교에서 익히 보던 것이지만, 도덕적 관점에서는 전혀 받아들일 수 없는 생각이다. 왜 신은 자신의 잘못을 진심으로 후회하는 사람들을 그냥 용서해주지 못하는 걸까? 왜 죄 없는 사람을 희생시켜야 인류의 죄를 사해줄 수 있는 걸까?

여섯째, 예수는 절대로 용서받을 수 없는 유형의 죄가 하나 있다고 믿었다.

> 진심으로 나는 말한다. 인간의 아들들의 모든 죄, 모든 불경한 말도 용서받을 것이다. 그러나 성령에 반대하는 말은 절대로 용서받을 수 없고, 영원히 유죄다.
> 「마가복음」 3장 28~29절

> 그러므로 나는 말한다. 인간들의 모든 죄와 불경함은 용서되겠지만 성령에 반대하는 불경은 용서되지 않는다. 인자에 반대하는 말을 내뱉은 사람은 용서받을 것이다. 하지만 성령에 반대하는 말을 하는 사람은 용서되지 않는다. 현세에서나 내세에서나 모두 그렇다.
> 「마태복음」 12장 31~32절

마지막이자 아마 가장 중요한 것일 텐데, 예수는 지옥이라는 도덕적으로 끔찍한 생각을 받아들여 적어도 일부 인간은 영원한 고통을 겪을 만하다고 믿었을 뿐만 아니라, 대부분의 인간이 영원한 고통을 겪을 것이라고 믿었다. 그러므로 다음에 나오는 구절에서는 지옥에서의 영원한 징벌이라는 생각을 예수가 받아들였음이 드러난다.

> 그런 다음 그는 왼쪽에 있는 자들에게 말할 것이다. "내게서 물러가라, 너희 저주받은 자들이여. 악마와 그의 천사들을 위해 마련된 지

옥의 영원한 불로 가라." 「마태복음」 25장 41절

그런 다음 그는 그들에게 대답할 것이다. "진심으로 말한다. 너희가 이들 중의 적어도 한 사람에게 그 일을 행하지 않았으므로 내게도 그 일을 행하지 않은 것이다." 그리고 그들은 영원한 벌을 받으러 물러갈 것이고, 의로운 자들은 영생으로 들어갈 것이다.

「마태복음」 25장 45~46절

나를 믿는 이 미천한 자들 중의 누구에게든 죄를 범하게 만드는 자는 목에다 거대한 바위를 매달고 바다에 던져지는 편이 나을 것이다. 네 손이 너로 하여금 죄를 범하게 만든다면 그걸 잘라버리라. 불구인 채로 살아가는 편이 두 손이 온전한 채로 지옥의 꺼지지 않는 불에 들어가는 것보다는 낫다. 발이 너로 하여금 죄를 범하게 한다면 그걸 잘라버리라. 두 발이 온전한 채로 지옥에 던져지기보다는 불구인 채로 사는 편이 더 낫다. 네 눈이 죄를 범하게 만든다면 눈을 파내버리라. 애꾸인 채로 신의 왕국에 들어가는 것이 두 눈이 온전한 채로 지옥에 던져지는 것보다 낫다. 지옥에서는 벌레가 죽지 않고 불은 꺼지지 않는다.

「마가복음」 9장 42~48절

인자는 천사들을 보내어, 그의 왕국에서 모든 죄의 원인과 악행자들을 모아올 것이며, 그들을 불의 용광로에 던질 것이다. 그곳에서 사람들은 울고 이를 갈 것이다. 「마태복음」 13장 41~42절

한편, 다음의 구절은 예수가 거의 모든 인간이 지옥에서 고통을 겪을 것이라는 생각을 받아들였다는 주장을 지지한다.

좁은 문으로 들어가라. 문이 넓고 길이 평탄하면 그것은 파멸로 이어진다. 그 문으로 들어가는 사람은 많다. 문이 좁고 길이 험난하면 그것은 생명으로 이어진다. 그 길을 찾는 자는 거의 없다.

「마태복음」 7장 13~14절

그러자 왕은 시종들에게 말했다. "그의 손발을 묶어 바깥의 어둠 속으로 내던져라. 그곳에서 사람들은 울고 이를 갈 것이다." 많은 사람들이 부름을 받았지만 선택된 자는 거의 없기 때문이다.

「마태복음」 22장 13~14절

그리스도교의 핵심에 서 있는 인물에 대한 간략한 검토는 이것으로 마치겠다.

결론

앞에서 조사한 내용은 내가 필요하다고 생각하는 수준에 비하면 매우 부족하다. 필요한 수준에 도달하려면 공관복음서에 묘사된 예수에 대해 더 철저하게 검토해야 하며, 예수의 신앙, 가치관, 성격에 대해서도 매우 자세한 철학적 논의가 이루어져야 하기 때문이다. 그럼에도 나는 다음의 두 가지 결론이 그럴듯하게 들리기를 바란다. 첫 번째 결론은 예수가 지혜롭지도, 도덕적으로 감탄할 만한 인물도 아니었다는 것이다. 두 번째 결론은 예수의 단점은 미묘한 것이라기보다는 눈에 훤히 보이는 결함이므로, 학자가 아닌 일반인도 얼마든지 파악하고 그 위력을 평가할 수 있으리라는 것이다. 이 때문에 나는 평범한 그리스도인이 자신들의 신앙에 대해 비판적으로 생각하도록 만들고 싶다면, 예수에 초점을 맞추는 것이 가장 전망이 밝을 것이라고 생각한다.

참고 도서

- Barker, Dan, *Losing Faith in Faith: From Preacher to Atheist* (Madison, WI: Freedom From Religion Foundation, Inc., 1992).
- Dawkins, Richard, "Atheists for Jesus", *Free Inquiry* 25/1 (2005), pp. 9~10.
- Dawkins, Richard, *The God Delusion* (Boston: Houghton Mifflin, 2006).
- Harris, Sam, *The End of Faith: Religion, Terror and the Future of Reason* (New York: W. W. Norton, 2004).
- Harris, Sam, *Letter to a Christian Nation* (New York: Alfred A. Knopf, 2006).
- Hitchens, Christopher, *God Is Not Great: How Religion Poisons Everything* (New York: Hachette Book Group, 2007).
- Kaufmann, Walter, *The Faith of a Heretic* (New York: Doubleday, 1961).
- Kaufmann, Walter, *Religions in Four Dimensions* (New York: Reader's Digest Press, 1976).
- Martin, Michael, *The Case Against Christianity* (Philadelphia: Temple University Press, 1991).
- Plantinga, Alvin and Michael Tooley, *Knowledge of God* (Oxford: Wiley-Blackwell, 2008).
- Stenger, Victor J., *Has Science Found God? The Latest Results in the Search for Purpose in the Universe* (Amheast, NY.: Prometheus Books, 2003).
- Stenger, Victor J., *God: The Failed Hypothesis* (Amherst, NY: Prometheus Books, 2007).
- 모든 성경 인용은 『뉴옥스퍼드 축약본 성경(*The New Oxford Annotated Bible —Revised Standard Version*)』(Oxford: Oxford University Pres, 1973)에서 가져온 것이다.

신앙을 갖지 않을 이유들

셰일라 매클린(Sheila A. M. McLean)
영국 글래스고 대학 법·의료윤리 분과의 국제법률가협회 회장이다. 의료법과 윤리학 분야에서 저술과 편집 활동을 왕성하게 하고 있다.

종교가 준수되기는 하지만 강요되지는 않는 가정에서 자랐기 때문에, 내가 믿음이 없다는 걸 언제 깨달았는지 정확하게 짚기는 힘들다. 그러나 어렸을 때 교회에 가지 않으려고 꾀병을 부리던 일은 기억한다. 심신증 환자*라는 게 무슨 뜻인지, 나는 어렸을 때 이미 알았다!

내가 믿지 않는 이유는 설명하기 쉽다. 일부는 심각하고, 일부는 비교적 사소한 이유들이다. 이성은 모든 것을 알고 절대로 오류를 범하지 않으며, 우리 모두와 관련되는 최고의 존재에 대해 절대적으로 반대한다. 게다가 내세라는 생각은 진지하게 고려하기도 힘들 정도로 우스운 생각이다. 신체적으로든 은유적인 의미로든 우

---

* 심신증 환자(psychosomatic) 심인성 질환, 심리적·정신적 원인에서 비롯된 병이나 장애를 앓는 환자.

리가 하늘에 있는 어떤 장소에서 이리저리 이동한다고 하면, 우리 모두는 어디로 가는가? 또 거기서 하루 종일 무얼 하고 사는가? 또 왜 그렇게 하는가? 신앙을 가진 사람들이 자신이 영원히 살고, 사랑하는 사람들을 다시 만날 것이라고 믿는 데서 얻는 위안감은 이해할 수 있을 것 같다. 하지만 내가 볼 때 개인적인 잔꾀quurk를 종교라는 거대한 단일조직으로 바꾸는 것은 불필요하고, 잠재적으로 위험하기까지 하다. 고리타분한 이야기지만, 인간이 해낸 일 가운데 가장 분열적인 것 중 하나가 종교라는 말은 진실이다. 종교의 이름을 내걸고 벌어진 전쟁들은 차치하고라도, 거의 모든 종교가 자기들만이 구원될 사람이라는 아름답지 못한 주장을 내세운다. 내가 개신교도라면 가톨릭 친구들은 신의 집에서 자신들만 환영받고 나는 그렇지 못할 것임을 안다. 내가 모슬렘이라면 나는 그리스도인이 모두 이단인 줄 안다. 그런 주장 모두가 옳을 수는 없다! 그것이 무슨 의미인지 '안다'고 개인적이며 교육적으로 세뇌된 사람들에 의해 그 의미가 해석되는 경전을 맹목적으로 믿는 것 역시 비위에 거슬린다. 과거에 나는 성서의 여러 부분을 읽어보았는데, 많은 사람들이 그럴 것이라고 짐작하지만, 그런 세뇌된 사람들이 그것이 무슨 의미인지 어떻게 '알' 수 있는지 당혹스러웠다. 마치 내 영어 선생님이 셰익스피어가 무슨 말을 하려고 하는지 그냥 '안다'고 할 때 내가 느끼던 절망감과도 비슷하다. 셰익스피어가 선생님에게 직접 말해주었는가? 게다가 그 메시지는 명료하지도 않다. 모든 종교는 평화를 주장한다고 하지만, 구약성서에는 폭력이 무척 많은 반면 관용이나 평화는 지극히 드물다. 이게 정말 문제의 핵심이다. 종교는 다른 종교들에게, 그리고 믿지 않는 사람들에게 관용을 보이지 않는다. 그들은 자기들의 영적 지침서인 책이나 문헌의 부분적인 내용들을 선택적으로 사용해서 특정한 견해를 강요한다. 예를 들면 성서의 어떤 구절이 수혈을 금지한다는 뜻으로 해석되기(내 생각으로는 지독하게 고통스러운 해석) 때문에, 사람들(여호와의 증인의 신도들)이 불필요하게 죽고 그런 죽음이 권장되기도 한다. 성서가 동성애를 비난하는 것은 그렇다 치더라도 적을 죽이라고 권장하기도 하는데, 그런 적이란 대부분 그냥 각자의 부족원이 아닌 사람들을 뜻한다. 왜 어느 한 편은 받아들이고 다른 편은 받아들이지 않는가?

일찌감치 종교를 거부했으니, 나는 분명 다양한 종교 교리의 전문가는 아니다. 하지만 그런 교리에 집착할 필요가 있는지 의심스럽다. 나는 마르크스처럼 어떤 영적인 내세에 초점을 맞추기보다는 현재 여건을 개선하는 데 집중하는 쪽을 선호한다. 죽은 뒤에 무슨 일이 생기는지에 집중하느라 현재에 대한 책임을 벗어버리기는 너무 쉽다. 반드시 종교적 신앙을 가져야만 땅에 발을 딛고 서서 인류를 위해 궂은일을 할 수 있는 건 아니다. 그저 명예의식과 자비심만 있으면 된다. 그리스도인이라고 자임하는 사람들에게서는 이런 특징이 항상 그리 잘 눈에 띄지 않는다. 모범을 보임으로써 이끄는 것이 덕성일 텐데, 영국 성공회에서 여성 성직자를 임명하는 문제를 놓고 벌어진 소동(상상해보라! 얼마나 충격적인 일인가!)과 가톨릭 교회의 성직제도가 남성들의 전유물이라는 데서도 여러 종교의 본얼굴인 여성 혐오증이 드러난다. 내가 아는 한 중요한 종교적 논문은 남자들 손으로 썼고, 남자들을 위해 쓰였다고 생각한다. 현대 세계에서 그런 여성 차별이 받아들여져야 한다고 주장될 뿐만 아니라, 실제로 교리에 따라 권장되기까지 한다는 것은 도저히 믿기 힘든 노릇이다.

아마 별로 중요한 일은 아니겠지만, 마지막으로 나는 목사들이 설교할 때 쓰는 훈계하는 듯한 어조가 매우 기분 나쁘게 들린다. 그들은 어떤 신화를 실제로 있었던 일처럼 선전하고, 추종자들에게 권위 있게 보이기 위해 신도들을 아이로 취급한다. 그리스도교의 경우 역사는 예수가 '신의 아들'이라는 빈자리를 채우려고 경쟁하던 여러 설교자 가운데 하나에 불과했음을 보여준다. 그가 경쟁자들을 제치고 어떻게 승리했는가 하는 것보다는, 자기들의 신앙을 공유하지 않는다면 저주받으리라고 약속하는 사람들에 의해 그렇지 않은 설교자들이 꾸준히 무시되어온 방식이 더 중요하다. 이런 사람들이 서 있는 결정적인 토대는 예수가 유일하게 진정한 신의 아들로 인정받는 것이다. 뿐만 아니라 일반적으로 그리스도교 신앙의 안내서로 사용되는 신약성서(앞에서 주장했듯이 구약성서에는 부분적으로 도덕적으로 불미스러운 곳들이 있다)가 사건과 동시에 이루어진 서술 기록이 아니라 사후에 나온 post hoc 이야기들의 모음집이라는 사실을 염두에 두도록 하라. 이야기들이 전승되는 과정에서 변형되는 방식에 주목해온 사람이라면, 그 이야기가 얼마나 정확한지에 대해 회의적이지 않을 수 없다. 그 점을 의심한다면 우리가 신앙이라 부르는 인간(및 인간 이후)의 여건에 대한 환각적인 설명 외에 남는 게 무엇인가?

그래도 나는 마지막 순간에 회개해서 구원받을 수 있다는 부분은 좋아한다. 생전에 제아무리 흉측한 인간이었다 하더라도 그렇다니까 말이다. 나도 언젠가는 회개해야 할지 모르지만, 그때까지는 설사 구원의 기대를 포기해야 할지라도 나 자신의 도덕적 노선을 갖고 있는 편을 더 좋아한다. 좋은 삶을 살고 싶다는 나의 욕구는 종착지에서 기다리고 있을 그 어떤 보너스를 가져다주지도 않고, 그런 약속이 필요하지도 않다.

인간적인 자기 결단, 생의학적 진보 그리고 신

우도 슈클렝크(Udo Schüklenk)
캐나다 온타리오 주 퀸스 대학의 철학 교수이자 온타리오 생명윤리학과 공공정책에 관한 온타리오 연구소의 소장이다. 여섯 권의 책을 냈고, 학계의 평론지와 선집에 100편이 넘는 논문을 기고했다. 《생명윤리학(*Bioethics*)》의 공동 편집장이며, 《발전하는 세계 생명윤리학(*Developing World Bioethics*)》을 창간한 편집자다.

신과 나

나는 왜 무신론자인가? 왜 나는 세계와 그 속에서의 우리의 위치에 대해 종교적 해석이 낳는 해로운 결과에 반대해서 발언해야 한다고 생각하는가? 이 글에서 내가 주장하고자 하는 바는 선하고 전지전능한 신이 존재한다고 믿을 충분한 이유가 없을 뿐만 아니라, 신의 이름으로 활동하는 조직과 기관들은 우리의 일상생활에 영향을 미치는 수많은 중요한 영역에서 흔히 바람직한 사회적 진보를 막는 방향으로 작동한다는 것이다.

이 글에서 출처를 참조하는 데 귀중한 도움을 준 연구 조수 알렉산드라 미트레토디스에게 감사한다.

신과 10대 청소년 —신정론神正論의 재앙

많은 사람들이 그렇듯이 나도 우주를 관장하는 선하고 전지전능한 신이 존재하는가 아닌가 하는 물음을 만난 것은 10대 때였다. 내가 신에게 열심히 기도한 까닭이 종잡을 수 없기로 악명 높은 라틴어 시험을 망치지 않기를 바랐기 때문이었다는 것은 부정하지 않겠다. 그래봤자 시험 성적은 수시로 참혹한 수준으로 내려갔고, 내 기도에는 응답이 없었다. 공정하게 말해 신은 라틴어에 관련된 내 문제보다 객관적으로 더 중요한 관심사가 많다고 항의할 수도 있다. 그러나 이 반응은 그다지 설득력이 없다. 신이 전지전능하다면, '악질적인' 라틴어 선생들의 발톱을 피하려고 필사적으로 애쓰는 10대를 도와주는 게 공원에서 산책하는 것만큼 쉬워야 하지 않은가. 물론 신은 내가 더 열심히 공부했어야 했다고 대답할 것으로 예상할 수도 있고, 훌륭한 칸트주의자라면 신에게 바치는 기도라는 수단으로 시험제도에 농간을 부리려는 내 시도에 당연히 경악했을 것이다. 필요한 능력을 갖지 못한 주제에 시험에 합격하겠다는 나를 도와주는 건 비윤리적이라고 생각했을지도 모른다. 이 주장에 대해서는 그가 내게 뛰어난 라틴어 능력을 줄 수도 있었다고 분명히 답할 수 있다. 어쨌든 복음서에 따르면 신은 무엇이 윤리적이고 무엇이 그렇지 않은지를 최종적으로 판단하는 존재이며, 나의 불행을 덜어주는 것은 정말 그에게 달린 문제다. 당시 나는 그리스도교의 신이 존재한다면 세계의 모든 문제를 단번에 해결할 수 있고, 또 그렇게 해야 한다고 생각했다. 라틴어로 인한 나의 시련도 포함해서 말이다. 또 나는 왜 신이 애당초 그토록 무의미한 고통이 있게 했는지 혼자서 의아해했다. 신이 완벽하다면, 그리고 신이 창조한 것들이 완벽하다면, 그의 창조물인 우리도 완벽해야 한다. 문제는 왜 그토록 많은 잘못이 그토록 자주 일어나느냐 하는 것이다.

훨씬 뒤에 철학 공부를 하던 중에 나는 그 질문이 신학자들의 연구 분야로 이어진다는 것을 알았다. 신정론神正論(theodicy)이라는 문제는 왜 선하고 전지전능한 신이 그의 창조물에게 그토록 많은 고통을 겪게 만들었는지 설명하도록 요구한다. 이 도전에 대해서는 타당한 대답이 없다는 것이 분명해졌다. 가령 홀로코스트 같은 일에서 의미를 찾아줄 납득할 수 있는 대답은 없다. 이 역사적 사건은 내가 전지전능하고 자애로운 신이라는 관념을 영영 떨쳐버리게 만들었다.

남은 것은 신이 존재하지 않거나, 신이 선하지 않거나, 신이 전지전능하지 않다는 깨달음이었다. 당시에는 미처 알지 못했지만, 내가 거부한 것은 우리 행성에서 벌어지는 인간적인 비극에 대한 라이프니츠식의 해석이었다. 이 해석에 들어 있는 어리석음은 볼테르의 걸작인『캉디드 혹은 낙관주의 Candide ou l'optimosme』에서 팡글로스라는 인물을 통해 교묘하게 폭로되었다. 팡글로스의 세계관은 라이프니츠를 모델로 하는 철학자의 원형이다. 나는 마침내 이 삶이, 우리에게는 지금의 이 삶이 마지막이라는 생각과 화해했다. 너무나 실망스러운 일이지만, 내세 비슷한 어떤 것이 있다는 증거는 없다. 종교적 믿음이 근거는 없더라도 해로운 결과를 낳지 않는다고 생각한다면, 그것을 그냥 내버려둘 수도 있다. 그러나 불행하게도 현실 세계에서의 조직적인 종교는 살 만한 가치가 있는 삶을 살아보고자 최선을 다해 노력하는 우리를 걸핏하면 방해한다. 실로 그들은 우리의 수명이 다해 이제는 끝내야겠다고 생각할 때도 개입한다. 이 글의 남은 부분은 이런 이슈들을 다룰 것이다.

좋든 나쁘든 10대 때 내가 신과의 정면대결을 끝낸 이유는 이런 것들이다.

신과 어른인 나 – 삶의 출발점에 선 해로운 종교적 신념

나는 의학에 관심을 갖고 잠시 건드려보았다가 역사와 철학을 공부하는 쪽으로 신로를 결성했고, 결국은 생명윤리학을 전공했다. 생명윤리학자들이 관심을 갖는 많은 주제들의 핵심에는 우리 삶의 출발점과 종착점에서 던져지는 도덕적 물음이 자리 잡고 있다. 내 마음속에서 종교적인 사람들의 신에 대한 믿음이 우리 삶에 어떤 영향을 미치는가에 대한 관심이 다시 표면으로 부상했다. 나는 종교적 교리가 우리의 일상생활에 미치는 영향을 더 자세히 들여다보았다. 낙태라는 이슈를 예로 들어보자. 당신이 임산부라고 가정해보라. 한참 고민한 끝에 당신은 낙태를 원한다고 판단했다고 하자. 개인적인 이유는 여러 가지일 수 있지만, 우리 논의에서 낙태를 하려는 동기가 무엇인지는 중요하지 않다. 당신이 아니라도 당신이 하려는 일이 부도덕하다고 판단할 종교적 동기를 가진 사람은 얼마든지 있다는 것을 알게 될 테니까. 어떤 사람들은 당신이 낙태하지 못하게 막기까지 할 것이다. 그들을 그렇게 하도록 몰아가는 동기(때로는 낙태 시술을 해주려는 의료 전문가들을 죽이기까지 한다)는 언제나 우리 주위 세계에 관한 또 하나의 종교적 허구 religious make-belief 인 영혼이다. 모든 일신교에 따르면 우리 삶에 무한한 가치를 부여하는 눈에 보이지 않는 영혼은 수태 도중이나 그 직후에 우리 몸에 들어온다고 한다 ensoulment. 종교인들은 이런 보이지 않는 영혼이 언제 우리 몸에 들어오는지에 대해서는 저마다 이야기가 다르지만, 들어온다는 사실에 대해서는 모두 동의한다. 이런 견해는 곧 세포 2,300개로 구성된 배아 세포덩어리가 생명에 대한 권리를 갖는다는 주장으로 변한다. 종교인들은 여기서 내가 말하는 배아를 흔히 인간으로 규정한다. 거의 모든 철학, 법학 전통에서 인간성 personhood 이란 대부분 삶의 권리를 갖기 위해 논리적으로 필요한 조건으로 여겨진다. 인간에 해당되는 이런 배아의 존재는 아무런 중추신경계도, 두뇌도, 고통받을 능력도 없지만, 로마가톨릭의 사상에 따르면 그들은 절대적으로 삶에 대한 권리를 갖는다고 한다.

'영혼이 들어온' 이후 임신이 지속되는 동안 임신부는 자기 신체의 소유자이기를 멈춘다. 정말로 충실하게 재생산 도구로 환원되는 것이다. 문제가 생기면 가톨릭 계통의 병원들은 배아를 구조하기 위해 임산부의 삶을 희생시킬 태세가 된다. 가톨릭의 조직적 그리스도교에서는 배아가 실제 인간보다 더 중요하다. 나는 조직된 그리스도교가 어째서 출산 과정에서 문제가 생겼을 때 어른 여성의 삶을 없애는 것을 정당화하는지 한 번도 이해하지 못했다. 현실에서 배아와 어른 여성은 둘 다 영혼을 갖는 존재인데 말이다. 또 신이 애당초 왜 그것들이 충돌하게 내버려두었는지도 풀리지 않는 의문이다.

이 현상은 가톨릭교에만 국한되지 않는다. 아랍에미레이트 연방, 이란, 사우디아라비아 같은 나라에 사는 모슬렘 여성들은 아이를 낳다가 죽는 경우가 많다. 안전하게 아이를 낳기 위한 의학적 절차에 따라 곧 제왕절개를 해야 하는 상황인데도 남편들의 허락이 떨어지지 않기 때문이다. 지구상에 있는 신의 대리인들이 우리 일에 조금이라도 개입하면, 여성들은 임신 기간에 자기들 신체에 대해 거의 어떤 통제력도 갖지 못한다.

신과 어른이 된 나 — 우리 인생에서 만나는 해로운 종교적 신념들

교회는 우리의 사적·직업적 생활의 많은 부분을 통제하는 것을 목표로 한다. 정말로 해롭지 않고 즐거운 성적 행위들이 교회의 간섭 때문에 세계 여러 곳에서 불쾌한 대접을 받거나 금지되기까지 한다. 가령, 동성애자가 일신교가 퍼뜨린 성적 지향성에 대한 차별로부터 스스로를 어느 정도 해방시키기까지는 거의 100년이 걸렸다. 자메이카나 우간다, 이란 같이 심히 종교적인 사회에서는 주기적으로 종교적 광신도들이 동성애자를 처형했으며, 지금 이 순간에도 그렇다. 이런 사회에는 증오 범죄를 처리하는 법률이 없다. 왜냐하면 종교적 조직이 성적 소수자들을 보호하는 시민권 포고령을 발하지 못하도록 힘껏 싸워왔기 때문이다. 자유민주주의 사회에서도 동성애자와 레즈비언들이 아이를 입양하려면 여전히 논란이 벌어진다. 동성애자 부모 밑에서 자라는 경험이 자녀들에게 해로운 영향을 미친다는 경험적 증거는 없는데도 말이다.

교회는 걸핏하면 한 나라의 모든 시민을 대등하고 공정하게 대우하도록 보장하는 시민권 보호에 반대하는 운동을 벌인다. 또 종교적 의료 전문가의 특별 권리를 법적으로 신성화하는 것을 노리기도 한다. 교회가 세속 사회에서도 입법가들 및 법정法廷 의료단체statutory medical body들을 설복하는 데 성공한 그런 특별 권리는 '양심에 따른 반대'라고 불린다. 이것은 기본적으로 의료 **전문가**로서 통상 해야 하는 일과 충돌하는 종교적 신앙을 **개인적으로** 강력하게 지지한다면, **개인적** 양심이라는 근거 위에서 그런 전문적인 조치를 취하는 것을 거부하더라도 위법이 아니라는 것이다. 여기서 우리 삶의 상이한 영역들이 합쳐진다. 이런 상황이 벌어지는 데는 여러 이유가 있다. 어떤 사람들은 직업상의 의무 때문에 개인적인 성실성을 희생해야 한다면, 양심에 따라 그런 의무를 면제받을 이유가 있다고 주장한다. 더 나아가서, 한 전문가에게 도덕적 주체인 자신의 개인적 성실성을 희생하면서 전문적인 서비스를 제공하라고 요구하는 것은 지나치게 부담스러운 일이라고까지 주장한다. 이런 견해를 따르면 각 전문가의 개인적인 선호가 환자들이 전문적인 서비스를 받을 필요에 우선하는 결과가 발생한다.

 이 이슈는 낙태 논쟁 맥락에서의 공공정책 문제와 마찬가지로 생명윤리학에서 뜨거운 논란거리가 되기 시작했지만, 그 후 시민 사회의 다른 많은 부분들에 영향을 미치면서 미끄러운 자멸의 경사로로 우리 모두를 끌어당겼다. 가령, 양심을 명분으로 내세우는 약사가 운영하는 미국의 여러 약국은 피임약을 팔지 않는다. 영국에서는 동성애 부부가 시청에서 결혼식을 올릴 권리가 합법적으로 인정되는데도, 종교적인 동기를 내세우는 공무원들은 그런 행사를 주관하기를 거부했다. 여성들이 제대로 된 낙태 시술을 받기란 낙태가 합법으로 인정되는 남아프리카 같은 나라에서도 쉽지 않다. 은밀한 낙태 시술의 성행과 그런 시술을 받다가 죽는 여성들의 절박한 처지는 그런 나라의 수많은 의료 전문가들이 양심적으로 행동한 결과이며, 예상할 수 있는 일이다.

 이런 상황인데도 전문가들을 통제할 임무가 있는 법정 의료단체들은 그런 전문가들의 개업 면허를 좀처럼 박탈하려 들지 않는다. 다른 영역의 전문가들도 그렇지만, 의료 전문가들이 가진 서비스 공급의 독점권은 국가가 보장한다. 만일 개인적인 확신 때문에 그 권리를 남용해 특정 환자를 차별한다면, 그들은 전문적인 행위의 기본 표준을 위반한 것이다. 국가는 그런 행동을 허용하면 안 된다. 문제의 그 종교적 양심은 필연적으로 무엇이 옳고 그른지에 대해 제멋대로의 결론에 도달한다. 예를 들면 나치의 교회는 그 신도들에게 흑인 환자를 치료해주지 않을 양심적인 이유를 얼마든지 말해줄 수 있다. 그럴 경우 다른 교회 신도들의 양심적 반대는 받아들이면서 나치 교회의 것은 받아들이지 않을 이유를 댈 수 있을까? 어쨌든 이런 종교의 핵심 교리가 진실인지 아닌지는 증명되지 않는다. 프로페셔널리즘은 수준이 고른 전문가들의 전문적인 서비스를 필요로 한다. 다원적 사회가 종교적 양심을 특정 부류의 환자들에게 전문적인 서비스를 제공하지 않을 건전한 이유로 인정한다는 것은 전 세계의 조직된 종교가 미치는 영향이 얼마나 중대하고도 해로운지를 보여준다.

생명윤리학적 연구 역시 신이라는 허구 때문에 심각한 영향을 받고 있다. 배아의 도덕적 지위에 관한 종교적인 견해 때문에 의학 연구자들이 연구용 배아를 얻기가 무척 힘들고 불가능하기까지 하다. 가장 최근에는 배아적 줄기세포 연구의 맥락에서 이런 일이 일어났다. 시험관 시술[IVF 처리]을 할 때 배아를 여분으로 만든다. 배아가 자궁에 착상되지 못할 때가 있기 때문이다. 임신이 성공적으로 이루어지고 나면 남은 배아들을 모아 정기적으로 폐기한다. 처음에 과학자들은 그런 배아를 치료용 복제 연구에 쓰려고 했다. 결국은 폐기될 운명이니 말이다. 그런 연구 과정에서 배아의 만능세포[pluripotent cells]는 처리 과정을 거쳐 온갖 종류의 체세포로 성장한다. 줄기세포 연구는 분명히 의학 치료의 본성을 혁명적으로 바꿀 것이다. 그런데 유럽 대륙의 거의 모든 나라 및 각국의 입법자들은 강력한 그리스도교 교회의 부추김을 받아 배아줄기세포 연구를 불법화했다. 폐기될 운명이었던 배아의 도덕적 지위에 관한 종교적인 동기에서 출발한 이런 관심은, 연구가 수행되던 대표적인 국가들에서 줄기세포의 주요 연구 속도를 늦추었다. 결국은 이 연구를 이끌어갈 대안이 발견되기는 했지만, 이런 대안이 없었더라면 인간의 생존 조건을 개선하려는 생의학적 연구에서의 진보는 2, 300백 개의 세포로 이루어진 배아에 관한 종교적 관심에 밀려나 뒷방 신세가 되었을 것이다. 존재하지도 않는 영혼에 대한 관심 때문에 말이다!

신과 어른이 된 나 ─ 생명의 종말에 관한 해로운 종교적 신념

병이나 부상 때문에 생명이 다해 갈 때 환자가 아무리 감당할 수 없는 고통을 겪는다 하더라도, 세계의 일신교들은 죽어가는 환자들이 삶을 위엄 있게 끝내게 해달라는 요청을 거부한다는 점에서는 일치단결한다. 환자가 올바른 판단력을 갖고 있고, 생존 조건이 개선될 가망이 전혀 없다는 사실도 그들의 태도를 전혀 바꾸지 못한다. 삶이 더 이상 살아갈 만하지 못하다는 심사숙고의 결과인 환자 자신의 판단은 조직된 일신교적 종교에서는 아무 의미가 없다. 그들에 따르면 우리는 의사의 보조를 받은 자살이나 자발적인 안락사 euthanasia를 요청할 윤리적인 자격이 없다. 이는 좀 놀라운 이야기다. 교회는 삶이 자연적으로 끝날 때 우리가 천국에 간다고, 아니면 사례에 따라 지옥에 갈 것이라고 약속하지 않았던가? 만일 우리가 삶을 건전하게 영위한 끝에 천국에 가서 영생을 누린다면, 그들은 왜 그토록 격렬하게 우리의 지상에서의 죽음을 막기 위해 싸우는가? 내세에 관한 종교적 신념을 진지하게 받아들이는 사람이라면 이런 태도는 도무지 이해가 되지 않는다. 이것은 우리 삶의 종말에 대한 판단에 종교가 간섭하는 바람에 피할 수도 있었을 막중한 고통을 초래하는 또 하나의 사례다.

우리 삶 전반에 교회가 미친 영향을 이처럼 간략하게 돌아본 결과, 일신교는 우리가 스스로 적절하다고 여기는 방식에 따라 살아갈 권리를 존중하는 데 강력하게 반대한다는 사실이 최소한 입증은 되었으면 한다.

왜? – 발언하라

종교가 없는 많은 사람들이 조직된 종교와 '화해'했다. 교황이 배아의 무한한 가치에 대해 괴상한 소리를 하거나, 사하라 이남의 아프리카에서 AIDS 예방 운동의 일환으로 콘돔 사용을 퍼뜨리려는 의료 선전 캠페인을 죄악이라고 선언할 때, 그런 비종교인들은 냉소적으로 한두 마디씩 한다. 이란이라는 위대한 나라에서 평화를 사랑한다는 모슬렘들이 10대 동성애자들을 공개적으로 교수형에 처할 때, 그들은 어깨를 한번 으쓱하고 눈을 한번 굴리고 만다. 사실 요즘 이슬람과 그 추종자들을 비판하다가는 걸핏하면 일종의 인종주의자 취급을 받는다. 종교는 개인적인 선호의 문제이며, 선택의 문제다. 하지만 인종은 그렇지 않다. 오늘날 정치적으로 올바른 노선은 진보적 지식인들에게 수많은 이슬람 국가를 뒤덮고 있는 야만주의에 대해 마치 없는 일인 척하라고 요구하는 것처럼 보인다. 이런 종류의 관용은 전 세계에서 치명적인 결과를 낳았다. 수많은 모슬렘 단체와 활동가들은 임신과 출산에서 여성 건강권을 비난하는 문제나 성에 대한 권리, 자발적인 안락사 문제, 기타 여러 문제에서 급진적인 그리스도교 운동가들보다 더 앞에 나섰다. 그들의 견해는 우리를 인격으로 존중하지 않고 해를 끼치는 것이므로, 우리는 근본주의 그리스도교 정치 활동가들과 싸울 때처럼 그들과도 정력적으로 맞서야 한다. 그런 견해가 법으로 보장되면 현실 세계의 실제 인간들이 피해를 입는다. 그 때문에 신이 존재하는지의 문제뿐만 아니라 종교적 이데올로기가, 그리고 그 종교의 교회들이 우리의 일상생활에 간섭할 때 생기는 해로운 결과에 대해서도 발언해야 하는 것이다.

주

1 나는 신을 남성적 실체로 지칭하려 한다. 신이 생물학적으로 남성인지 여성인지를 말해주는 증거를 갖고 있기 때문이 아니라, 역사적으로 말해 신은 남자들에 의해 발명되었고 전통적으로 '그'라고 지칭되어왔기 때문이다. 여성 운동가들이 신의 성별을 바꾸려고 시도했지만, 그런 사실은 모든 일신교에 해당된다. Naomi R. Goldenberg, *Changing of the Gods: Feminism and the End of Traditional Religions* (Boston: Beason Press, 1980).
2 Gottfried Wilhelm Leibniz, *Theodicy: Essays on the Goodness of God, the Freedom of Man and the Origin of Evil*, ed., Austin Marsden Farrer, trans. E. M. Huggard (LaSalle: Open Court Publishing Company, 1988).
3 Voltaire, *Candide*, ed. and trans, Daniel Gordon (Boston: Bedford/St. Martin's, 1999).
4 Marbara R. Gottlieb, "Abortion", *The New England Journal of Medicine* 332/8 (February 23, 1995), p. 1.
5 Laura Shanner, "Stem Cell Terminology: Practical, Theological and Ethical Implications", *Health Law Review* 11/1 (2002), pp. 62~64·64.
6 Judith Hendrick, *Law and Ethics in Nursing and Health Care* (New York: Nelson Thornes Ltd, 2005), p. 54.
7 Pope John Paul II, "Evangelium vitae Ioannes Paulus PP. II Encylical Letter 1995. 03. 25". Libreria Editrice Vaticana, Sep. 13, 2008. www.vatican.va/holy_father/john_paul_ii/encyclicals/documents/hf_jp-ii_enc_25031995_evangelium_vitae_en.html.
8 Julian Savulescu, "The Embryonic Stem Cell Lottery and the Cannibalization of Human Beings", *Bioethics* 16/6 (2002), pp. 508~529·513.
9 Kristin Lyng, Aslak Syse, Per E. Bordahl, "Can Cesarean Section Be Performes Without the Woman's Consent?", *Acta Obstericia et Gynecologica Scandinavic* 84/1 (2005), pp. 39~42·40.

10 Donald Altschiller, *Hate Crimes-A Reference Handbook* (Oxford: ABC CLIO, 2005), p. 41.
11 Udo Schüklenk and Tony Riley, "Homosexuality, Societal Attitudes Toward", Ruth Chadwick, ed., *Encyclopedia of Applied Ethics* vol. 2 (San Diego, CA: Academic Press, 1998).
12 Justin Oakley and Dean Cocking, *Virtue Ethics and Professional Roles* (New York: Cambridge University Press, 2001), p. 80.
13 William Janzen, *Sam Martin Went to Prison: The Story of Conscientious Objection and Canadian Military Service* (Toronto: Kindred Press, 1990).
14 Caroline Gammell, "Christian Registrar Who Refused to Conduct Gay Weddings Wins Case", *Telegraph*, UK, 2008년 7월.
15 United Nations, Dept of Economic and Social Affairs, Population Division, *World Population Monitoring, 2002: Reproductive Rights and Reproductive Health* (New York: United Nations, 2003), p. 90.
16 Courtney S. Campbell, "Source or Resource: Human Embryo Research as an Ethical Issue", Paul Lauritzen, ed., *Cloning and the Future of Human Embryo Research* (New York: Oxford University Press, 2001).
17 William P. Statsky, *Family Law-the Essentials* (Clifton Park, NY: Thomas/Delmar Learning, 2004), p. 320.
18 Allison D. Ebert and Clive Svendsen, *Encyclopedia of Stem Cell Research* (Los Angeles: SAGE Publications, 2008), p. 98.
19 Udo Schüklenk, "How Not to Win an Ethical Argument: Embryo Stem Cell Research Revisited", *Bioethics* 22/2 (2008), pp. ii-iii.
20 Michael Manning, *Euthanasia and Physician-assisted Suicide: Killing Or Caring?* (New York: Paulist Press, 1998), p. 86.
21 Pope John Paul II, "Evangelium vitae Ioannes Paulus PP."
22 Rajeev Syal, "Gay Teenager Is Facing Gallows As His Asylum Bid Is Rejected", *The Times*, UK, March 12, 2008; Human Rights Campaign, "Secretary Rice Urged to Condemn Execution of Gay Iranian Teens", www.hrc.org/issues/int_rights_immigration/1945.html (2008년 11월 9일 자).
23 Timothy Bakken, "A Rationale for Maximising Freedom of Expression on College and University Campuses", *Journal of Civil Liberties* 4 (1999), pp. 102~110.
24 Henryk M. Broder, *Kritik der reinen Toleranz* (Berlin: W. J. S. Verlag, 2008).

크레덴다˚에 관하여

미구엘 코토(Miguel Kottow)
칠레 대학 공중보건 담당 교수다. 디에고 포르탈레스 대학에서는 생명윤리학과 의료사상의 조정을 담당한다. 칠레 의사연합의 윤리학상을 세 번이나 받았다.

준비 동작

이 글은 절대로 서지학적인 연구가 아니다. 하지만 무신론이 '신의 존재에 대한 불신'이라는 것을 알기 위해 명성 높은 『세계 종교사전 *Dictionary of World Religions*』을 들여다보기는 했다. 그 바람에 마음이 불편해졌다. 그 정의에는 신은 존재하지만 일부 사람들은 그것을 믿지 않으며, 따라서 믿음이 없는 사람이라는 의미가 함축되어 있기 때문이다. 나는 누구도 믿음이 없는 사람일 수는 없다고 생각한다. 어떤 종교적 믿음을 갖고 있지 않은 사람도 더 세속적인 기반 위에서의 믿음이라는 의미에서는 믿는 것이 있을 수 있기 때문이다.

dis-라든가 non-이라는 접두사는 결손을 의미한다. 효소 결손증

• 크레덴다(Credenda) 정치권력자가 피권력자에게 권력을 정당화·합리화시키는 행위. 그럼으로써 정부에 대한 존경, 복종, 희생, 합법성의 독점에 대한 인정 등을 이끌어내는 것.

이라든가 심신 이상^{distemper}, 소화불량^{dyspepsia}으로 고생하는 것 같은 경우가 그렇다.

그러니 자신을 무신론자라고 선언(고백?)하는 것이 어떤 사람들을 자극해 방어적인 항체를 생성시킨다고 해서 놀랄 일은 아니다. 다른 사람들의 신앙에 대해 무분별하게 공격적이거나 경멸적인 태도를 보이는 호전적인 거부자^{denier}를 만나면 특히 그렇다. 역사상 어떤 지점에서는 그런 이단자들을 불태워버리는 것이 권장할 만한 일로 보였다. 그것들이 공격받을 여지가 없어야 하는 강력한 교리에 해를 끼치지 말아야 했으니까. 결국은 신학적으로 사소한 소재에 불과한 것들을 그처럼 무절제하게 상대하는 태도가 완강해졌고(천만다행으로?), 그런 태도는 또 공격적이고 분개 잘 하는 무신론자들로 하여금 과도한 행동을 하게 유도해(educe. 이런 표현을 쓰다니, 정말?) 온건한 무신론자들에게도 피해를 주었다.

일찌감치 위안을 찾아나서다

부모가 가족을 유지하려고 애를 많이 쓰거나, 그렇게 하지 못할 경우에는 소가족 단위를 다시 정비해서 재구성하는(즉 이혼하고 재혼하는) 부모의 외동 자녀는 초월적인 사고를 길러낼 적절한 환경을 누릴 기회가 거의 없다. 그러므로 신은 내가 사춘기가 될 때까지는 나의 존재 속으로 스며들어오지 않았다. 사춘기란 믿음과 사랑과 성적 통과 의례를 갈망하는 나이이니까. 사춘기적인 열정이 시들어가기 시작하자 곧 나는 나의 기도를 받아들일 것으로 기대되는 누구도 내 기도를 듣고 있지 않으며, 어떤 메시지도 받고 있지 않는다는 것을 깨달았다. 그러니 나는 줄 끊어진 전화에다 내 영혼을 쏟아내고 있었던 것이다. 그러므로 실제로 살아 있고, 느끼고, 분명히 표현할 줄 아는 존재가 대화의 상대자라면 얼마나 생생한 관계가 이루어질 수 있을지 이해하려고 애쓰는 동안, 나의 의구심의 첫 원천이 생성되었다.

바르미츠바•를 위한 준비는 원래 종교적 감정을 강화시키기 위한 것이었지만, 내 경우에는 그 여건이 척박했고, 희망에 가득 찬 시나고그의 멤버들이 내게 소개한 어마어마한 분량의 책더미 때문에 그런 상황이 극도로 악화되었다. 그들은 애석하게도 최근에 기름 부음을 받은 책임자가 종교적 이슈에 대해 완전히 무관심한 탓으로 벌어진 최악의 사태를 목격해야 했다. 또한 나는 종교에서 신앙보다는 사회적 관심사의 비중이 더 크다는 것도 깨달았다.

경험과 사유

나는 의과대학에 다니는 동안 아름다운 초록색 눈 한 쌍과 그 위에 있는 우아한 이마가 특히 매력적인 수술실 간호사와 사랑에 빠졌다. 수술실용 마스크를 벗고 나면 그녀는 그리 예쁘지는 않았고 턱은 매우 빈약했지만, 그래도 괜찮았다. 그래서 우리는 잘 지냈다. 영성체의 의미가 무엇인지에 대한 의견은 도저히 좁힐 수 없이 달랐지만 말이다. 그녀는 가톨릭 신앙심이 깊었으므로, 나를 올바른 길로 인도하기 위해 자신의 고해 신부와 만나게 해주었다. 나를 구원하도록 배정된 그 신부는 매우 똑똑하고 폭넓게 공부했으며, 참신하게도 관용할 줄 아는 사람이었지만, 그는 내게 '신이 원하는

• 바르미츠바(Bar Mitzvah) 유대인 소년들이 열세 살 때 치르는 성년식.

것', '신이 바라는 것', '신이 예상하고 요청하고 요구하는 것'이 무엇인지를 알려주는 버릇이 있었다. 그러다가 나는 마침내 신에 대해 너무 많은 직접적인 지식이 몇몇 사람에게만 전해진다는 데 질려버렸다.

그 뒤 종교적 신념은 감정적으로는 확실히 관심 범위에서 벗어났지만, 신이라는 관념이 역사적·사회적으로 왜 그토록 널리 퍼졌는지에 대한 지적인 호기심은 계속 남았다. 단순한 민중이나 고도로 현학적인 과학자들이 어째서 강한 믿음을 주입받고 규율에 따라 종교적인 관행을 준수하게 되었을까?

신이 인간의 모습을 본떠서 만들어졌다는 상당히 널리 퍼진 생각은 신의 속성과 동기와 인류에 대한 사랑, 일을 하는 방식, 그의 의로움, 은총의 신비를 설명하는 사람들에 의해 계속 살아 있었다. 사람들이 그런 이야기를 많이 하면 할수록 나는 어떻게 자기들이 전혀 알지 못하는 존재의 속성들을 알게 되는지 더욱 궁금해진다. 그들이 아는 것이라고는 신성공현과 계시의 축복을 받았다고 주장하는 다른 사람들로부터 들은 이야기뿐인데 말이다.

좀 더 설득력 있는 어조로, 신은 말로 표현될 수 없고 어떤 속성도 갖고 있지 않으며, 모든 존재를 포괄한다고 말하는 목소리도 약간 있다. 우리가 말할 수 있는 것은 오로지 신은 신이라는 말뿐인데, 그렇게 되면 그 이슈는 거트루드 스타인이 장미를 묘사한 유명한 구절*과 같은 관점에 놓인다. 그것은 매우 정직해 보이지만, 그렇다면 인간 존재가 어떻게 해서 덧없고 말로 표현할 수 없는 관념에 연결될 수 있는가? 인간의 범주로는 신을 이해할 수 없다는 성질 때

---

* 장미는 장미는 장미는 장미다(A rose is a rose is a rose a rose).

문에 그는 손 닿을 수 없는 곳에 있지만, 그가 합리적으로 이해될 수 있는 존재라면 그는 더 이상 신이 아니고 신화가 된다. 내가 신이라면 나는 분명히 신을 믿지 않을 것이다. 하지만 나는 동화로 위장한 사회학적 보물인 '임금님의 새 옷'이 생각난다.

경건한 자들이 반드시 더 나은 인간이 아니며, 윤리적인 견해와 행동이 정기적으로 기도하고 예배하러 가는 사람들만 들어가는 개인용 정원이 아니라는 것을 마침내 받아들이기까지 나는 이 모든 단계를 거쳐야 했다. 신학적인 고아(즉 하느님 아버지가 없는, 신을 인정하지 않는 사람)라고 해서 인간이 아닌 것은 아니다. 그저 고뇌, 죽음의 고통, 나의 형제들로 하여금 위를 바라보는 성스러운 눈길을 개발하도록 이끄는 인간적인 삶의 너무나 사소한 점들에게 서로 다르게 반응할 뿐이다.

종교적 신자들이 내 신경에 거슬리기는 하지만 내가 그들을 불편하게 만드는 것에 비하면 정도가 덜하다. 그들은 초월이 없는 삶이 어떻게 의미가 있을 수 있는지 이해하지 못해, 있는 그대로의 상황을 인정하기 힘들어하기 때문이다. 나는 나 자신의 무신론을 기꺼이 인정해왔고, 그것을 다른 사람들에게 강요한 적이 없으며, 오토 씨의 성스러움*의 빛을 쬐는 자들이 짓는 못 믿겠다거나 동의하지 않는다는 표정을 웃음으로 받아들여왔다. 더 경건한 자들은 심지어 매우 종교적인 덕성인 동정심^{misericordia}의 신호도 보인다. 명심하라, 이것은 공감에 따르는 연민^{compassion}이 아니다. 전략한 무신론자와 열정을 공유할 수는 없으니까. 단지 진심어린 무관심^{insouciance} 뿐이다.

---

* 신학자 루돌프 오토(Rudolf Otto)가 전개한 신성 이론(Theory of Numinosity).

그렇게 내버려둬

그 지점에서 나는 내 주장을 더 이상 밀고 나가지 않았고, 신은 더 이상 이성적인 이슈가 아니었다. 나는 항상 무신론자란 모든 사람이 각자의 신앙을 준수하고 개종을 피하는 한 관용하는 사람이라고 생각해왔다. 나는 열광적인 무신론이라는 것은 믿지 않지만, 무신앙자를 목청 높여 반대하는 주장을 들어도 똑같이 불편하다. 종종 '가짜 무신론자들pseudoatheists'이 언급되기도 했다. 신이라는 개념은 거부하지만 선함과 진실함을 추구하기 때문에 실제로 마음 깊은 곳에서는 믿음이 있는 사람들이라는 것이다. 하지만 그것은 마치 속임수를 쓴 주사위로 게임하는 것과도 같다. 선함과 지식을 추구하려면 원래 묵시적으로든 공개적으로든 신에 대한 믿음을 거쳐야 한다는 주장이 있는데, 이런 주장은 무례할 뿐만 아니라 사실이 아니다. 독실한 신앙심이라는 것이 선함과 진실함의 확실한 징표가 아닐 때가 많지 않았던가. 이것은 더 이상 말할 필요도 없는 사실이며, 그 역사적인 근거도 너무나 탄탄하다.

나는 이런 이론을 갖고 있다. 자신들이 신과 연결되어 있다고 주장하는 것은 다른 사람들의 삶에 간섭하기 위해서라는 것이다. '신'의 이름으로 행동하는 것은 가부장적으로 처신하고, 명료한 양심과 진실에 뿌리박고 있다는 기분으로 복음을 설교할 무엇보다 좋은 핑계다. 간헐적이기는 하지만, 신을 믿는 데서 오는 이점이 또 하나 있다. 고해소에 가거나 속죄의 날에 기도하면 언제나 마음의 평화를 다시 얻을 수 있다는 것이다. 무신론자들은 전혀 갖고 있지 못하는 마음의 평화를 종교적 신자들은 기성품으로 이미 갖고 있으니, 좀 불공정하지 않느냐는 말도 있다. 이런 이야기는 모두 무신앙자들이 자신에게 주어지는 그런 실존적 소도구를 활용하지 못하니 통찰력이 부족해진다는 것을 확인해준다.

미적지근함에 반대하여

훨씬 더 짜증나는 것은 믿지는 않지만 감히 불신하지도 못하고, 불가지론에 피난처를 구하는 동료 여행자들의 존재다. 이것은 안전제일주의다. 살아가면서 헌신할 가치가 없는 것이나 사정을 알기 위해 조사할 가치도 없는 것을 뒤늦게 선택함으로써 항상 상황에 따라 반응할 수 있기 때문이다. 신이 존재할지도 모른다고(초월적이고 부정할 수 없는 경험일 것이다) 인정하면서도 너무 바쁘거나 게을러서 그런 존재를 지지하거나 반대하는 쪽으로 결정할 수도 없다면 어떻게 자신의 삶을 살아갈 것인가? 불가지론은 종교를 존중하는 마음이 무신론보다도 더 없는 태도로 보인다. 무신론자는 다른 사람들의 신앙을 진지하게 받아들이는 데 비해, 불가지론자는 다른 사람들이 귀중하게 여기는 것을 미적지근한 태도로 보고 있으니 말이다.

공공연한 무신론의 전체 요점은 초월이라는 문제에 대한 전적인 무관심이다. 사람들이 유니콘이나 흰까마귀 또는 네스호의 괴물이라는 관념을 거부하지 않는 것처럼, 그것은 능동적인 거부가 아니다. 사람들이 스코틀랜드로 가서 네시를 한번 흘깃 보고, 그럴 수 있다면 사진을 찍어오는 것은 전혀 문제가 되지 않는다. 또 나는 그곳에 가는 사람들을 하찮은 사람으로 여기지도 않는다. 사실 나도 네스호에 한번 가서(어쨌든 그 근처에 갔으니까), 눈치채지 않게 슬쩍 엿보는 듯이 호수를 들여다보기는 했다. 알 수 없는 일 아닌가. 하지만 네스호의 괴물에 대해 말하자면, 나는 네시에 대한 불신자가 아니라 불가지론자다.

믿음의 실용적인 용도

사실 내가 학교에서 생명윤리학을 공부하지 않았더라면 다시는 초월성과 신성에 대한 생각을 하지 않았을 것이다. 그 과목에서는 신앙에 기초한 논의가 놀랄 만큼 강력하게 재등장한다. 합리적이고 다원적이고 관용적인 생명윤리학 브랜드를 길러내는 것은 전혀 어렵지 않았다. 인간들이 반드시, 또 기꺼이 공동체 속에서 살아가야 함을 이성적으로 인정하는 데 윤리의 기초가 있다고 확신했으므로, 또 공동체 멤버들이 서로를 해치지 않고 서로의 조력자가 되어주는 것이 희망사항이기도 하고 또 당연한 의무라고 확신했기 때문이었다. 하지만 처음 시작할 때부터 생명윤리학에는 우연찮게 신학자들이기도 했던 그 과목의 첫 연구자들이 부여한 더 근본적인 기초가 필요했다. 갓 태어났을 때부터 생명윤리학은 아가페, 자연법, 신의 모습대로 만들어진 인간, 인간의 존엄성을 경외하는 사람들을 기초로 삼았다. 이는 곧 윤리학은 너무 약해서 자기 발로 설 수 없으며, 무신앙자들은 도덕적 사유의 신적인 연원을 받아들여야 한다는 뜻이다.

유전학이 '신 놀이를 하는' 한 가지 방식이라고 보는 현대 신학적인 neotheological 생각이 생명윤리학 논의 속으로 강력하게 밀고 들어왔다. 이 논의는 그다지 이성적으로 들리지는 않는다. 누군들 신들의 게임에 대해 조금이라도 알겠는가? 또 그것은 다층적인 혼성 모방으로 보인다. ① 신이 인간을 언젠가는 자기 복제를 할 능력을 갖도록 설계했다면 신은 존재하며, 그는 자신이 만든 피조물인 인간을 가지고 장난치듯이 거대한 파치지 게임*을 했다. ② 신 놀이를 한다

---
* 파치지 게임(parcheesi) 인도식 윷놀이.

는 것은 받아들일 수 없는 오만함이다. 왜? 당신이 어찌 안다고? ③신 놀이를 한다는 것은 이슬람이 가르치듯이 신적인 속성을 가져 보기 위한 현세적인 방식이다. 그래야만 초월적인 존재의 지원이 있든 없든 당신은 근사한 사람이 될 수 있기 때문이다. 이는 신이라는 관념이 어떤 식으로든 유효함을 보여주며, 또 내가 생각하는 신이라면 아마 자신이 수사학적인 장난감이 되어버렸다고 원망하리라는 것을 보여준다. 반면 신성에 근거하는 논의에 무관심한 사람들에게는 신 놀이에 대한 비난에도 중요한 내용이 담겨 있지 않다.

　이 책의 속편이 만들어진다면 나는 니체에 대해 이야기하고 싶다. 그는 신을 죽이는 죄를 저질렀다는 비난을 자주 듣는다. 하지만 신이 정말 신이라면 신을 어떻게 죽일 수 있겠는가? 나는 니체가 누구도 죽였다고 생각하지 않으며, 그저 대부분의 인간이 살아가는 형편없는 여건을 돌아보지 않는 요즘의 신 개념을 좋아하지 않은 것뿐이라고 생각한다. 인간 종족의 형편이 동물 왕국의 그 누구보다도 더 나쁘다는 점을 상기한다면, 라이프니츠 같은 사람이 이 세계가 신이 창조해낼 수 있는 세계 중 최고라고 말하는 것은 정말로 끔찍한 이야기일 수 있다. 또 한편으로는 어떻게 하면 그따위 말을 하면서도 무한미분infinitesimal calculus의 아버지가 될 수 있는지를 이해하려고 애쓰다 보니 미천한 신자가 다 될 지경이다.

　니체는 수많은 신들, 그중에서도 되도록이면 춤추는 신들을 상상하고 싶어 했다. 그는 자신을 신 같은 모습으로 그려도 신경 쓰지 않았다. 하지만 그가 미쳐버렸으니, 곧 그가 잘못한 것이 되었다. 불쌍하다.

제5부
신은 필요 없어
―지금 여기서 행복을 찾는 사람들

"허풍이여, 안녕"

마거릿 다우니(Margaret Downey)
교회와 국가의 분리 및 무신앙자들의 권리를 옹호하는 운동을 벌인 유명한 무신론 활동가다. 필라델피아 자유사상협회(The Freethought Society of Greater Philadelphia)를 창설했으며, 세계 무신론 연맹(Atheist Alliance International)의 회장을 지냈다.

> 예수께서 가라사대 사람으로서는 할 수 없으되 하나님으로서는 다 할 수 있느니라.
> —「마태복음」 19장 26절

마태복음 19장 26절을 처음 읽었던 날을 똑똑히 기억한다. "세상에, '신만 있으면 무엇이든 가능하다'고? 농담하는 거야, 뭐야!"라고 남들에게 들리도록 말하면서 성경을 덮었다.

그 5년 전, 어머니와 어머니의 형제들이 일과 음식과 옷을 달라고 기도하는 것을 보았다. 그들은 이민 첫 세대였고, 영어를 잘 못했다. 일자리를 찾기가 힘들었고, 우리는 매우 가난했다. 난 아주 어린 나이에 신은 내가 원하는 일을 이루어주지 않는다고 결론지었다. 열심히 일하고 의지가 굳으면 된다. 일하는 것이 기도보다 나았다. 열 살 때, 나는 돈을 벌기 위해 바느질을 하기 시작했다. 나는 절대로 무릎 꿇고 신에게 기도하는 데 시간을 낭비하지 않았다. 내 재능과 시간을 사용해서 돈을 벌었고, 가족들의 고생을 덜기 위해 최대한 힘을 보탰다.

외가 식구들은 종교적일 뿐만 아니라 미신적인 성향도 매우 강했다. 10대 때 나는 그들의 미신을 놀리는 게 상당히 재미있었다. 어머니는 매주 집에서 강신降神 모임을 여는 것을 아주 좋아했는데, 그때마다 죽은 사람들에게 호의와 징표를 보여 달라고 간청하곤 했다.

가족들이 실망하는 건 바라지 않았으므로, 나는 1층으로 내려가 퓨즈박스 곁에서 기다렸다. 그러다 적절한 때가 되면 모임이 있는 방에 연결된 퓨즈를 끊어버렸다. 집 안의 전기 시스템을 과학으로 해석한 것이다.

위층에서 비명 소리가 나면, 난 그냥 웃으면서 매주 다른 강신술을 부렸다. 창문에 돌을 던질 때도 있었고, 1층으로 내려가 빗자루로 거실 바닥을 쿵쿵 치기도 했다. '성령'이 오는 걸 내가 아주 좋아했다고 할 수도 있겠다.

마태복음 19장 26절을 읽은 그 특별한 일요일, 신에 대한 믿음이 왜 그토록 우습게 여겨졌는지 기억난다. 그날 나는 중학교 친구인 호피와 함께 어느 교회의 신도석에 앉아 있었다. 캘리포니아 롱비치에 있는 트루엣 침례교회였는데, 그 교회의 목사는 호피의 계부인 리스 박사였다.

리스 목사는 내가 성경을 닫아버리는 소리를 듣고는 설교단 위에서 나를 쏘아보았다. 나도 맞받아 쏘아보았다. 의지력의 싸움이었다. 마주 쏘아보던 그는 내가 무례하고 시끄럽게 군다고 공개적으로 꾸짖었다. 하지만 나는 겁먹지 않았고, 사과할 마음도 없었다.

어렸을 때도 나는 권위 있는 존재라고 해서 무조건 존경하지는 않았다. 아는 사람이든 선생님이든 내게 존경을 받으려면 그만한 몫을 해야 했다. 그러니 리스 목사가 트루엣 교회 신도들에게 왜 그토록 많은 영향력을 행사하는지 의심스러웠다.

리스 목사는 호피가 토요일 밤에 우리 집에서 자는 것을 허락했지만, 대신 일요일 오전 9시까지는 자기 설교를 들으러 와야 한다는 조건을 붙였다. 열세 살이었던 나는 내가 신을 믿지 않는다는 것은 알고 있었지만, 호피와의 우정 때문에 교회에 참석한다는 조건에 동의했다. 호피가 토요일 밤에 케네디 중학교에서 열리는 댄스파티에 가고 싶어 죽을 지경이었기 때문이다. 호피는 예쁘고 인기도 있었지만, 침례교의 교리는 춤추는 것을 죄로 여기기 때문에 그 아이는 창피해했다. 나는 호피가 춤에 대해 느끼는 바보 같은 종교적 구속을 벗어날 수 있게 도와주고 싶어서, 설교를 듣기로 했던 것이다. 난 춤추기를 아주 좋아했으며, 몸의 풍부한 표현력을 부도덕하고 위험하며 섹스로 이어지는 행동이라고 보는 것을 (세상에!) 도저히 이해할 수 없었다. 호피 역시 춤을 잘 추었고, 그런 표현의 자유를 누릴 자격이 있었다.

트루엣 침례교회에 나가는 일은 종교적 믿음*에 대해 더 많이 알고 싶다는 욕구를 채우는 데도 도움이 되었다. 사춘기 시절이었으니, 나는 대답될 수 없는 질문에 대해 대답을 얻으려고 애썼다. 나는 세상을 이해하고 싶어서, 어머니께 백과사전을 사달라고 졸랐다. 양육비도 지원받지 못하고 웨이트리스로 일하면서 혼자 세 아

• 종교적 믿음(belief) belief는 faith와 구별된다. belief는 어떤 것을 확신하는 생각의 상태, 객체를 믿는 주체의 태도를 가리키며, faith는 종교적 체험에서 얻은 지식을 근거로 정당화되는 믿음을 가리킨다. 신뢰와 헌신을 포함하는 태도로 이해되기도 한다. 이 책에서 belief는 믿음, faith는 신앙으로 쓰기로 한다.

이를 기르는 어머니가 그런 부탁을 들어주기는 쉽지 않았다. 2년 할부로 백과사전을 구입한 일은 아마 어머니가 했던 가장 큰 투자였을 것이다. 우리를 더 잘 교육시키려면 그 책이 필요하다는 것을 아셨기 때문이다. 어머니가 옳았다. 백과사전이 도착한 날, 나는 첫 글자에서 마지막 글자까지 다 읽겠다고 맹세했다.

신화와 현실의 차이를 발견한 것도 그 책에서였다. 아폴로, 포세이돈, 우라노스, 제우스에 대해 알게 되자 인간이 만들어낸 수많은 신들이 눈앞에 훤히 보였다. 백과사전의 마지막 권까지 읽어나가는 동안 나는 논리적으로 당연히 현대인들의 신에 대한 믿음에 의문을 품었다.

어느 일요일, 호피와 나는 예배가 끝난 뒤에 남아서 '청소년 그룹'의 토론에 참여했다. 토론이 막 시작되었을 때 한 남자가 교회로 들어왔다. 머리가 벗겨진 그 남자는 청소년반 지도자가 하던 예수 이야기를 방해하면서 작심한 듯 단호하게 말했다. 누군지도 모를 이 남자는, 자기가 여기에 온 것은 종교는 거짓이고 예수 이야기는 그냥 신화일 뿐이라는 것을 모두에게 말해주기 위해서라고 했다.

그는 "신은 없어"라고 선언하더니, 우리를 손가락으로 가리키면서 "너희들은 모두 속고 있는 거야"라고 고함쳤다.

그의 말은 나를 제외하고 거기 있던 모두에게 강한 충격을 주었다. 나는 웃으면서 그를 향해 몸을 기울이며, 그가 하는 말의 핵심을 흡수하려고 했다.

'우와, 내가 성경을 억지로 읽는 동안 생각하던 것과 똑같은 이야기를 마침내 누군가가 하는구나. 내가 도달한 것과 똑같은 결론을 그대로 말하는 사람이 여기 있네.'

이 남자가 우리 중에 종교의 사슬을 깨뜨리고 자기를 따라 교회

밖으로 나가서 무신론에 대해 더 알아볼 사람이 없는지 물었을 때, 나는 벌떡 일어섰다.

그러자 호피가 온 힘을 다해 나를 주저앉혔다. 나는 마지못해 다시 앉았다. 호피는 내 귀에 대고 속삭였다.

"아버지가 저 남자에게 우리 신앙을 시험해보라고 시킨 거야!"

빌어먹을!

호피는 내가 일어나지 못하도록 계속 내 팔을 붙들고 있었다. 마치 합리주의를 향해 더 멀리 탐험하지 못하게 제지하려는 것처럼 말이다. 나는 창피해졌다. 일어섰기 때문이 아니라, 내가 교회 신도석에 앉아 있다는 사실이 창피했다. 실제로 그런 종교적 난센스가 1분만 더 길었더라도 나는 참지 못하고 비명을 질렀을 것이다!

말할 필요도 없지만, 그런 잔꾀는 내게 더 큰 실망만 안겨주었다. 청소년 그룹의 다른 아이들은 모두 일어서서 자신의 신앙을 검증했다. 나는 하지 않고 건너뛰었다. 나는 오로지 아래층으로 내려가서 그들에게 강신술을 부리고 싶었을 뿐이다. 결국 종교는 미신적인 난센스를 토대로 하는 것이고, 교회 신도석에 앉아 있는 사람들은 강신 모임에 둘러앉았던 참석자들과 다를 바가 없었다. 그들에게 몇 가지 '신호'를 보내 보았더라면 재미있었을 텐데. 그런 경험을 한 뒤에 나는 절대로 다시는 '신도(信徒)' 행세를 할 수 없음을 깨달았다. 그날 호피 옆에 계속 앉아 있기는 했지만, 신앙체계에 대한 탐색이 내게서는 완전히 끝났음을 알았다.

자연 세계와 철학에 대해서는 물어볼 것이 많았다. 다행히 플로이드 아저씨가 내 길을 찾아가도록 도와주었다. 일본인인 플로이드 아저씨는 내가 열 살 때 어머니의 가장 친한 친구와 결혼했다. 그는 자기네 문화에 대해 여러 가지를 알려주었다. 세계에 대해 물어보면, 이렇게 말하곤 했다.

"그 문제에 관한 책을 갖다줄 테니까 네가 직접 답을 찾아봐."

플로이드 아저씨는 '먼저 찾아보고, 찾아낸 답을 가지고 더 토론해보자'는 것이었다.

나는 아저씨와 토론하는 것을 매우 좋아했다. 그는 종교에 대한 나의 생각과 의혹을 보며 내가 '무신론자'라고 말해준 첫 번째 사람이었다. 그러면서 자신도 무신론자임을 밝혔다. 나는 좋은 동료를 만났다고 느꼈다.

플로이드 아저씨는 내가 열일곱 살 때, 주무시다 돌아가셨다. 그는 내게 버트런드 러셀의 『나는 왜 그리스도인이 아닌가』를 주었는데, 그 중요한 책에 대해서는 한 번도 토론하지 못했다. 그 책의 모든 페이지에는 내가 가졌던 생각들이 표현되어 있었다. 마치 러셀이 내 두뇌에서 말을 뽑아내 체계를 부여하고 종이 위에 옮겨놓은 것 같았다. 내가 내린 결론과 똑같은 내용을 유창하게 전달하는 러셀의 글을 읽으면서, 무신론 철학을 자랑스럽게 여기는 마음이 더 강해졌다.

그때까지 내가 만난 공공연한 무신론자들은 지적이고 감탄할 만한 사람들이었다. 나는 같은 생각을 가진 더 많은 사람들과 함께하고 싶었지만, 실제로 무신론자 단체를 알게 되어 참여한 것은 20년이 더 지난 뒤의 일이다.

1987년에 일리노이 주의 블루밍턴으로 이사온 직후 짐을 풀던 중에 적적해서 TV를 켰는데, 마침 〈필 도나휴 쇼〉가 방영되고 있었다. 도나휴가 다음번 출연자를 소개하는 순간, 나는 짐 풀던 손을 멈추었다.

"미국에서 가장 많은 증오의 대상인 여성, 무신론자 매들린 머레이 오헤어Madalyn Murray O'Hair를 환영해주십시오."

그는 사무적으로 말했고, 그녀는 야유와 박수를 함께 받으면서 무대로 나왔다.

오헤어는 정력적이고 냉소적이었다. 또한 용감하며 말을 잘했다. 나는 마치 최면술에 걸린 것 같았다.

오헤어는 플로이드 아저씨와는 전혀 달랐지만 나는 그녀가 하는 무신론 이야기에 공감했고, 그 직후 미국 무신론자 단체를 알아내어 가입했다.

몇 년 뒤, 도나휴는 복음주의 전도사였다가 무신론자가 된 댄 바커Dan Barker를 출연자로 초대했다. 우연하게도 바커는 트루엣 침례교회에 들어와서 청소년 모임의 신앙을 시험하려 했던 그 남자와 얼굴이 똑같았다. 나는 이번에는 의자에서 일어나 (멀리 있던) 종이와 펜을 가져와서, 바커가 알려준 '종교재단으로부터의 자유The Freedom From Religion Foundation'에 대한 모든 정보를 받아 적었다. 그 뒤 나는 그 단체에 가입했고, 미시간 주의 앤아버에서 열린 무신론자 총회에 처음으로 참석했다.

같은 생각을 가진 사람들과 함께 있으니 정말 좋았다. 나는 칼 세이건Carl Sagan, 알베르트 아인슈타인Albert Einstein, 마리 퀴리Marie Curie, 커트 보네거트 2세Kurt Vonnegut Junior, 찰리 채플린Charlie Chaplin, 캐서린 헵번Katherine Hepburn 같은 사람도 비신론자nontheist에 포함된다는 사실을 알고 자랑스러워졌다. 더 이상 나 혼자만 무신론적인 입장을 취하는 것이 아니라고 생각하니, 이방인 같은 기분도 없어졌다. 다시는 위선적으로 살고 싶지 않다는 희망이 내가 느낀 자부심과 뒤섞여, 이후 무신론 활동가로 일하도록 밀어주는 동력으로 작용했다.

그 뒤 나는 전국적인 무신론자 단체 전부와 긴밀하게 협동하고 있다. 1994년부터 1998년까지는 미국 인본주의협회American Humanist Association 이사로서 4년간의 임기를 즐겁게 수행했으며, 휴머니스트 연구소The Humanist Institute 의 이사회에서도 2년간 자랑스럽게 근무했다. 1992년에는 지역적 비유신론자 그룹인 필라델피아 자유사상협회FSGP(The Freethought Society of Greater Philadelphia)를 창설했다. FSGP는 15년이 지난 지금도 왕성하게 활동하고 있다.

나는 세계 무신론 연맹Atheist Alliance International 의 의장으로 봉직하는 영광도 누렸으며, 그 직위에 있으면서 여러 분야의 무신론을 대표해왔다. 강연과 대중 매체에서 한 발언을 통해 젊은이들이 무신론에 대한 더 많은 정보에 접할 수 있도록 도왔다. 내가 찾은 것과 동일한 자유를 발견하도록 그들을 북돋운 것이다. 사고의 자유, 표현의 자유, 선택의 자유란 태곳적 도그마의 명령을 던져버릴 때 사람들에게 어떤 일이 일어나는지를 보여주는 몇 가지 예에 불과하다. 하지만 내가 계속 받는 감사 편지들을 보면, 어려운 철학 문제에 대해 묻기 위해서는 항상 용기가 필요하다는 것을 짐작할 수 있다. 플로이드 아저씨처럼 나도 사람들에게 증거가 될 만한 대답을 찾도록 노력하고 최대한 많이 읽으라고 권한다. 오늘날의 인터넷은 과거의 백과사전이다. 누구나 집에서, 학교에서, 공공도서관에서 인터넷에 접속할 수 있다.

세계가 어떻게 존재했는지 알고 싶다면 성서에 묻지 마라. 지질학, 진화학, 물리학, 화학, 생물학 책을 읽어보라. 도덕과 윤리에 대해 더 알고 싶다면 성서에 묻지 마라. 사회학, 심리학, 법학, 역사 책을 읽어보라. 자기 삶의 모델이 될 영웅을 찾고 싶다면 성서를 참조하지 마라. 세계에 영향을 끼친 자유로운 사고를 가진 위인들의 전기를 읽어라. 토머스 페인Thomas Paine, 토머스 제퍼슨Thomas Jefferson, 벤저

민 프랭클린Benjamin Franklin, 알렉산더 그레이엄 벨Alexander Graham Bell, 니콜라스 코페르니쿠스Nicholas Copernicus, 갈릴레오 갈릴레이Galileo Galilei, 아이작 뉴턴Isaac Newton, 이 밖에 세계를 개선시키기 위해 과감하게 대답을 구하고 변화시키려고 노력한 사람들에 대해 알아보라. 성서를 사기 위해 돈을 쓰지 마라. 당신이 산 것은 '허풍bull'일 테니까. 돈은 과학책을 사는 데 쓰고, 시간을 들여 열심히 노력해서 그 책을 이해하라.

뭔가 믿을 것이 있으면 좋겠는가? 주위를 돌아보라. 세계는 아름답고 매력적인 곳이다. 하늘을 상상할 필요는 없다. 훌륭한 삶을 선택하면 당신의 천국은 지금 여기서 만들어질 수 있다.

내세를 원하는가? 기억할 가치가 있는 유산을 만들어라. 사람들이 당신에 대해 이야기할 때 당신은 다시 살게 된다.

뭔가 숭배할 것이 필요한가? 거울을 보고 모든 순간이 마지막 순간인 것처럼 살겠다고 결심하라. 스스로에 대한 자부심을 가지고 자신의 삶이 오직 한 번뿐임을 깨닫고 나면 당신의 집은 천국이, 당신이 신이 될 것이다. 당신은 스스로의 신으로서 자신의 삶을 완전히 통제하고, 양심적인 행동과 자기 결단을 통해 자신의 기도에 답할 능력을 갖게 된다. 상상의 친구는 필요하지 않다.

세계가 어떻게 존재하는지에 대한 결정적인 답변은 끝내 얻지 못할 수도 있다. 하지만 신의 존재를 상정해 이야기를 꾸며내는 것은 더 이상의 과학적 탐구를 막을 뿐이다. 내가 속한 이성의 공동체는 질문을 권장한다. 당혹스러운 질문에 답하기 위해 이야기를 꾸며낼 필요는 없다. 대답은 얻지 못하더라도 위대한 과학적인 연구와 학문, 그리고 훨씬 더 흥미롭고 믿을 만한 성과는 얻을 수 있다.

내가 아는 과학자와 무신론자들은 지식이 있으면 어떤 일이든 할 수 있다는 내 말에 동의한다.

누가 불행한가?

로리 리프먼 브라운(Lori Lipman Brown)
2005년에서 2009년까지 미국 세속연합(Secular Coalition for America)의 초대 회장을 지냈다. 그 전에는 네바다 주 상원의원을 지냈으며, 로비스트·변호사·교육자로 일했다.

나만큼 삶을 즐기는 사람은 거의 없으리라고 생각한다. 나는 미국 세속연합의 의장이고, 내가 제일 좋아하는 도시인 워싱턴 DC에 살고 있으며, 미국 무신론자들을 대변해 의회에 로비를 했다. 그곳은 내게는 꿈의 직장이었다. 미국 세속연합이 강력한 전국 조직으로 성장한 뒤, 최근에 그 자리를 떠나 새로운 모험을 시작했다. 나는 매우 운이 좋은 삶을 살았다. 하지만 내가 신을 믿지 않으니 얼마나 불행할지 애통해하는 사람들은 내게 이메일을 보낸다. 한 번도 만난 적이 없는 그들이 내가 개인적으로 행복한지 아닌지를 안다고 전제하니, 신기한 노릇이다. 가족이나 친구들, 직업에 내가 얼마나 만족하는지 전혀 모르면서 말이다. 그런데 그들이 배운 바에 따르면, 행복이란 신에 대한 믿음 없이는 불가능하다.

어떤 종교의 신자들이 절대로 그 종교를 떠나지 못하게 막고 싶다면, 그들의 믿음을 공유하지 않는 수백만(아마 수십 억)명이 믿음이 없기 때문에 비참하게 산다고 믿게 만들면 될 것 같다. 비참해지지 않기 위해서라도 무리에 매달리게 될 테니까 말이다. 어떤 신을 믿는 모든 신자가 행복하다는 것은 아니지만, 짐작건대 신자든 불신자든 대부분의 사람들은 상당히 행복해한다. 어쨌든 우리는 아침에 잠이 깨어 주위 세계 및 우리와 상호 작용하는 사람들을 경험하며, 그들 중 많은 수가 우리에게 큰 기쁨을 가져다준다. 미국 같은 나라에서 사는 사람은 세계의 다른 지역에 사는 사람에 비해 상대적으로 형편이 낫고, 여가 시간(적어도 어느 정도는)이라는 사치를 즐길 확률이 높다.

나는 신이 존재한다고 납득할 만한 증거를 도무지 찾지 못했다. 어떤 책을 초자연적 실체가 썼거나 구술시켰다고 말하는 수법은 내게는 전혀 통하지 않는다. 특히 그 책이 여성과 노예를 모두 재산으로 취급하는 가부장제를 확립한 남자들에게 유리한 수단으로 보일 때는 더욱 그렇다. 어떤 사람들은 매우 행복한 경험을 하게 되면 그것을 초자연적인 신의 존재 탓으로 돌려야 한다고 믿는다. 하지만 나는 환상적인 경험을 한껏 즐기면서도 그것을 저 바깥에 있는 초자연적인 어떤 존재 덕분으로 돌리지는 않았다고 자신한다.

그런데도 신을 믿지 않으면 삶이 완전하고 충만할 수 없다고 우기는 사람들이 있다. 그들은 단순히 자신들의 기쁨과 슬픔을 창조했다고 생각하는 신을 믿지 않는다면 삶이 어찌 될까 두려워하는 자신들의 공포를 투영할 뿐이다. 신에 대한 믿음이 없다면 삶이 어떻게 달라질까 하는 질문을 받으면, 그들은 신이 내려주신 규범이 없으면 주위 사람들에게 해를 끼치고 무가치한 삶을 살아갈 것으로 예상한다고 대답한다. 나는 그런 말을 들으면 매우 슬퍼진다. 하지만 나는 그들이 정말로 신에 대한 믿음을 포기하더라도 자기들 행동이 주위 사람들에게, 또 그들 자신의 평안과 안전과 행복에 어떤 영향을 미칠지 여전히 인식할 수 있으리라고 기대한다. 소수의 사이코패스를 제외하면 모든 인간은 타인들과 협동해서 일하고 해를 끼치지 않으려고 노력할 필요가 있다는 것을 충분히 이해할 능력이 있다.

내가 만나 본 유신론자들 가운데 가장 행복해 보이는 쪽은 내가 그들의 신을 믿든 믿지 않든 상관하지 않는 사람들이었다. 그들은 대부분 자신들이 믿는 신에 대해 끊임없이 법석을 떨지도 않고, 온통 종교에만 집중된 삶을 살지도 않는다. 그들은 인간과 자연과 사랑과 우정을 즐긴다. 그런 분야에서는 나도 같은 즐거움을 맛본다. 사실 내가 교회와 국가의 분리를 위해 로비할 때, 이런 유신론자들 가운데 많은 사람이 나와 함께 일했다. 종교간 연대 Interfaith Alliance 와 종교의 자유를 위한 침례교 연합위원회 Baptist Joint Committee for Religious Liberty 에 있는 내 친구들은 미국 세속연합에 있는 무신론자들과 똑같이, 우리의 세속적인 정부가 세속적인 성격을 그대로 유지하면서 종교와 뒤얽히지 않게 하려고 열심히 노력했다.

반면, 가장 불행해 보이는 유신론자들은 내가 그들의 신을 함께 섬기지 않는다고 상스럽게 비난하는 사람들이다. 그들은 나에게 미국을 떠나라고 말한다. 아마 내가 받은 것 가운데 가장 웃기는 이메일은 간단하게 이렇게만 말했다.

"이 나라에는 종교의 자유가 있으니, 너는 떠나야 한다."

제일 무서운 것은 군대 주소로 발송된 메일이었는데, 보낸 사람은 이렇게 썼다.

"이라크 전쟁은 '십자군'으로 간주될 수 있다.…… 이 나라는 그리스도교의 가치 위에 세워졌으며, 네가 무엇을 하든 절대로 변하지 않을 것이고 변해서도 안 된다. 네가 어떤 노력을 하든 어디선가 너를 쏘아 넘어뜨릴 누군가가 항상 있을 테니까."

내가 그들의 신을 믿지 않는다고 지독하게 화를 내는 사람들을 보면, 일부 남자들이 동성애자라는 사실에 너무 심하게 화를 내는 이성애자 남자가 연상된다. 아마 그 주제에 대해 다른 사람들보다 훨씬 더 많이 생각하는 게 분명한 동성애 혐오증 환자들처럼(혹시 그들 자신이 성정체성 때문에 문제를 겪어서는 아닐까), 눈을 뜨고 있는 모든 순간에 나 같은 사람에 대한 분노를 표현하는 신자들은 그들 자신의 의혹을 해결하려고 애쓰는 중인지도 모른다. 신을 믿는 자들은 신을 믿지 않는 나머지 사람들을 공격할 필요가 없다. 그냥 자신들의 신을 믿고, 그런 믿음을 공유하지 않는 사람도 있다는 사실을 인정하면 된다.

가장 다루기 힘든 유형은 '거듭 태어난' 뒤 자기들이 나를 사랑하기 때문에, 그래서 내가 영원히 고통 속에서 살지 않기를 원하기 때문에 나를 '구원'해야 한다고 느끼는 친구들이다.

사후의 영생을 믿는 수많은 신자들은 내가 죽으면 자기들이 옳다는 걸 알게 되리라고 말한다. 반면 그들이 죽고 나면 그들은 내가 옳다는 걸 알지 못할 것이다. 왜냐하면 나는 그들이 죽은 뒤에는 아무 의식도 없어진다고 믿기 때문이다(무얼 배우거나 경험할 수가 없어지니까). 이는 사실 매우 다행스러운 상황이다. 현생에서 여러 즐거운 경험을 포기한 사람들에게, 신과 그가 부과한 규범을 따르기 위해 많은 것을 희생한 사람들에게, 그토록 많은 고난을 겪게 한 고통에 대한 영원한 보상이 없다는 걸 아는 것은 참혹한 일일 테니 말이다. 내 파트너의 친척 아주머니의 남편은 부인의 엄격한 가톨릭 신앙체계 때문에 이혼할 수가 없다 보니 알코올 의존증에 걸려 평생을 무용지물처럼 살았다. 그녀는 죽은 뒤에 보상이 자신을 기다리지 않는다는 사실을 알지 못할 테니, 그런 결과는 차라리 인간적이다.

내가 불행할 것이라는 지레짐작에 대해 말하자면, 그 근거는 내가 내세를 누리지 못하리라는 생각이다. 그들은 이렇게 주장한다. 삶이 끝날 때 더 이상 다른 게 없다는 걸 알면 내가 절망할 게 틀림없다고. 하지만 그렇지 않다. 나는 태어나기 전의 무한한 시간 동안 내가 존재하지 않았다고 해서 기분이 나쁜 적이 없었다. 또 내가 죽은 뒤의 무한한 시간 동안 내가 존재하지 않을 거라는 사실 때문에 통탄해하지 않을 것이다. 나는 수술을 받는 동안 마취되어 무의식 상태가 되는 걸 싫어하지 않는다. 잠잘 때 꿈을 꾸지 않더라도 별 문제가 있다고 느끼지도 않는다. 간단하게 말해, 선택의 여지가 있다면 나는 영원한 하프 소리보다는 깊고 영원한 잠을 택하겠다(하프 연주자들에게는 미안하지만).

이 결론, 이번이 내가 누릴 유일한 삶이라는 결론은 살아 있는 모든 순간을 지극히 귀중하게 만든다. 나는 이 삶에서 내가 누리는 경험을 음미한다. 내 신체가 건강함을 느끼고, 능동적으로 활동할 수 있다는 사실을 인식하면 전율이 느껴질 정도다. 또 건강이 나빠지고, 나쁜 기후나 다른 사람들의 처신이나 그저 우연한 불운 때문에 힘든 시절에는 한탄스러워진다. 후세들 역시 이 세계를 즐길 기회를 저마다 단 한 번씩만 가질 것이라고 믿기 때문에, 나는 그들에게 더 나은 세계를 물려주기 위해 노력한다. 도움이 필요한 사람들을 도와주려고 노력한다. 그들을 도와줄 초자연적인 외부의 힘이 있을 거라고 믿지 않기 때문이다. 나는 정부가 그 약속을 지키게 하려고 노력한다. 유신론자와 무신론자가 동일한 권리와 책임을 갖는 세속 정부를 만들기 위한 실험은 200년이 넘게 계속되어왔다.

나의 행복지수는 얼마인가? 글쎄, 나는 사랑하는 가족과 친구들이 있고, 나를 보면 꼬리를 흔들며 반겨주는 근사한 견공 친구도 있다. 나는 내 일을 좋아한다. 현재 건강하다고 느끼고, 좋아하는 일을 할 수 있다. 장래에 내 능력이 변하더라도, 내게 최대한의 만족감을 주는 활동이 여러 가지 있으리라고 기대한다. 나는 의식주가 부족할까봐 걱정하는 처지가 아니다. 나는 잘 웃는다. 독서와 글쓰기와 등산과 영화 구경과 먹고 마시기를 좋아한다. 그냥 이렇게 말하기로 하자. 내가 아는 가장 행복한 사람 가운데 하나가 나라고 결론짓더라도 심한 과장은 아니라고. 사실, 모든 사람이 나처럼 행복하다면(나만큼 운도 좋다면) 훨씬 좋은 세상일 거라고 생각한다. 사람들은 훨씬 잘 협동하고 서로를 더 잘 도와줄 것이다.

존 레논 John Lennon의 노래 〈이매진 Imagine〉의 가사를 인용해보자.

"넌 내가 몽상가라고 말하지. 하지만 나만 그런 건 아니야."

다음 가사(언젠가는 너도 우리와 함께하겠지. 그러면 세계가 하나가 될 거야 I hope someday you'll join us. And the World will be as one)를 덧붙이지는 않겠다. 다른 사람이 내 믿음에 동참하지 않더라도 괜찮으니까. 그들이 자신들의 믿음을 나와 내 정부에 강요하지 않는 한, 우리는 잘 지낼 수 있다.

종교로서의 휴머니즘
―인도적 대안

수미트라 파드마나반(Sumitra Padmanabhan)
인도 인문주의자 협회의 사무총장이며, 과학과 합리주의자 연합의 회장이다. 합리주의와 여성주의 성격에 대한 글을 쓰며, '죽을 권리'를 강력하게 지지하는 운동가다. 또한 벵골 합리주의자 잡지인 《아므라 주크티바디(*Amra Juktibadi*)》의 선임 편집자다.

먼저 종교라는 단어가 무엇을 의미하는지 살펴보기로 하자. 많은 사람에게 이 단어는 편견 없이는 거의 판단할 수 없게 만드는 강한 감정적·개인적 함의를 담고 있다. 따라서 우리는 열린 마음으로 종교 문제를 상대해야 하는 극도로 힘든 과제부터 시작해야 한다. 이 과제는 신 개념이라는 더없이 개인적인 문제 및 종교가 무엇이며, 그것이 도대체 왜 필요한가 하는 문제를 면밀히 조사하게 만든다.

종교라는 지극히 포괄적인 단어는 이런 식으로 정의된다.

"종교는 특히 우주가 초인간적인 주체의 창조물로 여겨질 때 그 우주의 원인, 본성, 목적에 관한 믿음들의 집합이다. 대부분 예배와 제의祭儀의 준수를 포함하며, 흔히 인간사의 처신에 관한 도덕적 암호도 갖는다."

자, 종교적 믿음의 모든 면을 포괄하는 이보다 더 나은 정의를 내릴 수 있을까? 나는 그렇게 생각하지 않는다. 하지만 그렇다고 하더라도 몇 가지 모호한 점이 없지는 않다. **특히, 대부분, 흔히** 따위의 단어를 보면 종교가 엄밀한 단어로 규정될 수 없다는 것이 명백해진다.

각각의 종교는 저마다 수행하는 제의 과정만이 아니라 기본 개념도 다르다. 예를 들면 초기 불교에는 신이 없었는데, 힌두교에는 33×1000만 또는 3억 3000만의 신이 있다. 19세기에 힌두교에서 파생된 현대적이고 진보적인 교리를 가진 종교인 브라만교는 신은 형체 없는 고유한 힘일 뿐이라고 말한다. 이런 모든 종교에 대체로 공통되는 특징은 저마다 사회를 더 살기 좋은 곳으로 만들기 위한 이상적인 행동 규범을 제시하려 한다는 점이다.

그것까지는 좋다! 힌두교를 믿는 친구가 많았던 여학생 시절에 나는 이렇게 생각했다.

'그렇다면 우리에게 왜 그토록 많은 형상들과 많은 의례와 교리와 격식과 경전이 필요한가?'

힌두교 개혁파^{Brahmo samaji}● 이던 부모님이 말씀하신 적이 있다.

"실제로 신이란 모든 선한 것들의 정수^{精髓}를 의미한단다."

그렇다면 우리는 왜 기도를 해야 할까? 무엇 때문에 제의를 올려야 할까? 이런 물음에는 대답이 없었다. 아버지는 가족 중에서 무신론자 같은 존재로, 종교 규제에 대해 그저 코웃음만 칠 뿐 기도 모임에는 나가지 않았다. 내가 열 살 무렵, 아버지가 한 말이 지금도 기억에 남아 있다. 어느 날 밤, 집 앞의 놀이터에 앉아 하늘의 별을

● 힌두교 개혁파(Brahmo samaji) 19세기 초 인도의 정치·사회·교육 개혁을 지향한 종교단체. 산스크리트 브라흐마 사마지(Brāma Samāj)는 브라흐마를 섬기는 모임이라는 뜻이다. 힌두교와 근대 합리주의 사이에서 보편적 신앙을 추구했다. 힌두교를 바탕으로 서구의 합리적인 사상과 인도주의를 받아들여 카스트, 우상숭배 등의 악습을 타파하고 이슬람교, 그리스도교와 융화할 것을 주장했다.

보고 있었다.

"저길 봐. 저런 별 중의 일부는 이미 타서 없어졌고, 더 이상 존재하지도 않아. 그런데 거기서 나온 빛이 지금에야 우리에게 닿았기 때문에 우리가 지금도 그것들을 볼 수 있는 거란다. 저것들이 얼마나 멀리 있는지 상상이 되니? 빛은 대략 초속 30만 킬로미터로 움직이는데, 빛이 한 해 동안 달려가는 거리도 우주에서는 작은 한 단위에 불과하단다. 사람들이 신이나 창조주에 대해 이야기하지만, 전부 쓰레기 같은 말이지! 우리는 무한한 우주나 끝없는 시간이라는 관념을 이해할 수 없어. 우리 두뇌는 그런 것에 적합하게 만들어지지 않았거든. 이 모든 걸 통제하는 신을 상상한다는 건 요정이나 유령을 상상하는 거나 마찬가지야."

나는 자라면서 나와 주위의 모든 사람 사이에 기본적인 차이가 있다는 걸 알았다. 여학생들은 어떤 '상서로운' 날에는 금식을 했다. 그들은 부적을 달았고, 손목이나 팔에다 저마다 가정의 수호신을 기리는 보기 싫은 빨간 끈을 묶었다. 사람들은 모든 관련자들에게 불편할지라도 특별히 인증받은 날로 결혼식 날짜를 정했다. 나이 든 청소년들이 부모의 죽음을 슬퍼할 때는 면도도 하지 않고 머리도 빗지 않으며, 특정한 날에는 채식을 한다. 그들은 지독히도 우습고 원시적인 옷을 입고 다니며, 그런 옷차림 때문에 여러 날 동안 출근을 하지 못하는 사람들도 있다. 브라만 계급의 남자아이들은 그들을 일반 소년들보다 우월한 존재로 만들어주는 우스꽝스러운 '끈 의식'을 치르는데, 이는 아직 어린 그들에게 높은 계급인 브라만이며, 게다가 남자이기도 하므로 다른 인간들보다 더 우월한 존재임을 각인시켜주는 행사다. 나는 자라면서 인도 사람들이 각각의 카스트가 아니거나 각각의 공동체 외부 사람들과 결혼하는 일에 어떤 반응을 보이는지 지켜보았다. '종교'를 위해, '신'의 이름으로 행해지는 이 모든 것이 과연 그럴 가치가 있는가?

1984년 10월 31일, 당시 인도 수상이던 인디라 간디가 그녀의 경호원이던 시크교도 두 명에게 총격을 당해 죽었다. 이 사건은 순식간에 정신 나간 대중의 광기에 불을 붙였다. 수상이 죽은 지 고작 사흘 뒤에 약 3000명의 시크교도가 힌두교도들에게 마구잡이로 살해된 것이다. 생각해보라! 그들은 오로지 시크교도였기 때문에 죽은 것이다. 그 뒤 2002년 초 구자라트에서, 우리는 사전에 계획된 잔혹 행위의 발작을 또 한번 보았다. 그 사건은 거의 석 달 동안 계속되었다. 수천 명의 모슬램이 무차별적으로 약탈당하고 살해되고 강간당하고 산 채로 불태워졌다. 인도에서는 종교 집회 때나 순례지에서 사람들이 갑자기 우르르 몰리는 바람에 수백 명씩 죽는 일이 자주 일어난다. 친척들의 강요로 '명예 살해'를 당하는 희생자나 자살하는 부부들의 이야기는 구역질이 나도록 수시로 들린다. 이런 생각 없는 잔혹 행위는 오로지 희생자들이 종교 교단이 태곳적에 설정한 인위적인 카스트나 공동체의 울타리를 벗어나서 결혼하려 했다는 이유 때문에 저질러진다.

나는 그들에게 무신론을 가르치려고 노력했고, 합리주의자 그룹에 가입했다. 우리의 캠페인은 단순했다. 고대에는 지구에 사는 사람이 별로 없었다. 사람들은 따로따로 작은 무리를 이루어 살았다. 그때 각 그룹에는 저마다 지도자가 생겼다. 각 지도자들은 추종자들에게 자신의 규범을 따르도록 지시했다. 그리하여 종교가 탄생한 것이다. 각 종교 공동체에는 저마다 고유한 정체성이 있었고, 그들의 민족 집단 밖을 내다볼 필요가 없었다. 하지만 인구가 많아지고 자원이 부족해지면서 위기가 발생하자 다른 공동체들이 경계를 넘어오기 시작했다. 제의가 점차 엄격하고 복잡해지면서 충돌이 일어나지 않을 수 없었고, 각 종교를 통합하던 기본적인 목표는 잊혀졌다. 게다가 두려움과 불확실성 때문에 인간들은 최고의 권력자인 '신'이라는 존재를 만들어냈다. 이처럼 인간 사회가 복잡해짐에 따라 종교는 제도화되어 수탈의 도구가 되고, 충돌과 피바람을 일으키는 무대가 되었다.

원래의 단순한 형태의 종교에서는 사회에 신이 필요하지 않았다. 이제 우리는 불필요하게 복잡해진 삶을 살고 있다. 우리는 자신이 만들어낸 것들 속에 갇혀 있다. 모든 종교는 사랑과 평화의 메시지를 전파한다고 말하면서도, 각자 선조들로부터 의심 없이 물려받은 자신들의 신앙 쪽으로 특별히 기울어지는 경향이 있다. 이제 국가와 공동체 간의 장벽이 급속히 사라졌으니, 모든 인류에게 공통되는 가치 규준을 가질 수 있지 않겠는가?

합리적으로 생각해서, 미신에 집착하는 해묵은 성향과 고대 입법가들의 발언에 의심 없이 복종하는 성향을 떨쳐버린다면 이는 어려운 일이 아니다. 지식 없는 신앙은 맹목으로 이어지며, 맹목은 광신으로 이어진다. 다시 생각해보자. 무엇이 선하고 악한지 말해주는 신이나 종교가 정말 필요한가? 신을 자연으로 고쳐 부르고, 신이나 진리에 대한 탐구를 과학이라 부를 수는 없는가?

우리는 인도에서 무신론을 전파하기 위해 이런 생각들을 활용해보았다. 그러나 아무리 온화하고 자애로운 방법을 써도 1980년대에 철학으로서의 무신론을 받아들이는 사람은 거의 없었다. 여기서 무신론자를 가리키는 단어는 나스티카^{Nāstik}인데, 문자 그대로의 의미는 믿지 않는 사람 또는 무를 믿는 사람이다. 이 단어는 위험을 부른다. 약 100년 전에 누구를 '나스티카'라고 부르는 것은 거의 욕이나 마찬가지였다. 지금도 나스티카는 완전히 적대적인 반응은 아니더라도 수상한 눈총을 받는다.

그래서 우리는 우리 입장을 특별한 신앙, 다른 모든 종교의 대체물인 '휴머니즘'이라 부르기 시작했다(다른 무신론자들에게는 미안하지만). 이 방법은 11억 5000만의 인구와 114개의 주요 언어, 지역 방언을 포함하면 1052개의 언어가 사용되며, 무수히 많은 신조와 카스트와 파벌과 공동체가 난립해 있는 나라에서는 뭔가 강력하고 균일한 윤리적 근거가 필요하다는 의미에서 유리한 면이 있다. 그런 식으로 하면 신이 없다는 것이 마구잡이 무질서와 동등하게 여겨질 필요는 없다. 종교의 대안으로서의 '휴머니즘'은 우리 나라에서 인기를 얻어가고 있다. 하지만 맹목적인 신앙, 미신, 도사를 찾아가고 싶어하는 성향, 신이나 신의 대리인(사제)들에 대한 두려움, 운명과 내세와 카르마에 대한 믿음, 영혼 불멸에 대한 믿음, '심령주의'(그게 무슨 뜻이든 간에)를 향한 불필요한 열광, 그 밖에 다른 것들이 인도 사회의 바탕을 형성한다. 우리는 이런 것이 모두 사람들 탓이라고 여기지 않는다. 평화주의 정책을 펴면서 사람들의 종교적 감성에 대해 미온적인 자세를 취하는 국가의 책임이 크다. 또 좌파와 우파를 막론하고 모든 정당이 책임을 져야 한다.

나는 우리 나라에 만연한 이 종교적 감성을 이해할 수가 없다. 그것이 인간적인 감성보다 더 중요한가? 인류 전반의 복지보다 더 중요한 것이 있을 수 있는가? 지침으로 삼을 법률이 있지 않은가? 민주주의 이념을, 사회과학과 자연과학의 이념을 퍼뜨릴 수는 없는가? 강한 윤리적 기초가 있어야 생기는 사회적 책임감을 개인의 자유와 어떻게 융합시킬지 가르칠 수는 없는가? 우리가 따를 만한 단일하고 신성한 경전도, 복종할 만한 신인(god-man)이나 사제도 없으며,

기도할 필요도 없다.

 광적인 신앙심은 너무나 큰 시간과 에너지의 낭비다. 강요 때문에, 또는 직업으로, 또는 여가를 보내는 방법으로, 또는 다른 할 일이 아무것도 없기 때문에 인도에서만도 수백만 명의 남녀가 종교 활동을 한다. TV는 그런 과정에서 더 부유해진 신인들을 찬양하느라 엄청난 돈을 쏟아붓는다. 인류를 위해, 또 우리의 행성을 위해 다른 할 일이 너무나 많은데도 말이다.

신은 필요 없어, 제발!

로라 퍼디(Laura Purdy)
미국 웰스 칼리지의 철학 교수이자 루스와 앨버트 코흐 인문학 교수다. 저서로 『번식하는 인간(Reproducing Persons)』이 있고, 『Feminist Perspectives in Medical Ethics(의료윤리학에서의 여성주의 시각)』과 『Embodying Bioethics: Recent Feminist Advances(생명윤리학 구현하기)』를 공동으로 편집했으며, 가장 최근에 펴낸 책으로는 『Bioethics, Justice and Health Care(생명윤리학, 정의, 보건)』이 있다.

신이라는 존재가 있다는 증거가 거의 없는데도 사람들은 왜 신을 믿는가? 내가 볼 때는 그럴 만한 원인이 두 가지 있다. 하나는 일반적으로 어떤 주장을 하기 위해서는 충실한 증거가 있어야 하는데, 어렸을 때 그렇게 배우지 않기 때문이다. 어른들은 오히려 그런 요구를 하지 않는 쪽을 권장한다. 다른 하나는 사람들이 관심을 갖기는 쉽지만 충족되기는 어려운 요구 사항과 장래의 행복에 대한 약속이 너무나 많기 때문이다.

그렇다면 왜 나는 초자연적인 신(또는 그것과 함께하는 종교)을 믿지 않는가? 이런 조건들이 내게는 전혀 통하지 않기 때문이다.

나는 운 좋게도 내가 어떤 종교를 특별히 믿어야 할 필요가 있다고 생각하지 않았고, 그보다는 비판적으로 사고하기를 기대했던 비종교적인 부모 밑에서 자랐다. 그런데도 우리는 지적으로 전혀 빈곤하지 않았다. 저녁 식사를 하는 동안 대화의 주제로 삼지 못할 이야기는 없었다. 냉전 정치학, 핵전쟁의 위협, 매카시즘 등의 시사 문제는 물론 고대에서 현대까지의 역사, 그리고 다른 이야깃거리들의 절충주의적인 혼합물까지 모두 등장했다. 잡지 《매드》*의 기사, 자본주의의 본성, 여성의 사회적 역할, 재즈, 고양이 등 모든 것이 화제에 올랐다. TV가 있었더라면 그런 이야기를 나눌 여가가 TV 시청으로 채워졌겠지만, 우리 집에는 TV가 없었다.

종교와 처음 접했을 무렵, 나는 내가 선 자리를 이미 알고 있었다. 내가 초등학교에 다닐 때 '하느님 앞에서 under God'라는 말이 수업 시간에 매일 낭송하는 미국 국기에 대한 맹세에 덧붙여졌다. 이 변화로 인해 내면의 갈등이 생겼다. 그 말을 읊고 싶지는 않았지만 사회의 이탈자가 되기도 싫었기 때문이다. 결국 따돌림 당할 것 같은 두려움에 못 이겨, 나는 동급생들과 함께 그 말을 읊었다.

대략 그 무렵 우리가 살던 곳은 유대인 거주 지역이었다. 축일 되면 학급이 거의 텅 비었다. 그저 나와 대여섯 명의 그리스도인 아이들만 출석했다. 어머니가 종교에 관한 책을 몇 권 사주셨지만, 그때 나는 유대인이나 그리스도인이라는 게 무슨 의미인지 똑똑히 알지 못했다. 그런 책에는 도저히 사실 같지 않은 이야기들이 가득했기 때문에, 그런 이야기에 관심을 가질 수가 없었다. 원래 나는 책만 보면 읽어대는 독서광이었는데도 말이다. 이런 반응이 도무지 이해되지 않았다. 그에 못지않게 사실이 아닐 것 같은 동화도 얼마든지 읽었고, 내가 가진 책들을 모조리 읽고 또 읽은 다음에는 부모님의 책장에서 꺼내온 잡다한 책들도 읽었는데 말이다. 그것은 마크

---

* 《매드(MAD)》 미국의 유머 잡지, 1952년에 하비 쿠르츠만(Harvey Kurtzman)과 윌리엄 게인즈(William Gaines)에 의해 창간되어 지금까지 계속 발행된다.

트웨인의 괴상한 이야기, 살인 미스터리, 소설(주로 러시아·프랑스·영국·미국 소설들), 자서전, 역사책, 만화책, 인류학과 포유류와 천문학에 관한 책, 자녀 양육과 결혼에 대한 지침서, 의학 백과사전, 판례집 등이었다. (부모님은 여러 해 동안 법정 서기로 일하셨기 때문에, 좀 특이한 사안에 대해서도 아는 것이 많았다.)

다른 측면에서는 분별력이 있는 비종교적인 부모들이 그 자녀들에게는 그냥 종교 일반이 아니라 그중 일부 버전만이 참이라는 것을 가르쳐야 한다고 믿는 것을 보며 나는 항상 놀란다. 이 문제에 대해 그들에게 물어보니, 그렇게 하지 않으면 자녀들이 중요한 경험을 놓칠 것 같다고 느끼는 듯했다. 또 다른 소박한 동기는 자녀들의 도덕성 발전을 위해 그렇게 해야 한다고 생각하기 때문일 것 같다. 자녀 양육 문제에 대해 물으면 날카로운 반응이 나올 때가 많기 때문에, 강하게 캐묻지는 않았다. 입장이 확고하지 못한 것이 눈에 훤히 보이는 사람들에게는 특히 그랬다.

그런데 고지식한 아이들에게 우리가 사실이 아닌 줄 알고 있는 신앙의 부담을 왜 지우려는 것일까? 특히 그렇게 하면 섹스 같은 신체 기능에 대한 죄책감과 공포감이 생길 텐데? 또는 다른 관행을 가진 다른 종교 집단에 대해 편견을 가질 텐데? 하지만 산타클로스를 믿든 이빨요정 동화●를 받아들이든, 어떻든 그런 결과는 생기지 않는다. 아이들은 조만간 그런 이야기의 진실을 알아차린다. 아마 그런 과정에서 부모에 대한 신뢰를 조금은 잃을 것이다.

그렇다면 왜 아이들에게 애당초부터 비판적으로 생각하도록 가

● 이빨요정 동화 영어권의 설화로, 아이들의 젖니가 빠질 때 헌 이를 베개 밑에 두고 자면 밤새 새 이와 선물로 바꿔준다는 요정 이야기.

르치지 않는가? 내 경험으로 볼 때 아이들은 지극히 합리적으로 사유한다. 기적이나 천국이나 지옥이 있어야만 그들이 경이감과 외경심을 느끼는 건 아니다. 차라리 그들에게 매혹적인 자연 세계, 즉 초신성, 먼 우주, 거대한 문어, 촌충, 공룡, 인체 해부 등을 소개해주고, 그것들을 감상하고 그에 대해 더 많이 배우도록 격려하는 편이 훨씬 나을 것이다.

철학자가 아닌 거의 모든 사람이 그렇듯 비종교적인 부모들은 대부분 『에우티프론』이라는 책에 대해 들어본 적이 없을 것이다. 하지만 종교가 자신들의 도덕적 견해의 기초가 아니라는 것은 충분히 알고 있다. 그런데 아이들이 신의 명령에 대한 복종을 배우도록 내버려둔다면, 이는 곧 그들이 도덕성의 다른 어떤 기초가 있는지 생각도 하기 전에 그것으로부터 해방되기 위한 불필요한 투쟁에 참여해야 한다는 것을 뜻한다.

신에 대한 믿음의 감정적 측면은 어떤가? 많은 사람들, 특히 삶에 그다지 만족하지 못하는 사람들은 자신들을 지켜보고 어떻게 살아가면 좋을지 말해주는 거인이 저 밖에 있다고 생각하는 데서 위안을 찾는다. 그렇지 않은 사람들에게도 종교 조직은 많은 경우에 현대인들의 삶에서는 찾아보기 힘든 공동체라는 느낌과 더 큰 목표를 줄 수 있다.

다시 말하지만 나는 이런 점에서도 운이 좋았다. 내 가족은 나를 사랑하고 잘 돌봐주었으며, 부자는 아니었지만 기본적으로 필요한 것들(그 외에 약간의 다른 것들도)은 충족되었다. 내 삶은 흥미 있는 활동으로 채워졌다. 가령 내가 어렸을 때 우리 가족은 여러 해 동안 시카고에 살았는데, 그곳의 근사한 박물관을 구경하거나 호수로 소풍 가는 건 정말 좋았다. 내가 발레를 알게 된 것도 그곳에서였는데, 속담을 빌리자면 그것은 곧 오리를 물가로 데려간 격이었다.

발레의 세계는 10대 후반까지 나를 단단히 사로잡았다. 나의 시간과 에너지가 거의 모두 거기에 투입되었고, 평범한 미국 10대들에게 너무나 큰 비중을 차지했던 경쟁적인 물질주의나 대중문화와는 완전히 차단된 명료한 목표를 안겨주었다. 게다가 발레의 강렬한 신체 운동은 철저하게 몸을 괴롭혔다. 매일매일 점점 더 많아지는 요구에 맞추려고 신체를 구슬리는 일에 집중하다 보면, 이 세계가 뭔가 더 실재적이거나 더 중요한 이데아 같은 것을 희미하게 반영한 것에 불과하다는 생각은 좀처럼 매력을 갖기 힘들다. 다른 일상적인 일들도 마찬가지지만 종교는 내 관심사 가운데 제일 뒷순서로 밀려났고 역사에서 종교가 얼마나 중요한 역할을 했는지 점차 알게 되었을 때도 사정은 마찬가지였다.

내가 10대였을 때 우리 가족은 종교의 잡다한 표현들인 두오모, 교회 종소리, 유물들을 피할 수 없는 유럽의 여러 나라에서 살았다. 그런 것들은 그저 생활환경의 일부였고, 깊숙한 과거의 잔재였으며, 원래는 생소했던 '전통' 문화의 매력적인 장식용품으로 골동품 같은 흥미만을 느끼게 했다.

종교에 관심이 없는 내 성향이 특이하다고 생각할 이유는 별로 없었다. 그저 종교가 적절치 않아 보였을 뿐이다. 나는 예나 지금이나 그것을 심각하게 받아들이는 사람 때문에 더 놀란다. 인식론적으로나 도덕적으로나 내가 비종교적인 것은 그저 세뇌를 받지 않았다면 누구나 그런 결론을 얻었을 것이었기 때문이다. 그런 결론은 철학적인 비판을 잘 견뎌냈다.

인식론적으로는? 나는 전지전능하고 완전히 선한 신 같은 것이 있다는 증거를 전혀 볼 수 없었다. 확실히 그 개념은 내 관점에서 신뢰할 수 있는 지식을 확립하기 위한 직관적 타당성을 지닌 시험을 전혀 통과하지 못했다. 나중에 들은 철학 과목의 수업들이 그런 시험을 더 세련되게 다듬어주었다.

그런 과목은 아주 재미있었는데, 부분적으로는 그 어떤 규제도 없었기 때문이기도 했다. **어떤 것도,** 종교적인 주장도 규제되지 않았다. 종교적인 주장을 지지하는 논의는 묘한 흥미는 있었지만 놀랄 정도로 빈약했다. 나중에 신앙의 윤리에 관한 클리포드[W. K. Clifford]의 평론〔"The Ethics of Belief" (1877)〕을 발견하자, 신에 대한 철저한 회의론을 지지하는 내 입장은 그것으로 완결되었다.

도덕? 증거도 없이 믿는 것을 왜 덕성이라고들 말할까? 그것이 왜 정말 나쁜 생각인지 내가 이론화할 수 있게 된 것은 훨씬 나중의 일이지만, 믿음이 부족하다는 이유로 나를 지옥으로 끌고가려는 존재를 숭배할 생각은 그때도 없었다. 그런 기술적인 측면이 다른 사람들에게 잘 대하고 세계를 개선시키고자 하는 나의 노력을 능가했다. 누군가가 마지막에 회개함으로써 천국에 자리를 얻었다고 장담하는 말을 들으면 특히 더 그랬다. 무슨 이런 엉망진창인 기획이 있냐고!

훨씬 더 중요한 문제는 세월이 흐르면서 세계에 불필요하게 존재하는 참상의 규모가 얼마나 큰지 점점 정확히 알게 되었다는 사실이다. 지금 벌어지는 고통을 예방하고 완화하기 위해 너무나 많은 일을 할 수 있는데도 '다른 세상'을 강조하는 운명론적 묵인의 분위기를 견딜 수가 없었다. 나중에 만난 이런 상황에 대한 철학적 해명과 정당화도 신의 존재 논증이나 마찬가지로 한심하거나 더 해로워 보였다. 그런 것들은 이성[理性]에 대한 신뢰를 잠식했고, 타인을 도우려는 충동을 무너뜨렸다. 내 추론에 따르면 사람들이 의문의 여지가 있는 '도덕적 권위'의 지시에 양 떼처럼 고분고분 따라가는 것은 이런 온갖 합리화 때문이다. 이런 관찰은 최근에 등장한 종교적 우파의 존재나 급진적인 이슬람교의 출현으로 충분히 입증된다.

또한 종교적 우파들의 명령이 나의 시야에 억지로 밀고 들어오기 두어 해 전까지, 나는 뭔가 신이 부여한 '의미'가 삶에 필요하다는 견해에도 무관심했다.

개념 전체가 심히 혼란스러웠다. 매일 벌어지는 활동과 목표 외에 무슨 다른 의미가 있단 말인가? 그런데도 '신을 섬기는 자$^{the\ godly}$'들은 이런 상식적인 견해를 차갑고 적대적인 우주의 표면에서 느끼는 절망감을 은폐하는 비참한 포장이라 여기고 거부한다.

이런 시각에 따르면, 아노미와 저주를 벗어나려면 오로지 신이 우리를 위해 세운 계획을 포용해야만 한다. 그 계획이라는 것이 담고 있는 구제 불능의 일관성 없는 비전은 생각하지도 말자. 어떤 특정한 비전을 선택해야 하는 좋은 이유란 없다는 것도 생각하지 말자. 신이 만든 인간 본성이라는 것이 그가 설정한 규범과 너무나도 공존할 수 없는 것이어서, 우리 대부분은 지구상에서 살아가는 동안 죄를 짓지 않을 수 없고, 사후에는 지옥에서 지내도록 저주받았다는 사실도 생각하지 말자. 특히 여성, 아이들, 동성애자들이 그렇다는 것이다. 하찮기도 하고 이해할 수도 없는 규범들의 과잉에 대해서도 생각하지 말자. 어떤 것은 정의의 합리적인 개념과 양립 불가능하다는 사실도 생각하지 말자. 번식을 촉구하는 북소리도 상관하지 말자. 지구가 인간들의 무게 때문에 신음하고 있더라도 말이다. 마음이 약하거나 내켜 하지 않는 타자들까지 개종시켜야 한다는 명령이나, 배교자나 애당초 신앙이 없던 사람들에게 가해지는 배척과 해고, 시민권의 박탈, 나아가서는 죽음의 위협도 상관하지 말자.

또 삶의 기쁨에 대한 무신앙자들의 활기찬 이야기도 무시하자. 신을 섬기는 자들은 그런 것들을 단지 망상에 불과하다고 거부하며, 그런 이야기를 지은 사람들은 이성에 의지해 교만하다는 죄목으로 고발당한다. 신을 두려워하는 참된 신자라면 종교 지도자들이 신과 직접 연결되는 통로를 가졌다는 말을 의심하지 않고 받아들인다는 것이다.

미국에서 세속주의에 대한 지지도가 낮아지고 종교 지도자들이 갈수록 정치적인 수단을 써서 자신들의 의제를 전개하고 있으니, 종교적 억압에 대한 두려움은 점점 더 커졌다. 우리는 50년도 안 되는 사이에 존 F. 케네디^{John F. Kennedy}가 바티칸이 공공 정책에 간여하지 못하게 하겠다고 약속한 수준에서,[1] 교회와 국가의 분리는 허구이고 미국은 그리스도교 국가라고 주장하는 종교적 우파가 추진하는 공공 정책[2]이 대부분을 차지하는 수준으로 내려왔다.[3]

이런 종교적 우파 지도자들은 민주주의를 신권정치^{theocracy}로 대체하겠다고 제안한다. 그들은 **모든 믿는 자에게** 생명과 자유를 약속하면서 그리스도교의 깃발에 충성할 것을 맹세한다.[4]

그들은 일상에서 전쟁을 은유적으로 사용해 세속 사회, 즉 공공 정책과 정부가 전반적으로 종교로부터 독립되어 있는 그런 사회와의 불일치를 묘사하며, 정치 과정을 제로섬 게임으로 제시한다. 그런 게임에서 세속주의의 승리는 종교, 그리고 '서구 문명'의 패배를 의미한다. 하지만 이것은 사실이 아니다. 종교에 대해 미국 헌법 수정조항 제1조 정도의 보증을 갖는 세속 사회라면 종교의 자유를 넉넉히 허용한다. 세속 정부가 종교의 자유를 금지하는 것은 그것이 타인들에게 종교적 신앙을 강요할 권리로 해석될 때만이다. 종교의 자유가 그런 식으로 해석되면 타인들이 종교적이고 자유로운 발언을 할 권리가 똑같이 명백하게 위배되며, 따라서 도덕적으로 변호의 여지가 없고 헌법에도 위배된다.

상황은 균형을 잃었다. 교회와 국가의 분리를 종식시키고자 하는 그리스도교 지상주의자들의 승리는 불신자의 권리를 막대하게 제약하기 때문이다.[5] 가장 극단적인 종교 지도자들은 신성 모독을 범죄로 취급하고 싶어 하고, 때로는 사형 선고까지 요구한다. 하지만 신성 모독은 융통성 있는 개념이니 얼마든지 종교와 정책과 정부에 대한 일체의 비판을 모두 포함하는 것으로 규정될 수 있다.[6]

종교적 우파의 지도자들은 논쟁을 '전쟁'의 틀로 해석함으로써 권력을 획득하려는 모든 전략은 공정하다는 전제를 따르는 것이 정당하다고 느끼는 모양이다. 그들의 비판에는 지극히 감정적인 언어가 가득하며, 적대자들의 입장과 주장을 왜곡하고, 당사자들에게 인신공격을 가한다. 이런 호전적인 종교인들에 따르면 세속주의는 그 주된 적이다. 그것은 사탄의 작품이다. 그것은 하수구의 더러운 진창처럼 악취를 스멀스멀 풍기며 선한 세계를 질식시키려 한다는 것이다. 또 그들은 세속주의의 주된 죄가 상대주의라고도 주장한다. 세속주의자 중에 종교인이 많은데도 세속주의는 흔히 무신론과 동등한 취급을 받으며, 종교적 권위로부터 독립하고자 하는 무신론자들의 욕구는 공포와 증오의 대상이 된다.

이런 주장들은 (잘해 봐야) 세속주의와 무신론의 철학적 기초에 대한 심각한 오해를 드러내며, (심한 경우에는) 부정직하고 약한 자를 괴롭히는 폭언이다. 그런 것을 고집하는 사람들은 어느 한 종교가 기득권이 되지 못하게 막는 것이 미국의 종교적 다양성을 번영시키기 위한 기초라는 사실에 눈을 감는 것처럼 보인다.[7]

또 종교적 우파의 지도자들은 과학적인 방법이나 공리주의 같은 도덕 이론을 인식론이나 도덕적인 허무주의와 구별하지 못하는 것 같다. 뿐만 아니라 그들은 세속적 사고의 본성을 오해해서, 그것이 성서 대신에 휴머니스트 헌장을 내세우는 그들의 계층적 세계관을 반영하는 게 분명하다고 생각하는 착각을 범하기도 한다.[8]

또 신자들, 특히 종교적 우파들은 거의 모든 무신앙자가 신과 종교에 대한 이야기를 그냥 부적절한 것으로 여긴다는 사실에서 깊은 상처를 받지 않나 생각된다. 이런 신자들은 세속주의 또는 무신론이 오로지 신에 대한 증오와 두려움으로만 움직인다고 추정하는 것 같다. 하지만 무신앙자들은 거의 대부분 그저 자신들을 스스로 적합하다고 여기는 방식에 따라 자유롭게 살게 내버려두는 정치체제를 원할 뿐이다. 종교적 우파의 지도자들은 그 체제에 대한 그들의 공격이 마땅히 증오와 공포를 유발할 수 있다는 사실을 인정하지 못한다.[9]

아마 종교적 우파가 권위를 요구하는 주장이 '신성한' 경전에서 가져와 지적인 접착테이프로 짜깁기해놓은 터무니없는 주장들을 기초로 한다는 점을 생각하면, 이런 상황에 대해 놀랄 이유는 하나도 없을 것이다. 그런 난센스는 오로지 모든 신앙에 충분한 증거를 요구하지 못하는 사회에서나 그토록 큰 영향력을 발휘할 수 있다. 하지만 지금, 현대의 미국에서는 믿음이 얼마나 엄격하게 시험받아야 하는지 그 기준을 결정하는 데서 정치적 필터가 중요한 역할을 하고 있다. 정치적인 현상을 유지하는 데 편리한 것들은 심각한 비판을 면제받는다. 그 외의 것들은 카이사르의 아내가 아니라 일반 병사 수준의 덜 엄격한 기준을 적용하더라도 '쓰레기 과학'으로 격하될 수도 있다.[•10] 종교적 우파의 극단적인 주장에도 불구하고, 그 기저에 있는 공통된 테마는 현재의 유력한 정치적 가치를 진작

시키고 강화한다.[11]

기본적인 치유법 한 가지는 교육면에서 엄중하고 일관성 있는 인식론적 기준과 일반적인 공개 토론을 강하게 요구하는 것이다.[12] 그에 따라 나는 수업할 때 이런 문제를 더욱 강조해왔다.

1980년대 초반 내가 처음 가르치는 일을 전업으로 하기 시작했을 때, 철학 수업 입문 시간에 가끔 나는 신자가 아니라고 대수롭지 않게 언급하곤 했다.[13] 학생들이 "저는 물론 신을 믿습니다……"라고 대답하면서 그에 대한 증거로 제시하는 것들이 어떤 면에서는 무신론에 해당하는 내용인 경우가 많았다. 이런 상황을 유도하는 사회적 압력에 역행하려는 노력은 그때나 지금이나 마찬가지로 인기 없는 견해의 모델이 될 충분한 이유로 보였다. 일부 학생들은 공개적으로 자인한 무신론자를 한 번도 만나 본 적이 없을 수도 있었다.

몇 년 전까지 내 윤리 수업은 순수하게 세속적인 내용이었다. 나는 종교적인 주장을 멀리했고, 종교적인 학생들도 세속적 윤리를 이해할 필요가 있다고 말했다. 하지만 미국에서 종교가 그 도덕적인 권위를 점점 더 공격적으로 주장하자, 종교로부터 윤리가 독립하는 것에 관한 토론과 특정한 이슈에 관한 종교적 입장에 대한 분석을 학생들이 더 많이 해야 할 필요가 있음을 깨달았다.

마침내 부시 행정부의 집권 기간(2000년부터 2008년까지)에 종교적 우파가 정책 결정에 미치는 영향이 점점 더 커지는 데 대응해, 나는 종교적 우파가 가진 세계관의 중심 요소들을 분석하는 과목('신을 위해 세계를 지배한다고?' *Rule the World for God?*)을 개발하고 가르쳐왔다.

• 외간 남자가 자기 아내를 일방적으로 사모해서 문제를 일으키자 카이사르가 아내와 이혼하면서, "카이사르의 아내는 의심을 받아서도 안 된다"고 말한 일화를 참고할 것.

나는 종교적 우파가 2006년과 2008년 선거에서 패하고, 제리 폴웰Jerry Falwell ·D. 제임스 케네디James Kennedy 같은 영향력 있는 지도자들이 세상을 떠나는 바람에 표면적으로는 세력을 잃은 것으로 보이지만, 여전히 민주주의에 심각한 위협을 가하고 있다고 믿는다. 또 미국의 거의 모든 지식인과 지도자는 이 위협의 크기를 과소평가하고 있으며, 그것이 왜 무력화되어야 하는지에 대해 훨씬 더 명료하고 큰 목소리를 내야 한다고 믿는다. 더욱이 나는 그 교조에 대한 비판이 눈에 보이는 것들에만 그치지 않기를 바란다.[14] 대부분의 경우 비판자들은 신에 대한 근거 없는 신념 전반에 관한 비판이 불러올 사회적 압력에는 강하게 대응하지 않고, 광신도들의 극단적인 주장만 상대하려는 경향이 있다. 그러나 그렇게 하는 과정에서 설사 동지가 될 수도 있는 진보적 종교인들을 잃을 위험을 무릅쓰고라도 그런 사회적 압력을 막지 못한다면, 새로운 형태의 종교적 억압의 인식론적 기초를 허용하게 된다. 만약 그것을 막을 수 있다면 일부 진보적 종교인들이 소외된다 하더라도 그럼으로써 인류의 생존이 가능해질지도 모른다.

주

1 존 F. 케네디는 1960년 9월 12일에 휴스턴 목사 연합회(The Greater Houston Ministerial Association)에서 연설했다. 여기 그의 연설의 상당 부분을 인용해두지만, 독자들은 전문을 다 읽어야 한다. "저는 교회와 국가가 절저하게 분리된 미국을 믿습니다. 어떤 가톨릭 신부도 대통령에게 어떻게 처신하라고 말해주지 않고, 어떤 개신교 목사도 교구 신도들에게 누구에게 투표하라고 말해주지 않는 그런 나라 말입니다. 어떤 교회나 미션 스쿨도 일체의 공공 기금이나 정치적 혜택을 받지 않으며, 어떤 사람도 그를 임명할 수도 있는 대통령 또는 그를 선출할 수도 있는 국민과 다른 종교를 가졌다는 이유로 공직에 임명되지 않는 일이 없는 그런 나라입니다. 저는 공식적으로 가톨릭도, 개신교도, 유대교도 아닌 미국을 믿습니다. 그곳은 어떤 공무원도 교황이나 전국 교회위원회나 그 밖의 어떤 성직으로부터 공공 정책에 관한 요청이나 지시를 받지 않는 곳이며, 어떤 종교 단체도 그들의 의지를 직간접적으로 일반 대중이나 그 공무원들의 공적 행동에 강제하려고 시도하지 않는 곳입니다. 또한 종교의 자유가 워낙 차별 없는 것이다 보니 어느 한 교회에 반대하는 행동이 모든 교회에 반대하는 행동으로 다루어지는 그런 곳입니다." [2008년 11월 11일, 미국 인터넷 사이트 빌리프넷(Beliefnet)]

2 보기는 얼마든지 있다. 무엇보다도 미국과 외국의 피임, 낙태, 에이즈 정책에 관한 정부 정책을 살펴보라. 짤막하게 살펴보려면 『International Public Health Policy and Ethics』에 실린 내 논문 「Exporting the 'Culture of Life'」를 보라.

3 Rob Boston, *Why the Religious Right is Wrong About Separation of church and State* (Amherst, NY: Prometheus Books, 2003).

4 가령 조지 H. W. 부시의 악명 높은 발언을 생각해보라. "저는 무신론자들을 시민으로 여겨야 할지 잘 모르겠습니다. 그들을 애국자로 여겨야 할지도 모르겠습니다. 이 나라는 하느님의 보호 아래 있는 하나의 나라입니다." www.geocities.com/CapitolHill/7027/quotes.html (2008년 11월 11일 자 포스트).

5 다른 종교를 믿는 사람들의 권리도 마찬가지다.

6 여기서 어디로 이어질지는 알기 쉽다. 예를 들면 아프가니스탄 학생 및 저널리스트인 사에드 파르베즈 캄바쿠슈(Sayed Parwiz Kambakhsh)의 경우를 생각해보라. 그들은 이슬람이 여성 인권을 위협하는 점을 비판한 기사를 다운로드받았다는 추정으로 사형 선고를 받았다. Abdul Waheed Wafa, Carlotta Gall, "Death Sentence for Afghan Student", *New York Times*, 2008년 1월 24일. 또 이란에서 동성애자를 여러 명 죽인 일과 배교(背敎)를 중범죄로 규정하는 법을 제정한 일도 고려해보라.

7 Boston, *Why the Religious Right is Wrong*.

8 Tim LaHaye and David Noebel, *Mind Siege: The Battle for Truth* (Nashville, TN: Thomas Nelson, 2003).

9 가령 크리스토퍼 히친스는 만일 보수파 종교 집단들이 더 방관자적인 태도를 취했더라면, 그의 최신작인 『신은 위대하지 않다(*God is Not Great: How Religion Poisons Everything*)』(New York: Hachette, 2008)를 쓸 생각조차 하지 않았을지도 모른다.

10 감정의 편향은 여러 사회에서 충족되지 않은 욕구들에서 발생하는 것이기 때문에 아마 삭제하기가 훨씬 더 까다로울 것이다. 종교의 사회학과 심리학은 여기서 비판적인 사고를 거부함으로써 공포와 비참함이 거의 모든 종교의 요소들을 발생시킴(특히 여성들에게)에도 불구하고 위안과 지지를 제공하는 것으로 구상된다는 생각에 이르기까지 전체 현상을 이해하는 데 도움이 된다.

11 *Rachel's Environment & Health News* #792—지상의 불타는 지옥, 1부(Fiery Hell on Earth, Part 1), 2004년 5월 27일. 온라인으로는 www.rachel.org/en/node/6461. #795와 #796도 보라.

12 이런 일은 동독에서도 일어났던 것 같다. 미발표 논문인 Edgar Dahl, "The Future of an Illusion"을 보라.

13 나는 내가 어떤 입장인지, 왜 그런 입장인지를 흔히 밝힌다. 입장 선택은 너무 많이 강조되지만, 그 선택을 어떻게 정당화하는지에 대한 강조는 충분하지 않다고 생각하기 때문이다.

14 신권정치, 아마겟돈에 대한 열정, 그로 인한 결과인 지구 온난화와 오염 문제 같은 환경 이슈에 대한 관심의 결여, 또는 미래의 인간 복지 같은 문제들. 또 더 일반적으로는 신의 지시라고 주장되는 것을 따르는 것이 곧 윤리라는 교리, 그런 지시로 추정되는 내용, 즉 피임이나 낙태, 동성애의 금지 같은 것들이 있다.

냉정한 위안

로스 업셔(Ross Upshur)
캐나다 토론토대학 생명윤리학 공동센터(JCB, Joint Centre for Bioethics)의 소장이자 전임 의사이며, 서니브룩 보건학센터, 가정과 공동체 의학과의 일차진료연구 유닛(The Primary Care Research Unit)의 소장이다. 또한 일차진료연구소(Primary Care Research)의 캐나다 연구원장직(Canada Research Chair)을 맡고 있다.

나는 일찍감치 개인 정보란에다 무신앙자라고 밝혔다. 이 측면에서는 맥락이 중요하므로, 여기서 내가 살아온 이야기를 조금 하려 한다.

나는 1958년 매니토바 주의 브랜던, 밀산업으로 알려진 캐나다 대초원에 있는 작은 도시에서 태어났다. 부모님은 당시 혼성 결혼으로 불리던 결혼을 했다. 어머니는 가톨릭교도, 아버지는 영국 성공회교도로 자랐다. 지금처럼 다양한 인종이 섞여 있는 캐나다에서는 이 같은 사실이 그다지 충격으로 여겨지지 않는다. 하지만 제2차 세계대전 직후의 캐나다에서는 좀 급진적인 행동이었다.

자녀와 손주들의 신앙에 신경을 쓴 사람은 할머니들이었다. 외할머니의 가족은 중부 유럽에서 신세계로 탈출한 이민이었다. 외할머니 일가 열 가족은 값싼 땅을 주겠다는 약속에 홀려 보헤미아를 떠나 척박한 초원의 흙집에서 살았다. 두 부모와 여덟 아이가 흙집

밖에 늘어서 있는 사진을 보면, 나는 지금도 눈이 떨어지지가 않는다. 생각해보라. 영하 40도의 날씨에 울부짖는 바람과 눈보라를. 신앙은 의미가 있었다. 외할머니는 그 지역 로마 가톨릭교회의 기둥이었으며, 교구 사제들의 든든한 동지였고, 교회의 전쟁 구호 지원을 조직하는 중심 인물이었으며, 공동체의 여러 일에 깊이 간여하고 있었다. 당시 외할머니는 대규모 여름 캠프의 감독이었다.

친할머니의 계보는 이와 달랐지만, 삶의 경로는 이보다 더 험난했다. 할머니의 가계를 거슬러 올라가면 통합제국 충성파^{The United Empire Loyalists} 쪽에 닿는다. 그쪽 선조들은 미국 독립전쟁 이후 영국 왕실과 그 교회에 대한 충성을 서약하며 북쪽 캐나다로 온 사람들이었다. 나중에 그들은 서쪽의 초원으로 갔다. 할아버지가 제1차 세계대전에 나갔다가 독가스 공격의 후유증으로 사망하는 바람에 할머니는 과부가 되었다. 그 직후 할머니는 심각한 감염증으로 청력을 잃은 채, 홀로 아버지를 키웠다. 그들이 살던 방수용 타르 종이로 덮은 오두막 밖에서 놀던 아버지의 사진은 지금도 내 마음에 남아 있다.

사정이 이렇다 보니 내가 태어났을 때부터 가톨릭과 성공회, 오랜 중부 유럽과 영국 제국이 내 영혼을 놓고 경쟁했다. 언어, 종교, 또 문화적인 차이가 가난이라는 공통점을 흐리게 만들었다. 할머니들은 만나지 않는 것은 물론 서로를 거의 인정하지도 않았다. 또한 서로를 '저 여자'라고 불렀다. 말할 필요도 없지만 나는 두 할머니를 다 무조건 사랑했고, 할머니들도 나를 사랑했다.

부모님은 일가들 사이에서 벌어지는 종교 전쟁에 별 흥미가 없었다. 결혼 장소 문제에서는 가톨릭교회가 승리했지만, 누이와 나를 가톨릭교도로 키우겠다는 서약은 지켜지지 않았다. 나는 세례를 받은 적도 없고, 당연히 세례명을 가지고 있지도 않았다. 더 자라면 우리 스스로 종교를 선택하도록, 부모님이 (아마) 용기 있게 결정해주신 것 같아 우리는 항상 감사하게 생각했다.

영적인 발전이라는 기준에서 나는 당연히 할머니들을 실망시켰다. 어렸을 때 외할머니는 내게 교황에게 축복받은 성모마리아상을 크리스마스 선물로 주셨다. 나는 그 조각상을 친할머니께 선물받은 장난감 주유소에 집어넣어, 그곳에서 일하게 했다. 크리스마스에 우리 집에 오신 외할머니는 그 광경을 보고는 기겁하셨다. (외할아버지는 아마 이 일을 재미있게 여기신 것 같다. 종교 이야기는 한 번도 하지 않으시니까.)

우리는 외할머니가 감독하는 여름 캠프에서 두어 주일씩 보내곤 했다. 외할머니가 노인이라는 유리한 입장을 이용해 젊은 신부들에게 나의 무신론적인 방식을 교정하라고 압력을 가하지 않았나 하는 의심이 든다. 그들이 내게 와서 삼위일체와 구원의 필요성, 그리스도의 중요성 같은 주제를 설명하느라 몇 시간씩 보내곤 한 걸 생각하면 말이다. 하지만 난 완강한 회의론자였다. 나는 다섯 살 때 신부님이 있는 자리에서 가족들에게, 난 가톨릭교도가 되기 싫고 인간이 되고 싶다고 말했다. 이와 비슷하게 친할머니도 나를 성공회의 예배에 데려가려고 애썼지만, 거기에도 저항했다. 결국 두 할머니 모두 나를 구원받게 하려는 노골적이고 공공연한 노력을 접었다. 그래도 그 목표를 이루기 위해 기도는 수없이 했겠지만.

나는 어렸을 때 생물학에 관심이 있었다. 기억할 수 있을 때부터 곤충과 죽은 새를 수집했고, 댐의 수문이나 늪지를 돌아다녔다. 서부 해안으로 이사한 뒤 내가 제일 자주 간 곳은 썰물로 생긴 웅덩이였다. 내 방을 청소하려면 먼저 썩어가는 표본들부터 치워야 했다. 그중에는 몰래 갖고 들어와서 지하실에 숨겨두었던 기억에 남을 만큼 썩은 거대한 불가사리 표본도 있었다. 그래도 부모님은 이 괴상한 행동을 지원해주었다. 책과 현미경, 화학용품 세트를 마련해주셨고, 그 지역의 박물관에 자주 데려다주셨다. 하지만 신성한 존재에 대한 갈망이나 필요는 한 번도 느끼지 않았고, 조직 원리를 설명하기 위해 신이 있어야 할 이유도 찾지 못했다. 자연 선택과 진화만으로도 충분한 설명이 되었다. 고등학생이 되자 내 관심은 철학으로 옮아갔다. 망명해온 한 남아프리카인 교사가 내게 사회와 정치 철학을 소개해주었다. 생물학에 대한 관심은 시들해졌고(의과대학에 들어가기 전까지는), 인간 생활의 다양한 지적 표현들에 대한 감식력이 더 왕성하게 발달했다. 나는 금방 실존철학에 끌렸다. 니체와 키르케고르의 철학은 북아메리카 생활의 생명인 창백하고 평범한 그리스도교 철학을 넘어, 내가 맛본 최초의 진지한 종교철학이었다. 나는 당시에 읽던 급진적인 정치관과 보조를 맞춘 상당히 공격적인 무신론을 발달시켰다. 종교는 아편이고, 신자들은 사기를 당한 사람들이고 진실한 교리는 실재론과 유물론뿐이었다. 고등학교에서 그런 견해를 표명하면 위험해질 수도 있었다. 나는 신자들이 자기들의 견해를 뒷받침하기 위해 주먹 쓰기를 꺼리지 않는다는 사실을 금방 깨달았다.

대학생 시절에는 무신론에 대한 생각이 근본적으로 바뀌지는 않았지만, 철학 전통을 전개하는 과정에서 신학적 관심이 중요했음을 인정했다. 신 존재 증명 이론의 진화와 소멸에 대해 공부하면 지적인 활력이 솟구쳤다. 흄의 논지가 기준음 역할을 했다. 어느 해 겨울에는 일고여덟 주일 동안 두 선교사가 오후에 나를 찾아와서 신학적인 문제를 토론했는데, 철학 세미나에서 훈련한 기술이 잘 활용되었다. 나는 그들이 내 영혼을 구원하겠다는 기대 때문에 계속 버틴

건 아닐 거라고 생각한다. 그저 2월 위니펙의 한겨울날에 자신들을 실내에 들여주는 사람이 있으니 그냥 감사하지 않았나 싶다.

대학원 공부는 그렇게 쉽게 기각되지 않는 신성에 대해 더 현학적인 설명을 소개해주었다. 스피노자에 관한 대학원 세미나에서도 상황은 비슷했고, 콜링우드와 화이트헤드의 영향을 크게 받은 어떤 형이상학 교수는 신은 전지전능할 필요도, 인간의 운명에 관심을 갖거나 초월적일 필요도 없다는 개념을 전개했다. 신은 내재적일 수도 있고, 변하는 존재일 수도 있다.

그래서 나는 경전에 근거하는 신의 비전을 받아들이고 싶은 사람들에게는 파스칼이나 키르케고르가 아마 가장 정직한 사상가일 거라는 견해를 가지고 철학을 떠났다. 도박이나 도약을 시도할 수는 있지만, 도박에서 이기거나 연착륙을 할 거라는 보장은 없다. 범신론자와 과정철학자*들의 글을 읽은 결과, 나는 그런 방향으로 기울어지는 사람들에게는 경전에 나오는 신이라는 존재의 좋은 대안들이 있다는 확신을 얻었다. 나는 이 이슈를 해결하지 않은 채 해석학에 관한 논문을 썼고(프레게와 논리철학을 포기한 뒤), 의과대학에 입학 신청을 해서 (기적적으로) 합격했다.

의사 훈련 과정은 생물학에 깊은 뿌리를 두고는 있지만 과학과는 거리가 멀다. 환자를 돌보는 일에는 여러 이해 양상과 자기평가(그리고 자기기만도)에 대한 건강한 존중이 필요하다. 처음에는 시골의 일반 개업의로, 나중에는 학계의 의사이자 임상 교수로 의학 경력이 발전하면서 신학적인 문제를 토론하고 싶은 욕구는 줄어들었

---

* 과정철학자(process philosophy) 경험된 현실에서의 생성, 변화, 새로움의 요소를 강조하는 철학적 입장. 서구 철학의 존재, 지속성, 동일성 지향적인 성격에 반대한다. 베르그송과 화이트헤드가 주요 인물.

다. 구원과 초월적인 신과 천국의 어떤 장소에 대한 믿음이 환자와 그 가족들에게 위안과 소통의 창구를 제공해준다면, 그렇게 하도록 하라. 그게 뭐든 위안은 위안이다.

성장기에는 결혼식이나 장례식 같은 일상의 행사의식이 열릴 때를 제외하면, 교회나 예배소에는 거의 발을 들이지 않았다. 즉 내가 결혼하고 아이들을 낳기 전에는 그랬다는 말이다. 아내는 온화하고 열린 사고의 소유자였으며, 사회 정의를 지향하는 캐나다 통합교회파 가정에서 성장했다. 그녀는 아이들이 세계를 해석할 어휘와 언어를 갖는 것이 중요하다고 생각했다. 나는 반대하지 않았다. 그것이 부모들의 권위 외에 뭔가 반항할 대상이 되어주지 않을까 하는 기대는 있었지만.

그러나 일요일에 집에서 《뉴욕타임스》 일요판을 읽으며 아이들에게만 교회에 나가라고 권하는 것은 진정으로 건강한 부모 노릇은 아니다. 그래서 중년이 되면서 나도 교회 예배에 참석하기 시작했다. 통합교회파는 관용과 자유로운 신앙을 주장한다. 그들은 나를 자기들 무리 속에 받아들여주고 관용을 보여주었다. 지난 몇 년 동안 예배가 진행되는 시간을 때우느라 성서를 전부 다 읽었다. 구약의 여러 부분을 재미있게 읽었으며, 신약이 서구 문화에 미친 영향을 확인하고 깊이 당혹스러워졌음을 인정한다. 마가·마태·누가·요한 복음서들 간의 다양한 차이는 흥미롭지만, 그런 차이가 어물쩍 무시되어버리는 것을 보면 기분이 언짢아진다. 믿음들의 통합 세트 비슷한 어떤 것이 이런 문헌에서 출현했다는 사실은 더욱 당혹스럽다. 특히 사도행전과 바울 서간집에서 보이는 여성 혐오증과 지독한 규범성arch normativity, 무신앙자들에 대한 가혹한 판단은 유달리 불쾌하다.

그렇기는 해도 손익을 따져 보면 그것은 해볼 만한 훈련이었다는 결론을 내릴 수 있다. 문학과 건축에 대한 이해가 나아졌고, 상징에 대한 이해도 발전했다. 성서를 읽으니 고대 역사에 대한 흥미가 커졌고, 인터넷의 도움을 받아 여기저기 되는 대로 검색하면서 읽은 내용과 부수적으로 연결되는 사람들과 장소와 관행에 대한 정보를 엄청나게 많이 얻었다. (아, 이런 게 바로 사마리아인이구나! 카르타고인들이 정말 아이들을 잡아먹었을까? 등등)

이 글에서 나는 신의 존재를 그다지 반박하지 않았다. 대신에 내가 살아온 이야기를 했다. 그러나 근본적으로 나는 초월적인 신이 존재한다거나 그것이 필요하다는 주장에 넘어가지는 않은 상태다.

나는 왜 신자信者가 아닌가?

앤서니 그레일링(Anthony C. Grayling)
영국 런던 대학교 버크벡 칼리지의 철학 교수이며, 옥스퍼드 대학교 세인트앤 칼리지의 선임 연구원이다. 최근작으로 『Against All Gods : Six Polemics on Religion and an Essay on Kindness』(모든 신에게 반대하여: 종교에 대한 여섯 편의 반론과 친절함에 관한 평론)』가 있다. 『새 인문학 사전』(Ideas That Matter : The Concepts That Shape the 21st Century)』, 『미덕과 악덕에 관한 철학사전』(The Meaning of Things : Applying Philosophy to Life)』 등이 국내에 번역되었다.

> 과학자는 **무엇**을 믿느냐가 아니라, **어떻게** 그리고 **왜** 믿느냐로 다른 사람과 구별된다. 과학자의 믿음은 교조적이지 않고 잠정적이며, 권위나 직관이 아니라 증거에 근거한다.
> ―버트런드 러셀

이 책의 맥락에서 '신자 되기'$^{to\ be\ a\ believer}$는 종교적 신앙$^{religious\ faith}$을 갖는다는 의미다. 우리는 모두 수많은 비종교적 믿음$^{nonreligious\ belief}$을 갖지만, 그것과 종교적 신앙에 해당하는 것들을 구별해주는 것은 우리가 어떤 토대 위에서 그것들을 지키는지, 그리고 그것들이 어떤 성질을 갖는지의 문제다. 따라서 이런 종류의 에세이에 붙일 만한 더 나은 제목은 '나는 왜 종교적 신앙에 동의하지 않는가'라든가, '왜 나는 자연주의적 세계관에 동의하는가' 같은 것이어야 하지 않을까. 이런 제목은 선택의 여지를 좁힌다. 자연주의적 세계관에 동의하면 일체의 초자연적·신비적 믿음이 관련된 요소가 배제된다.

여기서부터는 종교라는 말로 내가 표준적인 종교와 그 파생물을 뜻한다는 것이 차례로 분명해질 것이다. 한 가지 이상의 조자연석 주체(일반적으로 인격적인)에 대한 믿음의 조합, 전형적으로는 하나의 신이나 여러 명의 신의 조합, 그와 함께 그런 주체의 존재에 따라오는 것으로 여겨지는 가치와 관행들, 즉 그런 신들의 숭배, 동의, 그들의 명령과 요구라고 알려진 것에 대한 복종 등 익히 잘 아는 것들이 그런 파생물이다. "축구는 그의 종교다"라는 식의 말에서와 같이 종교라는 단어를 느슨하게 쓰는 경우도 있다. 이런 용법은 잘 쓰면 은유적이지만 엄격하게 말해 오용될 위험이 항상 있으므로, 여기서는 이런 용법은 배제하겠다.

가장 표준적인 중심 의미에서 종교란 뭔가 비자연적인 것, 우주 밖에 있지만 그것과 연관된 어떤 것의 존재에 대한 형이상학적인 몰입commitment을 가리키지만, 더 나아가서 어떤 면으로는 이것과 우주와의 관계가 중요해진다. 이것이 우주의 일부나 전체의 창조자, 지배자, 도덕적 훈육자로 존재하기 때문이다. 이런 발언의 의미는 물론 개념적인 것에 불과하며, 수많은 신학적·종교적 논의에서와 마찬가지로 그 내용을 문자로 표현된 그대로 받아들이기는 힘들다. 신봉자들은 종교적 '진실'은 영원하며 우리 마음은 상대적으로 유한하다는 점에 호소해 문자로 표현된 것을 옹호하려 한다. 하지만 그런 것은 종교인들이 믿는다고 주장하는 것들을 희미하게 암시할 뿐이다.

종교의 변증론자들은 비판이나 반박을 받으면 상습적으로 "그건 내가 말하는 종교가 아니다"라든가, "그런 묘사는 내가 믿는 것과 다르다"라는 말로 방어하는 재주가 있기 때문에, 종교에 대해 논의할 때는 앞에서 언급한 것들을 따라야 한다. 그런 말이 구사하는 교묘한 재주는 일반 신봉자들이 믿는 것과 그 종교의 신학자나 고위 사제들이 말하는 것 사이의 크나큰 차이를 알아차리면 일부 밝혀진다. 예를 들면, 교회에 다니는 일반 그리스도교 신자는 인간과 비슷하지만 더 거대한 존재인 하느님 아버지, 예수, 마리아, 성령, 성자와 천사들 등에 대해 대체로 막연하게 알고 있으며, 그런 존재에 대한 명제들, 즉 신이 인간이 되었고, 처녀에게서 태어났으며, 살해되었으나 며칠 뒤에 부활했고, 승천했다는(지표로부터 물리적으로 높아지는 것도 여분으로 관련되는 현상) 등의 명제(문자 그대로는 무의미하고 모순적이지만)를 참이라고 여기고 그 말을 믿는다. 또는 믿는다고 생각한다. 그와 달리 신학자와 이야기해보면 그들은 복잡한 기교와 장황한 문구를 써서 희소화*시키면서, 적어도 이들 전부를 문자 그대로 받아들이면 안 되고 은유적이거나 신비적으로 해석해야 하는 것으로 본다는 사실을 알 수 있다. 비록 이런 자잘한 이야기들 가운데 어느 것을 문자 그대로의 진실로 받아들이고, 어느 것을 은유로 다루어야 하는지를 판단하는 근거에 대해서는 논쟁의 여지가 있지만 말이다.

이와 비슷하게, 그리스도가 나오기 전에도 신화에서 인간 처녀를 잉태시켜 영웅을 탄생시키는 이야기는 숱하게 많다. 또 그런 영웅들 가운데 적지 않은 수가 지하세계로 내려갔다가 돌아온다. 그리스 신화에 등장하는 제우스를 떠올려보자. 그에게 희롱당한 여자는 기록된 것만도 27명을 넘는다. 알크메네, 안티오페, 칼리스토,

---

* 희소화(rarification) 예술을 일상생활과 분리해서 심원한 전문가의 소비 영역으로 격리시키는 것. 비일상화.

다나에, 엘렉트라, 에우로페, 이오, 라미아, 레다, 니오베, 올림피아스, 세멜레 등. 그들은 헤라클레스, 카스토르와 폴룩스, 트로이의 헬레네, 마케도니아의 알렉산더, 라케다이몬, 미노스, 라다만투스, 다르다누스 외에 전설과 역사의 수많은 인재를 낳았다. 이런 것을 보면 하느님-마리아-예수 이야기를 왜 있는 그대로 받아들이지 않고 평범한 것이 아니라고 여겨야 하는지 곤혹스럽다. 그런 이야기를 그저 도용하고 응용한 게 뻔한데 말이다. 이런 관점에서, 또 종교 일반으로 확장해보면 우리는 사람들이 오늘날 제단 위에 바쳐진 황소의 목을 따는 대신에 어떤 경우에는 말 그대로, 또 다른 경우에는 은유적으로 빵과 포도주라는 형태의 신의 피와 살(육화^{肉化}의 교리에 의해 설명되는 모순)을 먹는다고 생각하도록 하는 것이 예수의 십자가처형이라는 역사적 사건의 기능임을 알 수 있다. 멀리 있어 더 추상적인 천신^{天神}들보다는 우리 가까이 있는 산신^{山神}들에게 고수레를 하게 하는 것처럼 말이다.

이제 당면한 주요 과제로 돌아가자. 나는 종교적 믿음의 형이상학을 인정하지 않으며, 그렇기 때문에 그에 수반되는 태도와 수행도 인정하지 않는다. 왜 그런지는 곧 설명하겠다. 그것은 우주에 초자연적인 면모가 있다거나 있을지도 모른다는 주장들을 내가 왜 거부하는지에 대한 설명이다. 올림포스의 신들, 바빌론의 신들, 힌두교의 만신전 등 끝없는 신화들을 내가 왜 그저 단순한 이야기나 신화로 여기고 거부하는지 그 까닭에 대한 설명은 아니다. 앞의 발언에서 짐작할 수 있듯이, 모든 역사적 종교는 인류의 유아 시절, 인식 수준이 낮고 미신을 더 믿던 시절에서 넘어온 유물이라는 사실이 말 그대로 너무나 뻔하게 보이기 때문이다. 아니면 적어도 과학과 기술의 초기 단계이던 것(자연 현상을 자연 속 합목적적인 주체의 행동이라는 것으로 설명하려는 태도, 그리고 그런 주체에 영향을 주기 위한 기도문 작성과 제물 공양, 금기에 관련 된 '기술'의 발달)이 지식이 증가한 결과 그 전의 원과학적proto-scientific인 설명의 노력은 보이지 않게 사라지고 추상화하기 시작하여 산신이나 천신(하늘이든 멀리 떨어져 있는 다른 어떤 것이든)에 대한 신앙이 성립되는 단계의 유물이라는 것은 누구의 눈에도 명백하다. 그렇게 형성되어 지금까지 살아남은 종교는 성직제도와 일시적인 권력의 잘 기록된 결과물로, 다수의 주민을 통제하기 위해 서로를 필요로 하고 지원한다. 종교가 지금도 존속하는 것은 종교가 제도화된 다음에 그 교리로 아이들을 세뇌시킨 덕분이다.

주요 종교들은 서로 모순되며, 서로를 신성 모독으로 여긴다. 이는 걸핏하면 그것 때문에 전쟁을 벌이던 우리 선조들도 모르지 않았던 사실이다. 하지만 모든 종교를 반증하려는 신자들은 그 사실을 받아들이지 않는다. 그것은 '나 외에 다른 사람들'의 것만 반증한다.

어쨌든 특정한 종교들(그리스도교의 경우 그 수만큼이나 터무니없는 것들을 자기들끼리 '믿는' 2만 개 이상의 일관성 없는 집단, 이슬람교에서는 머리가 단순한 사람들과 똑같이 터무니없는 믿음을 가진 수십 가지 분파, 힌두교의 동화 같은 전설과 이야기들 등등)은 어렸을 때 사회나 학교 교육에 의해 어떤 식으로든 영향받지 않고 종교를 처음 만나는 사람들에게는, 또 그들이 정상적인 지적 성인(종교가 이혼이나 슬픔, 또는 믿음의 기회로 들어가는 입구로 사용되는 또 다른 심리적 트라우마를 짊어지고 있지 않은 사람들)이라면 그 어느 것도 선뜻 매력적으로 보이지 않을 것이다. 그런 성인들에게 그런 종교를 진실하고 중요한 종교라고 생각하라고, 또 그들 삶의 기초로 삼으라고 요청한다면, 그들은 아마 매우 우습다고 생각하거나 매우 모욕당한 기분일 것이다.

또 모두 이런 식이기 때문에 그다음에 따라오는 것은 어떤 특정한 '계시받은 사람'이나 역사적 종교에 관한 것이 아니라, 다음과 같은 종교적 믿음의 기초다. 하지만 종교가 그저 '계시된' 역사적 종교에서 나타나는 현현 형태일 뿐이라는 점을 생각하면, 그런 일을 맡아야 하는 건 피곤한 노릇이다. 역사적 종교라는 것이 그저 대화도 필요 없을 정도로 유치하고 터무니없으며 미신적이고, 무지한 먼 과거로부터 물려받은 눈에 훤히 보이는 잔재들이니 말이다.

내게 본질적으로 중요한 것은 믿음의 **합리성**이다. 다음과 같은 추론을 가정해보자. "비가 올 때마다 우산을 쓰지 않고 밖에 나갔다가 몸이 젖었다. 같은 상황이라면 다음번에도 젖을 것이라는 나의 믿음은 단지 귀납적인 결론에 불과하다. 비가 올 때 우산을 쓰지 않고 나갔다가 몸이 젖었던 과거의 모든 경우를 합치더라도 다음번에 똑같은 일이 벌어지지 않을 가능성이 없지 않으므로, 나는 우산을 쓰지 않고 나가겠다." 이런 식으로 추론하는 사람들은 비합리적이라는 말을 들어도 마땅하다. 이런 판단은 합리성을 판단하는 기준이 증거에 의지하는 태도, 적절한 경험에 부응하는 것, 결합된 지식과 이론(이 경우에는 물과 젖음)에 대한 존중이라는 것을 함축한다.

뿐만 아니라 내가 우산과 비에 관한 합리적인 사고와 행동이라 여기는 것은 자기 목을 비틀어 죽일 바로 그 손에 모이를 받아먹고 사는 닭에게도 해당된다. 즉 이것은 믿음과 기대치가 어떻게 다른지를 이해하는 문제다. 둘의 차이는 개인이 그것들을 받아들이고 적용하는 과정에서 제시될 수 있는 추가적인 전제로 보증되는 것과 그렇지 못한 것의 차이다. 믿음의 합리성이란 무엇보다도 그런 믿음들의 매트릭스 속에서 그것을 지지하거나 부정하는 믿음들이 누적되어 만들어지는 합리성의 기능이다.

내가 전형적인 우연적 믿음이라 말하는 예들은 귀납적인 근거를 갖는다. 하지만 공교롭게도(원래는 다른 논의지만 여기서는 차이가 없다) 모든 주장은 포괄적 일반화가 대전제 역할을 해줄 때의 불완전 삼단논법식의 연역이라고 생각한다. 그런 전제들 자체가 합리적으로 평가 가능하며, 선순환 속에서 그것들이 허용하는 종속 추론의 합리적·경험적 성공에 의해 지지된다.[1] 귀납과 합리성에 대해 생각해온 사람들의 견해에 따르면, 이른바 '귀납의 문제'라는 것의 해결책은 귀납적으로 추론해서 이끌어낸 결론을 합리적으로 받아들일 수 있느냐에 달렸다.[2] 그런 견해에서 중요한 점은 그것이 전통적인 귀납의 문제를 해결하느냐보다는 다음에 나오는 결정적인 사실을 설명할 수 있느냐 하는 것이다. 왜 전형적으로 합리적인 개인은 '요정이 존재한다고 믿는가?'라는 질문에는 '아니'라고 답하면서 '분자가 존재한다고 믿는가?'라는 질문에는 '믿는다'고 대답하는가, 그리고 '요정이 존재하는 것보다 물 분자가 존재할 가능성이 더 크다'거나 '요정이 존재할 확률은 낮게 보고 물 분자가 존재할 확률은 높게 본다'는 식으로 대답하는가? 이것은 중요한 논점으로, 다음과 같이 설명할 수 있다.

인식론에서 베이즈• 스타일 Bayesian style 은 그 신봉자들에게 믿음이란 '전부' 아니면 '무'라든가 '예'와 '아니오'라는 식의 흑백논리가 아니라, 관련된 어떤 측면에서 가질 수 있는 가능한 넓은 범위에 걸치는 주관적 확률 분포로 차등화된 믿음의 정도라고 말하라고 요구한

• 베이즈(Thomas Bayes) 18세기 영국의 수학자, 목사. 과거에 얻은 정보를 바탕으로 불확실한 미래에 대해 예측하여 확률을 높일 수 있음을 증명하는 이론을 구상했다.

다. 들어오는 정보의 양이 많아짐에 따라 사람들이 지지하는 증거의 신뢰도도 계속 변동하게 마련인데, 그 과정에서 그들의 다양한 믿음에 어느 정도의 무게를 실어주어야 할지를 끊임없이 조정하는 방식을 설명하는 것을 이 접근법의 장점이라고 말한다. 사람들은 그들이 어떤 주장에 얼마나 많은 힘을 싣는지 말해야 할 때가 아니면 공공연하게 확률이라는 기준에 따라 생각하지 않을지도 모른다. 그렇기는 해도 그들의 믿음의 정도는 그것들이 믿음의 보유자에게 얼마나 그럴듯하게 보이는지에 따라 조절되는데, 이것은 삶의 근본적인 인식론적 사실이다. 어쨌든 베이즈는 그렇게 말한다.

이것이 정말 사실이라면 그 어떤 자존심 있는 사람도 "나는 요정/유니콘/올림포스의 신들을 믿지 않는다"라는 말이 "요정/유니콘/올림포스의 신들 따위는 존재하지 않는다"라는 의미라고 주장할 수는 없다. 그 대신에 그는 "나는 요정/유니콘/올림포스의 신들이 존재할 확률을 매우 낮게 본다"고 말해야 한다. 하지만 평소에 **"그런 것은 없다"**가 아니라 **"그런 것이 존재할 확률이 매우 낮다"**고 생각하는 사람을 만난다면, 우리는 그를 합리적인 사람이라기보다 바보라고 생각할 것이다. 이는 어떤 것의 존재를 믿는 것이 합리적인지 아닌지는 확실히 '전부' 아니면 '무'인 문제지, 정도의 문제가 아니기 때문이다. 물론 가끔은 뭔가가 있는지 없는지 불확실할 때도 있고, 그렇기 때문에 판단을 유보하거나 어떤 확률로 볼지 내기를 할 수도 있다. 말할 것도 없이, 이런 일은 뭔가가 사실일 확률이 0.5 정도일 경우에 해당된다. 하지만 0.9 정도의 확률을 가진 것은 이에 해당되지 않는다. 또 어떤 믿음을 받아들이고 그에 따라 행동하는 것은 내기를 하는 것이나 마찬가지니, "X에 대해 내기하는 게 합리적인가?"라는 질문과 "X를 믿는 게 합리적인가?"라는 질문에 대해서는 둘 다 만장일치의 "예/아니오"라는 대답을 할 수 있다.

그런데 '신'이 존재할 원래 확률$^{\text{initial probability}}$은 사람들이 주장하고 싶어 하는 것처럼 절반이 아니다. 그보다는 고대인들이 보고 전해준 세계에 대한 이야기의 산물로 우화나 전설, 신화, 종교 등에 등장하는, (이를테면) 세 요정이나 유니콘 등 모든 존재에 부여할 수 있는 초기 확률이 어느 정도인지 물어보는 것이 첫 번째 관심사다. 그 수치가 얼마가 나오든, 0은 아니더라도 그것에 무척 근접해 있다. 많은 사람들이 범하는 잘못은 어떤 특정한 전통이 제도화되었다면 그 속에서 언급된 실체들이 존재할 확률은 거의 0이 아니라 그보다 크다고 생각하는 착각이다. 하지만 이것은 믿음의 가장 중요한 요건이 합리성이 아니라 확률이라고 여기는 착오에서 생겨나는 부산물이다. 그것은 뻔뻔스러운 착오다. 그것은 종교적 변증론자들이 무슨 뜻이든 상관없이 "신은 존재한다"라는 명제가 참일 수 있는 몇백만분의 1의 확률에 생긴 지극히 미세한 틈새로 비집고 들어가서, 그 위에다 자신들의 종교를 구축할 수 있게 한다. 그렇게 한 사람이 파스칼이다. 신을 믿지 않고 그에 따라 행동하는 것이 합리적이든, 믿으면서 그에 따라 행동하는 것이 합리적이든, 또는 판단을 유보하고 어떤 식이로든 신중하게 행동하는 게 가장 낫든, 이것은 명쾌한 문제다. 요정, 유니콘, 기타 이런 종류에 속하는 모든$^{\text{et hoc genus omne}}$ 신과의 관계에서는 명쾌한 선택지가 최고다.

그렇게 되는 것은 순전히 증거와 이유의 무게 때문이다. 증거란 평범한 경험, 응용되고 실천된 노력(농업 기술, 건축, 의학 임상기술 등이 발달한 것과 같은), 조직적인 과학 탐구에서 나온다. 첫 두 경우의 믿을 만한 규범이자 과학에서 전문적으로 요구하는 것은 우리가 생각하고 행하는 것이 사용 가능한 증거여야 한다는 것이다. 사용 가능한 증거 중에는 첫 두 경우에서 행하는 시도와 착오로 인한 결과 및 세 번째 경우(과학)에서 나타나는 질서 정연하고 공개적이며 반복 가능한 실험과 예상된 결과에 대한 평가도 포함된다. 각각의 사례에 대해 무엇이 증거로 여겨지는지, 어떻게 검증되는지, 무엇이 가설을 지지하거나 부정하는 요소인지, 얻어진 결론에 어느 정도의 신뢰가 주어져야 하는지를 체계적으로 정의해야 한다. 탐구 분야가 다르면 요구하는 내용도 저마다 다르지만, 각 분야에서 행하는 집단적·인식론적 노력은 엄격히 통제되어야 한다. 그 패러다임은 과학이다. 과학은 공개 가능성, 반복 가능성, 동료들 사이에서의 실험과 검증에 대한 논평을 제도화하고, 반증할 만한 증거가 제시되면 파기될 수도 있는 엄격한 원리를 따른다.

이 모든 것이 어떤 의미들을 가질지, 엄청나게 많은 이야기가 있을 수 있지만 두 가지가 특히 두드러진다. 하나는 상식과 실용성, 과학에서 나타나는 견해와 실천들이 무엇을 믿고 행하는 것이 합리적이며 무엇이 합리적이지 않은지를 우리가 알고 있는, 법칙에 따르는 자연 영역에 대한 일반 그림을 형성한다는 것이다. 예를 들면 우리는 집에 검증된 기구를 장치하고 전극電極 등의 동력원에 연결하면 불을 밝히고 난방을 할 수 있다. 그와 동시에 기도만으로, 또는 흰 암소를 제물로 바치고 그 내장을 가운데 둔 채 주위를 돌며 춤을 추면 불을 밝히고 집을 데울 수 있다는 믿음이 비합리적이라는 사실도 알고 있다. 상식, 실용성, 과학이 제공하는 사실을 믿는 것은 합리적이며, 종교적 주장을 믿는 것은 비합리적인 까닭이 바로 이것이다. 전자는 경험을 통해 확인된 대량의 증거를 토대로 하지만, 후자를 구성하는 여러 환상은 검증 불가능하고 상호 일관성이 없으며 내적으로 모순되고 상식과 과학이 전해주는 사실에 위배된다.

두 개의 '교도권'*이 들어설 여지를 만들려고 애쓰는 사람은 앞에서 마지막으로 한 말을 반박한다. 종교와 과학은 서로 전혀 겹치지 않는 영역에서 활약하며 통약불가능한 논의 방법이라고 봄으로써 상호 일관성이 있다고 주장하려는 것이다. 이런 시도는 영웅적이지만 문제를 해결하지는 못한다. 종교는 우주 속에 있는 것 또는 그것에 부착되어 있는 것들에 대해 실존적인 주장을 하며, 짐작건대 그것들을 엄청나게 변화시킨다. 이런 차이는 과학이나 상식과 어긋나며, 그것을 통해 검증될 수 없다. 사실 종교와 과학은 우주의 기원이라든가 인간의 본성 같은 문제에 관해 진실을 놓고 겨루는 경쟁자다. (예를 들면) 성서의 여러 곳에 나오는 일화들처럼 어떤 예언자가 수많은 적을 죽여버릴 수 있도록 자연법칙을 유보하는 방식을 놓고 겨루기도 한다(「민수기」 16장 30절). 이런 경쟁적인 주장들을 조율해줄 검증 방법을 만들려는 시도에서 승자는 언제나 과학이었지만, 신앙 신봉자들에게는 '신은 검증되지 않을 것'이라는 식의 편리한 탈출 명분이 항상 있었다.

현재 수준의 지질학과 진화생물학을 1만 년도 안 된 과거에 일어난 엿새 만의 창조라는 믿음의 서약과 대비시켜보라고 일단 말한 다음에는 문제의 이런 측면을 더 따지는 것이 당연히 헛수고다. 법칙에 따르는 합리성과 병적인 비합리성이라 보지 않을 수 없는 것의 놀라운 차이 하나만 보더라도 모든 종교적 믿음에다 그것을 일

---

* 두 개의 교도권(magisteria) 스티븐 제이 굴드(Stephen Jay Gould)가 말한 '겹치지 않는 교도권(敎導權)'을 의미한다. 교도권이란 교회가 복음을 퍼뜨리고 가르쳐서 대중을 하느님에게로 이끄는 권한. 신앙 유지와 보존을 담당하는 권리.

반화시켜 문제를 끝내기에는 충분하다. 또 무엇보다도 종교적 교리와 전통을 대부분은 비극적인 역사의 비주류 사례가 아니라 하나의 사실처럼 가르치도록 허용함으로써 아이들에게 가하는 학대를 불법화하기에 충분해야 한다.

하지만 논의의 이 측면에 대한 결론을 내리려면 칼 포퍼$^{Karl\ Popper}$의 그림자를 불러와야 할 것이다. 합리주의자들은 모든 것을 설명하는 이론은 실제로는 아무것도 설명하지 않는다는 포퍼의 발언을 주문처럼 외워야 한다. 종교적 주장은 검증 불가능하기 때문에 반박 또한 불가능하다. 믿는 자들은 어떤 것도 반증할 만한 증거로 받아들이지 않을 것이다. 자연적 악과 도덕적 악의 존재나, 과학과 이성의 산물도 받아들이지 않는다. 항상 핑계를 대거나 해명을 하고, 마지막 수단으로는 신성이란 말로 표현할 수 없는 것^{ineffability}이며 신비스러운 것이라는 주장에 기댄다. 그래서 기꺼이 자신이 가진 정신적 능력의 중요한 부분 없이도 살아갈 만큼 심하게 믿고 싶어 하는 사람들은 사실이나 논리와 지독하게 어긋나는 문제도 아무렇게나 해명해버리거나 무시하고 만다.

종교적 믿음의 본성, 그렇게 하는 이유, 그것이 끈질기게 존속하는 이유는 그 속의 어느 한 부분의 진실성을 가정하지 않아도 모두 설명될 수 있기 때문이다. 이것은 오컴$^{William\ of\ Ockham}$의 면도날 원칙에도 부합한다. 간단하게 말하면, 믿음의 일반적인 근거 두 가지를 제안해볼 수 있다. 앞에서 이미 말했듯이, 한 가지 근거는 최초의 인류들 사이에서 원과학$^{proto\text{-}science}$과 원기술$^{proto\text{-}technology}$은 인간 주체와 목적에 대한 유추^{類推}를 통해 자연현상을 설명하거나, 또 터부 등을 준수하거나 금지함으로써 그 주체의 의도와 감정을 수정하려는 노력에 의해 형성되었다. 이후 지식이 확대되자 행위 주체들은 더 추상적인 용어로 표현되었고, 결국에는 자연에서 분리되어 초자연적인 영역으로 이동했다. 이런 일이 일어난 것은 아마 분명히 성직 계급의 기득권이 당시의 세속적인 권력자들과 충돌하는 과정에서 주체들 간의 중재자로서 갖는 지위와 영향력을 그대로 쥐고 있으려 했기 때문일 것이다.

그것이 계속 살아남는 또 다른 이유는 환각 버섯때문이다. 처음에는 그 버섯이 우연히 음식이나 음료를 발효시켜 탈진하게 만들고 열을 내고 발작을 일으키고 정신 이상을 초래했을 텐데, 아마 무지 때문이었겠지만 그것이 또 다른 실재계, 세계를 관장하는 주체의 영역인 실재계로 들어가는 통로라고 해석되는 동인으로 작용했을 것이다. 이 같은 종교의 기원들은 단독이든 복합적으로든 한번 제도화되기 시작하면 결코 돌아서지 않는다. 실제로 돌아선 적이 없었다. 그 선배들을 혼합주의적으로 물려받은 젊은 종교인 그리스도교와 이슬람에서도 마찬가지였다.

그래도 그리스도교에서는 차이가 있다. 그 전에 존재했던 그리스와 로마의 국교는 사회적·정치적 응집력을 유지하기 위해 국가적으로 신봉하는 종교였으며, 개인이 사적으로 기도하고 명상하면서 신들과 영적으로 교섭하는 일은 없었다. 그런 것은 역사적 신앙의 원천 가운데 다른 어딘가(예를 들면 오르페우스 숭배 같은)에서 들어온 신화적 중독, 황홀경, 명상이 추가된 심리적인 차원이다. 그리스도교의 초기 역사는 대체로 비밀스런 숭배였고, 로마 종교와 같이 외부적으로 대규모로 행해지는 찬양 행사는 없었기 때문이다.

일단 그리스도교가 로마 세계에서 여성과 노예들의 관심을 끌고, 그들에서 시작해 로마 세계 전체의 관심을 얻고, 또 수많은 다양한 분파들이 로마 국가 기구의 지원을 받아 정통으로 옹립할 수 있게 되자, 그리스도교와 세계의 역사는 지금은 눈에 익은 경로를 따랐다. 수백 년 동안 그것은 사회의 문화와 제도에 주입되었고, 지적·도덕적 권위를 다른 것으로 대체하려는 노력에 살인도 저지르고 진면전도 불사할 정도로 저항했으며, 지금도 대체로 세속적인 서유럽에서는 대중에게 큰 존재감을 발휘하고 있다.

모든 종교가 살아남으려면 결정적으로 젊은이들을 전도해야 한다. 진화적인 이유 때문이겠지만, 아이들은 남의 말을 매우 잘 믿는다. 이빨요정에서 산타클로스까지 자기들이 사는 환경의 어른들이 믿으라고 말해주는 것이면 모두 믿는다. 그런데 이빨요정과 산타클로스는 요정이나 트롤* 등과 함께 곧 퇴장하지만, 유일신이나 여러 신은 부모와 교육과 사회적 제도화에 의해 강화되어 그대로 남는다. 이것은 의심의 여지없는 아동 학대다. 특히 나중에 자란 뒤 종교적 믿음을 포기하는 사람들은 대부분 심리적이거나 사회적인 투쟁을 거치는데, 그 과정에서 괴로울 때가 많다. 그 전에는 성적인 감정과, 신앙의 눈길만 아니라면 자연스러우며 인정될 수 있는 온갖 일에 대해 느끼는 죄의식 때문에 걱정하고 의심하는 고뇌를 겪을 수도 있다. 종교의 제물들이 영위하는 왜곡된 삶은 미국의 성서 벨트**에서 사우디아라비아, 아프가니스탄의 베일과 차도르를 쓴 여성들에 이르기까지 흔히 볼 수 있다. 성기 절단, '명예 살해', 강요된 결혼, 그 밖에도 이성과 인간애에 반하는 수많은 학대가 종교와 전통이라는 이름으로 자행된다. 그런 피해의 규모는 말할 수 없

• 트롤(Troll) 스칸디나비아 신화에서 덩치가 매우 크고 둔하며 산이나 동굴에 산다고 전해지는 상상의 괴수.
•• 성서 벨트(Bible belt) 버지니아 이남의 미국 남부와 중서부 지대. 개신교 근본주의가 지배적인 지역.

이 크며, 그것들은 종교가 인류의 교묘한 발명품 가운데 가장 불행한 것이라고 고발할 때의 죄목이다.

종교가 쇠퇴하는 더욱 세속적인 세계에서는 신봉자들이 미소를 지으며 순진한 자세를 취한다. 서구 세계에서 그리스도교 교회는 더 이상 반대자들을 화형주火刑柱에 꽂거나 십자군을 일으켜 학살하지 않고, 교회 예배에 나온 새 신도와 우정의 키스를 나눈다. 그들은 자선, 평화, 친선에 집중하는데, 이것은 과거에 사람들을 복종과 예속으로 몰아넣기 위해 악행을 서슴지 않던 일과는 거리가 한참 멀다. 하지만 이런 것은 그들이 약할 때만 나오는 행동이다. 힘이 강할 때는 그처럼 부드럽지 않다. 아프가니스탄의 탈레반은 온 사방의 모든 종교가 기회만 주어진다면 어떤 방향으로 기울어질지를 보여주는 좋은 보기다. 그들은 타인을 지배하고 정통 교리orthodoxy와 정통 행위orthopraxy를 강제한다. 이것은 그냥 수사학적인 주장이 아니다. 종교재판을 제도화한 그리스도교, 칼뱅파, 청교도들이 실제로 저지른 결과는 사우디아라비아의 와하브 운동•이나 아프가니스탄의 탈레반과 다르지 않다.

칼리프 왕조를 복귀시키기 위해 열심인 일부 이슬람 성직자들은 '카피르'••와, 신앙을 위해 언제라도 죽고 죽일 수 있다는 그들의 자세에 경멸감을 숨기지 않는다. 모슬렘(이슬람교도)의 예언자를 조롱하는 만화에서 모슬렘 군중은 찬송하고 자신을 채찍질하는 오합지졸취급을 받고, 인도의 길거리에서 상대편을 때려 죽이는 힌

• 와하브(Wahhabism) 운동 18세기 중엽 무하마드 이븐 아브드 알 와하브가 창시한 이슬람교의 타락과 형식주의를 비판하고 코란에 따라 살자고 하는 이슬람 순수주의 운동, 민족 운동.
•• 카피르(kaffir) 원래는 반투어를 쓰는 아프리카 남부의 한 종족 이름이지만, 아프리카 흑인에 대한 경멸적인 호칭으로 쓰인다.

두교도와 모슬렘, 세계 각지에서 출현하는 자폭 테러범들은 모두 종교가 사람들을 몰아붙이는 유치주의와 비합리성의 증거다. 이와 비슷한 현상은 나치들의 밀집대형이나 소련의 정치 집회에서 복종하는 군중을 제외하면 달리 없다. 이런 비교는 우연한 것이 아니다. 종교와 이런 체제들의 공통점은 모두 만인이 박해당할 고통을 각오하고 가담해야 하는, 하나의 위대한 진리를 주장하는 단일한 이데올로기라는 점이다.

앞의 것들은 다원주의, 개인의 자유, 합의에 의한 제도와 체제와 법률, 권리, 짧게 말하면 계몽주의체제 Enlightenment dispensation 와 대비된다. 계몽주의체제에서는 스스로 생각하고, 지식을 얻고 불일치를 허용하고 토론을 권장하며, 차이를 받아들이는 것이 죄가 아니라 의무다. 그런 것은 종교가 과거에 역사적으로 존재해온 방식이 아니었으며, 선택권이 있을 때의 이야기지만 현재의 방식도 아니다. 과학과 종교가 사실적 진리를 놓고 정면으로 경쟁하는 것처럼, 계몽주의와 종교도 그들이 구상하고 진작시키려는 사회의 종류가 상충할 때는 정면 경쟁 관계에 들어간다.

종교의 헤게모니에 맞서 투쟁해 세계 각지에서 종교로부터 해방된 삶을 살 수 있게 만든 사람들에게 우리는 감사해야 한다. 중세에 살았던 대부분의 선조들의 삶과 비교해보라. 그들은 글자를 모르고, 한 지역에만 매여 살았으며, 교육이나 놀이, 예술을 접할 수 있는 유일한 통로는 일요일과 축일에 지역 교구의 교회에 가는 일뿐이었다. 교회에는 죄인들이 지옥불에서 벌 받는 광경을 그린 벽화(이런 장르의 전형이 될 만한 컬렉션을 소장하고 있는 뮌헨 알테 피나코테크에 가서 기괴하고 강압적인 벽화의 이미지를 보라)가 있었으며, 농민들이 배우고 이해하던 것은 오로지 사제들의 위협과 간청, 당시 검열

해서 가르치던 교리가 전부였다. 그것은 너무나 완벽하고 지배적이고 강압적인 마음의 감옥이어서, 그 바깥에는 아무것도 남아 있지 않았다. 설사 기본 바탕이 없이도 그것과 다르게 생각할 수 있었다 하더라도, 어쨌든 그것에 의문을 표한다는 것은 죽음을 자초하는 길이었다. 이런 미신적인 정신의 족쇄가 완벽한 규범으로 작용하지 않은 기간은 지난 2000년 동안 기껏해야 200년에 지나지 않는다. 그나마 최소한의 사회적 치욕을 자초하지 않고 종교에 대한 반대 의견을 공개적으로 표명할 수 있었던 것은 그중에서도 겨우 최근의 한 세기뿐이었다.

우리는 자신이 왜 신자가 아닌지를 설명하면서 종교적 변증론자들이 주장의 토대로 삼는 것들(경전, 전승, 이른바 '신비 체험'이라는 것들, 계시)과 유년기에 받은 세뇌와 자기기만, 생각하기를 꺼리는 성향, 권위에 대한 욕구, 사회적 압력, 취약성과 공포의 심리학적 기원을 검토해나갈 수 있다. 그런 특징들은 종교가 신도를 모집하기 위해 의지하는 토양이다.

한 가지만 생각해보자. 그리스도교 신자들이 주로 신앙의 토대로 삼는 경전 말이다. 이 혼란스럽고 모순적이고 편향된 자료 가운데 'OO서books'라고 불리는 각 장들은 명백히 각 시대의 산물이다. 거기에 등장하는 지식은 범위도 좁고 오류가 많으며, 가끔은 비열하기까지 한 것은 물론 도덕적으로도 매력이 없다. 저마다 관련된 종교에는 특히 중요한 일일 테지만, 코란이나 베다 같은 경전을 직설적으로 읽더라도 나오는 반응은 역시 마찬가지다. 데이비드 흄은 비꼬는 어조로 말했다. 성서의 시대가 되자 기적의 시대는 종말을 맞았다고 생각한 사람들은 틀렸다. 성서의 이야기를 계속 믿는 사람이 있다는 것 자체가 기적이니 말이다. 세계의 이른바 신성한 책들이라는 것을 직설적으로 읽으면, 책을 읽은 독자들은 그것과 결부된 모든 종교에 가까이 가지 않으려는 강력한 반대 동기를 갖게 되는데, 그런 걸 생각하면 그의 논지는 더욱더 위력적이다.

이는 내가 종교의 주장을 거부할 뿐만 아니라 인류에게 해롭다고 여겨 반대하고, 왜 종교가 거짓과 왜곡으로 이루어졌으며 검증되어야 한다고 생각하는가 하는 이유를 드러낸다. 종교 단체에서 행하는 자선 업무라든가, 그것이 늙고 외롭고 겁에 질린 사람들에게 위안을 주는 측면을 들어 옹호하는 사람들에게, 나는 인간의 동료애를 위해서는 휴머니즘의 풍부하고 깊고 책임감 있는 윤리가 훨씬 더 나은 원천이라고 반박하고 싶다. 그런 것은 친절함과 진실을 토대로 하며, '신앙'의 가면을 앞세우고 악마의 본모습을 조심스레 숨기면서 거짓으로 거래를 하지 않기 때문이다. 자선에 대해 말해보자면, 종교가 자선을 베푸는 능력을 가진 것만큼 살인 능력을 가진 것을 볼 때, 그것이 신성한 초자연이 아니라 인간 본성이라는 것은 분명하다. 자선과 살인 두 가지 모두를 설명해주는 것은 신의 본성이 아니라 반드시 인간의 본성이라야 할 테니까. 인간 본성과 종교의 차이는 '선한 사람이 악행을 하게 만들려면 종교가 있어야 한다'는 말로 잘 표현된다.

인간사에서 종교의 자리를 축소하는 방향으로 나아가는 내가 옹호할 만한 실질적인 움직임이 하나 있다면, 그것은 종교에 대한 고해적 교육shriving education이다. 그것이 더 나은 미래를 위한 열쇠다.

주

1 이와 가까운 유추는 '포괄법칙(covering law)' 모델이다. 나의 책 『Scepticism and the Possibility of Knowledge』의 마지막 장을 읽어보라.
2 이것은 스트로슨(P. F. Strawson)이 『Introduction to Logical Theory』의 9장, 2부의 여기저기에서 차용한 전술이다.

도덕성에는 왜 종교가 필요 없을까?

피터 싱어(Peter Singer)
미국 프린스턴 대학교 인간가치센터(UCHV) 생명윤리학 분야의 석좌교수이며, 오스트레일리아 멜버른 대학교 응용철학·공공윤리학센터의 명예교수이다. 저서인 『동물 해방(*Animal Liberation*)』과 『실천 윤리학(*Practical Ethics*)』으로 유명하며, 최근에는 『물에 빠진 아이 구하기(*The Life You Can Save*)』를 펴냈다.

마크 하우저(Marc Hauser)
미국 하버드 대학교의 진화심리학자이자 생물학자로 심리학, 진화생물학, 생물인류학을 담당하는 교수를 지냈다. 최근에 나온 책으로 『*Wild Minds : What Animals Really Think*(야성의 심리 : 동물들은 정말 무엇을 생각하는가)』와 『*Moral Minds: How Nature Designed an Universal Sense of Right and Wrong*(도덕적 심리 : 자연은 옳고 그름에 대한 보편적 감각을 어떻게 설계했는가)』 등이 있다. 공저인 『왜 종교는 과학이 되려 하는가(*Intelligent Thought*)』, 『위험한 생각들(*What is Your Dangerous idea?*)』 등이 국내에 소개되어 있다.

성경은 신이 모세에게 십계명을 주었다고 말한다. 파리 루브르박물관에 보관되어 있는 한 바빌로니아 원주에는 태양신 샤마시가 법령을 함무라비에게 주는 장면이 나와 있다. 그런 전통은 흔한 것들이고, 똑같이 흔한 결론을 담고 있다. 도덕성은 반드시 신적인 존재에 의해 창조되었다는 것이다.

어떤 종류의 기원설로 설명하든 상관없이, 종교는 항상 도덕성의 지지 근거로 활용되어왔다. 하지만 그 역도 똑같이 참이다. 우리는 종교의 진실성을 부정해서는 안 된다고 흔히 주장한다. 그렇게 한다면 도덕성이 와해되며, 아무도 그렇게 되기를 원하지 않기 때문

이 글의 몇몇 구절은 마크 하우저와 피터 싱어의 '신 없는 도덕성(Godless Morality)'에 처음 실렸다. 그 글은 2006년 프로젝트 신디케이트의 일환으로 다양한 신문에 게재되었다. 또 2005년 12월, 2006년 1월 자 《프리 인콰이어리(*Free Inquiry*)》지 18~19쪽의 '종교 없는 도덕성'에도 실려 있다.

이라는 것이다. 『카라마조프의 형제들』에서 도스토옙스키는 이반 카라마조프의 입을 빌려 그런 견해를 천명한다. 신이 없다면 무엇이든 허용된다고. 이반은 이렇게도 말한다. "불멸이 없다면 덕성도 없다." 그러므로 이반의 입장은 무엇이 옳고 그른지에 대한 감각을 주는 신이 필요하다는 것인지, 아니면 우리가 악덕을 행하지 못하게 막는 것이 내세에서의 보상과 처벌을 받으리라는 기대 때문이라는 것인지 분명치가 않다. 어떻게 보든 종교는 인간의 본성 가운데 하나인 악덕을 억제한다. 우리가 덕성으로 가는 길을 여행할 때 도덕적 나침반을 주든가, 아니면 애당초 그 방향으로 계속 기꺼이 나아가게 만들기 위한 채찍을 주든가 둘 중의 하나다.

하지만 도덕성이 신으로부터, 또는 어떤 신적인 실체로부터 나온다는 견해에는 문제가 많다. 그 한 가지는 신은 선하다는 주장과 신이 우리에게 선과 악의 감각을 주었다는 주장을 동시에 전개하려면 동어 반복을 범하지 않을 수 없다는 것이다. 그런데 그렇게 하면 신은 그저 자신의 표준에 따른다는 말밖에 안 된다. 이것은 "주를 찬양하라!"라든가 "알라는 위대하다!"고 말할 때의 위대한 울림이 결여된, 좀 이상한 찬양 방식이다.

이에 관련된 것이 플라톤이 『에우티프론』에서 지적한 요점이다. 신은 어떤 일이 선하기 때문에 무언가를 하도록 명령하는가, 아니면 신이 명한 것이기 때문에 그 일이 좋은 일인가? 전자를 택한다면 어떤 일이 '신의 명령에 따르는 것' 외에 독립적으로 '선한' 것이 되는 표준이 분명히 있을 것이다. 반면에 어떤 일은 오직 신이 그것

• 『에우티프론(Euthyphro)』 플라톤의 초기 대화편으로, 주제는 '경건함'에 대한 것이다. 소크라테스의 재판을 앞두고, 자신이 경건함에 대해 잘 알고 있다고 주장하는 에우티프론과 소크라테스가 대화를 나눈다는 내용이다.

을 하도록 명령했기 때문에 선하다면, 만일 신이 우리에게 아기를 고문하라고 명하고 배고픈 사람들에게 먹을 것을 주지 못하게 금지한다면, 아기를 고문하는 것이 옳은 일이 되고 배고픈 사람들에게 먹을 것을 주는 일이 잘못이 된다. 그런 견해에서는 신이 제멋대로 행동하는 독재자처럼 보인다.

도덕성이 종교적 기원을 갖는다는 이론에 있는 또 하나의 문제는 **종교적인 사람들**(각자의 특정한 종교적 정체성은 무시함)은 서로 공유하지만, **불가지론자와 무신론자**들도 함께 공유할 수 있는 도덕적 원리가 없다는 점이다. 이런 관찰은 또 다른 문제로 이어진다. 무신론자와 불가지론자들이 종교 신자들에 비해 더 부도덕하게 처신하는 것은 아니다. 각자의 덕성스러운 행동을 중재하는 원리는 다를지라도 말이다. 그런 사람들은 흔히 다른 사람들 못지않게 강력하고 건전한 옳고 그름의 감각을 가지고 있으며, 지금 우리 모두가 시대에 앞선 것이었다고 인정하는 수많은 진보적 개혁 운동에 저마다 간여해왔다. 그러므로 불가지론자와 무신론자들은 신성한 창조자로부터 도덕적 나침반을 받지 않아도 여전히 도덕적인 길을 찾을 수 있다.

더 종교적인 사회와 더 세속적인 사회를 비교해보면 이런 사실을 바로 관찰할 수 있다. 개별화된 국가 가운데 가장 명백한 비교 대상은 산업 국가로서는 특이하게도 종교적인 미국과 지난 세기에 점점 더 세속적으로 변한(폴란드와 아일랜드 같은 한두 국가는 제외되지만) 유럽이다. 우리가 아는 한, 유럽식 도덕성이 와해될 위기에 처해 있는 것으로는 보이지 않는다. 실로 유럽은 종교성이 강한 미국보다 여러 기준에서 볼 때 도덕적으로 더 나은 사회다. 살인율도 훨씬 낮고, 감옥에 있는 사람들의 수도 적다. 신은 배고픈 자에게 먹을 것을 주고, 목마른 이에게 마실 것을 주고, 헐벗은 이에게 옷을 준 사람을 구원한다고 예수가 말한 것으로 알려졌지만, 허약하고 다치기 쉬운 사람은 유럽에 있는 편이 더 안전하다. 그곳의 사회 안전망과 보편적인 보건 시스템이 미국보다 훨씬 낫기 때문이다. 세계 최빈국의 국민을 돕는 문제에서 거의 모든 유럽 국가의 지원 실적이 미국보다 훨씬 높다. 국민 총소득 가운데 외국 원조액이 차지하는 비율은 스웨덴이 미국보다 네 배가량 더 많다. 사실 지금도 유럽의 다른 이웃 나라들에 비해 훨씬 가난한 과거 공산주의 국가들을 제쳐둔다면, 유럽 국가들 중 국민소득에서 외국 원조액이 차지하는 비율이 미국만큼 낮은 나라는 그리스밖에 없다.

종교가 일반적으로 사람들로 하여금 옳은 일을 더 잘하게 만든다는 증거는 없을지 몰라도, 끔찍한 범죄를 저지르게 만든 증거들은 한탄할 만큼 많다. 신이 모세에게 미디안족을 (남녀노소 가리지 않고, 또 나이 어린 소녀들까지) 학살하라고 명령을 내린 것을 비롯해 십자군 원정, 종교재판, 30년 전쟁, 그리고 수니파와 시아파 모슬렘의 수없이 많은 분쟁을 떠올려보면, 우리는 현재 평화에 대한 가장 큰 위협이 종교라는 결론을 내릴 수 있다. 자폭 테러를 행하는 종교적 광신자들은 그런 행동을 통해 자신들이 낙원에 들어갈 수 있다는 강한 확신을 가지고 움직인다. 세계에 대한 맹목적인 희망을 갖지 않도록 미리 말해두는데, 무신론자들 역시 그들 나름의 가증스러운 죄악을 범해왔다. 소련에서 스탈린[1]이 저지른 수백만 명의 학살, 캄보디아인을 대량 학살한 '킬링필드' 등. 이런 줄거리들을 한데 짜맞추면 결론은 명백하다. 종교도, 무신론도 범죄적인 폭력 사용에 관한 한 별로 다르지 않다는 것이다.

도덕성이 종교에서 유래한다는 견해에 있는 또 다른 문제는 세계

주요 종교들의 교리가 첨예하게 대립되는 경우에도 도덕적인 태도와 관행은 우리의 예상보다 더 보편적인 것으로 보인다는 점이다. 종교 문화 전체를 더 세속적인 문화, 가령 철학적인 세계관이 종교 신념보다 더 큰 위력을 가졌던 유가 사상이 중심을 이룬 고대 중국 문화와 비교해보아도 이런 판이한 문화들 전반에서 도덕성이 갖는 중요한 공통 요소가 발견된다. 이 점은 어떻게 설명해야 할까?

아마 창조주인 신이 세계를 창조했을 때 선조들에게 도덕성의 보편적인 요소를 나누어주었고, 문화적·종교적으로 변형되는 동안에도 그것들은 변하지 않고 살아남았다고 추정할 수도 있을 것이다. 생물학과 지질학적 사실에 부합하는 또 다른 견해는 인간은 옳고 그름에 대한 직관을 발생시키는 도덕적 재능을 수백만 년 동안 진화시켜왔다는 것이다. 여기서 좋은 소식은 도덕철학에서 발생하는 이론적 논의 위에 구축된 인지과학의 연구 덕분에 이제 처음으로 도덕성의 기원과 본성에 관한 이 케케묵은 분쟁이 해결될 수 있다는 점이다.

다음의 세 시나리오를 검토해보라. 각각의 시나리오에 있는 빈칸에 도덕적으로 '의무적이다', '허용될 수 있다', '금지된다'를 적어넣어라.

1. 트롤리 한 대가 보도를 걸어가는 다섯 명을 막 덮치려 하고 있었다. 남자 한 명이 스위치 옆에 서 있는데, 그 스위치를 켜면 트롤리를 옆길로 돌려 한 명은 죽이지만 다섯 명은 살릴 수 있다. 스위치를 켜는 일은 (   ).

2. 얕은 웅덩이에 어린아이가 빠져 허우적대고 있는데, 근처에는 당신밖에 없다. 아이를 끌어올리면 그 아이는 살아남겠지만 당신의

바지를 버린다. 아이를 끌어올리는 것은 (   ).

3. 위중한 상태의 환자 다섯 명이 병원에 몰려 들어왔는데, 저마다 살아남기 위해 장기를 필요로 한다. 병원 밖에서 장기를 요청할 시간은 없다. 그런데 병원 대기실에 건강한 사람 한 명이 있다. 외과의사가 이 사람의 장기를 가져간다면, 그 사람은 죽겠지만 위중한 환자 다섯 명은 살아난다. 건강한 사람의 장기를 가져가는 것은 (   ).

1번을 허용 가능으로, 2번을 의무라고, 3번을 금지라고 판단한다면, 당신은 웹사이트에서 실시한 도덕감 테스트에 나온 이런 딜레마에 응답한 전 세계의 참여자 1500명과 같은 입장이다.[2] 도덕성이 신의 지시라고 보는 견해에 따른다면 무신론자는 이런 사례들을 종교적인 배경과 신념을 가진 사람들과는 다르게 판단해야 하며, 각자의 반응이 어떤 근거로 정당화되는지에 대한 질문에는 저마다 다른 설명을 제시해야 할 것이다. 가령 앞의 견해에 따르면 무신론자는 도덕적 나침반이 없는 사람이므로 순수하게 자기 이익에 입각해, 허우적대는 아이 곁을 그냥 지나가야 할 것이다. 하지만 결과는 전혀 그렇지 않다. 설문에 참여한 사람들 사이에 종교의 유무에 따른 통계적으로 의미 있는 차이는 없었다. 참여자 가운데 90퍼센트 정도는 트롤리의 스위치를 켜는 일이 허용될 수 있다고 답했고, 97퍼센트는 아이를 구해야 한다고 답했으며, 97퍼센트는 건강한 사람의 장기를 가져가는 것은 금지되어야 한다고 답했다. 왜 어떤 경우는 허용 가능하고, 어떤 경우는 금지되는가. 이런 질문을 받았을 때 이 연구에 참여한 사람들은 설명할 수가 없거나, 그들이 내놓은 대답이라는 것도 그 차이를 설명해주지 못한다. 그런데 종교적 배경을 가진 사람들 역시 무신론자들만큼이나 설명하지 못하거나 초점이 맞지 않는 답을 내놓는다는 점이 중요하다.

도덕적 판단을 내리는 과정에서 생물학적인 요소가 차지하는 역할을 더 깊이 밝혀주는 것으로, 두뇌에 부분적인 손상을 입은 환자들과 뇌영상을 사용하는 연구들이 있다. 특히 건강한 연구 참여자들이 도덕적 딜레마에 빠진 상태에서 응답하는 상황의 두뇌를 스캔해보면, 감정 처리와 의도적인 분석, 결과에 근거한 추론에 관련된 두뇌 부위들이 활성화되며, 이런 처리 과정에 갈등이 생기면 다른 영역이 활성화되었다가 갈등이 해소되고 도덕적 판단이 내려지고 나면 그 영역은 다시 닫힌다는 사실이 밝혀졌다. 뿐만 아니라 판단과 감정의 경험을 연결하는 두뇌 부위, 즉 복내측 전전두엽 피질에 손상이 있을 때 이런 참여자들은 거의 모든 도덕적인 문제에 대해 정상적인 판단을 보이지만, 몇 가지 딜레마에 대해서는 십중팔구 공리주의적인 노선에 따라 처리한다.

이런 연구는 인간은 옳고 그름이 무엇인지에 대한 직관적인 판단을 끌어내는 도덕적 능력을 가지고 태어났다는 생각을 경험론적으로 지지한다. 그런 직관적인 판단력은 마음이 가진 다른 심리적인 능력들, 언어나 수학적인 능력과 다르지 않다. 도덕적 능력은 보편적이지만 지역 문화와 흥미 있는 방식으로 상호 작용한다. 이런 직관은 선조들이 사회적 포유류로 살아온 수백만 년이라는 세월이 낳은 성과를 반영하는 것으로, 손가락을 맞대는 동작처럼 인류 공통 유산의 일부분이다. 이런 사실들을 신의 창조 설화와 조화시키기는 힘들다.

진화한 직관이 도덕적 딜레마에 대해 항상 옳거나 일관된 대답을 주는 것은 아니다. 선조들에게 좋았던 것이 우리 행성과 그 위에 사는 다른 생물들은 물론 오늘날의 인류 전체에 좋지 않을 수도 있다. 지난 세기 동안, 변화하는 도덕 지형에 대한 통찰 가운데 우리에게 선택되었고 바람직한 결과로 널리 인정된 많은 경우는 종교가 아니라 인간성에 대한, 또 무엇이 좋은 인생인지에 대한 신중한 성찰의 산물이다. 동물 복지에 대한 더 큰 관심, 낙태 허용 법안, 불치병에 걸린 중환자들이 더 이상의 치료를 거부할 수 있는 권리, 자살을 도울 수 있는 의사의 조력권 등이 그런 것들이다.

이 측면에서 우리는 도덕적 직관의 보편적인 집합이라 할 만한 것을 인식해야 한다. 그렇게 해야 그것에 대해 깊이 생각해보고 그것이 우리에게 영향을 준다는 사실을 알고, 어떻게 해서 잠재적으로 우리에게 적대적으로 사용될 수 있는지를 이해할 수 있으며, 그럼으로써 원한다면 의도적으로 적대적인 직관에는 반대로 행동할 수 있기 때문이다. 이런 일을 하더라도 신성 모독은 범하지 않을 수 있다. 인간의 도덕성은 신이 아니라 자신의 본성에서 비롯되기 때문이다. 하지만 우리의 도덕적 직관이 본성에서 오는 것이므로 그와 다른 행동을 하는 것은 본성에 어긋나니까 그 직관을 따라야 한다고 믿는 정반대의 함정에 빠지면 안 된다. 존 스튜어트 밀이 「본성에 관하여On Nature」라는 논문에서 지적했듯이, **본성**nature이라는 단어는 인간 존재와 인간이 만들어낸 모든 것을 포함해 우주에 존재하는 모든 것, 아니면 인간 존재와 인간이 만들어낸 것을 제외한 있는 그대로의 세계, 둘 중 어느 것도 될 수 있다. 전자라면 인간이 하는 어떤 일도 본성에 어긋나는 것일 수 없다. 후자라면 인간이 행하는 어떤 것이 '비본성적'이라고 주장한다고 해서 그 행동을 하지 말라고 반대하는 것은 절대로 아니다. 우리가 행하는 모든 것은 본성에 간섭하는 일이며, 그런 간섭의 많은 경우는 누가 봐도 매우 바람직한 일임이 분명하니 말이다.

　따라서 도덕성의 기원에 대한 이해는 우리를 주인으로 추정되는 신과 본성으로부터 자유롭게 풀어준다. 우리는 선조로부터 도덕적 직관을 한 다발 물려받았는데, 추정하건대 그것은 우리가 사회적 포유류로 진화해온 수백만 년의 세월 동안 살아남는 데 기여했을 것이다. 물론 그런 것들 가운데 일부는 지금도 우리에게 쓸모가 있지만, 다른 것들은 급변하는 우리 세계에 적응하지 못할 수도 있다. 그중의 어느 것이 바뀌어야 하는지 가려내는 것이 우리가 해결해야 할 과제다.

주

1 히틀러는 신에 대한 믿음을 자주 언급했으므로, 우리가 보는 무신론자 대열에 포함되지 않는다.
2 http://moral.wjh.harvard.edu/를 보라.

불신앙 Disbelief 을 넘어서

필립 키처 (Philip Kitcher)
과학철학을 전공한 미국 컬럼비아 대학교의 철학 교수다. 학계 외부에서는 생명윤리학, 사회생물학, 창조론을 검토하는 연구로 유명하다. 최근에 『*Living With Darwin : Evolution, Design and the Future of Faith*(다윈과 함께 살기: 진화, 설계, 신앙의 미래)』를 펴냈다. 『과학적 사기-창조론자들은 과학을 어떻게 이용하는가(*Abusing Science : The Case Against Creationism*)』가 국내에 번역되었다.

나는 다섯 살 때 교회 합창단에서 노래하기 시작했다. 교회는 우리 고음역대의 아이들에게 보수를 지급했고 특별한 행사에서 노래할 때는 보너스도 주었다. 리허설 때는 좀 적게, 예배 때는 조금 더 많이 받았고, 장례식에는 1플로린(2실링), 결혼식에는 반 크라운(2실링 6펜스)이었다. 그러니 슬픔보다는 기쁨 행사에서 보수를 더 잘 받는 게 분명하다. 내가 받은 보수는 모두 우체국 계좌에 넣어 저축해야 했지만, 약간은 용돈으로 쓸 수 있었다.

나는 그 뒤 21년 동안 계속 교회에서 노래했고(보수는 얼마 지나지 않아 없어졌다), 예배에도 규칙적으로 참석했다. 그 빈도는 대략 한 주에 여덟 번이었는데, 기숙고등학교 시절에도 비슷했다. 나는 스테인드글라스를 통해 빛이 쏟아져 내리는 모습을 보았고, 권위 있는 버전(제임스 왕 성서)의 발성법이 나의 언어 의식 속으로 밀고 들어오는 것을 느꼈으며, 설교를 들으면서 졸기도 많이 하고 영감도 많이 얻었다. 무엇보다도 영국 성공회 전례의 소소한 작품들(우드Wood 와 다크Darke, 스탠포드Stanford 의 작품)에서 서양 음악 전통의 권위 있는 작품(조스캥 데프레Josquin des Prez 에서 브리튼Britten, 또 그 후)에 이르기까지, 음악에 매혹되었다. 나는 비상하게 운이 좋아서 10대 때 목소리가 급격히 바뀌지 않고 여러 해에 걸쳐 서서히 낮아졌으므로, 그동안 주성부 넷(소프라노, 알토, 테너, 베이스)을 모두 부를 수 있었다. 그래서 헨델의 〈메시아Messiah〉와 브람스의 〈독일 레퀴엠Deutsches Requiem〉에 나오는 네 성부를 모두 노래해 보았다.

그런데 10대 초반이 되자 신앙이 사라지기 시작했고, 두어 번 되살아났다가 마침내 증발해버렸다. '왕을 섬기는 그리스도 병원의 유서 깊은 종교적 토대'인 학교*에 다니는 동안은 예배에 참석하지 않을 수 없었으므로 계속 노래했고, 필요한 경우에는 목청껏 부르기도 했지만 대답하는 일은 피하거나 우물거리기도 했다. 그런 생각의 틀이 확립되었고, 케임브리지 대학에서나 프린스턴 대학원에 다닐 때도 그저 내가 더 이상 믿지 않는 종교 의례를 기반으로 한다는 이유 때문에 좋아하는 음악을 포기할 필요는 없다고 생각했다. 일요일 아침에 성가대에서 노래하는 일도 지적인 확신에 따라 중단했지만, 그것도 시간을 그만큼 들이지 않고도 아마추어 음악 활동을 할 기회를 찾아낸 뒤의 일이었다.

이는 복잡한 이야기도 아니고, 특이한 일도 아닐 것이다. 회의론자, 불가지론자, 무신론자들 가운데 많은 사람이 자신들이 성장기에 믿었던 종교 전통의 심미적 특질에 감응하며, 그 종교의 건축이나 미술, 언어, 음악을 계속 사랑한다. 하지만 내가 교회에서 보낸

● 영국 옥스퍼드셔 주 애빙던에 있는 블루코트 자선 학교.

많은 세월을 돌이켜보면, 또 그 질척거리는 예배가 내 취향에 남긴 영향과 기억에 대해 생각하면, 이처럼 단순한 설명은 이미 등을 돌린 신앙의 몇 가지 특징을 계속 호의적으로 바라보는 태도라든가, 그 근처를 계속 서성거리는 데 대한 적절한 설명으로는 보이지 않는다. 이야기를 좀 더 할 필요가 있다.

***

내가 배워온 그리스도교 교리의 핵심을 의심하게 만든 정확한 이유가 무엇인지 지금은 기억나지 않는다. 그 교리란 십자가에서 처형된 뒤 우리가 예수라고 알고 있는 그 남자가 문자 그대로 죽은 자들 사이에서 부활해, 겁에 질려 뿔뿔이 흩어졌던 사도들에게 돌아가서 그들이 구원받으리라고 선언하고 복음 전도 사업을 시작하라고 지시했다는 주장이다. 복음서를 읽고 설명을 들으면서 나는 그런 이야기들 사이에 명백하게 일관성이 결여되어 있다는 사실을 깨닫기 시작했고, 사람들이 도대체 어찌하여 그처럼 있을 법하지 않은 일련의 사건들이 일어났다고 생각할 수 있는지 의심했다. 그리고 다양한 분야의 지식이 쌓여가면서 의심의 폭이 더 넓어졌다. 하지만 그런 것들은 모두 느낌일 뿐이고 체계가 없었다. 어찌하여 자애로운 신이 우리가 사는 물리적인 세계를 그토록 고통스럽고 괴로운 역사를 가진 것으로 만들 수 있었는지에 대한 궁금증이었고, 신학의 교리가 사회 상황과 정치적인 필요에 응답한 방식을 평가하는 문제였다. 또 종교적 체험이라는 것이 과거의 확신과 그런 확신의 소유자들의 요구에 물들어버리는 방식을 이해하는 문제이기도 했다. 그러나 여기서도 내 경험은 전형적인 것이다. 의심으로 나아가는 길은 신중하게 구성된 논의보다는 믿을 수가 없고 터무니없다는 느낌이 커지면서 다듬어지게 마련이다. 열렬한 불가지론자와 무신론자도 각자의 불신앙에 대한 최선의 정당화 이론을 알고 있는 경우는 매우 드물다.

하지만 이유들이 결합되었고, 엄청난 위력을 발휘한다. 두 세기가 넘도록 수많은 상이한 시각에서 행해진 탐구들이 결합되어 『The Case Against Religious Belief 종교적 믿음에 반대하는 고발』(이하『고발』)가 만들어졌다. 이 고발은 세 전선에서 진행된다. 첫 번째는 전 세계 종교의 신도들이 저마다 신앙을 쌓아나가는 방식은 같다는 인식에서 시작된다. 모든 것은 초자연적 실체, 즉 신, 혼령, 선조, 특별한 힘이 드러나는 과거(통상적으로 아주 먼 과거)의 어느 시점으로 우리를 돌아가게 하는 전통에 의존한다. 두 번째는 종교 교리가 발전하고 해체되는 종교적인 과정을 정밀하게 조사해서 열성 신도들의 종교적 실천 형태를 결정하는 사회적·정치적 고려를 드러내보이는 것이다. 세 번째는 몇몇 종교의 교리, 특히 신성한 섭리를 강조하는 교리와 우주에 대한 사실, 특히 생명의 역사에 관한 사실들을 직접 대조하는 것이다. 최근 몇십 년 동안 세부 사항이 계속 추가되었지만 『고발』의 핵심 쟁점들은 19세기 말에 이미 충분히 확립되었다. 또 종교를 이해하기 위한 윌리엄 제임스 William James의 헌신적인 탐구와 좀 더 뒤인 1920년대에 전통 종교는 회복할 가망이 없는 위기를 겪고 있다는 존 듀이 John Dewey의 확신에 찬 선언(『민중의 신앙 A Common Faith』)도 그런 쟁점들로부터 유래했다.

『고발』은 초자연적인 존재를 주장하는 모든 형태의 종교에 일반적으로 적용되지만, 유럽과 미국의 학자들이 자기들이 가장 잘 아는 종교인 유대교, 그리스도교, 이신론을 다룬 부분이 가장 충실하다. 그리스도교에 집중하되 나의 과거 이야기도 곁들이면서 이 점을 설명해보겠다. 많은 그리스도인들은 자기들이 보는 성서의 상당 부분이 문자 그대로 참이라고 믿는데, 그중에서도 부활이라는 핵심 교리는 있는 그대로 믿는다. 『고발』의 첫 부분은 예수가 죽은 자들로부터 살아나왔다고 생각하게 만드는 근거가 무엇인지 살펴본다. 가능성은 두 가지다. 그리스도인 본인의 경험에 의거할 수도 있고, 전해지는 이야기에 나오는 타인들의 경험에 근거한 것일 수도 있다.

종교 경험에 대한 진지한 연구가 좀 있기는 했지만, 그 모두가 윤리적으로 완벽하게 이루어지지는 않았다. 피실험자에게 환각 유전자를 주입하는 것 같은 악질적인 실험도 있었으니 말이다. 자기들이 종교 체험을 했다고 믿는 사람들이 많지만 흥분하거나 마음이 불편할 때는 그런 체험의 빈도가 더 높아지는 건 너무나 분명한 사실이며, 진정한 체험과 환각을 구별하는 문제는 항상 종교의 권위자들이 처리해야 하는 업무였다. 가령 중세의 그리스도교 신비가들은 신의 계시를 받았음을 인증받을 필요가 있었고, 그들을 구별해주는 인증 표준은 의미심장했다. 인증받은 사람은 정통 주류에 동의하는 것으로 판정되었다. 물론 그 표준을 적용한다는 것은 곧 종교 체험이 하나의 종교 전통과 무관하게 작동하는 근거나 충실한 믿음으로 나아가는 길이 될 수 있다는 생각을 포기하는 것이다. 다른 어떤 표준을 적용해볼 수 있을까?

예수를 만났다는 그리스도인, 또는 경전을 읽는 동안 신을 가까이 느꼈다는 그리스도인 같은 사람들은 다른 전통에도 있다. 그런 사람들은 선조나 혼령의 존재를 느끼며, 신성한 장소에 갔을 때 초자연적인 사건이 진동하는 것을 체험한다. 자신도 충분히 이해하지 못하는 어떤 일이 이들에게서 일어나는 것이다. 세속에 있을 때 느끼는 것과는 구별되는 어떤 일이 진행되는데, 그들은 이런 특별한 성질을 자기들의 문화적 배경이 제공해주는 개념과 범주에 끼워 맞춘다. 초자연에 관한 진실을 전달하는 계시가 어떤 특정한 집단에게만 주어진다고 생각할 이유는 전혀 없다. 몇몇 경우는 심리학자들이 무엇이 감지되고 느껴지는지에 대해 설명해줄 수 있을지도 모른다. 또 피실험자들에게 개입해도 좋다는 허가를 받는다면 더 많은 것을 설명할 수 있을지도 모른다. 비록 그런 허가는 현재 금지되어 있고, 그것이 올바른 처사지만 말이다. 하지만 판단하기 힘든 경험이 매우 광범위하게 발생한다는 것은 부정할 수 없는 명백한 사실이다. 그런 체험을 한 사람들은 자기들이 잘 쓰는 용어(그것 자체가 그들이 만난 종교 전통의 산물인)를 사용해서 그런 체험을 묘사해보려고 안달하며, 그렇기 때문에 다들 그렇게 하여 만들어진 보고서가 망상의 소산이거나, 아니면 형편없이 부정확하다고 생각한다. 예수의 존재를 느끼는 그리스도인은 자기들의 계시는 진짜이고 다른 사람들의 계시는 틀렸다고 주장하겠지만, 그런 주장은 다만 유치하게 우기는 교조적인 태도일 뿐이다. 그들이 의지하는 문화유산이 충실한 근거를 가진 것이 아니라면, 그들의 체험은 결코 믿음의 근거가 되지 못한다.

  일부 신비가들은 부활한 그리스도와 대화를 나누었다고 주장하지만, 거의 모든 그리스도인이 부활을 믿는 근거는 종교 전통 속에서 확립되었다. 오래전에 특별히 혜택받은 사람들인 예수의 사도들은 스승이 십자가에 못 박히고 매장된 뒤에 부활한 스승을 다시 만나보았고, 이 복음을 다른 사람들에게 전했다. 그리스도교가 온갖 파벌과 교회로 분열했지만 중심 진리는 모든 신자에게 전달되었으며, 그들은 후세에 지식을 전달해주기 위한 신뢰할 만한 절차를 타당하게 갖추어 자신들의 믿음을 다듬었다. 하지만 기초가 충실한 믿음을 이런 식으로 설명한다면 그리스도교 공동체와 다른 세계의 종교들을 구별할 수가 없다. 선조들이 자기들의 모든 행동을 지켜본다고 주장하는 사람들이나 어떤 특별한 장소에 혼령이 깃들어 있다고 믿는 사람들도 여러 세대에 걸쳐 전해지는 이야기[lore]에 의거하며, 그 점에서는 그리스도인과 똑같이 정당하다. 아주 오래전에 부족이나 공동체의 역사에서 어떤 계시가 있었고, 그것이 신중하게 보존되어 그것을 처음 누린 사람의 후손들이 활용할 수 있었다. 다시 한 번 말하지만 다른 곳에서 발견되는 조건들도 똑같은 유형이며, 이와 같은 일반적인 유형의 특별한 사례, 즉 그리스도교 전통만이 타락하는 일 없이 전해진 진정한 계시에서 발생했다고 가정하는 것은 교조주의적인 태도일 뿐이다.

종교의 다양성과 인식의 대칭성을 강조하는 첫 번째 전선에서도 의혹의 여지는 이미 충분히 있다. 종교 전통이 성장하고 변화하는 방식에 대해 우리가 알고 있는 것들을 감안할 때, 두 번째 전선에 가담하면 회의론이 강화된다. 종교의 사회학적 연구를 보면 종교들이 성공적으로 성장할 수 있었던 것은 신입 회원들에게 교조적인 진리를 설득해서가 아니라, 사회적·심리학적인 필요를 맞춰주었기 때문임을 알 수 있다. 역사 서술에서는 단일한 종교들이 가공되어온 방식과 그것을 결정적으로 개조시킨 정치적인 고려가 매우 다양하다는 사실이 드러난다. 경전에 대한 문헌 분석은 과거의 타협과 상이한 그룹들이 선호하는 경쟁적인 설명들이 병치되는 방식을 보여준다. 19세기의 위대한 성서 연구자들은 성서에서 무수히 발견되는 내용상의 어긋남은 제각기 다른 성향을 가진 신도들을 만족시켜야 할 필요 때문에 생겨난 것이라고 설명했다. 신약성서의 복음서에서 예수가 부활한 뒤에 출현한 모습은 저마다 다르게 묘사된다. 이는 아마 동부 지중해에서 갓 생겨나고 있던 작은 운동공동체들이 무슨 일이 있었는지를 전하는 여러 구전과 문헌 가운데 각기 하나씩을 근거로 삼았기 때문일 것이다. 누가복음의 첫마디는 신중한 독자들에게 경쟁 버전들이 사방에 돌아다닌다고 공공연히 주장한다. 사도행전과 갈라디아서도 예수의 메시지를 다듬는 방식에 대해 매우 다른 견해들이 있음을 분명히 한다. 예수를 영감의 원천이라고 주장하는 초기 운동을 보는 우리의 시각은 최근에 새로 발견된 사실들에 근거해서 확장되었는데, 그럼으로써 현대의 그리스도인에게 그들의 교회가 준수하는 정통으로부터 놀랄 만큼 벗어난 교리를 흔히 제시한다.

어떤 정전正典이 형성되고 확정된 방식을 연구해보면, 사회적·정치적 압력이 행사한 영향을 매우 명료하게 알 수 있다. 그런 압력은 원초적인 진실이라는 것을 보존하기에는 전혀 믿을 만한 방식이 아니다. 예수의 죽음에 대해 유대인에게 책임을 묻는 문제를 생각해보라. 그것은 그리스도교 교리 가운데서도 가장 추악한 면모의 하나다. 돌로 쳐서 죽이는 유대 방식이 아니라 십자가에 못박아 죽이는 로마식으로 처형되었다는 사실만으로도 위 주장의 신뢰성은 여지없이 허물어진다. 민감한 성품을 지닌 총독이 행정적으로는 처벌을 집행해야 하지만 개인적으로는 예수를 풀어주려고 애썼으나, 으르렁대는 유대인 군중이 메시아를 너무나 완강하게 증오하는 바람에 풀어주지 못했다는 허구를 통해 로마인들은 죄를 면제받을 수 있었다. 이 신화의 완전한 버전을 듣고 싶으면 바흐가 쓴 〈요한수난곡 St John Passion〉의 탁월하게 극적인 설정을 살펴보면 된다〔"그가 아니라 바라바를 주시오!(Nicht diesen, sondern Barabbam!)", "십자가에 못 박으시오!(Kreuzige ihn!)"]. 빌라도(폰티우스 필라투스$^{Pontius\ Pilatus}$)는 손을 씻고 로마인들은 죄에서 풀려났다. 하지만 그 남자, 직위, 시대 등에 대해 우리가 알고 있는 모든 사실은 그와 정반대의 이야기를 들려준다. 빌라도는 가혹한 총독으로 유명했고, 결국은 그 정도가 지나쳐서 소환되었다. 그는 지역의 관행이나 축제를 전혀 인정하지 않았고, 관용도 보이지 않았다. 우리가 아는 한 유월절 전에 위험한 범죄자를 풀어주는 유대식 관습은 없었다. 그런 지역 전통을 존중한 로마의 고위직 행정관도 기록에 남아 있지 않다. 그 이야기는 통째로 조작된 것이다. 왜 그랬을까? 그 대답은 쉽게 찾을 수 있다. 그 이야기가 최초로 등장하는 기록 자료인 마가복음이 작성된 시점이 기원후 70년, 유대인들이 처참하게 패배한 직후였다는 점을 생각해보라. 예수 운동의 중심인 예루살렘 지부는 그보다 여러 해 전에 가장 강력한 카리스마를 지닌 지도자를 잃었고, 유대인의 독립 투쟁과 유대-로마 전쟁에서 수동적인 역할밖에 하지 못했다. 유대교 안에서 예수 운동을 계속한다는 것은 누가 봐도 뻔한 종말로 이어질 노릇이었고, 최대의 희망은 특히 바울 같은 사람이 지중해 주변에 세우던 작은 공동체들에 있었다. 운동의 지도자들은 로마의 검열 아래서 일해야 했고, 스스로를 로마 시민으로 여기는 잠재적인 개종자들을 적으로 돌리지 않을 메시지를 전해야 했다. 빌라도 이야기는 그 용도에 딱 들어맞았다.

이제 세 번째 전선을 생각해보자. 우리가 세계에 대해 아는 내용에 입각해서 종교의 교리를 평가하는 문제다. 다른 수많은 종교들처럼 그리스도교에서도 신기한 사건들, 자연법칙을 벗어나는 것처럼 보이는 사건들이 광범위하게 보고된다. 물이 포도주로 변하고,

생선이 무한히 불어나며, 신체가 마비된 환자에게 손을 대면 일어서서 걷기 시작하고, 죽은 사람이 되살아나는 일 들이다. 이야기의 출처를 믿을 매우 확실한 이유가 있지 않는 한 우리가 갖고 있는 자연 지식은 이런 이야기를 회의적으로 보게 만든다. 게다가 우주의 역사를 더 넓게 바라보면, 세계에서 가장 인기 있는 종교들에서 너무나 흔히 보이는 섭리주의에 대한 의심이 솟아난다.

섭리주의란 우주가 어떤 목적에서 그것을 만든 지혜로운 창조자에 의해 설계되었다는 생각이다. 유한하고 허약한 우리 같은 피조물에게는 그 목적이 보이지 않을지도 모르지만, 겉으로 드러나는 무질서한 측면 뒤에서 모든 것은 하나의 좋은(찬란할 수도 있는) 목적을 향해 나아가고 있다. 그런 생각은 고대 이후 지금까지 두뇌가 명석한 비판자들에게서도 상당히 공격받아왔지만, 생명의 역사에 대한 현재의 이해 수준에서는 거의 살아남기 힘든 지경에 와 있다. 생명체가 우리 행성에 등장한 지는 거의 30억 년이 넘으며, 다세포 유기체가 나타난 것은 7000만 년 전, 통증 감각을 지닌 동물이 출현한 것은 신중하게 평가하면 2억 년 전으로 거슬러 올라간다. 또 인간종이라는 우리 집단의 목표도 상대적으로 최근에 설정된 것이며, 광대한 진화의 나무에서는 가느다란 잔가지 하나에 불과하다는 것을 생각하면, 이런 것들을 지혜라든가 섭리로 보는 입장 전체가 흔들리기 시작한다. 명료하게 표현된 계획이 아니라 제멋대로 휘저어놓는 이야기로 보이는 것이다. 동물들에게서는 수십만 년 동안, 또 인간들에게서는 적어도 5만 년 동안 느껴져온 고통과 아픔이 전체 상황의 우연적인 면모가 아니라, 또는 충분히 숙고해서 구상된 발전 계획의 부수적이지만 불가피한 결과 또한 아니라 창조주가 선택해서 써나간 대본의 본질적인 구성 요소라는 점을 깨달으면 그런 인상은 더욱 강해진다. 자연 선택은 진화적 변화의 중요한 원인이며, 그것이 작동하려면 생식, 경쟁, 상실이 있어야 한다. 창조가 이루어지던 순간에 허약하고 유한한 우리 생물들이 개입할 수 있었더라면, 그 지혜롭다는 창조주에게 매우 뻔하지만 귀중한 몇 가지 조언을 해줄 수도 있었을 텐데.

다윈을 비방하는 사람들이 희미하게 인정하듯이, 그의 생각도 『고발』에서 맡은 역할이 있다. 하지만 다윈 사상은 훨씬 더 복잡하고 훨씬 더 저주스러운 논의의 일부분에 불과하다. 여기서 나는 초자연주의의 한 가지 버전인 그리스도교에 대한 비판을 그 논의의 보기로 들었지만, 사실 그것은 매우 일반적으로 적용된다. 세계 종교에서 초자연적이거나 '초월적'인 존재를 다루는 그 어떤 교리도 말 그대로 진실이라고 받아들이기에는 증거도 없고 타당하지도 않다는 결론이 내려져야 할 것이다.

이런 위협적인 결론에 직면한 종교 옹호자들이 전형적으로 취하는 탈출구는 다음의 두 가지 중 하나다. 종교가 합리적이어야 한다는 생각을 가진 부류는 초자연주의적인 성향을 희석시키려고 한다. 예수가 문자 그대로 죽은 자들 사이에서 부활했다고는 주장할 수 없을 수도 있다. 그것은 각 부족의 혼령들이 그 부족을 축복했다고 주장할 수 없는 것과 마찬가지다. 하지만 좀 더 추상적이고 모호한 생각은 붙들고 있어도 된다. 만물의 배후에 어떤 정신이 있는지도 모르니까. 하지만 이 반응은 한 걸음 너무 많이 갔다. 회의론자는 우주의 본성에 대한 인간들의 탐구가 아직 끝나지 않았다는 사실을, 우리 세계와 인간이 경험한 많은 일들이 아직도 제대로 설명되지 못한다는 사실을 종교 신자들 앞에서 인정해야 한다. 그러나 그들 회의론자는 뭔가 초월적인 것이 존재함을 나타내기 위해서,

고양 체험이라는 이름표 뒤에 숨어서 우리의 무지를 은폐해서는 안 된다고 주장해야 한다. 그 체험이 교회로부터 오든, 틴턴 수도원으로부터 오든지 간에*. 이런 체험에 정직하게 접근하는 방법은 우리가 그것을 충분히 이해하지 못한다는 것을 인정하고, 모르는 것을 대신할 무슨 대체용 범주(마음, 창조주) 같은 것에 호소하지 않는 것이다. 세계에 퍼진 온갖 다양한 초자연주의 교리들을 믿지 않고, 그것들이 우리의 인식 부족을 은폐하기 위해 가져다놓는 범주들을 물리친다면, 미래의 탐구가 우리의 무지를 치유해줄 가능성을 진정으로 열어놓을 수 있다. 또 그 방식이 우리의 현재 시야를 훨씬 넘어서는 실체를 소개해주는 것일 수도 있다. 이런 일이 절대로 일어나지 않으리라고 단언하는 교조적인 태도(철저한 무신론자들이 내세우는 방식)는, 아직 이해되지 않았다고 솔직하게 자백해야 할 세계의 면모에 대해 자기들이 선호하는 범주를 갖다붙이려는 초자연주의자들의 시도와 마찬가지로 섣부른 것이다.

『고발』을 피하는 두 번째 시도는 그 결론을 인정하고, 종교는 이성에 관한 것이 아님을 선언하는 것이다. 신앙은 합리적인 판단을 압도하고, 뒤집을 수도 있다. 부조리하다는 사실을 인정하면서도 그런 믿음의 대상을 찬양하는 사람들과 소통하려면, 결국 논의에 호소하는 방법으로는 안 되는 모양이다. 그럼에도 그들의 열성이 지니는 **윤리적인** 성격은 있는 그대로 드러날 수 있다. 그들의 종교적인 긍정이 결과적으로 타인들에게도 영향력을 발휘한다면, 윤리적 처신에 관한 통상의 표준에 따라 그들은 무책임하다고 여겨져야

---

* 즉, 자연에서 느끼는 경이로움이든지 간에. 워즈워스의 시 「틴턴 수도원(Tintern Abbey)」 참조.

한다. 증거들로 보아 초자연적인 종교가 신화들의 집합임이 밝혀진다면, 거기서 찾을 수 있는 책임감 있는 행동의 근거는 소설에서 기대할 수 있는 정도 이상이 아니다. 이성은 중요하지 않으며 신앙에 의거해 경전을 받아들인다고 주장하면서 『고발』을 인정하는 사람들은, 자신들의 삶의 근거를 『푸우야, 그래도 나는 네가 좋아*The House at Pooh Corner*』나 『나의 투쟁』에서 찾는 사람들과 동일한 윤리 구역에 속한다. 그곳은 사람들이 접근하지 말아야 하는 구역이다.

여기서는 내 논의를 압축했지만 독자들은 더 자세한 내용을 찾아볼 수 있고, 또 참고 자료도 게시해두었다. 나와 비슷한 추론을 하는 많은 사람은 종교가 없어지면 세계가 더 나은 곳이 될 것 같다고 확실하게 결론지었다. 종교가 없다면 사람들은 더 명료하게 생각하고, 지금 믿는 신화에 방해받지 않을 것이며, 그런 신화들 때문에 흔히 끓어오르는 분열과 그것들이 구현하는 편견에 더 이상 구애되지 않을 것이므로, 윤리적인 측면에서도 삶이 더 나아질 것이다. 가장 호전적인 시각에서 볼 때 종교는 다치기 쉬운 사람들에게 계속 감염원 노릇을 하며, 그들이 사는 세계를 말려 죽이는 쓰레기 더미다.

그러나 내가 내리고 싶은 결론은 이것이 아니다.

※※※

그것은 『고발』을 인정하고, 종교를 재해석하려는 종교 전통이 있기 때문이다. 그 가운데 윌리엄 제임스와 존 듀이가 눈에 띄는 인물이다. 이 전통은 종교를 믿음의 문제로 생각하지 않고, 그 밖의 심리 상태와 태도에 집중한다. 이들 생각의 중심은 이런 상태와 태도 가운데 귀중한 것들이 있는데, 그것들이 거짓에 닻을 내리고 있음을 발견했다면 잘못된 확신이라고 해서 그냥 없애버리고 말 것이 아니라 귀중한 내용을 최대한 많이 보존하도록 대안도 찾아주어야 한다는 것이다. 종교는 개인의 삶에서든 인류 사회에서든 중요한 기능을 하므로, 이런 기능들이 지고 있는 부담을 최대한 덜어주는 동시에 그에 딸린 신화들을 삭제하는 것이 우리의 과제라는 것이다.

여러분은 이것을 공허한 향수이며, 과거 성가대원이던 사람의 감수성과 집착이라고 생각할지도 모른다.

하지만 오래전에 발걸음을 끊은 교회에 대해 내가 여전히 품고 있는 따뜻한 기억을 돌이켜볼 때, 그것은 그냥 듣기 좋은 말이나 높이 솟은 아치, 성가대석의 저녁 불빛, 그 무엇보다도 성스러운 음악만의 문제는 아니다. 아름다움에 대한 반응에도 다른 뭔가가 섞여 있다. 교회 문 양옆을 지키는 조각상들은 이 건물을 중심으로 살아가던, 그것을 공동체와 개인적인 삶의 초점으로 여겼던 이름 없는 장인들의 개인적인 비전을 증언한다. 내가 그 안에서 노래하기 시작했던 보기 흉한 벽돌 건물에 대한 회상은 그 교회의 신도였던 결코 부자가 아닌 사람들, 그 속에서 우정과 평화와 위안을 발견했던 사람들의 삶에 대한 기억과 결부되어 있다. 그 벽 밖에서 이루어지는 그들의 삶은 힘들고 황량하고 고통스러울 때가 많았지만, 그 안에서 그들이 들은 메시지는 그들에게 계속 살아나갈 방향과 정신력을 주었다.

내가 다녔던 교회는 구원을 보장해주는 예수와의 개인적인 접촉이나 계약 같은 것이 아니라 주로 산상 수훈을 중심으로 했으며, 신학 교리면에서는 부족했지만 인간의 관심사면에서는 풍요로운 곳이었다. 자유주의적인 영국 성공회 신학이 1960년대에 (잠깐) 보여주었듯이, 무슨 일이든 허용되었다. 하늘에 있는 백발노인에 대한 생각도 포기하고, 문자 그대로의 부활이라는 생각도 포기할 수 있었다. 그러면 남는 것은 자비, 상호 존중, 서로 간의 사랑을 중심으로 하는 이야기와 지시들이었다. 종교를 학술적으로 연구하되 초자연주의에 속지 않는 것으로 유명한 일레인 페이절스Elaine Pagels의 글을 읽으면서 이 모든 것이 내게 되살아났다. 지금 이 글의 제목은 교회를 윤리적인 삶의 중심으로 재발견하는 과정을 서술한 그녀가 지은 책의 제목이기도 하다.

나는 지금까지 종교가 전형적으로 구사해온 잠재적인 기능을 넌지시 암시해왔는데, 이제 좀 더 구체적으로 다루어보자. 한 가지 명백한 기능은 사람들에게 희망을 주는 것이다. 즉 지금 여기서 느끼는 고통과 고난 대신에 우리의 눈물이 닦일 미래의 삶이 들어선다거나, 우리가 사랑하던 사람들을 잃고 슬퍼하는 상실감은 영원하지 않다, 내세에서는 그들을 되찾을 것이다라는 등의 이야기를 해주는 것이다. 그러나 이 기능은 초자연주의 신화와 너무나 단단히 묶여 있으므로, 살아남을 수 없다. 우리의 삶이 육체가 파괴된 뒤에도 계속될 것이라고 생각할 근거는 없다. 그것이 착각임을 인정하려면 우리는 마음을 위로해주는 희망을 포기해야 한다.

그러나 내가 한때 알았던 자유주의 그리스도교가 분명히 보여주듯이, 다른 기능들은 그런 식으로 미신과 연결되어 있지는 않다. 친숙한 이야기들을 문자 그대로 읽지만 않는다면 사람들은 개인으로서, 또 서로와의 관계에서 각자의 삶에 대한 성찰을 함께 나누며 한데 모일 수 있다. 초자연주의를 버리고 나면 종교는 사람들이 지금 여기의 삶에서 의미를 찾도록 도와주고, 그들의 삶에 중요한 요점이 있음을 보게 해줄 수 있다. 또한 서로 관심을 갖고 후원해주는 공동체를 형성함으로써 종교는 공통의 윤리적인 행동을 할 공간을 제공해줄 수 있다. 이 글을 쓰는 곳에서 고작 몇백 미터 떨어진 곳에 있는 교회들이 너무나 잘 보여주듯이, 그런 장소는 사람들이 자신의 목소리를 들을 기회, 사회적인 저항 속에서 그런 목소리를 드높일 기회를 준다.

우리에게는 이런 것이 필요하다. 우리는 자신의 유한한 삶에서 의미를 찾아내야 한다. 또 갈수록 원자화되어가는 사회에서 단절된 개인으로 살아가는 우리에게는 공동체 형식이 필요하다. 이런 기능을 수행하는 것은 초자연주의와 무관하다. 그리고 정말로 종교적인 관념과 기관은 이런 중요한 필요를 충족시키는 문제에서 어떤 독점권도 갖고 있지 않다. 우리는 종교 기관이 없어진 미래, 이런 필요들이 다른 공동체 구조를 통해 충족되고 개인들이 저마다의 삶의 의미를 발견하게 해주는 철저하게 세속적인 방법이 있는 그런 미래를 상상할 수 있다. 그러나 일부 유복한 민주 사회, 특히 미국에서는 이런 중요한 기능들이 현재 종교 기관 및 관행과 결부되어 수행되는 경향이 있는데, 그런 기관과 관행은 흔히 부조리하며 온통 분열적인 미신으로 뒤덮여 있다. 그런 부조리를 폭로하는 것만으로는 충분하지 않다. 왜냐하면 신화를 포기하고 계몽된 자들에게 가담하라는 냉정한 명령은 이해하기는 쉽지만 깊은 인간적인 갈망에는 응답해주지 못하기 때문이다.

두 가지가 이루어져야 한다. 먼저, 공동체 감각이 확립될 공간, 공동의 윤리적인 행동이 이루어질 기회를 제공하고 가장 깊은 개인적인 인생 문제들을 공개적으로 논의할 기회를 제공하는 장소가 있어야 한다. 둘째, 우리 모두는 우리 자신에 대한 설명과 무엇이 귀중한지에 대한 설명, 우리가 그것을 향해 방향을 잡고 나아가며 그것에 의지해서 살아갈 수 있는 어떤 것에 대한 설명을 필요로 한다.

미국에서의 세속 사회는 사회적·제도적인 틀을 통해 거의 어떤 설명도 해주지 않으며, 세속적인 사유는 그리스인들이 철학의 새벽에 제기했던 전통적인 물음들, 유한하기는 하지만 중요하고 가치 있는 인간의 삶을 만드는 것이 무엇인가 하는 물음은 피한다. 이런 물음은 어쩔 수 없이 누락된 것들이 아니다. 듀이가 보았듯이, 세속 공동체의 형태가 설계되고 건설될 수도 있고, 예술가와 작가들이 인간 존재의 가능성에 대한 힌트를 제공할 수도 있다. 공동체 차원과 개인 차원에서 중요한 문제들은 세속적인 기준으로 해결 불가능하지 않다. 그저 해결되지 않았을 뿐이다. 무시되기 때문에 해결되지 않는 것이다.

불신앙에 대한 옹호는 제아무리 유창하게 개진한다 할지라도 앞의 사실들이 인정될 때까지는 결코 세속적인 혁명을 일으키지 못한다. 종교가 어떤 기능을 수행하는지에 대해서는 무관심한 채 임시변통으로 미신을 없애버린다면 직역주의적^{literalist}인 신화학의 상스러운 형태가 쉽게 끼어들 진공이 생겨난다. 듀이가 말한 '종교의 위기' 이후 지금까지 미국에서 종교가 거쳐온 역사가 이것이다. 한때 참석했던 교회에 더 이상 나가지 않는 사람들은 그곳에서 누렸던 경험의 전체 범위를 회상하고, 거짓과 부조리함에 의해 불가피하게 오염된 것들과 뒤엉켜 있는 귀중한 것들을 구분해서 풀어놓을 방법을 곰곰이 생각해야 한다. 직역주의적이지 않은 종교가 계속 번성하고 살아갈 수 있는 공간은 종교 이후의 삶의 어떤 형태에 영감을 줄 수 있고, 그런 형태는 살아남을 기회가 더 많다. 그것은 세속주의뿐만 아니라 휴머니즘도 강조하는 세속적 휴머니즘이다.

이를 달성하려면 우리는 불신앙을 넘어서야 한다.

"그런 질문을 제대로 무시하려면 아직 멀었어!"
—다른 형태의 불신의 목소리

프리더 오토 볼프(Frieder Otto Wolf)
정치 학자이자 정치가이며 베를린 자유 대학교의 철학과 명예교수다. 1994년부터 1999년까지 '동맹 90/녹색당' 소속으로 유럽의회의원을 지냈다.

오스트리아식 독일어에는 어떤 이슈에 관해 정말 너무 심할 정도로 마음이 없다는 뜻을 표현하는 관용어가 있다. "○○○를 제대로 무시하려면 아직 멀었다." 이 말은 당신이 그 이슈를 완전히 거부한다는 의미다. 너무나 철저하게 거부하기 때문에, 그 어떤 간접적인 방식으로도 그것에 상관하기 싫다는 뜻이다. 다른 말로 하면, 이 이슈를 능동적으로 무시하려고 애씀으로써 그것에 대해 추호도 노력하지 않는다. 그것은 뭔가를 알지 못한다는 의미인 "○○○를 무시한다"의 반대말이 아니라, 그것을 알려고 신경도 쓰지 않는다는 의미에서 "○○○를 무시한다"는 말의 더 강화된 버전이다.

 정확하게 말하면, 나는 종교적이고 신학적인 물음에 대해 자유로워진 인류가 소망과 기획과 현재와 장래에 실천할 공동의 계획을 정리하는 데서 이런 태도가 우세해져야 한다고 주장하고 싶다. 그렇다고 해서 인류의 과거 역사가 남긴 중요한 문화유산으로서의 종교와 신학에 대해 잊어버려야 한다는 말은 아니다.

물론 내가 제안한 이런 입장은 현실 세계에서는 아직도 상당히 모순적으로 나타난다. 대부분의 나라에서 물려받은 종교적 신념의 다양한 체계는 여전히 너무 악의적이고 강력해서 무시할 수 없으며, 현재의 중요한 질문에 대한 토론에서도 결코 무시되지 않는다. 그러나 서유럽 등의 몇몇 나라에서는 이제 상황이 달라졌다. 최근에 종교를 부흥시키려 했던 몇 차례의 시도는 아직 제대로 자리를 잡지 못했다. 현 상황에서 우리들의 지적 노력을 종교와 신학에 관한 질문에 다시 집중하는 것은 심각한 퇴보라는 판단이 든다.

그러므로 이런 문제에 대한 내 생각은 세계의 여러 다른 지역에 사는 사람들에게는 이상해 보일 것 같다. 하지만 그들 역시 이와 같은 사실상의 '세속적'인[1] 태도가 무엇을 시사하는지 철저하게 따져 볼 필요가 있으리라고 생각한다. 설령 개인의 자유를 위해서라도 인간이 장래에 어떻게 함께 살 것인가를 예견하는 문제에서 지나치게 규범적으로 판단하지 않아야 할 충분한 이유가 있겠지만, 장기적으로 보아 우리가 어디에 도달하고자 하는지를 밝히기 위해서 그렇다는 것이다.

불신앙/동의하지 않음/무신앙/ 무신론

불신앙의 목소리를 낸다는 것은 어떤 특정한 은유적 맥락을 받아들인다는 뜻이기도 하다. 이는 합의에 도달했던 견해에 '균열'이 생겨 합의와 의견 일치가 사라지고 날카롭게 대립하는 혼란스러운 상황이며, 그와 동시에 이렇게 도래한 새로운 상황은 뚜렷하게 의미 있는 자체의 목소리라는 형태를 띤다. 관련된 뉘앙스에 최대한 섬세하게 주의하려고 노력하겠지만, 내가 생각할 때 '불신앙의 목소리'라는 개념 자체가 헤게모니 긍정이나 변화 과정에서의 특정한 순간이라는 생각을 담고 있다고 말할 수 있다. 그런 순간에, 합의되거나 대략 억압에 의해 순응해오던 상황이 최초로 공적 영역에 도입된 상이한 견해나 판단에 의해 깨지기 시작한다.

불신앙disbelief이라는 개념은 우리에게 동의하지 않음dissent이라는 개념에 주목하게 한다. 극단적으로 생산적인 혁명을 수십 년 겪은 17세기 이후의 영국에서 '기존 교회'와의 거리 두기•를 의미하던 이 관념은, 기존의 견해와 거리를 두는 급진적인 사고를 가리키는 일반 용어로 발전했다. 이 관점에서 나는 '동의하지 않는 목소리dissenting voices'가 '반대자들dissidents' 보다는 좀 더 희망찬 상황에 있다고 생각한다. '반대자들'은 (영국 이외의 다른 장소에서는) 역사적으로 억압적인 순응주의에 의해 구축된 사회 안에서 외부인이 되는 상황에 한정된다(그냥 관용될 때도 있었지만, 배척되거나 처형되는 경우가 훨씬 많았다). '동의하지 않는 목소리'는 그들이 사는 사회의 공적 공간에서 들릴 실제 가능성을 아직은 갖고 있는 데 비해 '반대자의 목소리dissident voices'는 그들로부터 철저하게 배제되며, 상대적으로 매우 좁은 '반문화反文化(counter-cultures)'의 공간 속에 갇힌다.

이 작은 희망의 불꽃을 진짜로 만들고 정말로 효과가 있는 '빛'이 되도록 확대하기 위해서는 우리의 기초적인 개념들을 다른 관점에서 다시 생각해보는 것이 중요하리라고 확신한다.

무엇보다도 먼저 우리는 불신앙이라는 개념에 함축되어 있는 또 다른 잠재력을 활기차게 끌어안아야 한다. 그렇게 하는 것은 실제

• '기존 교회'와의 거리 두기: 성공회로부터의 분리 주장, 영국의 국교 반대.

로 존재하는 당대의 헤게모니에 대한 도전을 시작하는 것이다. 그것은 200년도 더 전에 있었던 헤게모니의 유령에게 도전하는 가짜 행동도, 헤게모니가 반대자들에게 할당해준 약간의 아늑한 피신처로 물러나는 행동도 결코 아니다.

또 이것은 우리가 자기 규정을 위해 다른 범주들이 갖고 있는 결함을 명철하게 파악해야 한다는 뜻도 담고 있다. 특히 무신앙^{unbelief}이나 무신론^{atheism}의 범주에 대해서는 그렇게 해야 한다.

이 무신앙의 범주는 우리가 계속 옹호하면 안 되는 매우 문제가 많은 세 가지 명제를 함축하는 것으로 보인다. 첫째, 선하며 도덕적으로 가치 있는 삶은 한 개인의 개별적인 믿음체계(예를 들어 고대 그리스인이나 로마인이라면 매우 이상하게 여겼을 그런 것)에 기초해야 한다는 생각이다. 둘째, 자기 삶을 살아가는 어떤 유의미한 방식을 조회하는 하나의 중심 평가 기준이 있다는 생각이다. 그 평가 기준에 입각해서 대답되어야 할 질문은 우리가 믿는가 안 믿는가 하는 것, 우리가 실제로 믿는 것이 정말로 무엇이며 누구를 믿는가 하는 질문으로, 무신앙자들과 신자들, 즉 그리스도인을 대비시킨다. 이것은 어쨌든 그리스도교 신자 및 그와 비교될 만한 종교를 가진 사람들은 더 잘 믿는 성향인 데 반해, '무신앙자들'은 일반적으로 의심이 많고 어떤 것을 믿기를 거부하는 성향이 있다는 주장으로 이어진다. (무신앙자들은 자신들의 무신앙이 오로지 자신들에게는 관련성도, 설득력도 없는 일부 명제들의 집합에만 적용된다고 단순하게 생각하지 않는다.) 셋째, 무신앙이라는 범주는 무신앙자들의 위치를 적어도 문법적으로는 뭔가가 결여된 상태로 규정하는데, 이는 명백하게 스스로를 종속시키고 한계짓는 행위다. 우리는 이것에 반대해, 예를 들면 '삶의 의미'에 관한 어떤 핵심 질문 같은 것을 설정해두고, 그럼으로써 능동적으로 살아가면서 계속 만나는 감각과 의미의 다양한 경험에 대해 눈을 감아버리는 것은 정말 이치에 맞지 않는다는 사실을 알아야 한다.

따라서 우리는 역사적인 상황이 허용하는 한 이 문제를 그냥 내버려두어야 한다. 사회의 기본적인 합의가 그리스도교식 용어를 바탕으로 하던 시절(서유럽의 근대 초기와 같이)에 그랬듯이 무신앙의 범주가 가끔은 불가피했을 수도 있고, 아니면 오늘날의 미국 사회가 그렇듯이 그리스도교 근본주의에 사로잡혀 있는 동안에는 그런 근본주의를 떨쳐내기가 여전히 힘들 수도 있다. 그러나 최소한 절반 이상 세속화된 사회에서는 바로 이와 같은 용어 속에 함축되어 있는 그리스도교라는 의미에 더 이상 묵직한 양보를 할 필요는 없다.

'무신론'이란 많은 사람들에게 훨씬 더 급진적이고 과감하게 느껴질 수도 있고, 자기를 가리키는 용어로 보일지도 모른다. 그러나 이런 확신은 치밀한 검토를 견뎌내지 못한다. 그 밑바탕에 있는 개념은 유신론에 대한 부정이며, 그럼으로써 '유신론'[2]이 유의미하고 적절한 문제, 설사 모순적인 대답이라도, 긍정이 아니라 부정의 대답일지라도 답변되어야 하는 문제를 소개한다는 사실을 인정하는 것이다. 다른 말로 하면, 그것은 신이 존재하는지 또는 신들이 존재하는지의 여부가 우리가 삶을 살아가는 데 중요하며, 관련이 있다는 사실을 받아들인다.

이것은 어떤 주어진 사회 안에 자리잡은 기존의 종교적 헤게모니의 기초 위에서만 자명하다. 그것은 진정으로 세속적인 사회라면 그것을 선택하는 자들이 즐기는 일종의 부적절한 여가 선용을 위한 장난감일 뿐이지, 공적인 논쟁을 할 적절한 대상은 더 이상 아니다.

실증주의 이후

19세기에 종교와 철학을 대체하는 실증과학에 관한 실증주의 Positivism 개념이 형성되었고, 그것이 20세기 거의 내내 과학자들의 '자연 발생적 철학'의 주류 가운데 하나였다. 그것은 정말 문제가 있다는 사실을 입증한 두 가지 생각에 연결되었다. 즉 과학이 언젠가는 그 마지막 페이지를 읽는 것으로 종결될 '자연이라는 책 읽기'로 인식될 수 있다는 생각과, 과학이 하는 일은 그저 주어진 대로의 사실을 발언하는 것이라는 생각이 그것이다. 그동안 '자연'의 진정한 무한성과 복잡성 같은 개념들이 정교해지고 강조되어, 언젠가는 '자연이라는 책을 완독할 것'이라는 생각이 우습지는 않더라도 지켜질 수 없는 것이 되어버렸다. 과학 연구에서 이론 작업이 갖는 본질적인 역할 및 과학적 탐구의 대상으로서 '실제 가능성'이라는 것의 중요성에 대한 인식론적 발견은 과학적 활동을 실제로 존재하는 사실들에 대한 일종의 체계적인 서술 같은 것으로 축소시키려는 경험주의적 사고방식을 돌이킬 수 없이 무너뜨렸다. 그와 동시에 철학적 성찰은 사회과학 영역 안에서 경험주의를 대체할 '구성주의 constructivist' 적 대안의 밑바탕에 묵시적으로 깔려 있는 '외부의 실재' 또는 '타인의 마음 other minds'에 관한 매우 인위적인 회의주의를 약간은 극복했다.

따라서 비합리적인 반과학주의에 매몰되지 않고(대신에 그것은 진리라고 주장하는 과학의 근거 없는 측면과 근거 있는 측면을 비판적으로 구분할 수 있는 계몽된 '과학의 비판'을 제공한다) 그냥 세속적인 사상가들이 과학을 대하는 더 '유식한 informed' (나는 감히 더 '계몽된 enlightened'이라 말하겠다) 태도가 세속적인 사상가들 사이에서 나타나기 시작했다.

따라서 이제는 과학자들의 자발적인 철학으로, 또 전 세계적인 공공의 경기장에 주요 경기자로 올라선 실증주의에게 솔직하고도 합리적인 작별을 고할 시간이 되었다.

더 구체적으로 말하자면, 인간의 삶을 살아가는 데 중요한 질문에 대한 종교적[3], 신학적[4] 또는 형이상학적인[5] 대답을 대체하는 '실증적인 과학 지식'이라는[6] 실증주의의 도식을 우리가 극복해야 한다고 생각한다. 근대 철학의 역사에서 거듭 확인되어왔듯이 인간 존재 각각은 모두 그 자체로 바로 지금 여기서, 실제 모습 그대로 '마지막 순간'까지 그들 자신의 삶을 살아야 한다는 것이 진리다. 그러나 이 말이 인간 개개인이 자신의 삶을 살아가면서 자신의 능력에만 의존할 수 있다거나, 그들이 다루어야 할 '중요한' 문제가 신학이 대답하려했던 질문들에 의해 사전에 쓸모가 있게 만들어진 것이라거나, 다양한 종교의 교리들이 인간들의 성찰을 위한 중요한 아이템을 먼저 제시했다거나 하는 의미는 아니다. 그와 반대로 인류 역사에 있었던 거의 모든 다양한 '르네상스' 운동이 충분히 보여주었듯이, 우리의 삶에 대처하려면 항상 활용할 수 있는 문화유산을 어느 정도 창조적으로 활용해야 한다. 또 이것이 반드시 종교나 신학으로 복귀해야 한다는 의미는 아니다. 그런 예로 괴테가 하피즈*와의 문학적인 만남을 창조적으로 활용한 사례**라든가, 선불교가 서양 지식인들 각각의 철학적 전통이 가진 신학적 거푸집(또는 족쇄)에 미친 해방 효과를 들 수 있다.

• 하피즈(Hafis) 14세기 페르시아의 시인.
•• 『서동시집』 가운데 하피즈시편.

거짓 단순화에 반대하여

역사적으로 시들어가기 시작한(인류가 오늘날, 그리고 가까운 미래에 상대하는 정말 중요한 물음을 참조하는 공적인 토론으로부터 사라진다는 의미에서) 적들이 들고나온 과제를 추구하고 싶다면 물론 계속 그렇게 해도 좋다. 그러나 그런 사람들은 자기들의 선택이 매우 특수한 상황에서 내린 상황적 선택이라는 사실을 인정해야 한다. 미국의 상황을 예로 들어본다면, 그곳에서는 신학적으로 세련되지 못한 그리스도교 우파가 미디어에서 토론의 장을 휘어잡는 데 성공했다. 이런 상황 아래서는 '새로운 무신론자들'이 주도권을 쥔다면 확실히 해방적인 효과가 있을 것이다. 그러나 이것을 우리의 지적 노력을 역사적으로 더 진보한 다른 전선으로부터 후퇴시키자는 권유로 오해하면 안 된다. 이것은 사실상 신학 이후의 post-theological 사고가 직면한 도전에 응하기 위해 더 섬세한 신학(이런 신학자들은 물론 '새로운 무신론자들'이 자기들의 논점을 놓쳤으며, 그리스도교 신학에는 현대의 그리스도교 근본주의자들이 단순화시킨 것보다 훨씬 더 많은 내용이 있음을 그냥 무시했다고 설득력 있게 호소했다)을 비판적으로 다루는 일도 포함한다.

　미디어의 관심을 끌기가 상대적으로 쉽다는 것 외에, 사람들이 흔히 호소하는 그런 환원주의적인 접근법을 정당화하는 중요한 근거가 하나 더 있다. 그런 신학들이 섬세한 측면을 강조하면서 뒤로는 이 전체 구조의 진정한 내용을 은폐한다는 주장이 그것이다.[7](그리고 한 명의 발언자가 취하는 진보적인 입장이 나머지의 반동적인 성격을 은폐하는 것이기도 하다). 그러나 지적으로든 정치적으로든 신학자 칼 바르트 Karl Barth · 디트리히 본회퍼 Dietrich Bonhoeffer · 폴 틸리히 Paul Tillich, 설교하는 활동가인 마르틴 루터 킹 Martin Luther King, 그리고 에르네스토

카르데날* 같은 사람이 그저 그리스도교가 그 본질을 숨기기 위해 앞에 내놓은 기만적인 '앞모습'일 뿐이고, 반대로 그리스도교 근본주의가 그리스도교의 '진짜 본질'을 대변한다고(혼란스러울 정도로 경쟁적이고 파벌주의적인 이런 근본주의들이 스스로 주장하듯이) 생각한다면, 사실 이는 자해적인 태도일 것이다. 사실 나는 이것이 거의 편집증에 가까운 사고방식이라고 믿는다. 그것은 우리가 차별화되고 복합적이고 점점 더 변화하는 역사적인 현실을 과학적으로 설명하지 못하게 할 뿐만 아니라, 우리의 공적 영역에서 벌어지는 정치적 논의와 철학적 입장에 효과적으로 개입하지도 못하게 만든다. 실질적이고 기초적인 정치적 공통 목표를 갖고 있는 세력들과 제대로 된 동맹을 맺지 못하는 것은 물론이다.

이런 종류의 지적 자폐증을 극복하려면 최소한 한 가지, 매우 기초적이지만 지극히 필연적인 통찰이 필요하다. 즉 우리가 더 이상 그리스도교 신학과 종교가 정치와 경제까지도 지배하는 수탈적이고 억압적인 구조의 주 후원자였던 앙시앵 레짐 시대에 살고 있지 않다는 것을 이해해야 한다. 종교와 신학적 패권에서의 사유의 해방은 많은 곳에서 더 이상 시급한 우선순위를 차지하지 않는다. 현대의 부르주아 사회 및 그 사회의 발전과 함께 등장한 현대 국가가 주로 의지하는 것은 더 이상 이런 이데올로기적 버팀대가 아니다(대체로 세속화된 교육 시스템, 미디어, '소비자주의'의 표준화 유형이 해당 지역의 중심 지배 구조와 정부의 적법성을 재생산하는 기능을 떠맡았다).

물론 19세기 말 이후 혁명이 남긴(또는 확립한) 새로운 지배 구조를 확인하는 것은 쉽지 않은 일이었고, 그렇기 때문에 그 확인된 바

---

* 에르네스토 카르데날(Ernesto Cardenal) 니카라과의 가톨릭 사제이자 혁명적인 시인.

에 대한 합의도 이루어지지 않았다. 극복될 수 있는 지배 구조를 극복되지 못할 수도 있는 구조들과 구분해보면(문제가 많지만 지금의 이 특정한 맥락에서는 쓸모 있는 구분이라고 생각한다) 극복될 수 있는 구조가 적어도 세 개는 보이는 것 같다. 현대 경제의 특징이라 할 '경제적 필요성'이 인간의 자유에 비해 우세한 구조, 인간적인 목표가 자연 과정에 비해 우세한 구조, 그리고 인간들에게서 남성이 여성에 비해 우세한 구조가 그것이다. 이런 구조들이 불가피하고 합리적으로 꼭 필요하다는 생각을 옹호하는 사람들도, 그런 것들이 존재한다는 사실을 진심으로 부정하지는 않을 것이다. 이런 구조 각각에 심각한 문제가 결부되어 있다는 사실을 감히 부정하는 사람들이야말로 앙시앵 레짐의 종교적·신학적 잔재가 여전히 인류 전반에게 가장 중요한 문제인 척하는 것이다.

형이상학적인 문제를 절박한 문제에서 흥미 있는 퍼즐로 바꾸다

'비판적 경로'를 가는 철학의 기준에서 보더라도 새로운 맥락에서 형이상학적인 문제를 다루기 위해 임마누엘 칸트가 크리스티안 볼프$^{Christian\ Wolff}$에게 관심을 가진 뒤, 형이상학-이후의 철학$^{post-metaphysical\ philosophy}$ 안에는 혼란이 일었다. 신학자들이 밝혀낸 질문을 그냥 내버려두어 형이상학적인 철학이 처리하게 남겨두지 않고, 비판적인 철학자들도 거듭해서 바로 이런 문제를 당연한 듯이 다루어왔기 때문이다. 그런 문제를 인간의 사유가 내놓은 일종의 초보적인 수수께끼로 받아들인 것이다.

이것이 있을 수 없는 환상이라는 것은 칸트 철학의 기저에 깔려 있는 간접적인 동기들만 보아도 이미 파악되었을 것이다. 칸트는 인간 존재가 자신이 형이상학적인 동물이라고 주장하기 위해 열거하는 초보적인 물음들(내가 무엇을 알 수 있는가? 나는 무엇을 해야 하는가? 나는 무엇을 희망할 수 있는가? 인간이란 무엇인가?)이 세계의 유한하고 창조된 성격 또는 그 무한성, 도덕적 의무의 존재신학*적 기초, 영혼의 불멸성 등 볼프가 제기한 특수 형이상학의 기본 문제들로 의미 있게 번역될 수 있다고 생각하는 것 같다. 그러나 오늘날 그런 문제들이 여전히 설득력 있게 보인다 하더라도, 그것들을 형이상학적인 문제로 번역하려는 칸트의 제안이 자의적인(그리고 퇴보적인) 연습이었다는 것이 상당히 명료하게 드러난다.

우리가 무엇을 알 수 있는가 하는 문제는 더 이상 일반적인 우주론의 문제에 집중되지 않는다. 그보다 훨씬 더 흥미 있는 인식론적인 관심사의 문제가 있다. 가령 실재의 상이한 '영역들'이 '출현'하는 데 따르는 문제에 관한 인식론적인 관심사 등의 사회역사적 과학, 나아가서는 우주론의 범위 및 정치적 적절성^{pertinence}이 그것이다. 우리가 무엇을 해야 하는가 하는 문제 또한 더 이상 신[8]의 명령(또는 주관적 사례로서의 신이 부여한 양심)이라는 관념으로 소급해서 결부되지 않는다. 그보다는 우리 사회가 어떤 곳이 되기를 원하는지, 개인으로든 집단으로든 우리가 그런 '발전'을 가져오는 데 어떻게 기여하도록 요청될지, 나아가서는 변화의 동력에 보조를 맞추기 위해 어떻게 해야 하는지 숙고하도록 만든다. 우리가 무엇을 기대하는가 하는 문제는 이제 대부분의 사람들에게 더 이상 개인의 불멸성 관념으로 연결되지 않는다. 그보다는 우리 공동체의(그리고 공동체 속에서 우리 '가족'의) 미래에 다시 집중하며, '인류의 논

---

* 존재 신학(ontotheology) 신의 존재론 또는 존재의 신학.

단'에서 토론되어야 하는 공통의 프로젝트로서 인류의 미래에 점점 더 집중해왔다. 마지막으로 '인간의 본질'이라는 문제는 칸트 이후 수없이 재번역되고 해체되고 재구축되고 희석되어왔다. 거기에 대해 지금 상당히 확실하게 추측할 수 있는 것은, 그것이 어떤 식으로든 우리를 형이상학적인 물음의 맥락으로 도로 끌고 가지는 않는다는 사실이다.

이렇게 단언한다고 해서 그것에 대해 엄격해질 이유는 없다고 생각한다. 우리는 형이상학을 의미 있는 토론에서 완전히 배제하려 했던 이런 19세기와 20세기식 '형이상학 비판'을 따라가면 안 된다. 그보다는 칸트가 스스로를 위해 사고하는 것만이 아니라 실제로 그렇게 할 용기를 쌓기 위해서라도 스스로를 계몽하는 활동과 과업에 대해 논의하면서 내렸던 구분법을 선택할 수도 있다.[9] 칸트는 이성의 공적인 용도와 사적인 활용을 구별했다. 공적인 용도란 인류 전체를 대상으로 발언하고 각각의 주장이 지닌 원천적인 힘에 따라 그것들을 소개하고 무게를 평가하는 일이며, 사적인 활용[10]이란 논의하는 개인이 맡은 직책에 따라 규정되는 특정한 대중을 상대로 발언하고, 그런 직책을 맡는 데 따르는 미리 규정된 원칙과 규율을 따르는 일이다.

형이상학적인 문제가 이성의 공적 용도와는 무관해졌지만, 그래도 나는 이성을 사적으로 활용하는 다양한 형태에서는 여전히 중요하다는 생각을 옹호하겠다. 가령 신학에 대한 관심이 강한 종교 조직이 장악하고 있는 여러 사회, 또는 정치적 지배 세력이 자기들을 지지하는 조직들 안에서 합법성을 확보하기 위해 특정 종류의 형이상학적인 명제를 긍정하거나 공공연히 적용하는 많은 국가, 또는 수많은 (대학) 철학과 내부의 상황도 잊지 말아야 할 것이다. 형이상학과 겹치는 그런 사적인 이성의 활용을 제한하는 이런 특정한 이유와 규제가 벗겨지고 극복되지 않는다면, 아무리 선진적인 '형이상학 비판'이라 하더라도 효과가 없으며 의미도 없을 것이다. 따라서 형이상학적인 문제를 극복하는 것은 단순히 철학적이거나 인식론적인 작업이 아니다. 거기에는 우리가 지식을 생산하고 분배하고 활용하는 방법을 조직적이고 제도적으로 재구축하는 심원한 과정이 포함되어야 한다. 이런 방법을 철저하게 '세속화'하려면 대단한 비판적 노력을 하겠다는 약속이 있어야 할 것이다. 이 일은 구체적이고 특정한 여러 방식으로 달성되어야 하며, 그런 방식들은 더 이상 '인류 이성'의 공적인 용도의 지속적인 발전에 포함되지 않는다.

하지만 이성을 사용하는 모든 사적인 형태(그것이 기능을 발휘하려면 특정한 지적 노력을 투입해야 하는 제도가 있는 한, 이것은 계속 존재할 것이다)가 형이상학적인 문제를 다루려는 제약에서 해방된 뒤에도 형이상학적인 사유가 반드시 사라지는 것은 아니다.

이 점을 더 명료하게 하기 위해 다른 구분법을 써볼 수도 있다. 이번에는 쇠렌 키르케고르의 것이다. 우리는 확실히 어떤 상황, 아무도 형이상학적인 질문이 '인류의 협의'에, 인류가 현재나 미래에 만날 모든 중요한 도전에 대한 숙고에 뭔가 관련되는 방향으로 기여하리라고 **진지하게** 생각하지 않는 상황을 고대할 수 있다. 그렇다고 해서 이런 상황이 형이상학의 질문을 장난처럼 사용할 수 있는 큰 가능성을 빼앗아가는 것은 아니다. 그저 우리의 마음을 갖고 노는 오락으로만이 아니라 '유연성의 저장고'로서, 다르게 생각할 수 있는 인간 능력의 훈련으로서의 용도는 여전히 남는다. 오직 과거에 그것들과 너무 자주 연결되었던 완고함의 요소나 광신주의의 요소만 사라지는 것이다. 그런 관점에서도 형이상학의 질문들은 여전히 의미가 있지만, 진리(중요하고 보편적인 진리)를 만들어낸다는 주장은 모두 포기해야 할 것이다.

이 맥락에서 나는 우리가 이야기하는 바로 그 주제를 크게 변형시키는 쪽을 옹호한다. 그렇게 하여 시급한 문제로서의 형이상학적인 질문을 이성의 사적 활용과 공적 용도로부터 배제하는 한편, 그것들을 우리의 마음이 생각의 방향을 바꾸는 데 도움을 줄 수도 있는 흥미 있는 퍼즐로 육성하기 위한 여지를 남기는 것이다.

'더 높은 차원들'이라는 데서 나오는 모든 대답의 거부

사고방식이 그처럼 변형되는 과정에서 우리는 형이상학적인 철학 활동에 역사적으로 연결되어 있던 종류의 지적 문화와 규율을 잃음으로써 발생할 수도 있는 퇴보의 위험에 주의해야 한다. 1960년대 이후 갈수록 더 전 세계적으로 '뉴에이지'식 사유가 마음껏 설치는 까닭은 그런 지적인 도구가 없어진 덕분이다. 동시에 그것은 자신의 삶을 어떻게 살아야 하는가에 관한 중심 물음을, 물음 그 자체를 발언할 능력을 얻는 데 필요한 힘든 절차를 거치지 않고 권위나 '초월적인' 더 높은 차원들에게 떠넘기려는 경향이 바탕에 흐른다는 점에서 퇴영적인 것으로 보인다.

각자 자신만의 삶을 살아야 하는 의무에 대해 '훈계함'으로써 이 흐름에 역행하는 것은 별로 가망이 있어 보이지 않는다. 때로 그것은 저마다 주어진 상황에 처한 사람들에게 너무 많은 것을 요구한다. 그보다는 이 일을 해내도록 도와줄 방법을 찾아내는 편이 더 유익할 것이다. 그 방법이란 자문과 대화를 통한 것이지만, 그런 능력을 개발하는 데 유효한 도움을 줄 수 있는 적절한 '교량적 개념'[11]을 만들어내는 것도 한 가지 방법일 수 있다.

그런 과제를 피하지 말아야 한다. 상대적이고 일시적이지만 새로운 권위는 그런 데서 창조되는 경향이 있기 때문이다. 그럼에도 그것들이 여전히 연약하고 사실상 일시적인 것일 수 있고, 새로운 유형의 지배와 의존을 창조하지는 않도록 보장하는 방향으로 노력이 가해져야 한다. 또한 모든 철학의 구성이 가진 성격때문에, 즉 그에 대한 대답뿐만 아니라 질문까지도 만들어나가는 데 포함되는 근본적으로 우유부단한 성격을 이유로 철학하지 않겠다는 태도는 허용될 수 없다.[12] 동료 인간을 돕는다는 과제는 수행되어야 한다. 앞으로 나가려면 다른 길이 없기 때문이다. 그 속에 내재한 위험은 충분히 통제할 수 있는 정도일 것이다. 우리가 제공하는 실질적인 도움이 더 높은 지위나 지도권에 대한 지속적인 주장으로 실체화되지 않고, 또 우리가 제안하는 '교량적 개념'이 새로운 '형이상학'으로 실체화되지 않는 한, 이런 과정에서 우리가 얻는 상대적인 권위, 쥐는 정치적인 주도권, 심지어 우리가 조종하는 '철학적 간섭'까지도 적절하게 자리 잡은 지배 구조가 합법성을 갖게 하기 위한 재차 역할을 다하지 못할 것이다. 이런 함정을 피한다면 우리는 필요하고도 유용하게 기여할 수 있다.

여기에는 다른 사람들에게 일시적인 권력을 행사하는 데 대한 명료하고도 확고한 생각을 가져야 한다는 전제가 있다. 권력은 결국 그들을 도와 그들 자신의 삶을 살 수 있게 하고, 그들 스스로의 힘으로 모든 필요한 결정을 충분히 내릴 수 있게 해주는 방향으로 나아가도록 행사되어야 한다는 것이다. 그런 관점에서 타인에 대한 일체의 권력을 거부하는 것은 일체의 사회적 책임을 거부하는 것이나 마찬가지다. 그러나 그것이 일시적인 성격을 계속 갖도록 보장해 주는 특정한 관행을 개발하지 않은 채 그런 권력을 받아들인다면 기득권으로 자리 잡은 권력 구조를 재생산하기만 하는 방향으로 가리라는 사실을 이해해야 할 것이다.

완전히 세속적인 사회를 향해 나아가는 과정에서 우리는 같은 종류의 도전에 응해야 할 것이다. 그 도전은 기존의 견해에 따라 이데올로기적으로 논의된 질문에 대한 올바른 대답을 광범위한 대중에게 가르치는 방식으로 전개되는 것이 아니다. 그보다는 개념적이고 이론적인 내용을 입력함으로써 개별적으로든 집단으로든 자신들에게 중요한 것은 이런 질문이 아니라는 사실을 그들 스스로 발견하도록 돕는 형태여야 한다. 이것은 이 과정에서 쓸모 있는 존재가 되고자 애쓰는 지식인들에게는 강력한 도전이다. 그들은 단순히 체계적인 방식으로 자신들의 생각을 계속하는 것이 아니라, 시급성과 기회와 개입의 여지라는 기준에서 생각하기를 요구하기 때문이다. 다른 말로 한다면 그들은 연구의 결과물인 과학적 통찰력을 **만들어내는 일**과, 그것들을 **대중화하는 일** 사이의 관습적인 이분법을 넘어서 생각하기를 요구한다. 즉 모든 타인 대중을 공개적인 숙고 과정의 동등한 참여자로 여겨 상대하는 지적인 개입을 생각하라는 것이다.

문제에 대한 과학적인 해결책과 질문에 대한 철학적인 대답

세속 사회가 반드시 숙고해야 하는 정말 어렵고도 적절한 철학적·문화적·정치적인 질문은 종교 전통이나 신학에 의해 제기된 질문과는 완전히 다르다. 가령 (유럽의) 신학이나 형이상학적인 철학의

'고전적인 문제들'이 개인의 자유와 인류 공동체의 관계에 연결될 고리가 있는지 나는 전혀 모르겠다. 또는 그런 '고전적인 문제들'과 인간 존재가 행성의 '생명계'와 '자연'의 재생산 요구 사이의 공동적이고 개별적인 대사를 지속 가능한 방식으로 책임지고 통제하고 형성할 가능성들의 관계에 연결해주는 고리라든가, 인류 역사의 다양성과 결과적으로는 근본적인 해방이 되어버린 평등한 자유라는 정치적 원리의 관계에 연결해주는 고리도 없다. 신이 존재하는가 아닌가 하는 논의, 세계가 무한하며 자동으로 조직되는 것인지 아니면 시간 속의 어느 지점에서 외적인 힘에 의해 창조되었는지, 영혼이 영원한지 아니면 우리의 주관성은 우리의 생존에 결부된 것인지, 공정한 법칙에 복종하라는 정언명법이 신이 지시한 것인지 아니면 모순적인 논의에 의해 얻어진 통찰인지 하는 논의들은 더 이상 이런 질문에 답하는 데 도움이 되지 않는다. 또 이런 질문들이 형이상학적인 철학에 의해 형성된 것들이니만큼 과학적으로 대답될 수 있으리라는 기대도 할 수 없다. 과학의 진보에 힘입어 우리는 질문을 더 엄밀하게 구성할 것이고, 그런 질문에 대한 대답은 앞으로의 과학적 탐구가 담당할 몫이다.

실증주의의 착각과는 반대로, 우리는 더 이상 과학적 발견에 힘입어 그런 발견 내용을 정련하는 데 참여하는 소수의 전문가들(과학적으로 최고 수준에 달한 사람들이 던지는 질문들까지도 거의 모두 처리하는 당사자들)이 아닌 일반 사람들도 설명만 들으면 '이해할 수 있는' '최선의 행동 방식 하나'가 정의될 수 있으리라고 기대하지는 않는다. 이는 원칙적으로 과학적 탐구 범위 안에서 제기되는 문제에 적절한 해결책이 없을 것이라는 말은 아니다. 그보다는 문제를 명료하게 규정할 수만 있다면 언젠가는 발견될 과학적 해결책과, 심의 과정에서 제기된 질문에 대한 설득력 있는 대답을 명료하게 구분하려는 시도다. 그런 질문은 완결된 질문 형태로 간단하게 번역될 수도 없다. 그런 구분을 하지 못한다면 결국은 이미 규정된 모든 문제에 대한 믿을 만한 과학적 해결책이 나올 때까지 기다려야 한다. 게다가 심의적 질문deliberative question에 대한 그런 대답은 특정한 규범의 입장으로 기울어지며, 그것들이 채택되고 수용될 수 있다고 주장한다. 흔히 그런 심의적 질문의 여지를 열어주는 논쟁 공간은 자체적으로 고안된 개념(1848년의 유럽 혁명에서 나온 '노동 권리' 같은 것)이라든가, 거의 잊혔다가 새 생명을 얻은 개념들(1960년대의 전 세계적인 청년 저항 운동에서 나온 '기득권' 개념이나 하르트Hardt와 네그리Negri가 내세운 '군중multitude' 개념 같은 것)에게 점령된다. 그러나 나는 사실 이것으로는 부족하다고 생각한다. 이 측면에서 임시변통을 하거나, 그저 자발적인 직관에 의존하는 것은 유용한 시간 안에 통찰력 있는 결정을 만들어내기에는 충분하지 않다.

(급진적) 철학이 맡아야 하는 역할이 바로 여기 있다. 즉 인류의 앞길에 솟아나는 중요한 질문에 대한 적절한 숙고를 향해 나아가는 길을 막고 있는 개념적 장애물과 주된 환상을 처리하려고 애쓰는 데서, 한편으로는 과학에서 이미 마련해준(필요한 시한에 만들어질 예정인) 관련 문제의 해결책을 지적으로 활용하는 문제를 고려하고, 또 한편으로는 관련된 사람들의 소망과 요구와 필요(흔히 '가치'라는 형태로 압축되고 교정된 것)를 진실하고 의미 있게 채워주는 문제를 고려하는 것이다. 다른 말로 하면 급진적 철학은 공적인 정치적 심의와 과학적이고 '윤리적'인 토론 사이의 간극을 이어주는 비판적 중재자의 역할을 맡을 수 있다. 그렇게 하는 과정에서 그것은 불충분한 대답 방식을 이해하고 극복하는 데 기여하기 위해 철학 전반

의 저장고에서 자원을 끌어올 수 있을 뿐만 아니라, 과학적 탐구 결과에 대해 방어할 수 있는 해석을 구축하고 필요한 윤리적 관심을 구축하는 데 기여하도록 현행의 인식론과 메타 윤리학에서 개발된 도구도 끌어올 수 있다.

급진적 철학은 그런 중재자로서 각각의 특정한 사례에서 스스로를 잉여의 존재가 되도록, 즉 관련된 사람들이 현재의 질문 상태를 넘어서 논의하는 동안 논의에 참여하고 발전해나가도록 도운 다음에는 사라지는 중재자가 되도록 노력할 것이다. 그렇다고 해서 급진적 철학이 곧 사라져버릴 활동이라는 말은 결코 아니다. 오히려 그런 다음에는 다른 곳으로 이동해서 지적인 도움이 필요한 다른 논의에 참여할 것이다.

휴머니즘을 향해 노력하다

지금까지 내가 주장했듯이 불신앙은 그 스스로 규정한 강제적 게토 또는 스스로 선택한 '틈새'에 갇힌 적이 아직 없는 비판적 입장으로서, 앞으로 발전할 여지가 많다. 확신하건대 이것은 아직 불신앙이 가리켜 보여야 하는 타인을 위한 방향 설정으로나 의제로서의 어떤 긍정적인 방향이나, 집단으로든 개인적으로든 자신의 행동 프로그램을 적극적으로 지시하지 않는다.

'휴머니즘'이라는 단어는 18세기 후반에 도입된 뒤로 계속 전투를 치르는 중이다. 처음에는 온건하다가 갈수록 보수적이 되어간 독일 부르주아 계층의 청소년들을 위한 일반 교육 프로그램을 가리키는 이 단어는, 1차 독일 민주주의 운동의 사상가였던 청년헤겔파에게 채택되어 급진적인 세속주의 프로그램을 가리키는 용어로 재천명되었다. 그것은 인간의 자율성과 민주적인 자기 결정권이라는 생각에 다양하게 연결된다. 루트비히 포이어바흐 Ludwig Feuerbach 역시 이 프로그램적 개념을 급진적으로 해방적인 '미래의 철학'을 제안하기 위한 적절한 자기 지시 용어로 받아들였다.

19세기의 높은 희망이 실패하고 '암흑의 핵심'이 인간 문명의 주변부를 떠나 심장부 속으로 들어온 역사적인 '20세기의 밤'이 지난 뒤, 이 개념을 다시 꺼내들어 '선한 의지를 지닌 모든 인간'(제1차 세계대전의 참상 앞에서 로맹 롤랑이 한 말)에 의해 발견되고 공고화되고 확장될 공통의 바탕으로 재천명하는 것은 적절해보인다. 이것은 확실히 어느 정도의 세속주의를 함축한다. 그것은 인간들의 일에 대한 전적으로 인간적인 책임감이라는 의미의 세속주의다. 그렇기는 해도 나는 그것이 신자와 무신앙자의 차이가 우리 시대의 중심 대립이라고 착각하는 것은 아니라고 생각한다. 세계의 기근, 전염병 유행 등의 도전을 비롯해 **카지노 자본주의**의 '금융 위기'에 의해 집중 조명되는 개인의 소유물로부터의 인간 존재의 몰수 현상에 이르기까지, 인간 해방이라는 시급한 과제가 사실 훨씬 더 중요하다. 이런 재난에서 인간들을 해방시키는 데 기여하고 싶은 사람은 누구나 실질적인 휴머니스트들의 동지로 받아들여져야 한다. 그런 긍정적이고 실용적인 태도를 가진 사람들이라면 신자든 무신앙자든 상관없다.

인간들은, 적어도 우리 시대에는 상충하는 문화 요소 때문에 분주한 경향이 있다. 우리는 이런 점을 너그럽게 참아주고, 우리 시대의 위기에서 그토록 명백하게 필요해지는 실용적인 시너지를 달성할 방법을 배워야 한다. 물론 관련된 인간 존재들을 존중할 줄도 알아야 한다.

주

1 '세속적(secular)'이란 그리스도교가 우리의 사고방식에 남긴 흔적 가운데 하나로, 히포의 아우구스티누스(Augustine of Hippo)가 도입한 것으로 보이는 '세속적인 것'과 '영원한 것'의 대비에서 유래하는 용어다. 실재의 '영원한' 순간이나 차원이 없다면, 또 나는 그렇게 생각하지만 그것이 뭔가를 떠올리게 하는 어떤 구체적인 의미를 갖고 있지 않다면, '세속적인'이라는 단어는 구체화될 수 있는 그 어떤 것도 가리키지 않는다. 그러나 그것은 아우구스티누스가 말한 의미에서의 '영원한' 것에 대한 언급이 무의미해진 뒤에도 여전히 우리 것으로 남아 있는 인간 삶의 영역 및 그 속에서의 사고방식을 가리키는 것으로 사용될 수는 있다. 그것은 아우구스티누스의 구분법이나 '진리 사건(truth events)'에서 스스로 이해될 수 있게 만드는 '영원한 진리(eternal truths)'의 존재에 대한 알랭 바디우(Alain Badiou)의 논의를 구별하는 데 유용할지도 모른다. 그것이 실재의 다른 차원들이 존재한다거나 '영원한 것'과 '세속적인 것'이 대립한다는 뜻은 결코 아니다. 또 '세속적'이라는 것에서는 비종교적인 사고, 바디우가 주장한 사실상의 '진리 사건'이 매우 잘 일어날 수 있다.

2 이것이 오늘날 '다신론(多神論)'이라는 개념 자체가 만들어진 시각이기도 한 '유일신적'이라는 종교 신조의 상당히 좁은 지평을 넘어 역사적으로 적용되기는 힘든 개념이라는 것은 고대 로마에서 '무신론'이라는 용어가 처음에 그리스도인에게 적용되었다는 역사 일화에서도 알 수 있다. 즉 소크라테스가 고발되고 처형되었던 '불경건(asebeia)'이라는 의미, 그가 속한 정치 공동체가 의무로 규정하는 신들을 믿고 숭배하지 않았다는 죄목으로 고발되었던 경우와 동일한 것이다. 이와 비슷하게 '무신론'은 역사적으로 프랑스 혁명에서 시작된 과정을 사실상 종식시킨 앙시앵 레짐의 특징이라 할 '왕좌와 제단' 간의 밀접한 동맹 관계에 대한 과격한 반대를 규정하는 데 적합한 용어였다.

3 사실 '종교'란 매우 문제가 많은 개념이다. 그것은 유럽 중심주의 및 흔히 일방적으로 단순화된 그리스도교 전통에서 가져온 순진한 가정들이 가장 깊이 주입되고 오염시킨 개념이다. 어떤 토착 부족이 행하는 '일상의 마술적 관행'과 유대 민족이 토라에 적힌 신의 계명에 복종하는 것, 그리고 코란에 의거하는 수니파 이슬람의 관행, 수피 신비주의, 자이나교, 신토(神道)사상, 불교 사이에 정말로 어떤 유의미한 공통분모가 있는지도 의심스럽다.

4 신학이라는 개념은 자명한 것도, 보편적인 가치를 실제로 가진 것도 아니다. 고대 그리스 및 로마 전통에서는 의미가 약간 있다. 즉 철학자들의 '신론(神論)'이 조직적인 공적 신앙을 여러 개 가진 공적인 국가 관행에 대해 쓸모있게 '이성적인' 보충을 해줄 때와 같은 경우다. 그리고 고대 말엽 그리스도교가 새로이 국교가 된 맥락에서는 의미가 있다. 그때는 확립된 '신성 문헌들의 표준'에 대한 '해석학'을 그리스-로마 철학 전통의 '신론'과 융합하면서, 전통적인 공공 신앙의 미로를 일종의 통합된 신학의 교조로 해석했다. 그에 비하면 전에 있었던 헤시오도스나 오비디우스 등의 종교 통합 시도는 단순히 '서술적'인 단계에 머문다. 스스로 자신들의 신을 철학적으로(불경스럽게도?) 인식하려고 애쓰기보다는 신의 율법을 해석하는 학파로 보는 유대교 전통이나 주류 이슬람 전통에서는 신학 개념이 훨씬 덜 중요하다. 나는 이것은 힌두교, 불교, 신토, 선사상 등 대부분의 아시아 종교에는 적합하지 않은 개념이라고 생각한다.

5 18세기 이후 이해되어온 형이상학은 역사적으로 말하자면 신학보다 훨씬 더 편협한 개념이다(비록 이 단어가 아폴로니아의 디오게네스(Diogenes of Apollonia)가 편집한 아리스토텔레스 저작집만큼 오래된 것이기는 하지만). 그러나 그것은 광범위하게 실증주의적이고 경험론적이며 분석적인 철학 전통에서 '형이상학 비판'에 의한 철학 논쟁을 벌일 때 상당히 중요한 보편적 참조점(reference)이었으며, 형이상학 비판은 대체로 전 세계적인 규모로 제도화된 철학의 한 테마가 되었다(더 최근에 있었던 '기술적 형이상학(descriptive metaphysics)'의 시도도 포함).

6 사회들 안에서 상이한 헤게모니의 지위를 지니는 논의들이 역사적으로, 연쇄적으로 전개되고 있다는 콩트의 생각에 이의를 제기하는 것은 아니다. 그러나 그의 '삼단계 법칙'에 대한 반대로 내가 강조하고 싶은 것은 주로 두 가지다. 하나는 '실증적인 과학 지식'이 그 전에 제기되었던 (종류의) 질문들에 대한 대답이 아니라는 것, 둘은 실증적인 과학적 결과에서 대답을 찾을 수 없고, 공통적이고 공유된 심의에 의거하거나 (정치적 지향성의 경우) 개별적인 주도권을 폭넓게 행사함으로써 (예술적이거나 패션 취향의 경우) 만들어져야 하는 중요한 질문들이 있다는 것이다.

7 이런 종류의 주장은 (서구의 대중 토론에 참여하는 사람들 사이에서 우세한 주제에 대한 다양한 무지 때문에) 이슬람교에 관해서는 더 인기가 높으며, 더 근거가 박약하다. 최초의 칼리프 이후에는 이슬람교가 역사적으로 그리스도교 교회들이 가졌던 것 같은 동질화하는 조직을 가져본 적이 한 번도 없었기 때문이다.

8 나는 여기서 그냥 유일신론에 대해서만 말하고 있지 않다. 신의 명령은 다신교 사상에서도 두드러지는 주제인데, 고대 그리스 비극에서는 특히 흥미 있게 등장한다.

9 내가 칸트를 읽은 방식에 따르면, 여기에는 다른 두 가지 과제가 개입되어 있다.

10 물론 그런 기획은 사적 언어가 될 모순적인 실체를 구성하려는 시도와는 거리가 한참 멀다. 루트비히 비트겐슈타인은 '사적 언어'를 하나의 실현 가능한 개념으로는 사실상 해체했다.

11 추측건대 이런 교량적 개념, 예를 들면 '삶의 의미' 같은 것은 '일시적인 목표'의 역할과 비슷한 역할을 가질지도 모른다. 즉, 어린 시절에서 어른으로 넘어갈 때의 이행기에 인형극이 맡는 역할 같은 것과 유사한 사례다 (미성숙한 사랑의 '거창한 목표'에 상상적인 관계를 가질 필요가 없어지는 것처럼).

12 그런 태도는 비판 철학과 시의 구분선을 어느 정도 지워버린다. 독일 전통 안에서는 하인리히 하이네 (Heinrich Heine) 와 한스 마그누스 엔첸스베르거 (Hans Magnus Enzensberger) 같은 '이중인격적인 (amphibious)' 인물들이 이런 예를 보여준다.

찾아보기

ㄱ

간디^{Gandhi, Mohandas Karamchand} 395
갈릴레이, 갈릴레오^{Galilei, Galileo} 110, 445
괴테^{Goethe, Johann Wolfgang von} 530
그륀바움, 아돌프^{Grübaum, Adolf} 288
기베트, 더그^{Geivett, Doug} 254

ㄴ

나스린, 타슬리마^{Nasrin, Taslima} 387
『나의 투쟁^{Mein Kampf}』 374, 519
나인햄^{Nineham, D. E.} 279
네그리^{Negri, Antonio} 541
네이글, 토머스^{Nagel, Thomas} 340
뉴턴^{Newton, Isaac} 110, 112, 445

ㄷ

다윈, 찰스^{Darwin, Charles} 65, 103, 190, 199, 249, 271, 275, 279, 280, 322, 347, 386, 517
『종의 기원^{The Origin of the Species}』 199, 347
단테^{Dante, Alighieri} 195
『The Case Against Religious Belief^{종교적 믿음에 반대하는 고발}』(『고발』) 510, 511, 517~519
데넷, 다니엘^{Dennett, Daniel} 9, 12, 21, 41, 161, 162
『주문을 깨다^{Breaking the Spell}』 9, 41
도스토옙스키^{Dostoevsky, Fyodor} 30, 54~56, 63, 499
『죄와 벌』 55
『카라마조프의 형제들』 63, 499
도킨스, 리처드^{Dawkins, Richard} 8, 9, 21, 41, 44, 45, 60, 237, 278, 390, 391, 395, 396
『만들어진 신^{The God Delusion}』 8, 41, 60, 390, 395
「예수를 지지하는 무신론자^{Atheists for Jesus}」 395
돌바흐^{D Holbach} 380, 389
『The System of Nature^{자연의 체계}』 389
두루오하, 이헤니츄크유^{Duruoha, Iheanyichukwu} 359

『Eaters of Dust 흙을 먹는 사람들』 510, 519, 523
듀이, 존 Dewey, John 510, 519, 523
  『민중의 신앙 A Common Faith』 510
드수자, 디네시 D'Souza, Dinesh 281~284
  『What's So Great About Christianity? 그리스도교는 어떤 점에서 그토록 위대한가?』 281

에 대한 고발』 393
메더워, 피터 Medawar, Peter 249
밀, 존 스튜어트 Mill, John Stuart 383, 505
  「본성에 관하여 On Nature」 505
밀러, 조너선 Miller, Jonathan 41, 42

ㅂ

바커, 댄 Barker, Dan 393, 443
  『Losing Faith in Faith 신앙에 대한 신앙을 잃다』 393
반스, 줄리언 Barnes, Julian 208
베이컨, 프랜시스 Bacon, Francis 224
베케트, 사무엘 Beckett, Samuel 58
  『고도를 기다리며 En attendant Godot』 58
벤담, 제러미 Bentham, Jeremy 49
벤터, J. 크레이그 Venter, J. Craig 262
볼테르 Voltaire 48, 51, 190, 416
  『캉디드 혹은 낙관주의 Candide ou l'ptimosme』 416
볼프, 크리스티안 Wolff, Christian 533, 534
브래들리, F. H. Bradley Francis Herbert 133, 279
  『Presuppositions of Critical History 비판적 역사의 전제들』 279
비트겐슈타인, 루트비히 Wittgenstein, Ludwig 232, 365

ㄹ

라이프니츠 Leibniz, Gottfried Wilhelm 140, 160, 434
라칭거, 요제프 Ratzinger, Joseph 68
라플라스 Laplace, Pierre Simon Marquis de 110
러셀, 버트런드 Russell, Bertrand 21, 41, 43, 44, 46, 187, 190, 278, 442, 480
  『나는 왜 그리스도인이 아닌가 Why I Am Not a Christian』 442
  「나는 왜 그리스도인이 아닌가 Why I Am Not a Christian」 41
러셀, 스태너드 Russell, Stannard 147
로젠바움, 제이 Rosenbaum, Jay 35
루시디, 살만 Rushdie, Salman 384
  『악마의 시 The Satanic Verses』 384

ㅁ

마르틴 루터 킹 Martin Luther King 378, 395, 531
마틴, 마이클 Martin, Michael 393, 396
  『The Case Against Christianity 그리스도교

ㅅ

설스턴, 존 Sulston, John 49

『세계 종교사전 Dictionary of World Religions』 426

셔머, 마이클 Shermer, Michael 201

『The Science of Good and Evil 선악의 과학』 244

《스켑틱 Skeptic》 251

『왜 다윈이 중요한가 Why Darwin Matters』 244, 253

『How We Believe 우리가 믿는 방식』 244, 253

소크라테스 Socrates 68, 70, 394, 499

스미스, 조지프 Smith, Joseph Jr. 253, 256

『모르몬경 the Book of Mormon』 253

스타인, 거트루드 Stein, Gertrude 158, 429

스탠그룸, 제러미 Stangroom, Jeremy 147

스텐저, J. 빅터 Victor J. Stenger 283, 390, 391

『물리학의 세계에 신의 공간은 없다 God: The Failed Hypothesis』 390

『Has Science Found God? 과학은 신을 발견했는가?』 390

싱어, 피터 Singer, Peter 22, 67

ㅇ

아놀드, 매슈 Arnold, Matthew 31

「도버 해변 Dover Beach」 32

아리스토텔레스 Aristoteles 106, 110, 282

아인슈타인, 알베르트 Einstein, Albert 12, 190, 263, 309, 443

아퀴나스, 토마스 Aquinas, Thomas 63, 106, 109, 282

아키놀라, 피터 Akinola, Peter 374

아텐버러, 데이비드 Attenborough, David 66

안셀무스 Anselmus 63

알리, 아얀 히르시 Ali, Ayaan Hirsi 385

애덤스, 더글러스 Adams, Douglas 43, 45, 46

『더크 젠틀리의 성스러운 탐정 사무소 Dirk Gently's Holistic Detective Agency』 46

『은하수를 여행하는 히치하이커를 위한 안내서 The Hitchhiker's Guide to the Galaxy』 43

「우주의 끝에 있는 레스토랑 The Restaurant at the End of the Universe」 43

애트카츠, 데이비드 Atkatz, David 284

에디슨, 토머스 Edison, Thomas 190

『에우티프론 Euthypro』 462, 499

에피쿠로스 Epicouros 65, 362, 373

L. 론 허바드 Ron Hubbard 256

오컴 Ockham, William of 63, 287, 491

『World Christian Encyclopedia 세계 그리스도교 백과사전』 255

윌첵, 프랑크 Wilczek, Frank 289

ㅈ

제인스, 줄리언 Jaynes, Julian 292, 293, 296

찾아보기 549

ㅋ

카르데날, 에르네스토 Cardenal, Ernesto 532
카우프만, 월터 Kaufmann, Walter 396, 397, 401
  『네 차원으로 이루어진 종교 Religions in Four Dimensions』 396
  『The Faith of a Heretic 이단의 신앙』 396
칸트, 임마누엘 Kant, Immanuel 63, 225, 279, 533~535
콘포드 Cornford, F. M. 48
크레그, 윌리엄 레인 Craig, William Lane 282~284
클리포드, 윌리엄 Clifford, William 278, 284
  『The Ethics of Belief 믿음의 윤리』 278

ㅌ

톨스토이 Tolstoi, Lev Nikolaevich 54~56
  『전쟁과 평화』 55
투투, 데스몬드 Tutu, Desmond 387
트웨인, 마크 Twain, Mark 190, 461

ㅍ

파솔리니 Pasolini, Pier Paolo 397
  〈마태복음〉 397
파스칼 Pascal, Blaise 71, 140, 477, 488
페이절스, 일레인 Pagels, Elaine 521
펜로즈, 로저 Penrose, Roger 282, 283

포이어바흐, 루트비히 Feuerbach, Ludwig 543
포퍼, 칼 Popper, Karl 491
프로타고라스 Protagoras 153
  『On the Gods 신에 관하여』 153
플라톤 Platon 109, 110, 299, 306, 499
플란팅가, 알빈 Plantinga, Alvin 285, 392

ㅎ

하틀, 제임스 Hartle, James 284, 285
해리스, 샘 Harris, Sam 21, 390, 391
  『어느 그리스도교 국가에게 보내는 편지 Letter to a Christian Nation』 390
  『종교의 종말 The End of Faith』 390
해리스, 시드니 Harris, Sidney 263
헉슬리, 토머스 Huxley, Thomas 192, 249
헤크마트, 만수르 Hekmat, Mansoor 354
호킹, 스티븐 Hawking, Stephen 282~285
  『시간의 역사 A Brief History of Time』 282
흄, 데이비드 Hume, David 65, 190, 192, 225, 278, 284, 476, 496
히친스, 크리스토퍼 Hichens, Christopher 8, 21, 41, 390, 391
  『신은 위대하지 않다 God Is Not Great』 8, 41, 390
힉, 존 Hick, John 76, 81